# Webentwicklung mit CakePHP

# Webentwicklung mit CakePHP

*Dirk Ammelburger & Robert Scherer*

O'REILLY®

Beijing · Cambridge · Farnham · Köln · Sebastopol · Taipei · Tokyo

Kommentare und Fragen können Sie gerne an uns richten:
O'Reilly Verlag
Balthasarstr. 81
50670 Köln
E-Mail: kommentar@oreilly.de


1. Auflage 2008
1., korrigierter Nachdruck 2009



Bibliografische Information Der Deutschen Bibliothek
Die Deutsche Bibliothek verzeichnet diese Publikation in der Deutschen Nationalbibliografie; detaillierte bibliografische Daten sind im Internet über *http://dnb.ddb.de* abrufbar.

Lektorat: Alexandra Follenius
Korrektorat: Friederike Daenecke, Zülpich
Satz: III-satz, Husby; www.drei-satz.de
Umschlaggestaltung: Michael Oreal, Köln
Produktion: Andrea Miß, Köln
Belichtung, Druck und buchbinderische Verarbeitung:
Druckerei Kösel, Krugzell; www.koeselbuch.de

ISBN 978-3-89721-863-5

Dieses Buch ist auf 100% chlorfrei gebleichtem Papier gedruckt.

# Inhalt

# Vorwort

In March 2005, a small MVC framework was released in the public domain called Cake. Seeing the value in work that had been done, Larry Masters joined with the original developer and began working on CakePHP, which was soon released under an MIT license. In July 2005, the original developer left the project and Larry continued developing CakePHP with a new team. This team set out to finish CakePHP 1.0, with the goals of making the lives of developers easier through the creation of a framework focused on extensibility, flexibility and maintainability. Today these developers, along with some help from other community members, continue to make CakePHP the best PHP framework for rapid development.

The CakePHP core team is driven by the goal of making a fast, secure, and extensible framework with the ability to code less and do more. This same team has been dedicated to the project since September 2005 and plans on being around for a lot longer. The Cake Software Foundation was formed in December 2005 to promote and support development related to CakePHP. The Cake Software Foundation ensures that CakePHP will be a viable, long term solution for many developers and companies looking to rapidly develop PHP applications.

Today the CakePHP team has expanded to meet the demands of a growing community. With the release of 1.2, CakePHP continues to prove that it is the framework that makes the lives of PHP developers easier. With more new features and a strong commitment to producing the best framework possible, CakePHP is growing as fast as ever.

The Cake Software Foundation and CakePHP core team would like to extend its warmest welcome to its German friends.

*Garrett J. Woodworth*
*Projektmanager und Mitgründer der Cake Software Foundation*

# Einleitung

Mit CakePHP können Sie schnell und einfach dynamische Anwendungen für das Internet entwickeln. Um die Worte der CakePHP-Entwickler selbst zu verwenden: »Welcome to web development heaven.« In dieser Aussage schwingt nicht nur auf den ersten Blick recht viel Selbstbewusstsein mit, sie legt auch die Messlatte für das Framework, das dieses Buch zum Thema hat, sehr hoch. Doch wir hätten dieses Buch sicher nicht mit diesem Zitat eröffnet, wenn wir nicht davon überzeugt wären, dass CakePHP dieses Versprechen nicht nur halten wird, sondern darüber hinaus selbst sehr erfahrenen Webentwicklern noch den ein oder anderen staunenden Blick abringen wird.

Aber vorweg um was geht es denn hier eigentlich genau? CakePHP ist ein kostenloses Open Source-Framework für die Entwicklung von Webapplikationen in PHP. Es bietet eine grundlegende Rahmenstruktur für Entwickler, die es erlaubt, immer wiederkehrende Funktionalitäten zu kapseln, ohne dass die Flexibilität dadurch verloren geht. CakePHP gibt keine Logik in Ihrer Anwendung vor, sondern sorgt dafür, dass Sie sich in 90% aller Fälle fast nur auf die Umsetzung des logischen Aufbaus der Applikation konzentrieren können, ohne dabei Zeit für Standardfunktionalitäten zu verschwenden.

Der ursprüngliche Hintergrund des CakePHP-Frameworks ist das Rails-Framework, das für die Sprache Ruby entwickelt worden ist. Den meisten Entwicklern wird *Ruby on Rails* ein Begriff sein, da dieses Framework seit seiner Veröffentlichung für einigen Wirbel in der großen Gemeinschaft der Webentwickler gesorgt hat. Ruby, eine Sprache, die bis dahin eher eine Randerscheinung war, hat durch Rails großen Aufschwung erfahren und erfreut sich inzwischen einer wachsenden Entwicklergemeinde.

Im Gegensatz dazu war PHP spätestens seit der Version 4 die Sprache der Wahl für sehr viele große und kleine Projekte. Es ist mehr oder weniger der Standard auf dem wohl verbreitetsten Webserver im Netz, dem Apache. Seit PHP 5 hat dieses Werkzeug, das früher oft als kleine »Skriptsprache« belächelt wurde, die Kinderkrankheiten hinter sich gelassen und ist in der Lage, durch den vernünftigen Einsatz von objektorientierten Techniken übersichtlichen, schnellen und vor allem skalierbaren Code zu schaffen.

Vor diesem Hintergrund ist der Gedanke, ein Framework wie Rails für PHP zu adaptieren, natürlich sehr vernünftig und gab den Anstoß zur Entwicklung von CakePHP. Inzwischen hat eine sehr aktive Gruppe von Entwicklern CakePHP weit über den Zustand einer reinen Adaption von Rails hinaus gehoben und ein sehr mächtiges und durchdachtes Werkzeug für die Entwicklung von Webapplikationen geschaffen. Im Folgenden sehen Sie eine kleine Auswahl der Features, die die aktuelle Version 1.2 bietet:

- Application Scaffolding
- Automatische Code-Generierung
- Kompatibel mit PHP 4 und PHP 5
- Model-View-Controller-(MVC-)Architektur
- Automatische Datenvalidierung
- Schnelles und einfaches Template-System
- Integrierte Helper für Ajax, JavaScript, HTML-Formulare etc.
- E-Mail-, Cookie-, Security-, Session- und Request Handling-Components
- Access Control Lists (ACL)
- Automatische Datenbereinigung
- Caching
- Localization

Sie halten mit diesem Buch eine komplette Einführung in die Welt von CakePHP in den Händen, mit der Sie innerhalb weniger Kapitel in der Lage sind, sich ein Bild von den Möglichkeiten und vor allem von den gedanklichen Konzepten dieses Frameworks zu machen. Unser Ziel ist es, über einen sehr praxisnahen Einstieg bei Ihnen schnell ein Gefühl für die Art und Weise der Webentwicklung mit CakePHP zu wecken, damit Sie das Gelernte auf eigene Projekte übertragen können.

Voraussetzung dafür sind neben Kenntnissen in PHP ein grundlegendes Verständnis der objektorientierten Programmierung und Erfahrungen in der Webentwicklung. Dieses Buch ist also kein klassisches Einsteigerwerk in die Programmierung, sondern vielmehr eine Weiterführung für Entwickler, die neue Konzepte ausprobieren wollen und die Vorteile von erprobten Lösungen mit Entwurfsmustern nutzen möchten.

## Für wen ist dieses Buch gedacht?

Wenn Sie jetzt die ersten Absätze dieses Buches überflogen haben, werden Sie sich bestimmt fragen, ob die folgenden Kapitel das sind, wonach Sie suchen. Die Entwicklung von Webapplikationen ist sehr vielschichtig und bietet eine Menge Facetten, die es oft schwierig machen, die richtigen Werkzeuge im riesigen Meer von Angeboten zu finden. Die folgenden Zeilen sollen Ihnen eine Orientierung bieten, was Sie in diesem Buch erwartet und welche Voraussetzungen Sie mitbringen sollten, um mit CakePHP den Spaß zu haben, den auch wir hatten.

Dieses Buch richtet sich an Entwickler, die schon Erfahrung mit der Entwicklung von Webanwendungen haben. In Fakten ausgedrückt bedeutet dies, dass Sie schon dynamische Webseiten entwickelt haben und wissen, was in einer serverseitigen Applikation passiert und wie ein Browser mit der Antwort eines Servers umgeht. Da CakePHP, wie der Name schon andeutet, ein Framework für PHP ist, werden Kenntnisse in PHP 4 oder PHP 5 vorausgesetzt. Darüber hinaus ist es hilfreich, wenn Sie sich schon einmal mit den Konzepten der objektorientierten Programmierung beschäftigt haben und wissen, was PHP 4 von der Version 5 unterscheidet. CakePHP ist zwar abwärtskompatibel und läuft auf beiden Versionen, jedoch wird erstens langfristig die PHP 4-Kompatibilität verschwinden, und zweitens ist PHP 5 schlicht die bessere Programmiersprache und bietet mehr Möglichkeiten. Alle Beispiele in diesem Buch sind mit PHP 5 entstanden. Im Laufe dieses und der nächsten Kapitel werden wir noch einmal genauer auf die Unterschiede zwischen den Versionen mit CakePHP eingehen.

Im Laufe des Buches werden wir auch auf die Möglichkeiten verschiedener Helper und Components des Frameworks eingehen, die es ermöglichen, HTML-Ausgaben zu gestalten oder Schnittstellen in XML, RSS oder anderen Formaten zu generieren. Darüber hinaus bietet CakePHP auch flexible und einfache Möglichkeiten, mit JavaScript, DHTML und Ajax dynamisch Oberflächen zu gestalten, so dass diese sauber in das Konzept von CakePHP passen. Kenntnisse in diesen Bereichen werden Ihnen sicherlich helfen, die Vorteile und vor allem den Geschwindigkeitsgewinn im Entwicklungsprozess schätzen zu lernen.

Die Grundlage jeder Webapplikation ist in der Regel eine relationale Datenbank wie beispielsweise MySQL, die in Kombination mit PHP eine der am weitesten verbreiteten Datenbankanwendungen im Internet ist. Der Datenaustausch mit einer Datenbank erfolgt in SQL, das wir auch als in Grundzügen bekannt voraussetzen. CakePHP kapselt zwar sehr viele SQL-Zugriffe durch die Strukturen des Frameworks, aber der Aufbau und vor allem die relationalen Verknüpfungen zwischen den Tabellen müssen natürlich vom Entwickler festgelegt werden.

Im Gegenzug erwartet Sie ein Buch, in dem das Framework von CakePHP ausführlich und von Grund auf besprochen wird. Wenn Sie schon einmal mit einem Framework wie Struts oder natürlich Ruby on Rails gearbeitet haben, dann wird Ihnen bestimmt einiges bekannt vorkommen. Kenntnisse dieser Art sind allerdings nicht notwendig, um mit CakePHP zu arbeiten. In den folgenden Kapiteln werden alle nötigen Grundlagen ausführlich besprochen.

Da wir Freunde des praxisbezogenen Lernens sind, werden wir Sie nicht mit langatmigen theoretischen Grundlagen »langweilen«, sondern so schnell wie möglich zum Kern der Sache kommen. CakePHP bietet dank seiner Struktur einen einfachen Einstieg in die Materie, so dass wir schnell zu lauffähigen Ergebnissen kommen. Nichts macht den Einstieg in ein neues Thema schöner als Erfolgserlebnisse, die das Gelernte untermauern. In diesem Sinne ist es unser Ziel, mit vielen kleinen und auch großen Beispielen die Möglichkeiten von CakePHP auszuloten und über den direkten Praxisbezug die verschiedenen Themen zu erläutern.

Als roten Faden für dieses Buch werden wir ein imaginäres Projekt für einen Kunden entwickeln, das im Laufe der Kapitel Stück für Stück um diverse Features erweitert wird. Die Beispielapplikation wird auf diese Weise von einem Projekt zu einer komplexen Anwendung, die alle Kernbereiche von CakePHP verwendet. Der Projektcharakter erlaubt es darüber hinaus, die Planung einer CakePHP-Anwendung zu erläutern und die Prinzipien des *Rapid Development* über *Prototypen* und *Scaffolding* darzustellen.

Im Gegensatz zu anderen Sprachen setzt CakePHP kein bestimmtes Betriebssystem und auch keine Werkzeuge oder Applikationen voraus, die über die Anforderungen hinausgehen, die PHP und eine Datenbank stellen. Die Einrichtung einer einfachen Umgebung, in der Sie die Beispiele nachvollziehen können und auch eigene Anwendungen entwickeln, werden wir in Kapitel 2, *Installation und Konfiguration*, sowohl für Windows und Linux als auch für den Mac erläutern. Dabei handelt es sich aber auch nur um einen Vorschlag und nicht um eine zwingende Konfiguration.

Zusammenfassend kann man sagen, dass dieses Buch sich an fortgeschrittene Programmierer richtet, die ein neues Werkzeug kennenlernen wollen, um intelligente, stabile, leicht skalierbare, sehr einfach wartbare und strukturierte Software zu entwickeln, die nach dem Best Practice-Prinzip der Design-Pattern aufgebaut ist. Dieses Buch richtet sich aber auch an passionierte Einsteiger mit den oben genannten Vorkenntnissen, die sich mit der Entwicklung professioneller Software im Enterprise-Bereich auseinandersetzen wollen.

## Aufbau dieses Buchs

Die Kapitel dieses Buchs bauen sowohl inhaltlich als auch didaktisch aufeinander auf. Nach dieser Einleitung werden in einem Überblickskapitel zunächst die Grundbegriffe und verschiedenen Elemente des CakePHP-Frameworks vorgestellt und das Zusammenspiel der CakePHP-Komponenten erläutet. Das Kapitel beschäftigt sich mit der grundsätzlichen Denkweise, die hinter CakePHP steckt, und dem damit verbundenen MVC-Design-Pattern, nach dem dieses Framework aufgebaut ist. Das Kapitel 2 beschreibt die Installation und Konfiguration von CakePHP, so dass Sie unabhängig davon, auf welchem System Sie arbeiten, für alle folgenden Kapitel gerüstet sind. Das darauffolgende Kapitel 3, *Schnell zum Erfolg – Ihre erste Webapplikation mit CakePHP*, bietet Ihnen dann einen praktischen Schnelleinstieg in die Arbeit mit CakePHP.

Es ist also sehr empfehlenswert, als kompletter Neueinsteiger in die Entwicklung mit CakePHP das Buch und insbesondere die Kapitel 1 bis 3 in der angebotenen Reihenfolge zu lesen. Alle anderen Kapitel und Beispiele bauen auf diesen Informationen auf.

Unser Ziel war es, dieses Buch möglichst praxisnah aufzubauen, so dass wir den Leser nicht mit endloser Theorie erschlagen, sondern vielmehr direkt in die Welt von CakePHP vorstoßen und lauffähige Beispiele präsentieren. Als roter Faden wird durch das komplette Buch eine Applikation mit dem Namen *CakeJobs* entwickelt und für bestimmte Problemfälle und Anforderungen erweitert. So wird auf der einen Seite gezeigt, wie ein klassisches Projekt mit CakePHP realisiert wird, und auf der anderen Seite die Flexibilität des Frameworks durch sich ändernde Anforderungen geprüft.

Alle Kapitel nach dem dritten sind generell auch logisch aufeinander abgestimmt, können aber auch unabhängig voneinander gelesen werden. Es besteht also die Möglichkeit, zu bestimmten Themen das Buch im Sinne eines Nachschlagewerkes zur Hand zu nehmen, ohne es komplett gelesen haben zu müssen. Verweise im Text werden auf korrespondierende Bereiche im Buch hinweisen, so dass logische Zusammenhänge gewahrt bleiben. Die einzelnen Kapitel dieses Buches gliedern sich wie folgt:

In Kapitel 1, *CakePHP kennenlernen*, wird die Frage geklärt, was überhaupt ein Framework ist, und welche Vorteile es bietet. Danach werden die Grundbegriffe des CakePHP-Frameworks erläutert. Kurzum, Sie erfahren, welche Vorteile es hat, mit CakePHP zu arbeiten.

Kapitel 2, *Installation und Konfiguration*, beschreibt die grundlegenden Einstellungen auf Ihrem System, die notwendig sind, um mit CakePHP zu entwickeln. Dieses Kapitel ist als Einstieg in dieses Buch sehr wichtig, damit Sie unabhängig von Ihrem Betriebssystem Ihren Rechner so konfigurieren können, um mit CakePHP zu beginnen.

Kapitel 3, *Schnell zum Erfolg – Ihre erste Webapplikation mit CakePHP*, zeigt Ihnen an einem konkreten Beispiel, wie schnell Sie mit dem Framework von CakePHP Software entwickeln können. Das Kapitel macht dabei ausgiebig Gebrauch von den intelligenten Automatismen von CakePHP, die auf der Einhaltung von bestehenden Konventionen basieren. Auf diese Weise ist es möglich, die ersten Funktionalitäten der Beispielapplikation *CakeJobs* innerhalb von 20 Minuten zu erstellen.

In Kapitel 4, *Der Controller*, werden Sie den Controller als »Motor« der Anwendung kennenlernen. Der Controller ist die Schnittstelle zwischen dem Model und der eigentlichen Ausgabe der Daten im View, und in ihm werden alle wichtigen Entscheidungen für den Ablauf und die Logik der Applikation getroffen. Eine gute Struktur und die Verwendung von ausgelagerter Logik ist dabei Grundlage für sauberen und übersichtlichen Code. Eine wesentliche Eigenschaft des Controllers beseht darin, dass er als Schnittstelle zwischen dem User und der Applikation dient. Jeder Zugriff erfolgt über eine von Ihnen definierte Methode, die von außen angesprochen werden kann.

Kapitel 5, *Das Model*, widmet sich der Model-Klasse von CakePHP, die für die Abstraktion der Daten und der Logik des Daten-Handlings verantwortlich ist. Es hat seinen Grund, dass M (für »Model«) im Namen des MVC-Pattern an erster Stelle steht: Das Model repräsentiert die Daten eines Systems, die der Mittelpunkt der meisten Applikationen sind. Auf den ersten Blick mag das Model wie eine einfache Abstraktionsschicht für eine Datenbank wirken, da alle Zugriffe über die Methoden dieser Klasse gekapselt sind. Das Model ist aber viel mehr, da neben den Daten auch der logische Umgang mit diesen definiert wird, wie beispielsweise die Validierung von Daten oder die Verknüpfung von abhängigen Tabellen in der Datenbank.

Kapitel 6, *Das View*, präsentiert die Ausgabe-Logik von CakePHP und damit das V im MVC-Pattern. Konkret bedeutet dies, dass im View der Teil implementiert wird, den der User zu sehen bekommt. Der Aufbau dieses Kapitels behandelt dabei zwei Bereiche: zum einen den eigentlichen Aufbau des Views in CakePHP, bestehend aus dem Rahmenlayout und dem dynamisch erzeugten View, abhängig von einer Action. Zum anderen behandeln wir die Helper, die CakePHP Ihnen zur Verfügung stellt. Helper dienen dazu, dynamische Bereiche in das View einzufügen, ohne die Trennung von Layout und Logik aufzuheben. Unter anderem wird durch Helper die dynamische Befüllung von Formularen ermöglicht.

Kapitel 7, *Helper – Lassen Sie CakePHP für sich arbeiten*, ist im Prinzip eine Fortsetzung des View-Kapitels, in dem nun der Schwerpunkt auf die Core-Helper des Frameworks gelegt wird. Dieses Kapitel widmet sich deshalb der konkreten Anwendung von Helpern aus der CakePHP-API, um bestimmte Probleme in der Entwicklung zu lösen. Beispiele hierfür sind dynamisches HTML, die Erstellung von komplexen Formularen oder die Ausgabe von Datenformaten wie XML, RSS etc.

In Kapitel 8, *Session-Handling mit CakePHP*, widmen wir uns dem Session-Handling, also der persistenten Speicherung von Daten über einen Browser-Request hinaus. Da fast keine Webanwendung mehr ohne ein vernünftiges Session-Handling auskommt, ist es naheliegend, dass das Framework unserer Wahl den Umgang mit Sessions kapselt und auf eine Cake-typische Weise implementiert.

In Kapitel 9, *Die CakePHP-Console und die Bake-Shell*, wird die Console behandelt, die seit Version 1.2 ein wichtiger Bestandteil von CakePHP geworden ist. Die prominenteste Funktionalität der Console ist das sogenannte »Baking« von Code, also das automatische Generieren von Code. So kann Ihnen als Entwickler viel Arbeit abgenommen werden. »Baking« kommt zum Einsatz, um immer wiederkehrenden Quelltext (wie beispielsweise den grundlegenden Aufbau der Model-, View- und Controller-Klassen) automatisch zu erstellen.

In Kapitel 10, *Der Controller reloaded – Callbacks, Routes & Co.*, tauchen wir noch einmal in das Thema des Controllers ein und besprechen eine Reihe von weitergehenden Features, wie beispielsweise die Verwendung mehrerer Models und die Verwendung von Callbacks, um den Ablauf eines Requests zu beeinflussen. Damit wird es Ihnen ermöglicht, das Framework in Ihrem Sinne zu beeinflussen, um beispielsweise sicherheitsrelevante Zugriffe besser steuern zu können.

Kapitel 11, *Components nutzen*, widmet sich den Components. Components sind in sich geschlossene Bereiche innerhalb einer Applikation, die eine bestimmte Funktionalität kapseln und diese über die Grenzen eines Controllers hinaus verfügbar machen. Im Sinne des »Don't repeat yourself«-Prinzips ist der Einsatz von Components in CakePHP eine wesentliche Grundlage, um beispielsweise Funktionalitäten wie das Session-Handling zu realisieren.

Kapitel 12, *Das Model reloaded – Bindings, Behaviors & Co.*, nimmt sich noch einmal der Thematik des Models an und gibt einen tiefergehenden Einblick in den Aufbau und die weiterführenden Möglichkeiten dieser Klasse. Sie werden lernen, wie CakePHP komplexe Relationen in der Datenbank abbildet und in der Applikation kapselt.

Kapitel 13, *Ajax und DHTML mit CakePHP*, zeigt auf, wie CakePHP diese relativ junge Technologie verwendet. Die Grundlage dafür ist die Schnittstelle zwischen der Bibliothek *Prototype* und dem Ajax-Helper, der von dieser Bibliothek Gebrauch macht. Darüber hinaus werden wir einen Blick auf die Möglichkeiten des Event-Handlings über CakePHP im Browser werfen.

Kapitel 14, *Sicherheit, Authentifizierung und Autorisierung*, beschreibt die Möglichkeiten, die Sie haben, um eine Anwendung mit den Mitteln von CakePHP sicherer zu gestalten. In diesem Kapitel möchten wir Ihnen zunächst die *Security-Component* von CakePHP erläutern und Ihnen dann mit der *Auth-Component* zeigen, wie einfach sich ein Login-System in CakePHP implementieren lässt. Außerdem gehen wir auf die Verwaltung der Zugriffsrechte mit *Access Control Lists* ein.

Kapitel 15, *Lokalisierung und Internationalisierung*, ist der Mehrsprachigkeit gewidmet und zeigt, wie Sie diese in einer Applikation realisieren.

In Kapitel 16, *Testing*, werden Sie die Möglichkeiten des Test Driven Development mit CakePHP kennenlernen. Die testgetriebene Entwicklung dreht den gewohnten Entwicklungsprozess um: Man schreibt Tests schon vor dem Implementieren der gewünschten Weiterentwicklung oder neuen Funktionalität. CakePHP verwendet dazu *SimpleTest*.

In Kapitel 17, *Weitere Kernfunktionalitäten von CakePHP*, werden wir auf die wichtigsten Komponenten von CakePHP eingehen, die nicht direkt in das MVC-Schema gehören, aber trotzdem nicht unerwähnt bleiben sollten. Dazu gehören zum Beispiel der Umgang mit Fehlern, Konfigurationen und die Kernstruktur der Cake-Module.

In Kapitel 18, *Tipps und Tricks*, werden wir Ihnen eine Reihe von kleinen Anwendungsbeispielen vorstellen, die CakePHP zu bieten hat, die aber in keinem der vorherigen Kapitel Platz gefunden haben. Dabei handelt es sich um kleine Tricks und interessante Features, die von CakePHP als Teil des Frameworks zur Verfügung gestellt werden, aber wenig dokumentiert sind.

## Typographische Konventionen

Die folgenden typografischen Konventionen werden in diesem Buch verwendet:

*Kursiv*
: Wird für URLs, die Namen von Verzeichnissen und Dateien, Optionen, Menüs und zur Hervorhebung verwendet.

`Nichtproportionalschrift`
: Wird für Codebeispiele, den Inhalt von Dateien und sowie für die Namen von Variablen, Befehlen und anderen Codeabschnitten verwendet.

**`Nichtproportionalschrift fett`**
: Wird in Codebeispielen verwendet, um wichtige Codeteile hervorzuheben.

## Verwendung der Codebeispiele

Dieses Buch soll Ihnen bei Ihrer Arbeit helfen. Es ist allgemein erlaubt, den Code aus diesem Buch in Ihren Programmen und Dokumentationen weiterzuverwenden. Hierfür ist es nicht notwendig, uns um Erlaubnis zu fragen, es sei denn, es handelt sich um eine größere Menge Code. So ist es beim Schreiben eines Programms, das einige Codeschnipsel dieses Buchs verwendet, nicht nötig, sich mit uns in Verbindung zu setzen; beim Verkauf oder Vertrieb einer CD-ROM mit Beispielen aus O'Reilly-Büchern dagegen schon. Das Beantworten einer Frage durch das Zitat von Beispielcode erfordert keine Erlaubnis. Verwenden Sie einen erheblichen Teil des Beispielcodes aus diesem Buch in Ihrer Dokumentation, ist dagegen unsere Erlaubnis nötig.

Eine Quellenangabe ist zwar erwünscht, aber nicht obligatorisch. Hierzu gehört in der Regel die Erwähnung von Titel, Autor, Verlag und ISBN, zum Beispiel: »*Webentwicklung mit CakePHP* von Dirk Ammelburger & Robert Scherer. Copyright 2008 O'Reilly Verlag, ISBN 978-3-89721-863-5.«

Falls Sie sich nicht sicher sind, ob die Nutzung der Codebeispiele außerhalb der hier erteilten Erlaubnis liegt, nehmen Sie bitte unter der Adresse *kommentar@oreilly.de* Kontakt mit uns auf.

## Die Codebeispiele zu diesem Buch

Zu *Webentwicklung mit CakePHP* gibt es eine Website der Autoren, auf der Sie die Codebeispiele sowie Errata und weitere Informationen zum Buch finden. Die Adresse lautet:

> *http://webentwicklung-mit-cakephp.de/*

Die Codebeispiele zum Buch und weitere Informationen finden Sie auch auf der Website des O'Reilly Verlags unter:

> *http://www.oreilly.de/catalog/cakephpwebentwger/*

## Die CakePHP-Welt

CakePHP ist ein Open Source-Projekt und wird von einer großen Entwicklergemeinde unterstützt und weiterentwickelt. In diesem Abschnitt möchten wir Ihnen einen kurzen Überblick darüber geben, welche Organisationen, Menschen und Ressourcen für CakePHP relevant sind.

### Die Cake Software Foundation

Die *Cake Software Foundation (CSF)* ist eine Non-Profit-Organisation, die Ende 2005 gegründet wurde, um CakePHP zu unterstützen. Diese Organisation koordiniert die Weiterentwicklung, die Verbreitung und die Pressearbeit für CakePHP und kümmert sich um die Server und die nötige Infrastruktur für ein Open Source-Projekt dieser Größe.

Die CSF bietet Unternehmen die Ausbildung ihrer Entwickler zu CakePHP-Profis an – auch als Vor-Ort-Training. Die offizielle Website der Cake Software Foundation finden Sie unter *http://www.cakefoundation.org/*.

Die CSF freut sich über jede Form von Unterstützung unter *http://www.cakefoundation.org/pages/donations*.

### Die Cake Development Corporation

Die *Cake Development Corporation (CDC)* ist eine Agentur, die vom CakePHP-Kernteam betrieben wird. Diese Agentur bietet Unternehmen professionelle Dienste in Zusammenhang mit CakePHP an. Die CDC beschäftigt hochqualifizierte CakePHP-Entwickler, die Unternehmen in Hinblick auf die Konzeption und Planung ihrer Anwendungen in CakePHP beraten, die Anwendungen entwickeln und diese kontinuierlich auf Skalierbarkeit, Performance und Wartbarkeit prüfen.

Zusammenfassend kann man sagen, dass die Cake Development Corporation von der Beratung, über die Konzeption, die Entwicklung und das Deployment einen kompletten Service rund um CakePHP anbietet.

Weitere Informationen finden Sie unter *http://www.cakedevelopment.com/*.

## Weiterführende Quellen

Im Folgenden haben wir die wichtigsten Ressourcen für CakePHP aufgelistet:

- Die offizielle, mehrsprachige und ständig wachsende Dokumentation, das CookBook: *http://book.cakephp.org*
- Die CakePHP-API: *http://api.cakephp.org/1.2/*
- Die Bakery: Hier gibt es von der Community und dem Core-Team geschriebene Artikel zu diversesten Themen, Code-Snippets und News in der CakePHP-Welt: *http://bakery.cakephp.org*
- Der *#cakephp*-IRC-Channel in *irc.freenode.net*
- Die internationale Google Group für CakePHP finden Sie unter *http://groups.google.com/group/cake-php*.
- Die deutsche Google Group: *http://groups.google.com/group/cakephp-de*
- CakeForge, die Plattform für Open Source-Projekte, die auf CakePHP basieren: *http://cakeforge.org/*

## Danksagungen

CakePHP wird von einer motivierten und hilfsbereiten Community entwickelt, die uns beim Schreiben dieses Buchs sehr geholfen hat. Unser Dank gilt insbesondere natürlich dem Kernteam von CakePHP:

- Garret J. Woodworth, Projektleiter von CakePHP
- Larry E. Masters, ehemaliger Hauptentwickler
- Nate Abele, derzeitiger Hauptentwickler
- Mariano Iglesias, Entwickler
- Felix Geisendörfer, Entwickler
- John David Anderson, Dokumentation

Und natürlich den vielen Bloggern, die ihr Wissen über CakePHP unermüdlich weitervermitteln. Unser Dank geht insbesondere an Felix Geisendörfer und Tim Koschützki von der Debuggable Ltd. (*debuggable.com*), Daniel Hofstetter (*cakebaker.42dh.com*), Mariano Iglesias (*www.marianoiglesias.com.ar*), Geoff Ford (*lemoncake.wordpress.com*), Andy Dawson (*ad7six.com*), Chris Hartjes (*littlehart.net/atthekeyboard*) und Jonathan Snook (*snook.ca*).

# KAPITEL 1
# CakePHP kennenlernen

Dieses Buch wird Ihnen im Laufe der Kapitel das Framework CakePHP mit all seinen Möglichkeiten näherbringen, so dass Sie in die Lage versetzt werden, mit diesem wunderbaren Stück Software Webseiten und andere Webapplikationen zu entwickeln. Sie werden feststellen, dass nach einer kurzen Eingewöhnungszeit CakePHP Ihre Arbeit spürbar beschleunigen wird, so dass die Entwicklung von Standardanwendungen plötzlich nur noch einen kleinen Teil der Zeit benötigt, die Sie früher dazu aufgewendet haben. Aber wir möchten an dieser Stelle nicht zu weit vorgreifen.

Wenn Sie noch nie mit einem Framework gearbeitet haben, klingen unsere Worte an dieser Stelle vermutlich eher wenig glaubhaft. Falls Sie bereits die Möglichkeiten eines Frameworks kennen – sei es für PHP oder eine andere Programmiersprache –, dann dürfen Sie gespannt sein, wie gut die Konzepte auch für eine Websprache funktionieren. Eines ist auf jeden Fall wichtig, jetzt schon erwähnt zu werden: CakePHP ist keine simple Sammlung von Klassen und Funktionen, die einem lediglich eine Handvoll Werkzeuge bereitstellt. CakePHP ist viel mehr. Wir würden sogar so weit gehen zu sagen, dass CakePHP eine eigene Philosophie des Entwickelns mit sich bringt, die dank ihres logischen Aufbaus und der in sich geschlossenen Struktur jeden Entwickler während seiner Arbeit merklich und unmerklich unterstützt.

Das soll nicht heißen, dass es jetzt nur noch einen richtigen Weg gibt, um Dinge zu realisieren. Es gibt immer viele Möglichkeiten, die auch gern von CakePHP-Entwicklern in Foren und Blogs ausführlich diskutiert werden. Aber es gibt immer eine gedankliche Grundlinie, den »Cake-Way«, der die Philosophie des Frameworks repräsentiert.

Doch bevor wir den CakePHP-Weg beschreiten, möchten wir ein paar grundsätzliche Fragen beantworten, die im Zusammenhang mit Frameworks oft gestellt werden. Vor allem, wenn Sie bisher noch nie mit einem Framework (in welcher Sprache auch immer) gearbeitet haben, ist die Frage nach dem Sinn eines programmiersprachlichen Overheads wie diesem sicher berechtigt.

## Was ist ein Framework?

Ein Framework, frei übersetzt eine »Rahmenstruktur«, ist im Prinzip eine Art Code-Gerüst, das für die Entwicklung von Applikationen verwendet wird. Ein Framework selbst ist kein fertiges Programm, sondern stellt vielmehr eine Art Grundlage dar, auf der ein neues Programm entwickelt wird. In der Regel wird durch ein Framework ein bestimmter Stil oder ein bestimmter Aufbau vorgegeben, nach dem sich der Entwickler richten sollte. In der Regel liegt dieser Struktur ein bestimmtes Entwurfsmuster zugrunde, wie beispielsweise das *Model-View-Controller-Pattern*, das auch bei CakePHP Anwendung findet.

Der Begriff des Frameworks ist relativ ungenau definiert und umfasst im Prinzip alle Arten von programmiertechnischen Vorarbeiten, die ein Entwickler nutzen kann. Von schlichten Werkzeugsammlungen bis hin zu einer kompletten Abstraktion eines Workflows in Applikationen ist alles unter dem Begriff des Frameworks zu finden. Bekannte Frameworks neben CakePHP sind beispielsweise *Struts* für Java, das *MFC* von Microsoft für die Windows-Entwicklung und natürlich *Ruby on Rails*, dessen grundlegende Konzepte für CakePHP adaptiert wurden.

In der Regel werden Frameworks für bestimmte Arten von Applikationen bzw. bestimmte Problembereiche definiert, um dem Entwickler einen Best Practice-Ansatz bereitzustellen, mit dem er dieses Problem lösen kann. Es liegt nahe, für die Entwicklung von Webanwendungen diesen Denkansatz zu verfolgen, da bestimmte Problemstellungen und Lösungsansätze zwangsläufig immer wieder auftauchen. So gleicht eine Webapplikation der anderen schon auf so fundamentaler Ebene, dass der Datenstrom zwischen User und der Logikschicht über das HTTP-Protokoll zwischen dem Browser und dem entfernten Rechner ausgetauscht wird. In der Regel gibt es auch nicht nur einen User, der diese Anwendung benutzt und auf die Ressourcen des Servers zugreift, sondern eine ganze Menge von Usern, so dass es man auch eine Funktion haben sollte, um die Zugriffe verschiedener User voneinander zu unterscheiden.

Eines der wesentlichen Merkmale des HTTP-Protokolls ist die Tatsache, dass es verschiedene Aufrufe des Users innerhalb eines Zeitrahmens nicht miteinander in Bezug setzen kann. Das Protokoll ist also zustandslos. Um die Sitzung eines Users verfolgen zu können, muss innerhalb der Logikschicht also noch einiges passieren (Session-Handling etc.). Darüber hinaus ist allen Applikationen gemein, dass Daten in einem bestimmten Format über ein Netzwerk vom Browser an den Server gesendet werden. Eine angesprochene Applikation verarbeitet diese Daten und reagiert in einer bestimmten Form auf diese Anfrage – in der Regel so, dass weitere modifizierte Daten an den User zurückgeschickt werden und im Browser über HTML dargestellt werden. Die Ausgabe beim User wiederum kann aus weiteren Eingabeelementen bestehen, die neue Daten anfordern oder schlicht in einem bestimmten Format ausgeben.

Die Darstellung, der Datenaustausch, die User-Identifizierung oder die Verwaltung von Sessions sind nur einige Beispiele, die standardmäßig in fast jeder Webanwendung vorkommen, so dass ein Framework sie kapseln kann, um dem Entwickler das Leben zu erleichtern.

Das CakePHP-Framework nutzt das Model-View-Controller-Entwurfsmuster, das für den Aufbau von einer stark oberflächenorientierten Software geschaffen wurde. Dabei ist es egal, ob es sich um eine verteilte Anwendung handelt, die auf einem entfernten Server läuft und deren Darstellung beim User lokal gerendert wird, oder um eine simple Fensterapplikation. Der Ansatz ist derselbe, und er sieht eine strikte Trennung von Datenhaltung, Darstellung und Logik vor. Das MVC-Pattern werden wir später in diesem Kapitel noch genauer betrachten.

# Grundprinzipien des CakePHP-Frameworks

Das CakePHP-Framework basiert auf einer Reihe von Konzepten, die Sie kennen müssen, um CakePHP verstehen zu können und um mit ihm zu arbeiten. Im Folgenden möchte ich die wichtigsten Begriffe kurz anreißen, um dann später im Laufe des Buches näher darauf einzugehen.

## DRY – Don't Repeat Yourself

Einer der wesentlichsten Grundsätze von CakePHP kann in dem kurzen Akronym DRY zusammengefasst werden. Diese drei Buchstaben stehen für das simple Statement: *Don't repeat yourself* – Wiederhole dich nicht. Im Prinzip muss dazu nichts weiter gesagt werden, denn die Bedeutung ist klar: Es geht um die Vermeidung unnötiger Redundanzen im Quelltext bzw. in der Datenhaltung. Das Ziel besteht darin, eine schlanke Applikation zu schaffen, die einfach zu warten ist, ohne dass gleiche oder ähnliche logische Bereiche nebeneinander existieren. Wenn das DRY-Prinzip erfolgreich umgesetzt wird, dann kann man als Entwickler sicher sein, dass durch Änderungen am Quelltext keine Seiteneffekte auf logisch unabhängige Bereiche der Anwendung entstehen. Gleichzeitig müssen die Teile der Applikation, die logisch auf dem geänderten Bereich beruhen, synchron und vor allem vorhersehbar reagieren.

CakePHP unterstützt dieses Prinzip dadurch, dass Standardaktionen im Framework abgewickelt werden und der Entwickler durch den Einsatz wesentlicher Design-Pattern eine saubere Struktur der Applikation vorgesetzt bekommt. Das Prinzip wird also nicht nur innerhalb eines Projektes berücksichtigt, sondern auch projektübergreifend, da bestimmte Logiken direkt von CakePHP implementiert sind und so direkt vom Entwickler genutzt werden können. Gerade für die Entwicklung von Prototypen ist dieses Default-Verhalten nützlich, da grundsätzliche Funktionalitäten direkt zur Verfügung stehen und später in der Entwicklung einfach im Sinne der Objektorientierung überschrieben werden.

## Rapid Development

Das Entwickeln von Applikationen besteht klassischerweise aus mehreren Phasen, wobei das reine Programmieren nur eine dieser Phasen ist. Neben der Analyse der Anforderungen und Anwendungsfälle gehört nach der Implementierung auch das Testen gegen diese Anforderungen zu den wesentlichen Schritten. Der Entwicklungsprozess ist damit einer linearen Ordnung unterworfen und wird in der Regel chronologisch durchlaufen. Später auftretende Änderungen an den Anforderungen können oft nur schwer berücksichtigt werden, wenn die Analyse- und Planungsphase schon abgeschlossen ist. Der Begriff *Feature Freeze* ist ein typisches Merkmal für diese Art des Denkens.

Strukturiertes Vorgehen dieser Art hat sicher viele Vorteile, führt aber auf der anderen Seite zu einer unflexiblen Haltung, die sehr variable Konzepte oft schwer umsetzbar macht.

Rapid Development basiert auf der Idee, die Planungsphase bei der Entwicklung einer Software kurz zu halten und möglichst schnell ausführbaren Code in Form von Prototypen zu erstellen. Ein Prototyp ist ein Stück Software, das die wesentlichen Funktionalitäten einer Anwendung repräsentiert. Konzepte können so unkompliziert getestet werden, um eventuell notwendige Änderungen gleich zu realisieren. Das Ziel ist es, dem Kunden möglichst früh ein funktionsfähiges Modell zeigen zu können, um vielleicht bestehende Missverständnisse auszuräumen. Wenn der Prototyp vom Kunden abgesegnet worden ist, wird auf Basis dieses Modells die eigentliche Applikation entwickelt.

Das Konzept des Rapid Development kommt der Praxis der Webentwicklung sehr nahe, da an dieser Stelle oft keine fertigen Konzepte vonseiten des Auftraggebers vorliegen, sondern viele Applikationen erst während der Entwicklung durchdacht werden und nach dem Prinzip Try, Change, Try-again wachsen. Prototyping spart an dieser Stelle einem Entwickler viel Zeit und Ärger.

CakePHP trägt dieser Tatsache Rechnung, indem die Techniken des Prototypings im Framework »native« hinterlegt wurden. Es existiert für fast alle Aktionen ein Default-Verhalten, das vom Entwickler genutzt werden kann oder für die eigenen Anforderungen überschrieben wird. Standard-Funktionen im Umgang mit Daten wie CRUD (siehe nächster Absatz) sind durch die Möglichkeiten des Scaffolding von Anfang an gegeben. So reichen beispielsweise die Informationen einer Datenbanktabelle, um ein komplettes Formular zu erzeugen. Es muss keine Zeile Code geschrieben werden, und man hat trotzdem eine funktionierende Applikation auf

Basis einer Datenbank, die als Grundlage für einen Prototyp verwendet werden kann.

## CRUD – CREATE, READ, UPDATE und DELETE

Ein weiteres Prinzip aus der CakePHP-Welt ist CRUD – vier Buchstaben, die auf den ersten Blick relativ fürchterlich aussehen, aber für die vier wesentlichen Aktionen im Umgang mit persistenten Daten stehen: CREATE, READ, UPDATE und DELETE. Nahezu jede Anwendung im Bereich der Datenverarbeitung basiert auf mindestens einer dieser Funktionen, und dynamische Webapplikationen sind dabei keine Ausnahme. Eher im Gegenteil: Die meisten Webanwendungen basieren im Wesentlichen auf der Darstellung von Daten, die über Formulare durch den User modifiziert werden können. Mit einer entsprechenden Datenbank im Hintergrund kann jede dieser Aktionen ganz einfach auf einen SQL-Befehl übertragen werden:

| CRUD-Aktion | SQL-Befehl |
|---|---|
| CREATE | INSERT |
| READ | SELECT |
| UPDATE | UPDATE |
| DELETE | DELETE |

CakePHP hat dieses Prinzip konsequent verinnerlicht und bietet im Framework für jede dieser Standardaktionen eine reichhaltige Anzahl an Werkzeugen. Gerade im Bezug auf die dynamische Selektion von Daten nach bestimmten Kriterien, die erst zur Laufzeit bekannt sind, ist das Framework sehr mächtig. Man kann sogar noch einen Schritt weitergehen und das Standardverhalten einer Applikation im Umgang mit Daten einer Datenbank automatisch generieren lassen. Auf diese Weise kann für jede Datenbanktabelle und entsprechend verknüpfte Felder dynamisch Quelltext erzeugt werden, der für jede der genannten Aktionen eine lauffähige Methode erstellt.

## Convention over Configuration

Ein weiterer wesentlicher Aspekt, den CakePHP von Ruby on Rails übernommen hat, ist die Philosophie *Convention over Configuration*. Im Wesentlichen bedeutet dieser Ansatz, dass ein Entwickler nur die Bereiche einer Applikation konfigurieren muss, die sich nicht aus dem logischen Zusammenhang bzw. den festgelegten Konventionen ergeben – also den »unkonventionellen« Teil der Anwendung. Ein typisches Beispiel für die Anwendung von Konventionen in CakePHP ist die Verknüpfung der Models mit Datenbanktabellen, des Controllers mit dem Model oder die Verknüpfung eines einzelnen View-Templates mit einer Action im Controller. Gibt es zum Beispiel eine Tabelle namens *posts* in der Datenbank, dann wird diese durch die Model-Klasse *post.php* repräsentiert. Die entsprechende Controller-Klasse liegt in der Datei *posts_controller.php* und arbeitet mit den Templates innerhalb des Ordners *posts*.

Für den Entwickler bedeuten diese Konventionen eine Arbeitserleichterung, da er, wenn er sich an die Konventionen hält, keine Zeile Code schreiben muss, um die oben genannten Zusammenhänge dem Framework mitzuteilen. CakePHP sucht automatisch nach den entsprechenden Dateien und geht davon aus, dass laut Konvention die entsprechenden Klassen zusammengehören und -arbeiten.

Damit fällt die für viele Frameworks und auch Applikationen typische Menge an Konfigurationsdateien zu einem großen Teil weg, und als Entwickler läuft man nicht Gefahr, durch eine »Überkonfiguration« Fehler zu machen, die sich vermeiden lassen würden. Gerade sehr große Projekte leiden oft an riesigen Konfigurationen, die schnell unübersichtlich werden.

## Das Model-View-Controller-Pattern

Nun ein wenig Theorie für alle, die es interessiert. CakePHP basiert auf einem Design-Pattern mit dem Namen Model-View-Controller, dessen Grundlage für das Verständnis des Frameworks sehr wichtig ist. Das Model-View-Controller-Modell, oder kurz MVC, wurde ursprünglich für die Erstellung von Benutzeroberflächen mit Smalltalk-80 verwendet. Das Ziel des Modells ist die logische Trennung der Funktionalitäten in einer interaktiven Applikation in abgegrenzte Teilsysteme. Auf diese Weise wird eine hohe Flexibilität für die Darstellung der Daten garantiert sowie ein hoher Grad an Wiederverwendbarkeit einzelner Bereiche.

Model-View-Controller, wörtlich etwa »Modell-Präsentation-Steuerung«, ist inzwischen zu einem weit verbreiteten Standard geworden und ist als Entwurfsmuster im maßgeblichen Werk der *Gang of Four*[1] beschrieben worden. Nicht nur CakePHP arbeitet mit diesem Muster, sondern auch viele andere Frameworks, wie zum Beispiel *Struts* für Java oder das bekannte *Ruby on Rails*.

Das MVC-Modell sieht eine genaue Aufgabenteilung innerhalb einer oberflächenorientierten Applikation vor. Das Softwaresystem wird dazu in drei Einheiten aufgeteilt: Datenmodell (engl. *Model*), Präsentation (engl. *View*) und Programmsteuerung (engl. *Controller*). Als Model wird die Datenquelle bezeichnet, die Daten unabhängig vom Erscheinungsbild liefert (also beispielsweise aus einer relationalen Datenbank), bzw. deren softwaretechnische Kapselung in der Applikation. Das View formatiert und zeigt diese Daten, wobei die Darstellung der gleichen Daten durch die Wahl bzw. Anpassung des Views geändert werden kann. Es ist also nicht

1 *Entwurfsmuster: Elemente wiederverwendbarer objektorientierter Software* von Erich Gamma, Richard Helm, Ralph Johnson und John Vlissides, Addison-Wesley.

das Model, das die Ausgabe der Daten beeinflusst, sondern das View, das weitgehend unabhängig vom Model ist. Ein Model kann beliebig viele Views haben.

Der Controller kontrolliert die Interaktion mit dem Benutzer und somit das Verhalten der Komponente oder, anders ausgedrückt, die Applikationslogik. Informationen werden durch den Controller vom View zum Model übertragen, um Änderungen an den Daten oder der Datenselektion zu ermöglichen. Beim Controller handelt es sich also um einen Vermittler, der nicht nur Daten selektiert, sondern auch das entsprechende View für die Darstellung der Daten. Abbildung 1-1 zeigt das MVC-Modell als Diagramm.

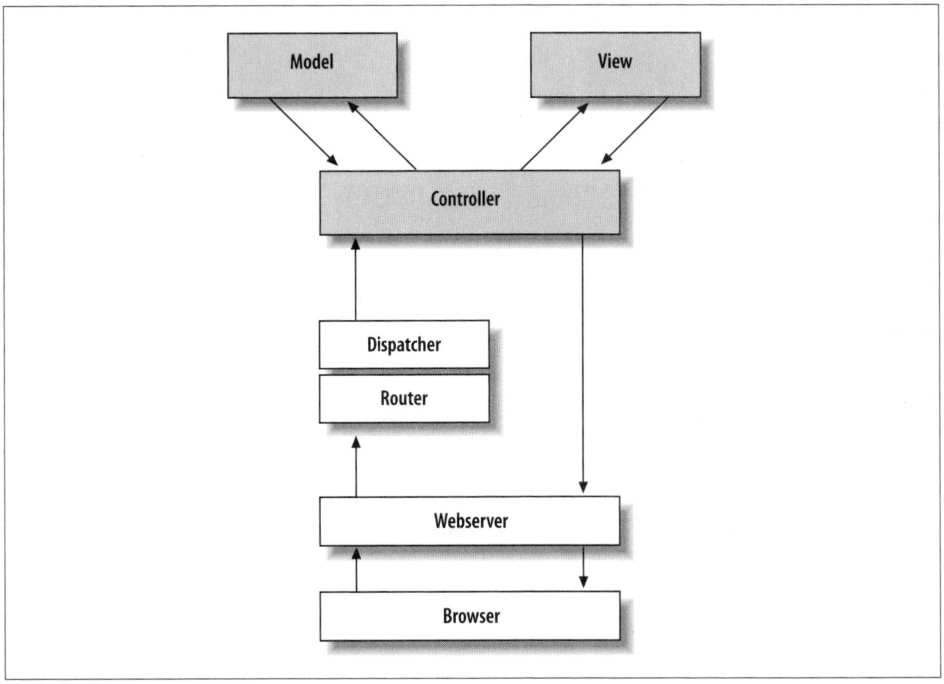


*Abbildung 1-1: Das MVC-Pattern*

Der Vorteil dieser Aufgabenverteilung innerhalb einer Applikation ist offensichtlich: Zum einen können logisch unabhängige Bereiche geschaffen werden, die ausgetauscht bzw. geändert werden können, ohne dass die korrespondierenden Teile der Applikation berührt werden müssen. Auf den konkreten Fall einer Webapplikation bezogen, ist es zum Beispiel möglich, ein View-Template durch einen Webdesigner anpassen zu lassen, ohne dass er den Controller oder das Model kennen muss. Er muss lediglich auf die dynamischen Werte im Template achten und diese im neuen Kontext darstellen. Zum anderen macht die Aufteilung der Applikation für das Debugging Sinn, da Fehler schneller lokalisiert werden können. Jeder einzelne

Bereich kann von einem entsprechenden Entwickler betreut werden, der seine Kenntnisse schwerpunktmäßig einsetzen kann.

Hier nun eine kurze Beschreibung der drei Komponenten Model, View und Controller im Kontext einer Webapplikation, wie Sie sie mit CakePHP entwickeln werden:

## Das Model

Das Model repräsentiert die Daten einer Anwendung und enthält in den meisten Implementierungen die Geschäftslogik der Anwendung, womit alle Datenmanipulationen und datenrelevanten Aktionen gemeint sind. Die Model-Klasse stellt eine Reihe von Methoden zur Verfügung, über die es möglich ist, den Zustand der Daten abzufragen, die Daten zu filtern und natürlich zu verändern. Die CRUD-Funktionalität ist so direkt im Model hinterlegt. Das Model kennt kein konkretes View, sondern bekommt es zur Laufzeit über den Controller zugewiesen.

Ein Model ist nicht mit einer Datenbankabstraktion zu verwechseln. Die Datenquelle eines Models kann genauso gut eine XML-Datei sein. Es ist wichtig zu verstehen, dass das Model unabhängig von der Datenquelle schlicht die Daten und deren Eigenschaften und Eigenheiten repräsentiert. Dazu gehört beispielsweise auch die Information, welche Tabellen in einer relationalen Datenbank wie mit dem Model zusammenhängen und welche Abhängigkeiten in der Datenbank herrschen. Das Model enthält auch Informationen über einzelne Felder, beispielsweise Validierungsregeln, die festlegen, welche Werte Gültigkeit haben und welche nicht.

## Das View

Das View übernimmt die Darstellung der Daten in der Applikation und entspricht der Präsentationsschicht. Ein View ist dabei immer auf ein bestimmtes Model bezogen und wird nicht für die Darstellung anderer Daten verwendet. Die Daten werden allerdings nicht direkt vom View aus dem Model gezogen, sondern in der Regel über den Controller selektiert und weitergereicht.

In der Welt der Webapplikationen entspricht ein View immer der Darstellung in einem bestimmten HTML-Template bzw. einer Datenausgabe in XML oder einer anderen Auszeichnungssprache für die Übermittlung an definierte Schnittstellen. In CakePHP beinhaltet das View-Layer allerdings nicht nur rudimentäre Template-Funktionen, sondern darüber hinaus auch noch Komponenten, die es erweitern und dem Entwickler diverse Hilfestellungen geben.

In der Entwicklungsphase kann auf die manuelle Erstellung von Views auch verzichtet werden, indem man im Controller die Scaffolding-Option nutzt, die Sie in Kapitel 3, *Schnell zum Erfolg – Ihre erste Webapplikation mit CakePHP*, kennenlernen werden. Auf diese Weise werden dynamisch Views auf Basis der im Model definierten Daten erstellt.

## Der Controller

Der Controller enthält die Anwendungslogik der Applikation und kontrolliert den Ablauf der Benutzerinteraktion. Ein Controller definiert eine Reihe von möglichen Actions gegenüber einer oder mehreren Model-Klassen und bietet zu diesem Zweck eine Reihe von Schnittstellen, die in der Regel über ein View (in Form eines Links oder eines Formulars) angesprochen werden. Ein Controller regelt also die Zusammenarbeit von Model und View, indem er die Anfragen an die Schnittstellen verwaltet und entsprechend an das Model weiterleitet. Das Ergebnis einer Anfrage wird dann in einem neu generierten View an den User zurückgeschickt.

Der Controller ist bei einer Webanwendung ein Stück PHP-Code, der über eine HTTP-Anfrage aufgerufen wird. Jede Schnittstelle, in CakePHP *Action* genannt, entspricht einer Methode in der Controller-Klasse, die über eine URL direkt angesprochen werden kann. Das Framework routet diese Anfrage automatisch an den korrekten Controller weiter und sorgt dafür, dass eventuelle Parameter in der Funktion zur Verfügung stehen.

# Das Zusammenspiel der CakePHP-Komponenten

Dieser Abschnitt bietet Ihnen einen Überblick über CakePHP, dessen Komponenten und den Zusammenhang mit den soeben besprochenen Konzepten und Theorien.

CakePHP baut auf dem Model-View-Controller-Pattern auf und setzt dabei auf eigene Implementierungen von Model, View und Controller, die als Basisklassen zur Verfügung stehen. Diese drei Fundamente von CakePHP erweitern Sie dann durch Ihre eigenen Implementierungen. Zusätzlich dazu stehen weitere Klassen zur Verfügung, um verschiedene Aufgaben zu erleichtern, Ihren Code besser wiederverwendbar zu machen und die Entwicklung innerhalb des MVC-Pattern zu beschleunigen.

## MVC in CakePHP

In Abbildung 1-2 sehen Sie die grundlegende Struktur von CakePHP. Wie schon im Abschnitt über das MVC-Pattern erläutert wurde, kapselt das Model den Datenzugriff und die Daten. Dort wird auch die Geschäftslogik implementiert. Der Controller steuert die Benutzerinteraktion und die Abläufe der Anwendung und greift auf die Daten aus dem Model zu. Diese werden dann im Controller an die View-Ebene übergeben, in der die Präsentationslogik implementiert ist.

Das Model holt sich seine Daten über die *DataSource-Klassen*, um konsistent mit verschiedensten Datenquellen arbeiten zu können – von Datenbanken über LDAP-Server oder Daten im XML-Format. Mit *Behaviors* lassen sich Models um Funktionalität erweitern. Beispielsweise können Sie ein Model durch das Zuweisen des

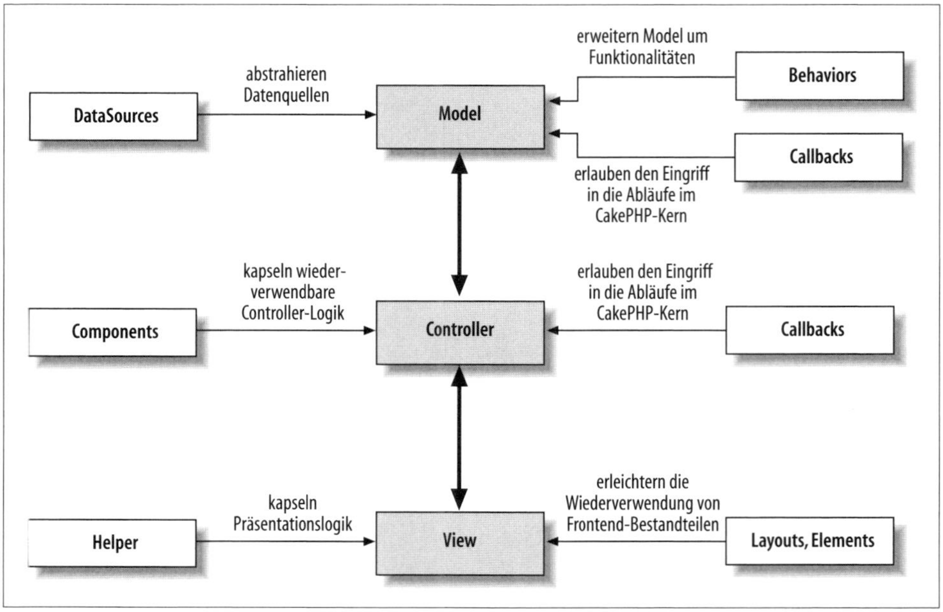


*Abbildung 1-2: Die Komponenten von CakePHP und deren Zusammenspiel*

TreeBehavior dazu ermächtigen, mit Nested-Set-Baumstrukturen spielend leicht zu arbeiten. Die gesamte Logik dafür ist hierbei im Behavior gekapselt und steht dem Model ohne weitere Umschweife zur Verfügung.

Um die Standardabläufe von CakePHP um weitere Logik zu erweitern, bieten Model und Controller verschiedene *Callback-Funktionen*, damit Sie möglichst einfach Code zwischen die aufeinanderfolgenden Schritte einfügen können.

CakePHP-Controller werden von *Components* unterstützt. Diese könnte man als »kleine« Controller bezeichnen, denn sie kapseln Logik, die normalerweise in die Controller gehören würde, aber wiederverwendbar sein muss. Ein Beispiel dafür ist die Email-Component, die den Versand von E-Mails und allem, was dazugehört, kapselt.

Am Ende einer CakePHP-Anfrage kommt das View. Dieses zeigt die im Controller aufbereiteten Daten an und wird dabei von *Helper-Klassen* unterstützt. Helper kapseln wiederverwendbare Präsentationslogik und stellen Helferlein zur Verfügung, die die View-Programmierung erleichtern. Dazu gehören beispielsweise Funktionen für die Anzeige von Paginierungslinks, aber auch die Kapselung von Ajax-Funktionalitäten und des zugehörigen JavaScript. In CakePHP gibt es drei Arten von View-Templates: das View an sich, also das Template der aktuellen Action, das Layout, also den Container der Website, und *Elements*. Diese können an verschiedenen Stellen wiederverwendet werden. Eine klassische Anwendung für Elements sind Menüs oder immer wiederkehrende Sidebars.

## Weitere Komponenten

Dass CakePHP nicht bloß eine starre Implementierung des MVC-Patterns in PHP ist, haben Sie sicher bereits gemerkt. Durch DataSources, Behaviors, Components und Helper werden die drei Grundsäulen des Patterns unterstützt. Doch es gibt noch einige Module in CakePHP, die erwähnt werden sollten.

### Plugins

Ein Plugin in CakePHP ist eine fast eigenständige Applikation mit ihren eigenen Controllern, Models, Views, Helpers und was sonst noch dazugehört, die in eine bestehende Anwendung integriert werden kann. Dazu verschiebt man einfach den Ordner mit dem Plugin in das Plugin-Verzeichnis von CakePHP. So installierte Plugins greifen dann auf den CakePHP-Kern der Anwendung zu und auch auf deren Layouts.

### Routes und der Dispatcher

Mit Routes können Sie die URLs Ihrer Applikation gestalten. Sie definieren damit, wie CakePHP URLs auf die zugehörigen Controller und Actions leiten soll. Routes sind ein sehr flexibles Werkzeug, um Ihre URLs zu verschönern und Ihre Applikation für Suchmaschinen attraktiv zu machen. Der Dispatcher erhält die Anfragen an die Anwendung und ist dafür zuständig zu bestimmen, wo die Anfrage hingehen soll. Er analysiert die angefragte URL und gleicht diese mit den Routes ab. Wenn einmal klar ist, was mit der Anfrage bezweckt werden soll, leistet er die Vorarbeit, um die benötigten Klassen und Komponenten zu laden, instanziiert den Controller und führt die gewünschte Action-Methode aus.

### Die CakePHP-Console

Die CakePHP-Console bietet kommandozeilenbasierten Zugriff auf das Framework. Der Sinn dahinter ist es, bei der Entwicklung interaktiv mit diversen Features von CakePHP zu arbeiten, ohne dafür mühsam eigene Unteranwendungen entwickeln zu müssen. Diese Tools sind in sogenannten Shells gekapselt, die nichts anderes sind als nach einer bestimmten Konvention benannte Klassen.

Da der Zugriff über die Kommandozeile erfolgt, ist es mit Shells spielend möglich, Cronjobs mit Wartungsarbeiten oder immer wiederkehrenden Aufgaben zu implementieren, die keine Benutzerinteraktion benötigen. Es ist aber auch möglich, Schritt-für-Schritt-Abläufe zu programmieren, die Entwickler durch diverse Abläufe führen. Dazu gehört zum Beispiel die Bake-Shell, die es erlaubt, über die Kommandozeile Code generieren zu lassen – ganz nach dem DRY-Prinzip, Schritt-für-Schritt und interaktiv.

### Tests

In der modernen Anwendungsentwicklung wird immer öfter mit *Test Driven Development* gearbeitet. Das heißt, dass die Applikation und auch einzelne Teile von ihr automatisiert auf korrekte Funktionsfähigkeit getestet werden. Das hilft beim Entwickeln, den Überblick zu behalten und die Auswirkungen von Änderungen am Quellcode auf die Funktionstüchtigkeit der Applikation einschätzen und nachvollziehen zu können. CakePHP liefert eine Test-Suite mit, die auf dem Open Source Testing Framework *SimpleTest* aufbaut und eine Umgebung bereitstellt, um die Komponenten von CakePHP ausgiebig zu testen.

Es ist Ihnen natürlich freigestellt, Tests für Ihre Applikationen zu entwickeln, aber Sie sollten sich das durchaus interessante Konzept dennoch ansehen, da es Ihre Art zu entwickeln ganz grundlegend verändern kann.

## CakePHP-Entwicklung Schritt für Schritt

Wie setzen Sie diese Komponenten von CakePHP nun in der realen Anwendungsentwicklung ein?

## 1. CakePHP aufsetzen

Wie wird CakePHP aufgesetzt? Im Normalfall kopieren Sie einfach den Ordner einer frischen CakePHP-Installation in den für den Webserver zugänglichen Ordner. CakePHP verzichtet auf große Konfigurationsorgien, was heißt, dass Sie nur die Zugangsdaten zu Ihrer Datenbank in die entsprechende Konfigurationsdatei eintragen müssen.

## 2. Das Datenbankschema

Die Basis der meisten Anwendungen ist ein Datenbankschema. Würden Sie beispielsweise eine Jobbörse entwickeln, so würde die erste Tabelle die Jobs enthalten und dementsprechend *jobs* heißen. Diese Tabelle hat einen Primärschlüssel namens *ID*, ein Feld für den Titel, ein Feld für die anbietende Firma und ein Feld für den Beschreibungstext. Zusätzliche Felder werden im Laufe der Entwicklung noch dazukommen. Sinnvoll wären hier Datumsfelder oder auch ein Feld, das bestimmt, ob das Jobangebot bereits veröffentlicht wurde und auf der Website angezeigt wird.

## 3. Das Model erstellen

Da die Daten ja die Basis der Applikation sind und das Model diese Daten innerhalb des MVC-Schemas repräsentiert, erstellen Sie im nächsten Schritt nun das Model. Das Model ist eine Klasse, die Sie im dafür vorgesehenen Verzeichnis (benannt nach dem Modelnamen in Kleinschreibung) anlegen. Im Falle der Jobs-Tabelle hieße diese Datei *job.php* und enthielte eine »leere« Klasse namens *Job*, die die Klasse *AppModel* erweitert.

## 4. Den Controller erstellen

Weiter geht es mit dem Controller. Der Controller enthält die Logik, die nach Benutzeranfragen ausgeführt werden soll. Der Controller für die Einträge hieße *JobsController*, würde die Klasse *AppController* erweitern und würde so automatisch auf das soeben erstellte *Job*-Model zugreifen. Jetzt wird es interessant: Ihre Applikation soll ja mehrere Actions bzw. Ansichten haben, die über entsprechende URLs im Browser aufgerufen werden. Im Controller werden diese Actions durch Methoden dargestellt. Das heißt, die Ansicht mit der Auflistung aller Jobs in Ihrer Jobbörse würde durch eine Methode namens `index()` in der Klasse *JobsController* dargestellt. Was passiert in dieser Methode? Sie greifen auf das Model zu, holen sich die benötigten Datensätze als Array in eine Variable und übergeben diese an das View.

Diese Action erreichen Sie dann im Browser über *http://cakephp-anwendung.dev/jobs/index*. In der Standardkonfiguration erreichen Sie die gewünschte Action, indem Sie den Namen des Controllers und den Namen der Action mit einem Schrägstrich getrennt an die URL Ihrer Anwendung hängen. So brauchen Sie sich keine Gedanken über Parameterübergabe, einen eigenen Dispatcher oder gar das Aufrufen bestimmter PHP-Dateien für die verschiedenen Actions zu machen.

## 5. Views erstellen

Die Auflistung der Jobs muss auch im Browser dargestellt werden. Deshalb muss für jede Action ein Template erstellt werden. Templates heißen standardmäßig genauso wie die zugehörigen Controller-Actions. In diesen Dateien schreiben Sie ganz normalen PHP- und HTML-Code, es ist also keine spezielle Syntax wie bei den meisten Template-Engines vonnöten. Sie haben in den Views die aus dem Controller zugewiesenen Daten als lokale Variablen zur Verfügung. Mit diesen arbeiten Sie dann, wie Sie es bereits gewohnt sind.

Zusätzlich haben Sie die Helper zur Hand. Helper nehmen Ihnen zum Beispiel die Aufgabe ab, von Hand immer wieder dieselbe Paginierungslogik zu schreiben. Sie benötigen dafür Vor- und Zurück-Links, die dynamisch immer auf die richtige Seite zeigen müssen, und Sie benötigen Links, um direkt auf die einzelnen Seiten zu springen. Zudem müssen Sie die Vor- und Zurück-Links definieren, sollte es keine vorherige oder nachfolgende Seite geben. Das sind Dinge, die eigentlich fast immer identisch sind und die beim Entwickeln keinen Spaß machen.

## 6. Die Anwendung erweitern und verbessern

Sie haben einen Teil der Jobbörse bereits geschrieben, möchten diese jetzt aber verbessern und erweitern. Verbesserung hängt auch direkt mit Refactorierung zusammen – der Code muss besser werden. Funktionen, die im Laufe der Entwicklung einer Anwendung entstehen, sind vielleicht nicht ideal implementiert worden.

Vielleicht haben Sie in Ihrem Controller eine Funktionalität für die Weiterempfehlung von Jobangeboten per E-Mail implementiert und möchten diese jetzt an anderen Stellen wiederverwenden. Hier bietet sich die Auslagerung in eine CakePHP-Component an. Das gilt auch für das View; wahrscheinlich sieht das Modul mit dieser Funktionalität an anderen Stellen in der Anwendung genauso aus, und Sie möchten dieses wiederverwenden. Dann bietet es sich an, das HTML in ein Element auszulagern, das Sie dann an mehreren Stellen in Ihren Views einfach einbinden können.

Auch das Model bietet hier Spielraum: Sie haben vielleicht eine Funktionalität in Ihrem Job-Model implementiert, die es möglich macht, ein »Soft-Delete« Ihrer Datensätze zu machen. Das heißt: Wenn Sie ein Jobangebot löschen, wird es nicht aus der Datenbank gelöscht, sondern bleibt bestehen, wird aber nicht mehr angezeigt und ist somit wiederherstellbar. So eine Funktionalität ist sicher für mehrere Models praktisch, und dann bietet es sich an, diese Logik in ein Behavior auszulagern. Ein Behavior ist eine Klasse, die Model-Funktionen überschreibt und auf jedes Model angewendet werden kann.

Eine Content-Verwaltung für die statischen Seiten Ihrer Website wäre doch praktisch, oder? Ein Content-Management-System (CMS) ist aber in vielen Anwendungen nötig. Deshalb würde es hier Sinn machen, das CMS in ein Plugin auszulagern, das Sie ganz einfach in eine andere Anwendung übernehmen, indem Sie den Ordner mit dieser Mini-Anwendung in das Plugins-Verzeichnis kopieren.

# CakeJobs – die Beispielanwendung

In diesem Buch möchten wir Ihnen CakePHP außer durch die Beschreibung der CakePHP-Features noch anhand einer Beispielapplikation näherbringen. Diese werden Sie Schritt für Schritt um Features erweitern.

Als Beispiel haben wir uns eine Jobbörse ausgesucht. In dieser sollen sich Stellensuchende einen Überblick über die von Unternehmen eingestellten Stellenangebote verschaffen.

In den Kapiteln 2 bis 6 – nach der Installation des Frameworks – werden Sie dazu eine einfache Applikation auf Basis von CakePHP entwickeln, die es ermöglicht, Datensätze im Sinne des CRUD-Prinzips anzulegen, anzuzeigen, zu schreiben und zu löschen. Im ersten Schritt werden Sie nur die für die Jobangebote nötige Datenbanktabelle anlegen und CakePHP den Rest machen lassen – das ist das sogenannte *Scaffolding*, zu Deutsch: die Arbeit mit einem Baugerüst. Das bedeutet, CakePHP wird aufgrund der vorliegenden Datenstruktur alle nötigen Eingabeformulare und Ansichten simulieren, was ideal für Prototypen ist.

Im nächsten Schritt werden Sie unter die Haube von CakePHP schauen: Sie werden die durch Scaffolding simulierte Anwendung in Kapitel 4, *Der Controller*, selbst programmieren. Sie werden die nötige Applikationslogik implementieren und die Templates dafür erstellen, und zwar mit Fokus auf den Controller-Teil des CakePHP-MVC. So bekommen Sie ein Gefühl für die Struktur von CakePHP und die Arbeit damit. Im darauffolgenden Kapitel 5, *Das Model*, sehen Sie sich das Model genauer an und werden die Beispielanwendung um eine separate Verwaltung der anbietenden Unternehmen erweitern. Diese werden Sie per Model-Association relational mit den Jobangeboten verbinden. In Kapitel 6, *Das View*, in dem es um die Präsentationsschicht von CakePHP, also die Views, geht, werden Sie Ihre Eingabemasken um weitere Felder erweitern und somit sehen, wie simpel das Erstellen von voll funktionsfähigen Formularen, mit allem, was dazugehört, ist, wenn Sie die View-Helper von CakePHP einsetzen. Sie werden auch wiederverwendbare View-Elements (wie eine Hilfe-Box) erstellen und in Ihre Ansichten einbinden.

Kapitel 7, *Helper – Lassen Sie CakePHP für sich arbeiten*, bietet für das Beispiel eine ganze Menge an neuen und nützlichen Helfern, mit denen Sie die Applikation schnell um interessante Features erweitern können, wie beispielsweise um die seitenweise Darstellung von Daten oder um ein simples Caching. Kapitel 8, *Session-Handling mit CakePHP*, widmet sich dem Session-Handling und der Anwendung dieser Möglichkeit in der Praxis. Für die Beispielapplikation bedeutet dies, dass nun ein Merkzettel eingebaut wird, der es ermöglicht, Anzeigen zu sammeln und zu speichern. Ein session-basierter Login wird in Kapitel 14, *Sicherheit, Authentifizierung und Autorisierung*, realisiert, wenn es um die Anwendung spezieller Authentifizierungs- und Sicherheits-Components geht.

Zuvor wird das Beispiel allerdings noch um einige Features erweitert, wie beispielsweise um eine Email-Component und um eine komplexe Ajax-Oberfläche, die Sie dann im Laufe des Kapitel 13, *Ajax und DHTML mit CakePHP*, nach und nach erweitern, damit sie auch Web 2.0-konform wird.

In Kapitel 9, *Die CakePHP-Console und die Bake-Shell*, lernen Sie die CakePHP-Console kennen, mit der Sie über die Kommandozeile auf CakePHP zugreifen können. In diesem Kapitel werden Sie sich den Code für die gesamte Unternehmensverwaltung automatisch generieren (»baken«) lassen und in einem zweiten Schritt ein eigenes Kommandozeilen-Interface, eine sogenannte Shell, implementieren, mit der Sie die Jobangebote in CakeJobs im CSV-Format exportieren können.

In mehreren Stufen werden wir uns dann die Möglichkeiten ansehen, die CakePHP bietet, um Anwendungen sicherer zu machen und um den Zugriff auf die Anwendung steuern zu können. Wir beginnen mit einer simplen Autorisierung über HTTP-Auth mit im Code festgelegten Benutzerdaten und gehen dann zu einer datenbankgestützten Authentifizierungslösung über. Diese erweitern Sie dann zu einer Action-basierten Autorisierung, mit der Sie die Zugriffsrechte für jede Controller-Action steuern können. Die Königsdisziplin kommt dann mit Access Control Lists am Schluss, die Sie hier wesentlich flexibler machen, die aber auch einiges an Mehraufwand bedeuten.

Internationalisierung ist immer ein Thema bei Anwendungen: Was tun Sie, wenn der Kunde sein Produkt auch in anderen Gebieten mit anderen Sprachen und anderen Gegebenheiten anbieten möchte? Dazu bietet CakePHP Internationalisierungs- und Lokalisierungsfunktionalitäten, die es ermöglichen, Anwendungen transparent und sauber für mehrere Sprachen bereit zu machen. Dies ist der Themenschwerpunkt in Kapitel 15, *Lokalisierung und Internationalisierung*, so dass Sie danach eine mehrsprachige Jobbörse entwickelt haben werden.

In Kapitel 16, *Testing*, geht es um das Testen der Anwendung. Sie werden für einige Komponenten von CakeJobs Testfälle schreiben, um die korrekte Funktion sicherzustellen. In Kapitel 17, *Weitere Kernfunktionalitäten von CakePHP*, betrachten wir einige Kernfunktionalitäten von CakePHP. Dazu gehören auch Plugins. Das sind kleine CakePHP-Anwendungen, die Sie in andere CakePHP-Applikationen integrieren können. In diesem Beispiel entwickeln Sie ein simples Content-Management-System, das Sie als Plugin in CakePHP einsetzen. Dann werden Sie noch eigene Fehlerseiten für CakeJobs anlegen.

Im Kapitel 18, *Tipps und Tricks*, zeigen wir noch einige kleine Anwendungsbeispiele, die sehr nützlich sein können. Sie werden unter anderem einen RSS-Feed für CakeJobs implementieren.

KAPITEL 2

# Installation und Konfiguration

In diesem Kapitel geht es um die grundsätzlichen Voraussetzungen, um mit CakePHP starten zu können. Wir werden uns mit der Installation der Entwicklungsumgebung beschäftigen und alle notwendigen Schritte erklären, damit Ihre Applikationen schnell und einfach funktionieren.

## Installation des Webservers

Als Minimalvoraussetzung für dieses Buch reicht ein normales Setup: der Webserver Apache, eine MySQL-Datenbank und natürlich PHP. Ein bestimmtes Betriebssystem wird nicht vorausgesetzt. Die Entwickler von CakePHP versuchen, die technischen Anforderungen für die Nutzung von CakePHP auf einem absoluten Minimum zu halten, um möglichst kompatibel zu den verschiedenen Konfigurationen und Beschränkungen bei Webhostern zu sein. Die Grundvoraussetzungen sind folgende:

1. Ein HTTP-Webserver. *Apache* als verbreitetster Server bietet sich an, es kann aber auch *lighttpd* oder der *Microsoft IIS* sein. Am besten sollte dieser Server das Modul *mod_rewrite* (oder ein dazu kompatibles) mitbringen, das es ermöglicht, URLs von Anfragen nach bestimmten Kriterien umzuschreiben.
2. PHP 4.3.2 oder höher. CakePHP läuft mit PHP 4 und 5.
3. Eine objektrelationale Datenbank. Derzeit werden folgende Datenbanken bzw. Datenbanksysteme oder -Abstraktionen unterstützt:
   - MySQL 4 oder höher
   - PostegreSQL
   - Firebird DB2
   - Microsoft SQL Server
   - Oracle
   - SQLite
   - ODBC
   - ADOdb

> Da es hier nicht um den Aufbau eines optimalen Produktivsystems für Ihre Anwendung geht, sondern um ein einfaches Entwicklungssystem, wählen wir den einfachsten Weg für das jeweilige Betriebssystem.
>
> Diese Basissysteme können zwar für den Produktivbetrieb optimiert werden. Das ist aber nicht Thema dieses Buchs, da die Serverkonfiguration ein sehr weitreichendes Thema ist, das nicht unbedingt nur für CakePHP gilt.

Im Folgenden erklären wir die Installation eines AMP-Setups für Windows, Mac OS X und Linux.

## Setup unter Windows

Auf Windows bietet sich das Komplettpaket XAMPP an, das vom gemeinnützigen Projekt *Apache Friends* kostenlos herausgegeben wird. XAMPP enthält folgende Bestandteile:

- den Webserver Apache in der Version 2.x mit vielen nützlichen Modulen
- die relationale Datenbank MySQL in der Version 5.x
- PHP 4.4.x und PHP 5.2.x (einfach umschaltbar)
- phpMyAdmin (eine browserbasierte Oberfläche zur Administration von MySQL)

Eine aktuelle Version von XAMPP finden Sie im Internet unter *http://www.apachefriends.org/de/xampp-windows.html#628*. Die Installation ist sehr einfach und dauert mit der Installationsroutine nur wenige Minuten. Ist XAMPP installiert, erhalten Sie den Begrüßungsbildschirm, den Sie in Abbildung 2-1 sehen.

Die XAMPP-Umgebung wird mit einem kleinen Kontrollprogramm, dem *XAMPP Control Panel* (Abbildung 2-2), gesteuert. Eine ausführlichere Beschreibung finden Sie bei den Apache Friends unter *http://www.apachefriends.org/de/xampp-windows.html#1104*.

## Setup unter Mac OS X

Mac OS X wird bereits mit Apache und PHP ausgeliefert. Da wir hier ein PHP 5-Setup konfigurieren möchten, ist es auf Mac OS X 10.4 Tiger einfacher, das Komplettpaket MAMP zu installieren. Bei Mac OS X 10.5 Leopard ist die Konfiguration sehr einfach.

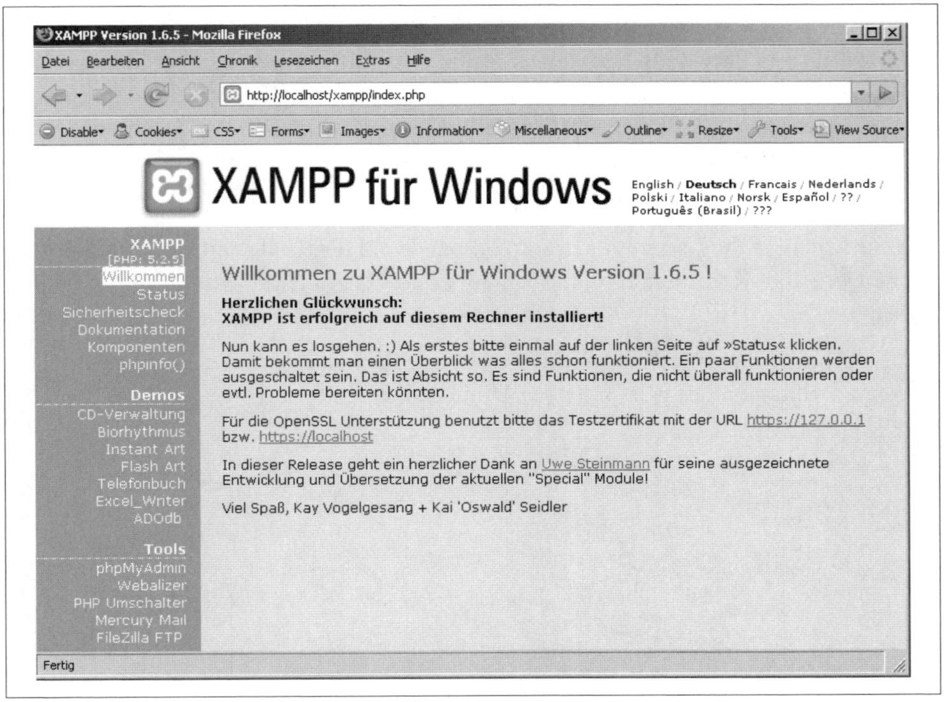


*Abbildung 2-1: Der XAMPP-Begrüßungsbildschirm für Windows*

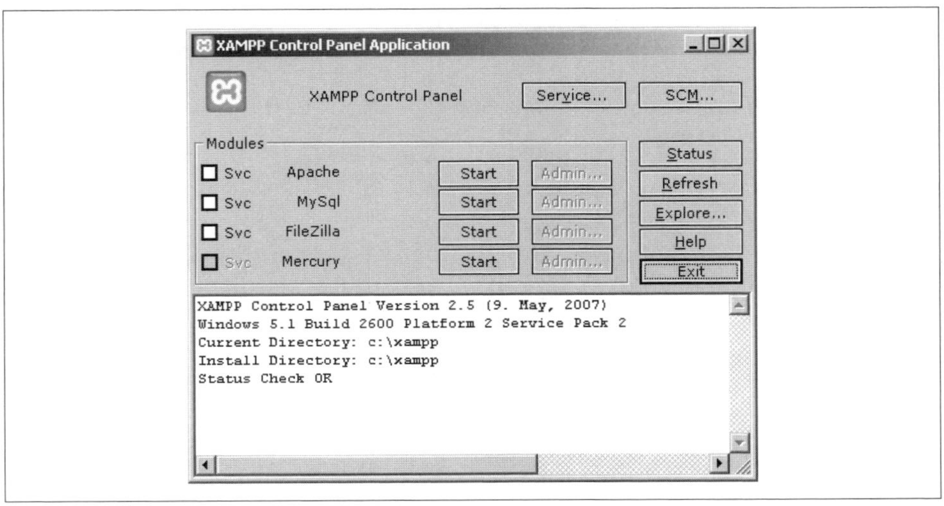


*Abbildung 2-2: Das XAMPP-Kontrollprogramm*

### Installation mit Bordmitteln unter Mac OS X 10.5 Leopard

In Leopard wird PHP 5 als Apache-Modul bereits mitgeliefert, ist aber standardmäßig nicht eingeschaltet. Um es zu aktivieren, müssen Sie die Apache-Konfigurationsdatei editieren, die sich unter */etc/apache2/httpd.conf* befindet. Öffnen Sie die Datei, und suchen Sie nach der Stelle, an der folgende Zeile vokommt:

```
#LoadModule php5_module libexec/apache2/libphp5.so
```

Wie Sie sehen, ist das Kommando zum Laden des PHP-Moduls auskommentiert. Es reicht nun, das Kommentarsymbol # zu entfernen und die *httpd.conf* abzuspeichern.

Um Apache zu starten, öffnen Sie die Systemeinstellungen, klicken auf *Sharing* und setzen ein Häkchen bei *Web Sharing* (Abbildung 2-3).

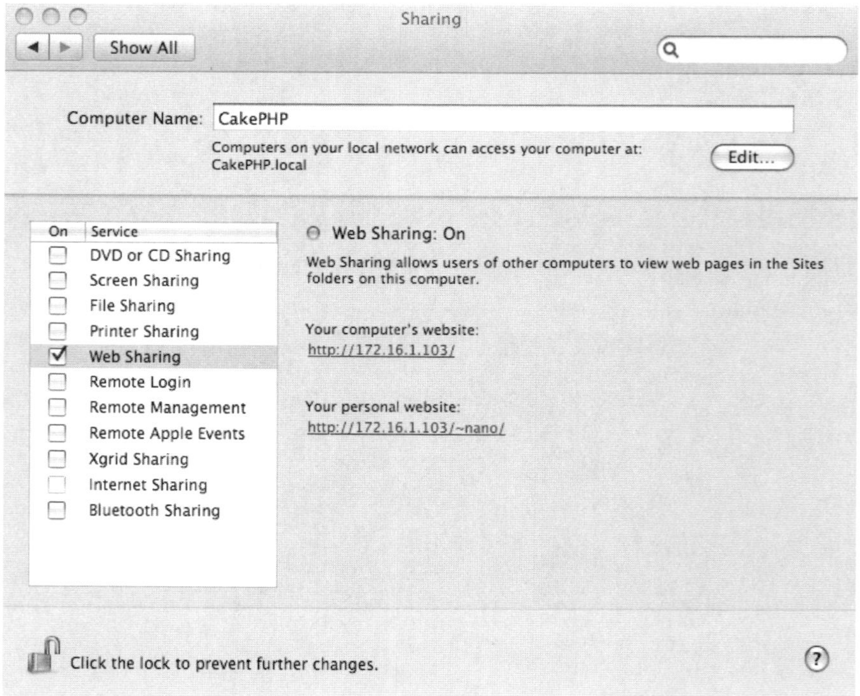


*Abbildung 2-3: Das Sharing Preference Pane*

Nun fehlt nur noch die Installation von MySQL, damit dass Entwicklungssystem komplett wird. Ein vollständiges MySQL 5-Installationspaket für Mac OS X finden Sie im Internet unter:

*http://dev.mysql.com/downloads/mysql/5.0.html#macosx-dmg*

Nachdem Sie das DMG-Image gemountet haben, können Sie das Installationspaket starten, um den MySQL-Server zu installieren. Es bietet sich an, nach der Installation auch das *MySQL Preference Pane* zu installieren, indem Sie im Image auf *MySQL.prefPane* doppelklicken. Damit bekommen Sie eine einfache und selbsterklärende Steuerungsmöglichkeit für den MySQL-Server in den Systemeinstellungen (Abbildung 2-4).

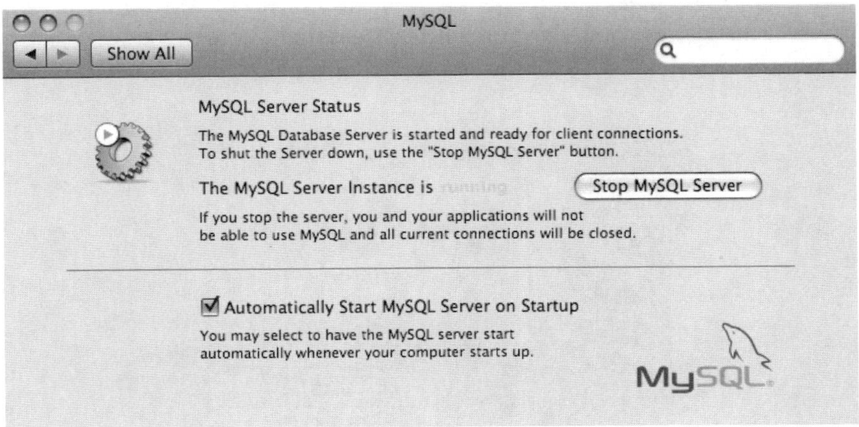


*Abbildung 2-4: Das MySQL Preference Pane*

In Leopard wurde der Speicherort des MySQL-Sockets geändert, deshalb müssen Sie den Pfad dazu in der *php.ini* ändern. Kopieren Sie dazu erst die `/private/etc/php.ini.default`, benennen Sie die Kopie in *php.ini* um, und öffnen Sie die Datei. Suchen Sie die Zeile mit der Socket-Definition, und ändern Sie diese von

```
mysql.default_socket =
```

in

```
mysql.default_socket = /private/tmp/mysql.sock
```

um. Dasselbe gilt für die Konfigurationsvariable `mysqli.default_socket`. Nun können Sie den Webserver entweder in den Systemeinstellungen unter *Sharing* oder mit dem folgenden Terminal-Kommando neu starten:

```
sudo apachectl graceful
```

Sie sollten jetzt eine komplette Entwicklungsumgebung zur Verfügung haben.

Die hier gezeigten Schritte sind denen bei älteren Mac OS X-Versionen sehr ähnlich. Die Unterschiede ergeben sich meist aus simplen Änderungen an Pfadnamen und Versionsnummern.

### MAMP als fertigen Webserver installieren

Mit MAMP haben Sie innerhalb kürzester Zeit eine sofort einsetzbare Entwicklungsumgebung an der Hand. Es ist keine Installation »ins System« nötig, und alle Bestandteile des Pakets sind in einer einzigen Anwendung enthalten.

Laden Sie sich das MAMP-DMG-Image von *http://www.mamp.info/de/downloads.html* herunter. Ziehen Sie das Paket dann, wie Sie es von Mac-Anwendungen gewohnt sind, in das *Programme*-Verzeichnis. Starten Sie nun das Programm (Abbildung 2-5). Wenn die beiden Lampen grün leuchten, läuft ein kompletter Webserver auf Ihrem Mac.

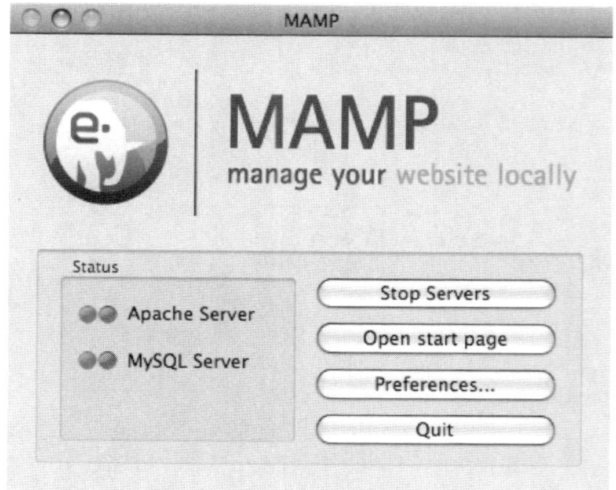


*Abbildung 2-5: Das MAMP-Kontrollzentrum*

Mit dem Aufruf von *http://localhost:8888/MAMP/* und dem Start von MAMP sollte sich in Ihrem Standardbrowser die MAMP-Startseite öffnen (Abbildung 2-6).

MAMP ist kostenlos und bietet alles, was man zur Webentwicklung braucht. Der Hersteller *living-e* bietet zusätzlich eine kommerzielle Version von MAMP an, die viele komfortable Features und Einstellungsmöglichkeiten enthält. Dazu zählen eine GUI zum Erstellen von virtuellen Hosts und zum Ändern der Apache-Konfiguration sowie ein fertig konfigurierter Mailserver.

## Setup unter Linux/UNIX

Wir möchten an dieser Stelle (schlicht aus Platzgründen) darauf verzichten, Ihnen eine Anleitung zum Kompilieren einer kompletten LAMP-Installation zu geben. Sollten Sie trotzdem eine komplette Installation von Hand bevorzugen, finden Sie eine sehr gute Anleitung dafür unter *http://lamps.efactory.de/lamps-2-0.php*. Im Folgenden führen wir Sie durch die einfache Variante einer LAMP-Installation mit XAMPP für die gängigsten Linux-Distributionen.

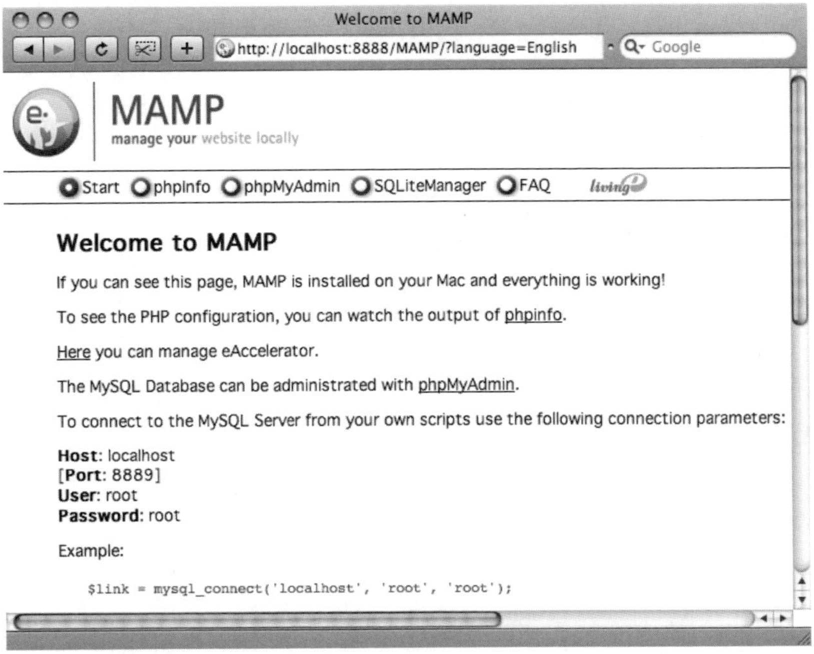


*Abbildung 2-6: Die MAMP-Startseite*

Eine aktuelle Version von XAMPP für Linux finden Sie im Internet unter *http://www.apachefriends.org/de/xampp-linux.html#52*. In einer Shell entpacken Sie dann als Administrator (mit `su` oder `sudo`, je nach Distribution) das XAMPP-Archiv mit folgendem Befehl in das Verzeichnis */opt/lampp*:

```
tar xvzf xampp-linux-1.6.4.tar.gz -C /opt
```

Sie können XAMPP nun mit dem Kommando

```
/opt/lampp/lampp start
```

ebenfalls mit Administratorrechten starten. Die Tabelle 2-1 listet die wichtigsten Start- und Stop-Parameter für XAMPP auf. Eine komplette Referenz finden Sie online unter *http://www.apachefriends.org/de/xampp-linux.html#60*.

*Tabelle 2-1: Start- und Stop-Parameter für XAMPP*

| Parameter | Bedeutung |
|---|---|
| `start` | Startet XAMPP |
| `stop` | Stoppt XAMPP |
| `restart` | Startet XAMPP neu |
| `reload` | Lädt die Konfigurationsdateien von Apache und MySQL neu |
| `reloadapache` | Liest nur die Konfigurationsdateien von Apache neu ein |

Ob alles geklappt hat, können Sie feststellen, indem Sie im Browser *http://localhost/* aufrufen. Wenn ja, erscheint die Ansicht, die Sie in Abbildung 2-7 sehen.

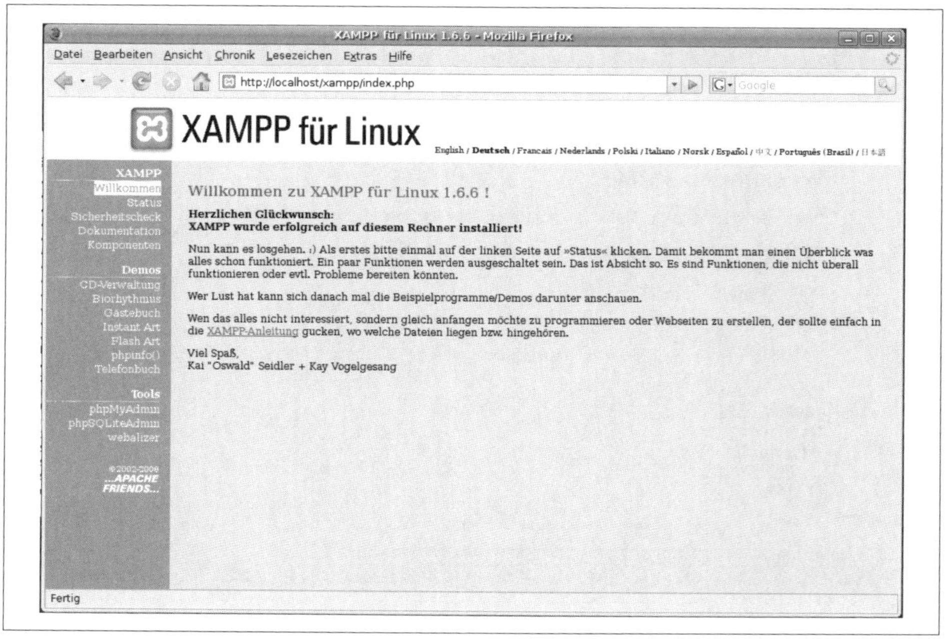


*Abbildung 2-7: Der XAMPP-Begrüßungsbildschirm für Linux*

# Installation von CakePHP

Die nächste Aufgabe ist nun, CakePHP auf Ihrem Entwicklungssystem einsatzfähig zu machen. Dazu gehören das Herunterladen und das Entpacken in das Serververzeichnis. Hier gibt es einige Dinge zu beachten.

## CakePHP herunterladen und entpacken

Sie können die aktuelle Version von CakePHP unter *http://www.CakePHP.org* beziehen. Hierzu gibt es drei Möglichkeiten:

*Stable*

Die Stable-Version ist das aktuellste stabile Release von CakePHP. Hier können Sie sich darauf verlassen, dass alle Komponenten komplett getestet sind und funktionieren. Diese Version ist für den Einsatz in Produktivsystemen empfohlen.

*Nightly Builds*

Diese Version wird, wie der Name schon sagt, jede Nacht aus dem *Trunk*[1] generiert. Diese Builds sind relativ stabil und enthalten oft Bugfixes, die noch nicht in der Stable-Version vorhanden sind. Trotzdem ist vom Produktiveinsatz dieser Versionen abzuraten.

*Subversion*

Wenn Sie immer auf dem absolut neuesten Stand sein möchten, können Sie CakePHP auch aus dem Subversion-Repository der Entwickler »auschecken«. Dieser Weg ist jedoch nur für echte CakePHP-Profis gedacht, da hier oft Bugs auftauchen können, die ohne sehr gute Kenntnisse in CakePHP nicht leicht zu lokalisieren sind. Informationen zum *Source Control Management* vom CakePHP-Projekt finden Sie unter *https://trac.cakephp.org/*.

Für dieses Buch wählen Sie am besten die aktuellste Stable-Version zum Download als Archiv.

Entpacken Sie das heruntergeladene Archiv in den Ordner *cakephp* in das Root-Verzeichnis Ihres Webservers, das je nach Betriebssystem und (X)AMP-Version unterschiedlich heißt (siehe Tabelle 2-2).

*Tabelle 2-2: DocumentRoot-Verzeichnisse unter den verschiedenen Installationen*

| Installation | Pfad |
|---|---|
| Mac OS X standardmäßig | */Library/WebServer/Documents/* und *~/Sites/* |
| Mac OS X mit MAMP | */Application/MAMP/htdocs/* |
| Windows mit XAMPP | *C:\xampp\htdocs* |
| Linux mit XAMPP | */opt/lampp/htdocs/* |

## Verzeichnisstruktur

Im Folgenden gehen wir in Kürze die Verzeichnisse einer Standard-CakePHP-Installation durch.

*app/*

Hier liegen die Applikation und ihre Bestandteile. Dieses Verzeichnis kann auch umbenannt werden, indem Sie die Konstantendefinition APP_DIR in der */index* ändern. Dies ist aber im Normalfall nicht nötig.

- *config/*
  Hier liegen die Konfigurationsdateien, die beispielsweise den Datenbankzugriff festlegen, aber auch Ihre eigenen, applikationsspezifischen.
- *controllers/*
  Hier liegen die Controller und Components, in denen die Actions Ihrer Webanwendung und weitere Logik gekapselt sind.

1 Der Trunk ist in einem Versionskontrollsystem der Platz für den aktuellen Entwicklungsstand der Software.

- *locale/*
  Hier liegen alle Dateien, die die Internationalisierung oder Lokalisierung Ihrer Applikation betreffen, beispielsweise Sprachdateien.
- *model/*
  Hier liegen die Models und die zugehörigen Bestandteile wie Behaviors.
- *plugins/*
  In diesem Ordner liegen CakePHP-Plugin-Packages. Der Ordnername bestimmt den Plugin-Namen.
- *tests/*
  Hier liegen alle Testcases Ihrer Applikation.
- *tmp/*
  In diesen Ordner werden von CakePHP alle temporären Dateien (z.B. Caches) geschrieben. Der Ordner muss von CakePHP bzw. dem Systembenutzer des Webservers beschreibbar sein (Schreibrechte setzen).
- *vendors/*
  Dieser Ordner ist für nicht applikationsspezifischen Code gedacht, beispielsweise für Bibliotheken von Fremdanbietern.
- *views/*
  Hier liegen alle für die Anzeige relevanten Dateien wie Templates, Helpers und Layouts.
- *webroot/*
  Dieser Ordner dient als »öffentlicher« Zugriffspunkt auf Ihre Dateien. In einer Produktivumgebung sollte dieser Ordner als DocumentRoot dienen. Hier liegen alle statischen, öffentlich zugänglichen Dateien wie Bilder und Stylesheets – aber auch der Dispatcher, der die ankommenden Anfragen auf die entsprechenden Controller und Actions umleitet.

*cake/*
: Hier liegt der Kern von CakePHP, der nicht verändert werden sollte – für Änderungen am Verhalten oder den Funktionen von Cake gibt es eine klare, objektorientierte Struktur.

*vendors/*
: Dieser Vendors-Ordner ist ebenfalls für »Fremdcode« gedacht, der aber von mehreren CakePHP-Applikationen gleichzeitig genutzt werden können soll.

## Datenbankkonfiguration

Bei den Voraussetzungen für CakePHP haben wir Ihnen etwas verschwiegen: Technisch gesehen ist eine Datenbank für den Betrieb von CakePHP nicht notwendig, aber das CakePHP-Team geht davon aus, dass die allermeisten Anwendungen auf einer Datenbank basieren werden.

Als Erstes muss eine Datenbank angelegt werden. Das können Sie entweder im Browser mit dem MySQL-Verwaltungstool phpMyAdmin, über die Kommandozeile oder aber mit den GUI Tools[2] von MySQL tun. Nennen Sie die Datenbank *cakephp*.

Um nun eine Datenbank für Ihre geplante Applikation verfügbar zu machen, muss die Vorlage für die Datenbankkonfiguration *database.php.default* im Ordner */app/config/* in *database.php* umbenannt werden. In dieser Datei befindet sich die Datenbankkonfigurationsklasse *DATABASE_CONFIG*, die für jede zu verwendende Datenbank ein Array enthält. Das heißt, Sie könnten zum Beispiel noch zusätzlich eine Klassenvariable namens `$datenbank2` erstellen, die dasselbe Konfigurationsarray enthält, aber andere Zugangsdaten, und dann in der Applikation jeweils umschalten. Das hat den Hintergrund, dass CakePHP die Möglichkeit bietet, für verschiedene Umgebungen (z.B. Entwicklungs-, Test- und Live-System) auch verschiedene Datenbanken zu verwenden. Wie Sie die zu verwendende Datenbankkonfiguration einstellen, erfahren Sie in Kapitel 5, *Das Model*.

Tragen Sie nun in das Konfigurationsarray `$default` die Zugangsdaten Ihrer Datenbank ein. Wenn Sie an den MySQL-Standardeinstellungen nichts verändert haben, sollte die Konfiguration dann so aussehen:

```
var $default = array(
    'driver' => 'mysql',
    'persistent' => false,
    'host' => 'localhost',
    'port' => '',
    'login' => 'root',
    'password' => '',
    'database' => 'cakephp',
    'schema' => '',
    'prefix' => '',
    'encoding' => ''
);
```

Für den Moment reichen die wichtigsten Einstellungen (`driver`, `host`, `login`. `password` und `database`), um Ihre CakePHP-Installation lauffähig zu machen. In Tabelle 2-3 erklären wir auch die anderen Einstellungen genauer, Sie können aber getrost fortfahren und diese Tabelle nur als Referenz ansehen.

*Tabelle 2-3: Parameter im Konfigurationsarray $default*

| Parameter | Beschreibung |
|---|---|
| `driver` | Hiermit teilen Sie CakePHP den zu verwendenden Datenbanktreiber mit. Entsprechend lädt CakePHP die passende Datenbankabstraktion. Mögliche bzw. unterstützte Treiber sind `db2`, `firebird`, `mssql`, `mysql`, `mysqli`, `odbc`, `oracle`, `postgres`, `sqlite`, `sybase` |
| `persistent` | Geben Sie hier *true* an, um festzulegen, dass die Datenbankverbindung persistent aufgebaut werden soll. |

2 *http://dev.mysql.com/downloads/gui-tools/5.0.html*

*Tabelle 2-3: Parameter im Konfigurationsarray $default (Fortsetzung)*

| Parameter | Beschreibung |
|---|---|
| `host` | Der Hostname oder die IP-Adresse des Datenbankservers. |
| `login` | Der Benutzername, mit dem sich CakePHP authentifizieren soll. |
| `password` | Das Passwort für die Verbindung. |
| `database` | Der Name der zu öffnenden Datenbank. |
| `prefix` | Wenn Sie die Tabellen mehrerer Anwendungen in einer einzigen Datenbank speichern, kann es hilfreich sein, den Tabellen ein Präfix voranzustellen. Der Wert, den Sie hier angeben, wird automatisch in den SQL-Statements vor die Tabellennamen gesetzt. |
| `port` | Der Port, über den die Verbindung hergestellt werden soll. |
| `encoding` | Hiermit spezifizieren Sie die Zeichenkodierung, in der die SQL-Statements an den Datenbankserver geschickt werden sollen. |
| `schema` | `schema` ist eine PostgreSQL-spezifische Einstellung, mit der Sie ein vordefiniertes Schema laden können. |

## Installation testen

Die Vorarbeit ist nun abgeschlossen. Wenn Sie jetzt *http://localhost/cakephp/* im Browser aufrufen, also die lokale Serveradresse, gefolgt von dem Pfad zu Ihrer CakePHP-Installation, sollten Sie die Startseite von CakePHP sehen (Abbildung 2-8).

Auf der Startseite gibt CakePHP wichtige Statusinformationen aus. Die erste Meldung besagt, dass Sie die `Security.salt`-Konfigurationsvariable ändern sollten. Dieser String dient dazu, bei verschiedenen sicherheitsrelevanten Funktionen Werte zu hashen. Öffnen Sie dazu */app/config/core.php*, und suchen Sie nach folgender Zeile:

```
Configure::write('Security.salt', 'DYhG93b0qyJfIxfs2guVoUubWwvniR2G0FgaC9mi');
```

Ändern Sie den String einfach in eine beliebige Zeichenfolge, die aber genauso lang wie der ursprüngliche String sein sollte.

# Installation der CakePHP-Console

CakePHP bietet ein sehr leistungsfähiges *Command Line Interface*, kurz *CLI*, um über die Kommandozeile oder per Kommandozeilenscript auf die Funktionen Ihrer Applikation zuzugreifen.

Die Console ist sehr nützlich. Mit ihr können Sie bestimmte Aufgaben vor der Implementierung und dann auch die ganze Applikation testen. Sie dient zum automatischen Generieren von Code auf Basis Ihrer Datenbanktabellen mittels des Bake-Tasks und bietet eine sehr saubere Möglichkeit, um Cronjobs einzurichten. Auf die Funktionen der Console an sich werden wir im Kapitel 9, *Die CakePHP-Console und die Bake-Shell*, in aller Ausführlichkeit eingehen. An dieser Stelle beschränken wir uns darauf, die Console auf Ihrem System einsatzfähig zu machen.

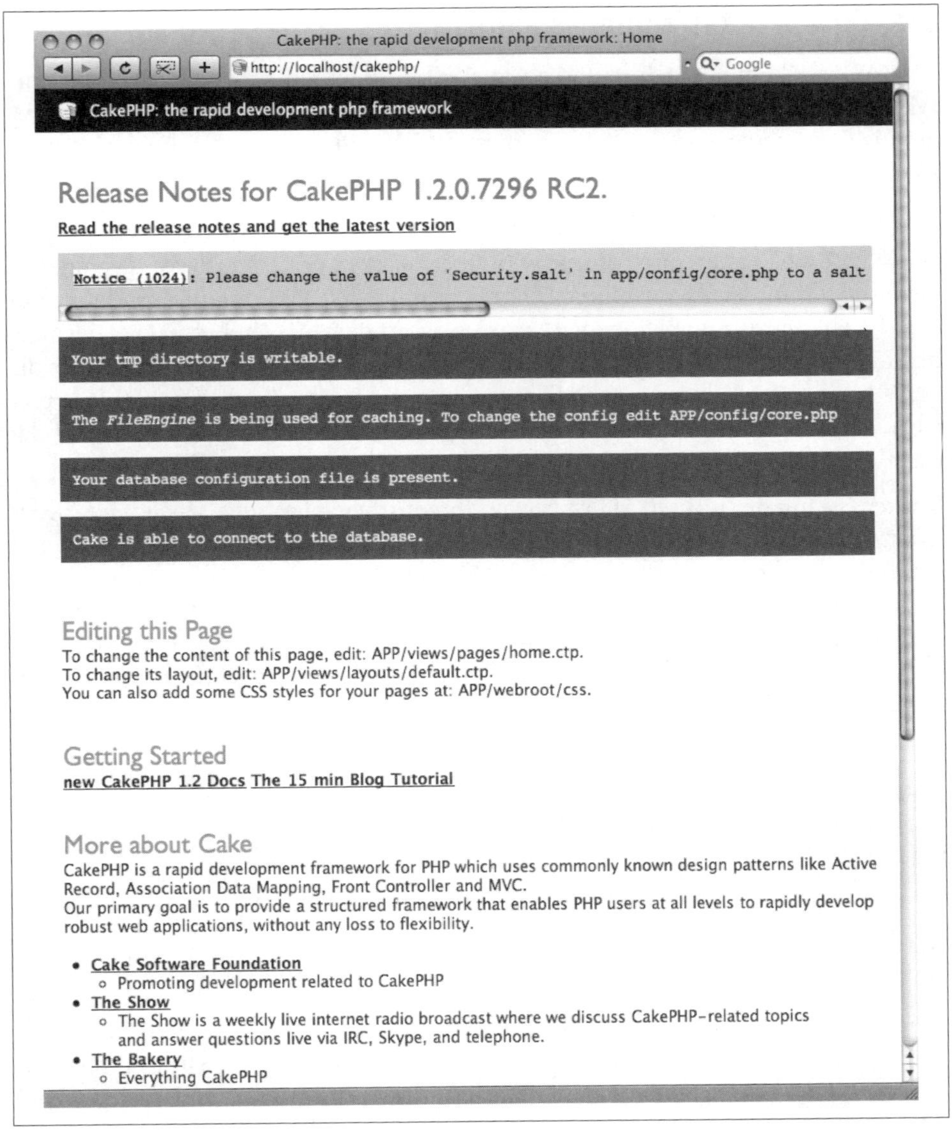


*Abbildung 2-8: Die Startseite von CakePHP*

Wenn Sie mit CakePHP arbeiten, macht es Sinn, eine allgemein verfügbare Installation von CakePHP auf Ihrem Rechner zu halten. Das heißt, dass wir die in diesem Kapitel erstellte Installation von CakePHP beibehalten und für unsere Beispielanwendung *CakeJobs* eine eigene Installation anlegen. Das hat den Hintergrund, dass Sie, wenn Sie mehr mit CakePHP gearbeitet haben, nurmehr einen CakePHP-Kern in Ihrem Entwicklungssystem haben wollen, auf den dann alle Anwendungen zugreifen. Die CakePHP-Console wird ebenfalls auf diesen Kern zugreifen.

## Die Console unter Windows einrichten

Die Console befindet sich in Ihrer CakePHP-Installation unter */cake/console*, die Windows-Version der Console wird über eine Batch-Datei initialisiert. Öffnen Sie, um die Console zu starten, die Windows-Eingabeaufforderung, und navigieren Sie zu Ihrer CakePHP-Installation:

```
cd C:\xampp\htdocs\cakephp\cake\console
```

Die Windows-Version der Console wird über *cake.bat* gestartet. Bevor das funktionieren kann, müssen Sie in Ihrer Kommandozeile den PHP-Interpreter direkt mit dem Befehl `php` aufrufen können. Testen Sie das, indem Sie den Befehl `php -v` eingeben und die Eingabetaste drücken. Sollten Sie jetzt anstatt Informationen über die PHP-Version eine Fehlermeldung erhalten, müssen wir den Pfad zum PHP-Interpreter in die Umgebungsvariable PATH eintragen, und zwar zusätzlich zum Pfad der Cake-Console.

Klicken Sie mit der rechten Maustaste auf Ihren Arbeitsplatz, und wählen Sie *Eigenschaften* aus dem Menü. Öffnen Sie dann den Reiter *Erweitert*, und klicken Sie auf den Button *Umgebungsvariablen*. Suchen Sie unter *Systemvariablen* die Variable mit dem Namen *Path* heraus, und bearbeiten Sie diese. In dem Wert dieser Variable sind diverse Pfade, durch Semikolons getrennt, gespeichert. Fügen Sie zu dieser Variable ebenfalls ein Semikolon und den Pfad zu dem Verzeichnis hinzu, in dem sich die CakePHP-Console befindet.

```
;C:\xampp\htdocs\cakephp\cake\console
```

Sollte der vorherige Test, den PHP-Interpreter über die Kommandozeile zu erreichen, fehlgeschlagen sein, fügen Sie auch den Pfad zum PHP-Verzeichnis hinzu. Das würde im Falle einer XAMPP-Standardinstallation so aussehen:

```
;C:\xampp\htdocs\cakephp\cake\console;C:\xampp\php
```

Starten Sie jetzt Ihre Eingabeaufforderung neu, und geben Sie den Befehl `cake` ein, um die Willkommensmeldung der CakePHP-Console zu sehen.

Anmerkung: Sollten Sie auf Ihrem Computer keine Administrator-Rechte haben und somit auch keine Umgebungsvariablen einrichten können, steht es Ihnen frei, die CakePHP-Console in der Kommandozeile direkt über die Batchdatei */cake/console/cake.bat* aufzurufen, nachdem Sie diese bearbeitet haben und den Befehl `php` durch den kompletten Pfad zu Ihrem Interpreter ersetzt haben. Beispielsweise würde bei einer XAMPP-Installation aus:

```
php -q "%lib%cake.php" -working "%CD%" %*
```

der Pfad:

```
C:\xampp\php\php -q "%lib%cake.php" -working "%CD%" %*
```

werden. In der zweiten Zeile haben Sie hier den absoluten Pfad zum PHP-Interpreter direkt angegeben.

## Die Console unter Mac OS X einrichten

Unter Mac OS X ist bereits standardmäßig ein Webserver vorhanden, hier sollten Sie auch den PHP-Befehl in der Kommandozeile zur Verfügung haben. Öffnen Sie das Terminal, und rufen Sie zur Kontrolle den Befehl `php -v` auf. Im Normalfall sollten Sie Versionsinformationen Ihrer PHP-Installation erhalten. Wenn nicht, fügen Sie auch den Pfad zu Ihrem PHP-Interpreter dem Pfad hinzu.

Das machen Sie unter Mac OS X, indem Sie im Terminal in Ihren Homefolder navigieren und dort die Datei *.profile* bearbeiten, beispielsweise mit dem Editor *nano*.

```
> nano .profile
```

In dieser Datei sollten Sie einen `export`-Befehl finden, der diverse Pfade setzt. Fügen Sie hier erstens den Pfad zu Ihrer CakePHP-Console hinzu. Sollte der vorangegangene Test fehlgeschlagen sein, fügen Sie auch den Pfad zu Ihrem PHP-Interpreter hinzu, und zwar durch Doppelpunkte getrennt:

```
export PATH=/usr/local/php5/bin:$PATH:/usr/local/mysql/bin:~/Sites/cakephp/cake/console
```

Speichern Sie die Datei mit Ctrl + O, bestätigen Sie die Abfrage des Dateinamens mit Enter, und beenden Sie *nano* mit Ctrl + X. Die *Profile*-Datei wird erst bei einer neuen Session im Terminal erneut geladen. Führen Sie deshalb den Befehl `. ./.profile` aus, um diesen Vorgang zu beschleunigen, oder starten Sie Ihr Terminal neu.

Die CakePHP-Console sollte jetzt verfügbar sein. Tippen Sie den Befehl `cake` in Ihr Terminal ein, und bestätigen Sie mit Enter. Der in Abbildung 2-9 zu sehende Gruß aus der Console sollte sich Ihnen jetzt präsentieren.

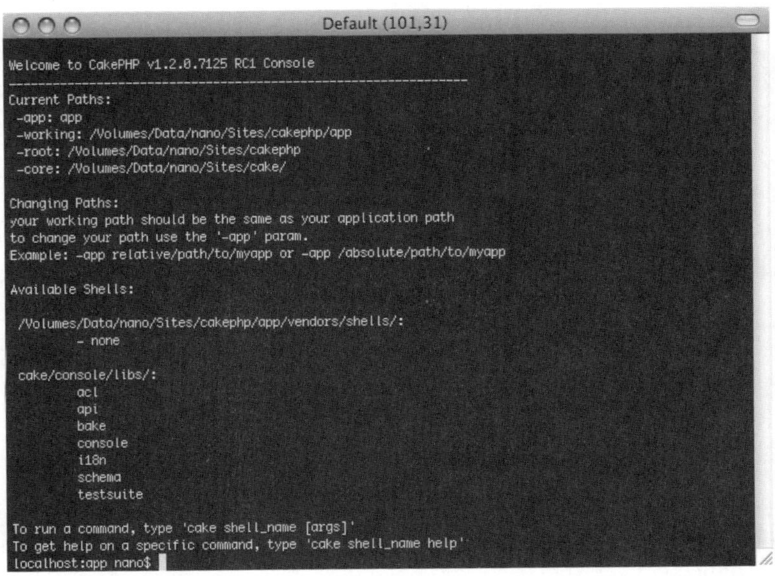


*Abbildung 2-9: Die CakePHP-Console*

Die Installation und Einrichtung von CakePHP ist jetzt geschafft. Jetzt geht es damit weiter, Ihre erste Anwendung mit CakePHP zu programmieren.

KAPITEL 3

# Schnell zum Erfolg – Ihre erste Webapplikation mit CakePHP

Da wären wir nun: Die Grundlagen für CakePHP sind vorhanden, der Rechner läuft, ein Webserver mit PHP und einer Datenbank ist vorhanden, und der Cursor blinkt erwartungsvoll auf einer leeren Seite im geöffneten Editor. Wie geht es weiter? Wie versprochen direkt mit ein wenig Praxis und der Magie von CakePHP. Im Folgenden werden wir Ihnen zeigen, wie Sie mit wenigen Zeilen Code eine komplette Applikation erzeugen, die auf dem Standardverhalten von CakePHP und den zugrunde liegenden Konventionen basiert. Sie werden überrascht sein, wie wenig Code Sie benötigen, um ein bemerkenswertes Ergebnis zu erhalten.

In diesem Kapitel werden Sie die Grundlage der Beispielapplikation entwickeln, so wie diese in Kapitel 1, *CakePHP kennenlernen*, vorgestellt worden ist. Außer der Definition der Datenbanktabellen werden Sie in diesem Kapitel viel Arbeit dem Framework überlassen und mit wenigen Schritten durch die Automatismen des Frameworks zum Ziel gelangen.

Aber genug der Vorrede, jetzt soll das Beispiel für sich sprechen. Los geht's!

## Die Datenbank als Grundlage der Applikation

Die Grundlage für jede Applikation ist eine Datenbank, in der die Daten der Anwendung gespeichert werden. CakePHP unterstützt, wie schon eingangs erwähnt, eine ganze Reihe von verschiedenen Datenbanken. Der Standard ist MySQL, und wir werden ihm auch in diesem Beispiel treu bleiben. Zur leichteren Bedienung empfiehlt es sich, auf *phpMyAdmin* oder eine ähnliche Oberfläche zuzugreifen, mit der die Datenbank bequem bedient werden kann. Die XAMPP-Installation hat *phpMyAdmin* in der aktuellen Version immer standardmäßig installiert.

Die Idee unseres Beispiels ist simpel: Es soll eine einfache Applikation entwickelt werden, in der User auf einer Webseite Jobanzeigen hinterlassen können. Im ersten Schritt soll nicht viel mehr möglich sein, als das Anlegen von neuen Einträgen, eine

Editierfunktion bestehender Einträge und die Möglichkeit, dass nicht mehr benötigte Einträge gelöscht werden können. Das klingt einfach, und genauso sollte es auch sein.

## Eine neue Datenbanktabelle

Eine große Planung der Anwendung ist bei dem Umfang nicht nötig, darum können Sie direkt mit der Datenstruktur beginnen. In unserem Fall reicht eine einzelne Tabelle, die alle Daten eines Eintrags – im folgenden *Jobs* genannt – beinhaltet. Neben einer eindeutigen ID sollen folgende Felder definiert werden:

| Spalte | Inhalt | Spaltenname |
|---|---|---|
| ID | Eindeutige ID, über die der Eintrag identifiziert wird | `id` |
| Titel | Der Titel des Eintrags | `title` |
| Autor | Der Name des Autors | `name` |
| Inhalt | Der Inhalt (Es darf auch ein wenig mehr sein.) | `txt` |
| Erstellungsdatum und Uhrzeit | Wann wurde der Eintrag erstellt? | `created` |
| Änderungsdatum und Uhrzeit | Wann wurde der Eintrag zum letzten Mal geändert? | `modified` |

In SQL sieht der `Create`-Befehl dann so aus:

```
CREATE TABLE IF NOT EXISTS `jobs` (
   `id` int(11) NOT NULL auto_increment,
   `company` varchar(128) NOT NULL,
   `title` varchar(128) NOT NULL,
   `description` text NOT NULL,
   `created` datetime NOT NULL,
   `modified` datetime NOT NULL,
   PRIMARY KEY  (`id`)
);
```

Wenn Sie diesen Befehl an die Datenbank schicken, wird eine Tabelle mit dem Namen *jobs* angelegt, in der Sie die einzelnen *Jobs* der Benutzer abspeichern. Um das Datengerüst noch mit etwas Inhalt zu füllen, schreiben Sie ein paar Testdatensätze:

```
INSERT INTO `jobs`
   (`id`, `company`, `title`, `description`, `created`, `modified`)
VALUES
   (1, 'Siemens AG', 'Elektrotechniker', 'Das ist eine Beschreibung',
       '2008-01-19 16:43:12', '2008-01-19 16:54:43'),
   (2, 'Cake Foundation', 'cakePHP-Entwickler', 'Hier steht eine Job-Beschreibung.',
       '2008-01-19 16:43:38', '2008-01-20 11:56:08'),
   (3, 'Volkswagen', 'Kundenberater', 'Und hier steht noch eine.',
       '2008-01-19 16:57:18', '2008-01-19 16:57:18');
```

phpMyAdmin honoriert Ihre Bemühungen mit dem Anblick, den Sie in Abbildung 3-1 sehen.

| id | company | title | description | created | modified |
|---|---|---|---|---|---|
| 1 | Siemens AG | Elektrotechniker | Das ist eine Beschreibung | 2008-01-19 16:43:12 | 2008-01-19 16:54:43 |
| 2 | Cake Foundation | cakePHP-Entwickler | Hier steht eine Job-Beschreibung. | 2008-01-19 16:43:38 | 2008-01-20 11:56:08 |
| 3 | Volkswagen | Kundenberater | Und hier steht noch eine. | 2008-01-19 16:57:18 | 2008-01-19 16:57:18 |

*Abbildung 3-1: Die Datenbanktabelle jobs*

Das war es im Prinzip schon zum Thema Datenbank. Wesentlich an dieser Stelle sind nur zwei Punkte: zum einen die eindeutige ID, die Sie mit dem Bezeichner *id* in der Tabelle definiert haben. Damit haben Sie schon eine Konvention von CakePHP eingehalten, da das Framework davon ausgeht, dass in einer Tabelle der Primary Key immer *id* genannt wird. Der zweite Punkt ist der Name der Tabelle, über den automatisch das dazugehörige Model identifiziert wird. Dazu mehr im nächsten Abschnitt.

## Das Model für die Datenbanktabelle

Die Basis unserer Applikation ist die Datenbanktabelle, die Sie im vorhergehenden Abschnitt definiert haben. Da CakePHP in der Konfigurationsdatei die Zugangsdaten zur Datenbank übergeben bekommt, ist der Zugriff auf diese Daten über das Framework ohne weiteres möglich. Sie müssen sich also nur noch um den Umgang mit den Daten in der Applikationslogik kümmern. In der Regel wird für jede Datenbanktabelle ein Model angelegt, das die Daten in der Applikation repräsentiert. Basierend auf dem MVC-Pattern, das gleich noch genauer besprochen wird, wird die Datenbanktabelle in Ihrer Applikation durch eine Klasse dargestellt. Das geschieht ganz einfach, indem eine bestehende Klasse aus dem Framework abgeleitet wird und eine spezialisierte Subklasse für die Datenbanktabelle *jobs* entsteht.

Legen Sie eine Datei mit dem Namen *job.php* in dem Unterordner *app/models/* Ihrer Cake-Installation im *htdocs*-Verzeichnis des Webservers an. Der Name orientiert sich an dem Tabellennamen *jobs*, den Sie festgelegt haben – mit dem Unterschied, dass Sie jetzt den englischen Singular `job` wählen. Sie werden im Laufe des Buches feststellen, dass sich die Datei- und Klassennamen von CakePHP an der englischen Grammatik orientieren. Um diese Konventionen einhalten zu können, ohne merkwürdig klingende Namen verwenden zu müssen, empfehlen wir, alle Bezeichner ebenfalls in Englisch zu wählen.

Öffnen Sie die erstellte Datei, und geben Sie den folgenden Quelltext für das Model ein:

```
<?php
class Job extends AppModel {
   var $name = 'Job';
}
?>
```

Speichern Sie diese Datei ab. Nun sollten Sie die Datei *app/models/job.php* im CakePHP-Installationsordner des Webservers haben. Diese Klasse repräsentiert das Datenmodell, das Sie in der Datenbank definiert haben. Die Verknüpfung zur Datenbanktabelle erfolgt automatisch durch die CakePHP-Konventionen, die Sie durch den Klassennamen `job` eingehalten haben. In Kapitel 5, *Das Model*, erfahren Sie mehr zu diesem Thema.

### Daten mit dem Controller verarbeiten

Jetzt haben Sie ein Datenmodell, mit dem CakePHP arbeiten kann. Im nächsten Schritt müssen Sie einen Controller erstellen, der die Applikationslogik enthält. Die Datei ist notwendig, auch wenn in unserem Beispiel keine Logik implementiert wird. Auf diese Weise kommt das Standardverhalten des Frameworks zum Einsatz, wie das Beispiel zeigen wird.

Erstellen Sie eine Datei mit dem Namen *jobs_controller.php* in dem Unterordner *app/controller/* Ihrer Cake-Installation im *htdocs*-Verzeichnis des Webservers. Der Name orientiert sich auch in diesem Fall an den Namenskonventionen von CakePHP und ist so eindeutig auf das Model festgelegt. Bitte beachten Sie, dass in diesem Fall der Plural für die `Jobs` verwendet wird.

Öffnen Sie die erstellte Datei, und geben Sie folgenden Quelltext für den Controller ein:

```
<?php
class JobsController extends AppController {
   var $name = 'Jobs';
   var $scaffold;
}
?>
```

Damit wären Sie fertig – und zwar nicht nur mit dem Inhalt dieser Datei, sondern auch mit unserer kompletten Anwendung. Mehr ist in der Tat nicht nötig. Der Beweis wird im nächsten Abschnitt angetreten.

## Die Anwendung starten und Gerüste bauen

Schon ist die Applikation fertig! Das glauben Sie nicht? Dann geben Sie folgende URL in Ihren Browser ein:

*http://localhost/cakejobs/jobs/*

Wenn Sie die CakePHP-Installation in den *webroot*-Ordner des Webservers eingetragen haben, dann sollten Sie eine Ausgabe ähnlich wie die in Abbildung 3-2 erhalten.

Erstaunlich, nicht wahr? Sie haben nichts weiter gemacht, als einige Daten zu definieren, die den Konventionen von CakePHP entsprechen. Dazu waren nicht mehr als fünf Zeilen Code notwendig, die mit der Klassenstruktur von CakePHP arbeiten. Alles andere passiert an dieser Stelle automatisch (oder auch automagisch) durch das Framework, und Sie erhalten eine komplette Oberfläche zur Verwaltung der Datenbanktabelle.

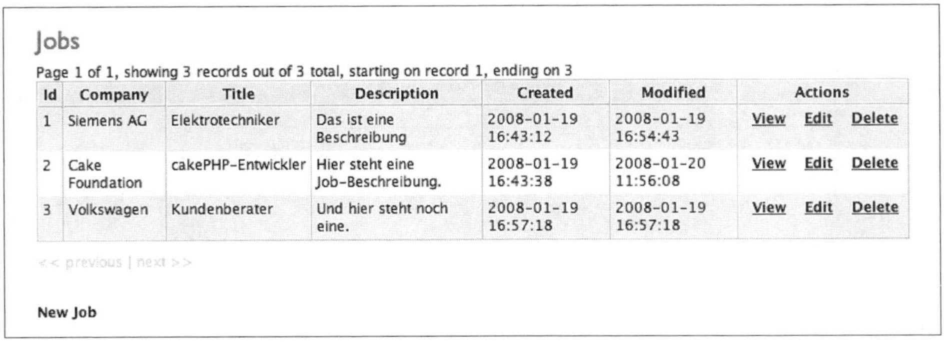
Jobs

Page 1 of 1, showing 3 records out of 3 total, starting on record 1, ending on 3

| Id | Company | Title | Description | Created | Modified | Actions |
|---|---|---|---|---|---|---|
| 1 | Siemens AG | Elektrotechniker | Das ist eine Beschreibung | 2008-01-19 16:43:12 | 2008-01-19 16:54:43 | View Edit Delete |
| 2 | Cake Foundation | cakePHP-Entwickler | Hier steht eine Job-Beschreibung. | 2008-01-19 16:43:38 | 2008-01-20 11:56:08 | View Edit Delete |
| 3 | Volkswagen | Kundenberater | Und hier steht noch eine. | 2008-01-19 16:57:18 | 2008-01-19 16:57:18 | View Edit Delete |

<< previous | next >>

New Job

*Abbildung 3-2: Das Ergebnis im Browser*

Sie werden feststellen, dass die Darstellung und die Möglichkeiten des Default-Verhaltens des Frameworks nicht willkürlich sind, sondern der CRUD-Funktionalität entspricht, die oben schon besprochen wurde. CakePHP hat auf Basis der wenigen Zeilen Code und des Frameworks im Hintergrund eine Oberfläche geschaffen, mit der die Daten in der Tabelle komplett verwaltet werden können. Das Standard-Stylesheet von CakePHP gibt dem Ganzen einen formalen Rahmen, so dass die Ausgabe in den Farben von CakePHP erscheint. Wie und wo Sie diese Stylesheets ändern können, werden Sie im Kapitel 6, *Das View*, erfahren.

Die erste Ansicht, die Sie durch das Framework generiert bekommen, ist eine Übersicht über den kompletten Inhalt der Tabelle. Die ersten Spalten werden in einer Art Vorschau angezeigt, mit einer Reihe von möglichen Aktionen daneben. Die Datensätze können in einer Detailansicht aufgerufen werden, und sie können editiert und auch gelöscht werden. Sämtliche HTML-Ansichten für die einzelnen Aktionen sind im Framework hinterlegt und werden dynamisch geladen. Klicken Sie nun auf den *Edit*-Link eines beliebigen Datensatzes. Im Browser wird sich eine Ansicht ähnlich wie die in Abbildung 3-3 öffnen.

Sie haben nun die Möglichkeit, alle Felder der Tabelle zu editieren und die bestehenden Werte zu ändern. Spielen Sie ein wenig mit den Möglichkeiten, und ändern Sie die Beispieldatensätze, die hinterlegt worden sind. An dieser Stelle fällt auf, dass zwei Spalten fehlen, nämlich *created* und *modified*, die offensichtlich vom Framework nicht als editierbare Felder angeboten werden. Wenn Sie diese Ansicht mit der Detailseite (klicken Sie auf den *View*-Link) der *Posts*-Tabelle vergleichen (Abbildung 3-4), dann wird allerdings klar, dass die Felder nicht einfach verschwunden sind, sondern an dieser Stelle erscheinen.

*Abbildung 3-3: Die Editieransicht*

*Abbildung 3-4: Die Detailansicht*

Wenn Sie in Abbildung 3-4 genau hinschauen, fällt noch etwas auf: Das Framework zeigt die Felder zwar nicht an, setzt sie aber automatisch, wenn ein Datensatz über die Editieroberfläche geändert wird. Das Gleiche gilt für das Neuanlegen von Datensätzen: Das Feld *created* wird genau wie das Feld *modified* auf den aktuellen Zeitpunkt gesetzt. Editieren Sie den Datensatz erneut, dann wird nur das Feld *modified* auf die aktuelle Uhrzeit geändert.

Sie ahnen hier schon den Hintergrund: Die Feldnamen *created* und *modified* sind wieder entsprechend den CakePHP-Konventionen benannt worden, so dass an dieser Stelle ein Default-Verhalten des Frameworks greift. Allgemein gesprochen bedeutet dies, dass CakePHP, sobald es in einer Datenbanktabelle auf Felder mit diesen Namen stößt, die entsprechenden Werte automatisch setzt und dies auch in der Darstellung automatisch generierter Oberflächen berücksichtigt. Es ist möglich, dieses Verhalten zu überschreiben oder selbst ein Standardverhalten wie dieses zu definieren. Auch dazu werden Sie im Laufe des Buches noch kommen.

Zuletzt ist an dieser Stelle noch erwähnenswert, dass CakePHP neben dem PHP-Code auch ein wenig JavaScript mit ins Spiel gebracht hat. Wenn Sie versuchen, einen Datensatz zu löschen, wird eine Sicherheitsabfrage erscheinen, die Sie zuerst bestätigen müssen (Abbildung 3-5).

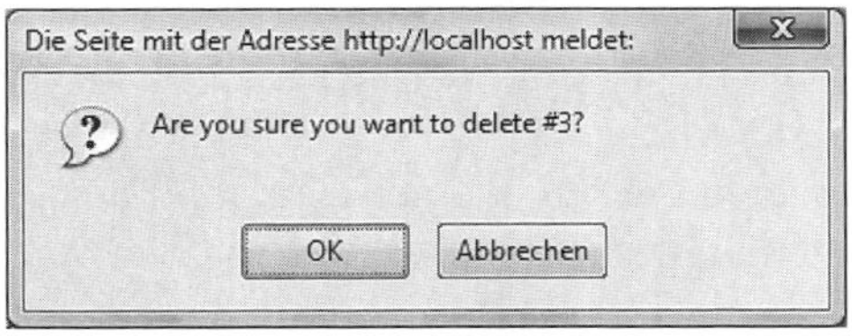


*Abbildung 3-5: Eine JavaScript-Sicherheitsabfrage*

Das CakePHP-Framework stellt Ihnen eine ganze Reihe von sogenannten HTML- bzw. Form-Helpern zur Verfügung, die es erlauben, im Template auf Funktionalitäten wie diese zurückzugreifen, ohne die Welt von CakePHP zu verlassen. In Kapitel 6, *Das View* werden wir uns ausführlich mit diesen Möglichkeiten befassen.

Wenn Sie mithilfe von phpMyAdmin einen Blick in die Tabelle werfen, werden Sie sehen, dass alle Einträge tatsächlich so in der Datenbank gelandet sind. Nach allen Einträgen, Löschaktionen und Änderungen sollte die Tabelle einige Änderungen erfahren haben.

Während Sie die Eingaben im Browser gemacht haben, sind Ihnen sicher die SQL-Ausgaben unter der Tabelle aufgefallen. Jede Datenbankaktion, die im Hintergrund von CakePHP ausgeführt wird, erscheint automatisch im unteren Bereich der Seite. Diese Debug-Meldungen können Sie deaktivieren, indem Sie in der Datei *core.php* im Ordner *app/config* den Wert für `debug` auf 0 setzen. Während der Entwicklung sollten Sie diese Ausgaben allerdings bestehen lassen, da auf diese Weise die Fehlersuche wesentlich leichter fällt. Mehr zu den Debug- und Test-Möglichkeiten von CakePHP folgt später in Kapitel 16, *Testing*.

Bleibt an dieser Stelle nur noch eine Frage: Warum heißt dieser Abschnitt »Gerüste bauen«? Die Variable `$scaffold` (englisch für »Gerüst«) im Controller gibt uns den richtigen Hinweis: Wenn diese Variable im Controller für eine Model-Klasse definiert wird, dann wird automatisch die Ausgabe wie oben besprochen generiert. Das sogenannte Scaffolding – Gerüste bauen – erlaubt es also, auf Basis einer simplen Datenbanktabelle eine funktionsfähige Applikation zu generieren. Dieses Verhalten ist zwar für die letztendlich geplante Applikation in der Regel nicht wirklich brauchbar, aber ermöglicht es uns, für den Prototyp einer Applikation schnell einen funktionsfähigen Dummy zu erstellen.

Sie als Entwickler haben dann die Aufgabe, dieses Gerüst nach und nach mit dem Aussehen und der Logik zu füllen, die vom Auftraggeber gewünscht sind.

## Der Quelltext des Beispiels

Das ganze Skript besteht nur aus zwei Dateien, die jeweils nur wenige Zeilen Code beeinhalten. Für das bessere Verständnis der Grundlagen von CakePHP werden wir trotzdem noch einmal einen Blick auf die beiden Dateien werfen, da sie sehr beispielhaft für den Aufbau größerer Applikationen sind.

Grundsätzlich kann man sagen, dass jede Datenbanktabelle in CakePHP durch eine korrespondierende Model-Klasse repräsentiert wird. Entsprechend der Konventionen des Frameworks werden der Name der Datei und auch der Name der Klasse gewählt, wobei zu beachten ist, dass das Model immer im Singular bezeichnet wird, im Gegensatz zur Tabelle, die CakePHP im Plural erwartet. Das Framework ist über den *Inflector*, eine Klasse zur Umsetzung der CakePHP-Namenskonventionen, in der Lage, automatisch unterschiedliche Schreibweisen nachzuvollziehen, auch wenn die Schreibweise unregelmäßig ist. Schönes Beispiel: Die Datenbanktabelle *Royalities* wird automatisch auf die Klasse `Royality` in der Datei *Royality.php* gematcht.

Genauso ist es in unserem Beispiel passiert: Die Klasse `Job` basiert auf der Framework-Klasse `AppModel` (bzw. `Model`) und übernimmt die Funktionalität des Frameworks, indem sie aus dieser Klasse abgeleitet wird. Mehr ist eigentlich nicht notwendig, wenn die oben beschriebenen Konventionen eingehalten werden. Die Definition der Variable `$name` geschieht nur aus Kompatibilitätsgründen zur PHP 4, da die Möglichkeiten der *Class reflections* erst mit der Version 5 eingeführt wurden.

```
<?php
class Job extends AppModel {
   var $name = 'Job';
}
?>
```

Die Model-Klasse kann wesentlich mehr, als in diesem Beispiel gezeigt wurde. Sie werden im Laufe des Buches alle Möglichkeiten dieser Klasse kennenlernen, um sie dem gewünschten Verhalten Ihrer Applikation anzupassen.

Jede Model-Klasse hat in der Regel einen oder auch mehrere Controller, die auf die Daten zugreifen und sie verarbeiten. Entsprechend der CakePHP-Konventionen wird auch hier der Controller mit *Jobs* bezeichnet. Dabei heißt die Datei *jobs_controller.php* und die Klasse selbst `JobsController`. Diese Schreibweise nennt sich *CamelCase*, da jedes Wort innerhalb des Strings wieder großgeschrieben wird und so ein »buckliger« Eindruck entsteht, der an die Silhouette eines Kamels erinnert.

Wesentlich an dieser Stelle ist die Elternklasse `AppController`, die wiederum von der Framework-Klasse `Controller` abgeleitet ist. Auch hier wird das Framework in Ihre

Applikation übernommen, indem Sie die Vererbungsmöglichkeiten der objektorientierten Programmierung nutzen.

```
<?php
class JobsController extends AppController {
   var $name = 'Jobs';
   var $scaffold;
}
?>
```

Auch hier wird wieder eine Variable `$name` definiert, die den Bezeichner des Controllers speichert. Wie schon in der Model-Klasse geschieht das aus Kompatibilitätsgründen mit PHP 4. Darüber hinaus wird hier noch die Variable `$scaffold` definiert, die eigentlich nur die Aufgabe hat, als Flag dem Framework anzuzeigen, dass automatisch eine Prototyp-Funktionalität erfolgen soll. Wenn Sie diese Zeile entfernen, wird der Controller lediglich eine leere Seite ausgeben.

In den nächsten Kapiteln werden Sie den Controller, der das Herz der Applikationslogik darstellt, Stück für Stück mit Leben füllen und die Möglichkeiten von CakePHP in Interaktion mit User-Eingaben erleben. An dieser Stelle werden Sie dann nicht mehr das Scaffolding des Frameworks verwenden, sondern selbst die Methoden innerhalb des Controllers schreiben.

KAPITEL 4

# Der Controller

Nachdem Sie jetzt einen Einblick in das Rapid Development bzw. Rapid Prototyping mit CakePHP bekommen haben, interessiert es Sie sicher schon, was hinter der Fassade des Scaffolding passiert. Per Scaffolding können Sie Ihrem Kunden sehr schnell einen ersten Prototyp präsentieren, Sie sind aber sehr unflexibel, was Anpassungen am Standardverhalten angeht. In diesem Kapitel geht es darum, den Controller für die Jobverwaltung »von Hand« zu implementieren. Keine Sorge, dafür brauchen Sie nicht viel Code, und es geht auch mehr darum, Ihnen die eigentliche Aufgabe des Controllers zu erläutern.

Der Controller ist der Motor der Anwendung: Er wird anhand der angefragten URL aufgerufen und kümmert sich darum, dass die Daten unter Berücksichtigung der Parameter und Konditionen vom Model geholt werden. Er gibt diese dann an das View weiter, das dem Benutzer angezeigt wird.

In diesem Kapitel schauen wir uns zunächst den Aufbau eines Controllers an, um dann den *JobsController* für *CakeJobs* zu implementieren. Wir beginnen damit, uns Gedanken darüber zu machen, was der JobsController können und konkret machen soll. Dazu überlegen wir uns zunächst ganz untechnisch die Anwendungsfälle, die möglich sein sollen. Diese Anforderungen übersetzen wir dann in Controller-Actions, die wir Schritt für Schritt implementieren, wobei wir im gleichen Durchgang bereits die Templates rudimentär erstellen. Wenn das geschafft ist, steht die Verwaltung. Im darauffolgenden Abschnitt lernen Sie noch die wichtigsten Attribute und Methoden für die Arbeit im Controller genauer kennen.

Zum Abschluss des Kapitels gibt es noch einen Exkurs zu den Konventionen von CakePHP, in dem Sie lernen, wie Sie Dateien und Klassen benennen und platzieren – und platzieren müssen, damit die Automatismen von CakePHP greifen können.

## Aufbau des Controllers

Damit Sie einen Eindruck davon bekommen, wie ein Controller aufgebaut ist und wie einzelne Actions in einem Controller unter unterschiedlichen Bedingungen aufgerufen werden, setzen wir uns in diesem Kapitel das Ziel, das Beispiel der Jobdatenbank von den vorhergehenden Seiten nachzuprogrammieren. Dieses Mal werden Sie auf den »Trick« mit `$scaffold` verzichten und manuell die einzelnen Methoden implementieren. Grundlage dazu sind die beiden PHP-Dateien, die schon in jeweiligen Ordnern der Applikation angelegt sind:

- *App/controllers/jobs_controller.php*
- *App/models/job.php*

Die Model-Klasse werden wir in diesem Kapitel nicht weiter betrachten, da hier im Prinzip schon alle wesentlichen Aspekte berücksichtigt sind. Die Feinheiten des Models werden im Kapitel 5, *Das Model*, genauer beleuchtet. Es bleibt also die Controller-Klasse, die bisher nur aus den folgenden Zeilen besteht:

```
class JobsController extends AppController {
      var $name = "Jobs";
      var $scaffold;
}
```

Die erste Schritt besteht darin, die Variable `$scaffold` wieder zu entfernen. Fehlt dieses Flag, wird CakePHP nicht mehr automatisiert eine CRUD-Oberfläche auf Basis des Models und der damit assoziierten Datenbanktabelle erstellen. Das werden wir nun manuell erledigen.

Als Vorüberlegung sollten Sie sich an dieser Stelle immer ein paar Gedanken über die folgenden Punkte machen:

- Was soll Ihre Applikation können?
- Welche Actions mit was für Parametern müssen dafür implementiert werden?
- Welche Daten sollen dem User angezeigt werden?

Auch wenn diese Gliederung noch recht grob ist, können Sie so die wesentlichen Fragen beantworten und die Struktur des Controllers festlegen.

## Was soll die Applikation können?

Die Frage ist recht einfach zu beantworten, besonders wenn wir uns noch einmal das Beispiel aus dem Kapitel 3, *Schnell zum Erfolg – Ihre erste Webapplikation mit CakePHP*, im Browser anschauen. Die Applikation soll auf einer einfachen Webseite Jobangebote aus einer Datenbanktabelle auslesen und diese in einem HTML-Interface darstellen. Darüber hinaus sollen die Angebote editiert und gelöscht werden können bzw. auch neu angelegt, sofern der aktuelle Arbeitsmarkt das erlaubt. Wir haben also eine Art Blackboard mit folgenden Funktionen:

- Übersicht aller Jobanzeigen
- Detailsicht einer Jobanzeige
- Editieren einer bestehenden Jobanzeige
- Anlegen einer neuen Jobanzeige
- Löschen einer Jobanzeige

Auch wenn die Anwendung in dieser Form vermutlich nicht wirklich produktiv eingesetzt wird, soll sie uns als Einstieg genügen. Später werden Sie die Applikation erweitern, so dass beispielsweise durch ein User-Management die Anzeigen nicht frei für jeden editierbar sind oder dass Anzeigen auch gezielt gesucht werden können.

## Welche Actions und Parameter werden benötigt?

Ein Controller enthält in der Regel eine Reihe von Methoden, die nach außen als Schnittstellen fungieren. Diese Schnittstellen, auch Actions genannt, können über die URL im Browser aufgerufen werden und lösen damit ein bestimmtes Verhalten im Controller aus. Die Verknüpfung zwischen einer bestimmten URL und einer Controller-Methode geschieht, wie sollte es anders sein, nach CakePHP-Konventionen, die sich im Aufbau der URL niederschlagen. Das URL-Schema ist dabei normalerweise so aufgebaut:

*http://domain/controller/action/parameter1/parameter2/*

Nach der Domain, die auf den Server mit Ihrer Anwendung zeigt, folgt ein Slash und dann der Name des Controllers. Dabei kommt wieder die Konvention ins Spiel, die in Kapitel 3, *Schnell zum Erfolg – Ihre erste Webapplikation mit CakePHP*, schon kurz angerissen wurde. Die `JobsController`-Klasse in der Datei *jobs_controller.php* wird in der URL mit *jobs* angesprochen. CakePHP weiß dann automatisch, welche Klasse gemeint ist und wo die nachfolgende Action zu finden ist.

Der Name der Action orientiert sich nach demselben Prinzip an dem Namen der Controller-Methode, die für die Abarbeitung dieses Requests zuständig ist. Die Methode `edit()` wird beispielsweise direkt durch die gleichnamige Action *edit* in der URL angesprochen.

Die nachfolgenden Parameter sind nur erforderlich, sofern die Action diese auch benötigt – was ja nicht immer so sein muss. Die `edit()`-Methode benötigt beispielsweise eine Information, *welchen* Datensatz sie zum Bearbeiten präsentieren soll – im Regelfall ist das die ID des Datensatzes:

*http://localhost/cakejobs/jobs/edit/24*

Diese URL stellt beispielsweise an den JobsController die Anfrage, die Methode `edit()` mit dem Parameter `24` aufzurufen. Der Zugriff auf so übergebene Parameter in den Actions ist denkbar einfach – sie werden den Methoden einfach als Argumente übergeben:

```
function edit($id = null) {
      echo $id; // ID 24
}
```

Entsprechend der Funktionsdefinitionen oben (im Abschnitt »Was soll die Applikation können?«) bietet es sich an, folgende Methoden für den Controller zu definieren:

| Methode | Parameter | Aufgabe |
|---|---|---|
| index() | - | Übersicht über alle Jobangebote |
| view() | id | Ansicht eines bestimmten Job-Datensatzes |
| edit() | id | Editierfunktion für einen Job-Datensatz |
| add() | - | Einen neuen Job-Datensatz hinzufügen |
| delete() | id | Löschen eines Job-Datensatzes |

### Das REST-Schema

Der Aufbau der URLs orientiert sich dabei an dem *Representational State Transfer*-Schema, kurz REST, das für den Aufbau verteilter Informationssysteme definiert wurde. Der Aufbau einer Anfrage gliedert sich demnach immer in die gleichen Bestandteile:

- Zieladresse der angefragten Datenquelle
- Schnittstelle für diese Anfrage auf dem entfernten System
- Methode der Anfrage
- Eventuell nötige Parameter für diese Anfrage

Dieser Aufbau lässt sich, wie oben beschrieben, in durch eine einfache, aber trotzdem universelle Syntax ausdrücken, die es erlaubt, beliebige Anfragen zwischen Systemen standardisiert zu definieren. CakePHP nutzt dieses Schema, um URLs abhängig vom Aufbau der Applikation definieren zu können und nicht, wie in der Regel üblich, von der Verzeichnisstruktur des Webservers abhängig zu sein. Möglich wird dies durch eine spezielle Konfiguration des Apache-Webservers, die über *htaccess*-Dateien im Framework definiert wird.

## Die Übersicht über alle Jobangebote

Nachdem Sie vorhin ja schon einige Datensätze per Scaffolding in unsere Datenbanktabelle geschrieben haben, können Sie jetzt mit der Auflistung der Jobangebote beginnen. Dafür legen Sie eine Methode im `JobsController` an, die Sie `index` nennen.

```
class JobsController extends AppController {
   var $name = 'Jobs';

   function index() {
```

```
        $jobs = $this->Job->find('all', array(
                'order' => 'created DESC',
            ));

        $this->set('jobs', $jobs);
    }
}
```

Was passiert hier? Sie lesen alle vorhandenen Jobs über die `find`-Methode des Job-Models in die Variable `$jobs` ein. Der `find`-Methode geben Sie per Parameter-Array die Anweisung, die Ergebnisse nach dem Erstellungsdatum absteigend zu sortieren. Dann wird die Variable mit den Ergebnissen mit der `set`-Methode dem View (das heißt dem Template) unter dem Namen `jobs` zugeordnet.

Jetzt möchten Sie natürlich wissen, was in `$jobs` für Daten enthalten sind. Dafür legen Sie erst einmal ein View für die *index*-Action an, indem Sie in */app/views* den Ordner *jobs* anlegen und dort eine Datei namens *index.ctp* erstellen. Die Dateierweiterung *ctp* steht für *Cake Template* und wird für alle View-Templates verwendet.

Bevor Sie die Daten zur Aufbereitung anzeigen, geben Sie erst einmal die dem View zugewiesenen Daten aus. Schreiben Sie folgenden Code in die *index.ctp*:

```
<?php pr($jobs); ?>
```

Die Funktion `pr()` gehört zu den sogenannten *Convenience Methods* von CakePHP. `pr()` gibt die übergebene Variable mittels `print_r()` aus, wobei die Variable in <pre>-Tags gesetzt wird. Diese Funktion ist nützlich für Debug-Ausgaben, da sie nichts mehr ausgibt, wenn der `debug`-Mode auf 0 steht und Ihre Applikation im Produktiv-Modus ist. So laufen Sie nicht Gefahr, dass die Benutzer Ihre Debug-Ausgaben präsentiert bekommen.

Wie Sie sich sicher schon denken können, ist der erste Parameter der `set`-Methode dazu da, den Namen der zugewiesenen Daten im View zu bestimmen – diese sind dort dann immer als lokale Variable verfügbar. Nun können Sie im Browser die URL *http://localhost/jobs/index* aufrufen. Dort sollte Sie eine Ausgabe ähnlich der folgenden erwarten:

```
Array
(
    [0] => Array
        (
            [Job] => Array
                (
                    [id] => 1
                    [company] => Siemens AG
                    [title] => Elektrotechniker
                    [description] => Hier steht eine Job-Beschreibung.
                    [created] => 2008-01-19 16:43:12
                    [modified] => 2008-01-19 16:54:43
                )
```

```
        )

    [1] => Array
        (
            [Job] => Array
                (
                    [id] => 2
                    [company] => Cake Foundation
                    [title] => cakePHP-Entwickler
                    [description] => Und hier steht noch eine Job-Beschreibung.
                    [created] => 2008-01-19 16:43:38
                    [modified] => 2008-01-19 16:43:38
                )

        )
```

Wie Sie sehen, hat das Job-Model die Daten fein säuberlich in ein Array geschrieben, das nur noch darauf wartet, in ansehnlicher Form ausgegeben zu werden. Dazu werden Sie die Daten einfach tabellarisch ausgeben und pro Datensatz noch den Zugriff auf die verschiedenen Actions gewähren, die mit dem Datensatz möglich sein sollen. Ersetzen Sie jetzt im index-View die Debug-Ausgabe durch dieses Template:

```
<h2>Jobs</h2>

<table>
   <tr>
      <th>ID</th>
      <th>Firma</th>
      <th>Titel</th>
      <th>Angebot vom</th>
      <th>zuletzt aktualisiert</th>
      <th>Actions</th>
   </tr>

<?php foreach($jobs as $job): ?>
   <tr>
      <td><?php echo $job['Job']['id'] ?></td>
      <td><?php echo $job['Job']['company'] ?></td>
      <td><?php echo $job['Job']['title'] ?></td>
      <td><?php echo $job['Job']['created'] ?></td>
      <td><?php echo $job['Job']['modified'] ?></td>
      <td>
         <?php echo $html->link('Details', '/jobs/view/' . $job['Job']['id']) ?>
         <?php echo $html->link('bearbeiten', '/jobs/edit/' . $job['Job']['id']) ?>
         <?php echo $html->link('löschen', '/jobs/delete/' . $job['Job']['id']) ?>
      </td>
   </tr>
<?php endforeach; ?>
</table>
```

Wie Sie sehen, verwenden Sie hier die `link()`-Methode des HTML-Helper, um die HTML-Links zu den Actions auszugeben. Wenn Sie sich jetzt fragen, warum wir die Links nicht einfach als HTML in das Template schreiben: Die Verwendung der View-Helper in CakePHP hat viele Vorteile, auf die wir in Kapitel 6, *Das View*, in aller Ausführlichkeit eingehen werden.

Wenn Sie jetzt *http://localhost/cakejobs/jobs/index* aufrufen, sollten Sie im Browser die Ansicht geliefert bekommen, die Sie in Abbildung 4-1 sehen.

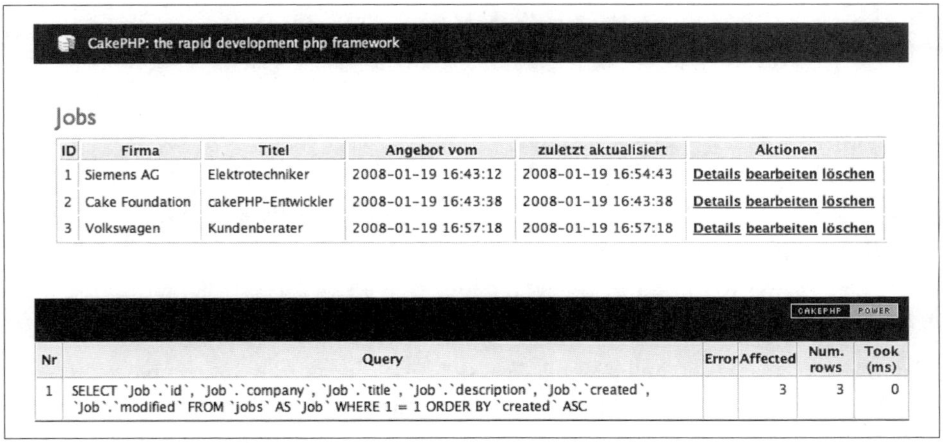


*Abbildung 4-1: Die index()-Ansicht*

Die Übersicht der Jobangebote ist nun erst einmal abgeschlossen. Weiter geht es mit der Detailansicht für die Jobangebote.

## Detailansicht der Jobangebote

Sagen wir, Sie interessieren sich für die Stelle als CakePHP-Entwickler bei der Cake Software Foundation und möchten dazu die Stellenbeschreibung lesen, die ja für Ihre Jobwahl nicht ganz unwesentlich ist. Wenn Sie jetzt aber auf *Details* klicken, werden Sie eine Ansicht wie in Abbildung 4-2, präsentiert bekommen, die für Ihre Jobwahl vermutlich nicht hilfreich ist.

Diese CakePHP-Fehlermeldung sagt uns sehr direkt, was wir machen sollen: die View-Action im JobsController implementieren. Sogar der benötigte Code wird Ihnen vorgegeben – was will man mehr? Hier brauchen Sie mehr als eine leere Methode – aber nicht viel mehr.

```
function view($id) {
   $job = $this->Job->read(null, $id);
   $this->set('job', $job);
}
```

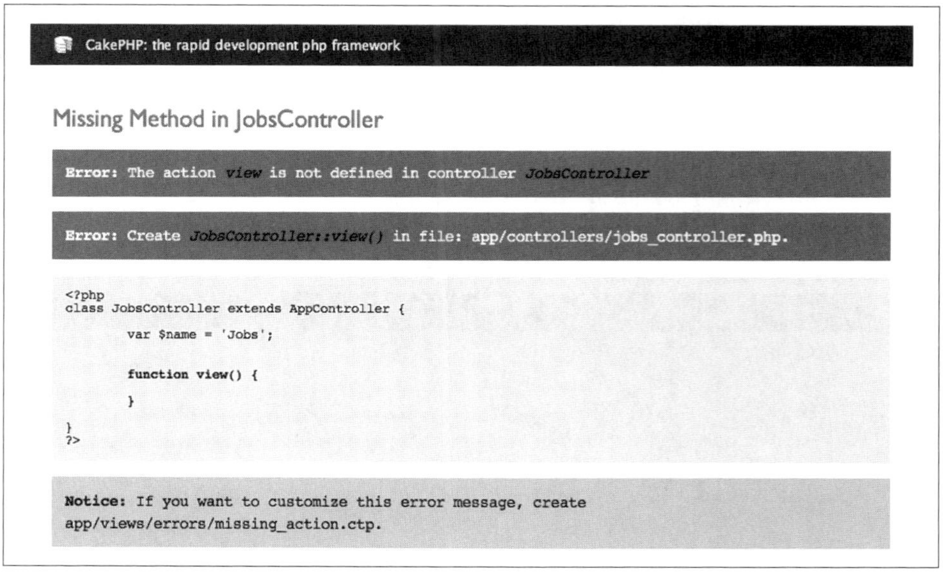


*Abbildung 4-2: Die view()-Methode wurde im JobsController nicht gefunden.*

Was passiert an dieser Stelle? Sehen Sie sich erst einmal die aufgerufene URL an: *http://localhost/cakejobs/jobs/view/2*. Alle URL-Parameter, die nach dem Namen der Action *view* kommen, werden der Methode einfach als Funktionsargumente übergeben – ohne dass Sie mehr dafür machen müssen, als den Namen des Parameters in der Methodensignatur anzugeben. Mit der Model-Methode `read()` holen Sie sich hier den Datensatz mit der übergebenen ID aus der Datenbank und weisen ihn, wie Sie es schon in der `index()`-Methode gemacht haben, dem View zu.

Die Struktur des Arrays, das Ihnen vom Model übergeben wird, ist dieselbe wie die der `index()`-Methode, aber mit nur einem einzigen Datensatz. Erstellen Sie nun ein Template namens *view.ctp* im *View*-Ordner des *JobsController*s, und lassen Sie sich wieder die übergebene Template-Variable ausgeben:

Inhalt der Datei:

```
<?php pr($job); ?>
```

Ausgabe:

```
Array
(
    [Job] => Array
        (
            [id] => 2
            [company] => Cake Foundation
            [title] => cakePHP-Entwickler
            [description] => Hier steht eine Job-Beschreibung.
            [created] => 2008-01-19 16:43:38
            [modified] => 2008-01-19 19:22:29
```

```
        )
    )
```

Mit diesem Array als Grundlage können Sie jetzt sehr einfach eine entsprechende Ausgabe erstellen:

```
<h2>Job-Details</h2>
<dl>
    <dt>ID</dt>
    <dd><?php echo $job['Job']['id']; ?></dd>

    <dt>Firma</dt>
    <dd><?php echo $job['Job']['company']; ?></dd>

    <dt>Titel</dt>
    <dd><?php echo $job['Job']['title']; ?></dd>

    <dt>Beschreibung</dt>
    <dd><?php echo $job['Job']['description']; ?></dd>

    <dt>Angebot vom</dt>
    <dd><?php echo $job['Job']['created']; ?></dd>

    <dt>zuletzt aktualisiert</dt>
    <dd><?php echo $job['Job']['modified']; ?></dd>
</dl>
```

Die Ansicht im Browser sollte nun anstatt einer Fehlermeldung die Detail-Ansicht des gewünschten Jobangebots präsentieren, die Sie in Abbildung 4-3 sehen.

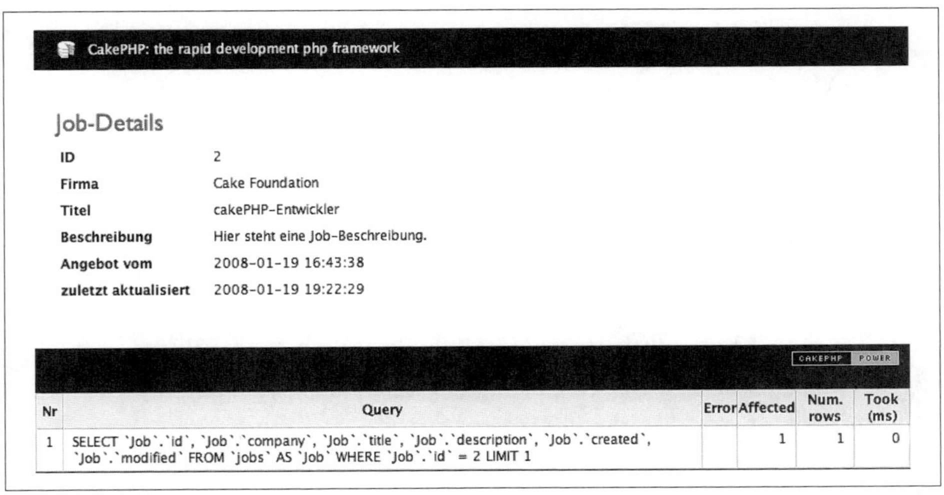


*Abbildung 4-3: Die view()-Ansicht*

Jetzt haben Ihre Benutzer die Möglichkeit, sich in aller Ruhe zu überlegen, ob sie ihre Bewerbungsunterlagen losschicken sollen oder nicht. Ein Blindtext als

Beschreibung ist hier aber doch nicht sinnvoll – jetzt benötigen Sie die Möglichkeit, das Jobangebot zu bearbeiten und eine aussagekräftige Stellenbeschreibung einzugeben.

## Bearbeiten eines Jobangebots

Bisher haben Sie ohne Hilfe des *Scaffoldings* nur Daten ausgegeben – jetzt ist es an der Zeit, auch Daten zu speichern, und zwar mittels eines Eingabeformulars und der edit()-Methode, die folgendermaßen aussieht:

```
function edit($id = null) {
   if(!empty($this->data)) {

      if($this->Job->save($this->data)) {
         $this->Session->setFlash('Der Job wurde gespeichert.');
         $this->redirect(array('action'=>'index'));
      } else {
         $this->Session->setFlash('Der Job konnte nicht gespeichert werden.');

      }

   } else {
      $this->data = $this->Job->read(null, $id);
   }
}
```

Beim Bearbeiten eines Job-Angebots gibt es drei mögliche Fälle:

- Der Benutzer hat die Ansicht gerade erst geöffnet und das Formular noch nicht abgesendet.
- Der Benutzer hat die gewünschten Eingaben gemacht und das Formular abgeschickt, es konnte aber aus irgendeinem Grund nicht gespeichert werden, und der Benutzer landet wieder auf derselben Ansicht mit seinen eingegebenen Daten in den Feldern und eventuellen Fehlermeldungen.
- Der Benutzer hat das Formular abgeschickt, und es wurde gespeichert. Der Benutzer wird dann mit einer Meldung zur Listenansicht weitergeleitet.

Diese Fälle decken Sie mit mehreren Bedingungen ab. Wenn `$this->data`, der temporäre Datenspeicher für POST-Daten aus Formularen, bereits Daten enthält, wird versucht, diese Daten mittels der `save()`-Methode des Job-Models abzuspeichern.

Wenn das gelingt, wird eine Meldung in die Session geschrieben, und der Benutzer wird mit der `redirect()`-Methode zur `index()`-Action des JobsControllers weitergeleitet, wo diese Meldung dann angezeigt wird. `$this->Session->setFlash()` in Kombination mit `$this->redirect()` im Controller einer Applikation ist eine einfache Möglichkeit, um solche Abläufe zu steuern – mehr dazu erfahren Sie in Abschnitt »Den Fluss steuern – redirect() und flash()« weiter unten in diesem Kapitel.

Wenn der Speichervorgang aus irgendeinem Grund misslingt (das kann beispielsweise an einer gescheiterten Validierung der Daten liegen) wird eine Fehlermeldung in die Session geschrieben, und der User bekommt wieder die *Bearbeiten*-Ansicht mit der Meldung angezeigt. In diesem Fall werden seine eingegebenen Daten wieder in den Formularfeldern angezeigt. Oder aber der erste unserer Fälle tritt ein – der Benutzer hat die Ansicht gerade erst geöffnet und hat noch keine Daten eingegeben. In diesem Fall weisen Sie dem Datenspeicher `$this->data` mit der `read()`-Methode, wie wir es schon aus der `view()`-Action kennen, die Daten des Datensatzes mit der übergebenen Action zu.

Nun aber zum spannenderen Teil: Wie erstellen Sie ein Webformular, das die Daten bereits in den Feldern anzeigt? Dies ist eine Aufgabe, die Sie sicher schon viel zu oft wiederholen mussten. Erstellen Sie eine Datei namens *edit.ctp* in */app/views/jobs*, und schließen Sie mit folgendem Code das `edit()`-View ab:

```
<h2>Job bearbeiten</h2>
<?php
   echo $form->create('Job');
   echo $form->input('id');
   echo $form->input('company');
   echo $form->input('title');
   echo $form->input('description');
   echo $form->end('Speichern');
?>
```

Wie Sie sehen, verwenden Sie für das Formular keine einzige Zeile HTML, vom Titel einmal abgesehen. Wenn Sie sich jetzt fragen, warum Sie PHP-Code zur Erstellung von HTML-Quelltext verwenden sollten, sehen Sie sich einfach das Resultat im Browser an (Abbildung 4-4).

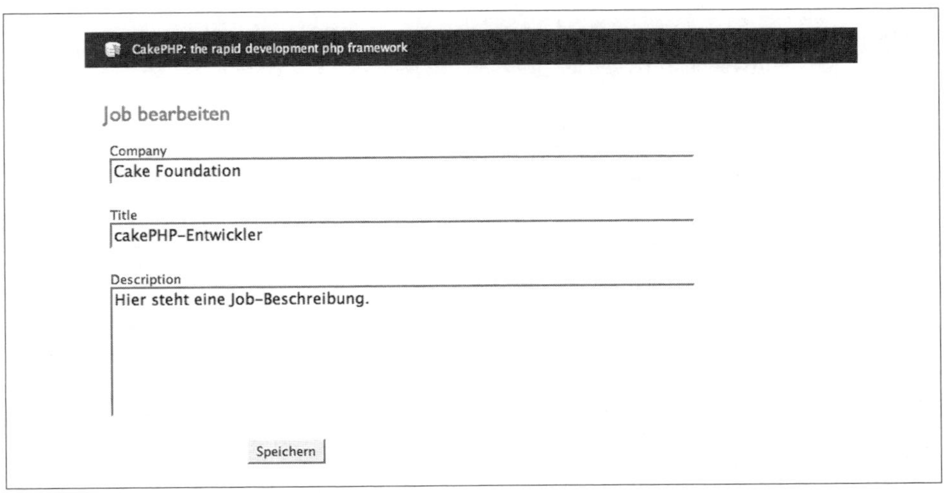


*Abbildung 4-4: Die edit()-Ansicht*

CakePHP hat Ihnen mithilfe des Form-Helpers die ganze Arbeit, so ein Formular zu erstellen, abgenommen. CakePHP kennt die Datentypen der Tabellen, mit denen Sie arbeiten, und erstellt dann beispielsweise für ein `TEXT`-Feld auch eine `<textarea>`. Wie Ihnen vielleicht auffällt, sehen Sie kein Feld für die ID, obwohl Sie auch ein Feld dafür definiert haben. Eine ID soll ja schon per Definition nicht geändert werden, deshalb gibt CakePHP dafür auch ein *input*-Feld mit dem Typ *hidden* aus. Wenn Sie nun das Formular abspeichern, sollten Sie wieder bei der Auflistung der Jobangebote landen – mit einer Meldung, dass die Daten gespeichert wurden (Abbildung 4-5).

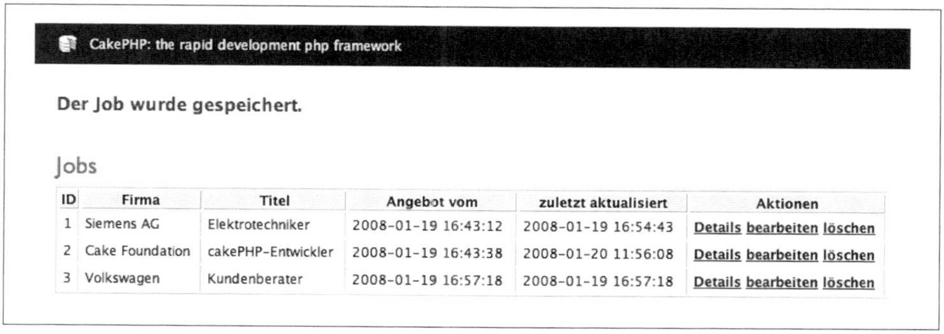
CakePHP: the rapid development php framework

Der Job wurde gespeichert.

Jobs

| ID | Firma | Titel | Angebot vom | zuletzt aktualisiert | Aktionen |
|---|---|---|---|---|---|
| 1 | Siemens AG | Elektrotechniker | 2008-01-19 16:43:12 | 2008-01-19 16:54:43 | Details bearbeiten löschen |
| 2 | Cake Foundation | cakePHP-Entwickler | 2008-01-19 16:43:38 | 2008-01-20 11:56:08 | Details bearbeiten löschen |
| 3 | Volkswagen | Kundenberater | 2008-01-19 16:57:18 | 2008-01-19 16:57:18 | Details bearbeiten löschen |

*Abbildung 4-5: Die Auflistung der Jobangebote nach Abspeichern des Formulars*

## Anlegen eines Jobangebots

Nachdem Sie die Bearbeitungsfunktion für die Jobangebote gemeistert haben, ist die Funktionalität zum Anlegen eines Angebots schnell erledigt. Der Code für den Controller nutzt die `add()`-Methode, er ist dem der `edit()`-Methode sehr ähnlich:

```
function add() {
      if (!empty($this->data)) {
         $this->Job->create();
         if ($this->Job->save($this->data)) {
            $this->Session->setFlash('Der Job wurde gespeichert.');
            $this->redirect(array('action'=>'index'));
         } else {
            $this->Session->setFlash('Der Job konnte nicht angelegt werden.');
         }
      }
   }
```

Die Logik ist dieselbe, mit dem Unterschied, dass beim Anlegen von Jobangeboten in keinem Fall ein Jobangebot per `read()` aus der Datenbank gelesen werden muss. Vor dem Speichern wird das Job-Model mit `create()` noch darauf vorbereitet, dass ein neuer Datensatz angelegt wird. Das Formular für das View ist fast identisch mit dem der `edit()`-Methode – mit dem Unterschied, dass Sie beim Neuanlegen dieser `add()`-View kein Feld mit einer ID-Information benötigen.

```
<h2>Neuer Job</h2>
<?php
   echo $form->create('Job');
   echo $form->input('company');
   echo $form->input('title');
   echo $form->input('description');
   echo $form->end('Speichern');
?>
```

Jetzt können Sie unter *http://localhost/jobs/add* nach Belieben neue Jobangebote anlegen.

## Jobangebote löschen

Bereits besetzte Stellen sollten Sie aus dem Job-Katalog löschen können. Das Problem lösen wir mit der delete()-Action im *JobsController*. Die Methode dazu sieht folgendermaßen aus:

```
function delete($id = null) {
   if (!$id) {
      $this->Session->setFlash('Ungültige Job-ID');
      $this->redirect(array('action'=>'index'));
   }
   if ($this->Job->del($id)) {
      $this->Session->setFlash("Der Job mit der ID {$id} wurde gelöscht.");
      $this->redirect(array('action'=>'index'));
   }
}
```

Erst einmal kontrollieren Sie, ob auch wirklich eine ID übergeben wurde. Falls keine übergeben wurde, benutzen Sie wieder setFlash() und redirect(), um den Benutzer mit einer Fehlermeldung zurück zur Auflistung zu leiten. Andernfalls löschen Sie den Job mittels der del()-Methode des Job-Models und geben dem Benutzer über der Auflistung den Hinweis aus, dass die gewünschte Aktion abgeschlossen wurde.

Vielleicht fragen Sie sich jetzt, ob jede Methode ein View haben muss – die Antwort ist Nein. Wenn Sie beim Löschen eines Datensatzes keine weiteren Sicherheitsabfragen machen möchten (vielleicht abgesehen von einer JavaScript-basierten Bestätigungsbox), macht eine View für die delete()-Methode keinen Sinn. Die Views werden von CakePHP automatisch nach dem Ende der entsprechenden Methode generiert (»gerendert«). Mit der redirect()-Methode wird die Action standardmäßig aber abgebrochen. Das heißt, die delete()-Methode wird gar nicht bis zum Schluss ausgeführt und das Rendering benötigt kein View dafür.

Wenn Sie jetzt ein Jobangebot aus der Auflistung löschen, sollten Sie direkt wieder bei der Auflistung landen und mit einer Meldung informiert werden, dass das Jobangebot gelöscht wurde (Abbildung 4-6).

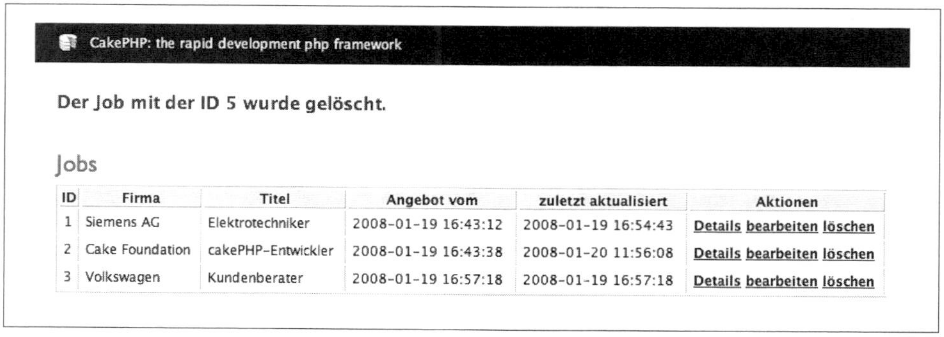


*Abbildung 4-6: Die Meldung nach dem Löschen eines Jobangebots*

So, geschafft: Sie haben eine komplette CRUD-Funktionalität für Jobangebote selbst programmiert, und das mit sehr wenig Code.

# Attribute und Methoden im Controller

Im Controller stehen Ihnen eine Reihe von Methoden und auch Attributen zur Verfügung, die Sie zum Teil schon im Beispiel oben kennengelernt haben. Die wichtigsten Attribute und Methoden sollen an dieser Stelle noch einmal zusammengefasst und erklärt werden. Darüber hinaus werden wir noch auf einige Punkte eingehen, die bisher noch keinen Platz in diesem Kapitel gefunden haben.

## Controller-Attribute

In diesem Abschnitt finden Sie ausführlichere Erläuterungen zu den Standardattributen, die im Controller verwendet werden.

### Components einbinden – $uses, $helpers und $components

Diese drei Attribute sind optional in der Controller-Klasse und sind bisher in unserem Beispiel auch noch nicht vorgekommen. Sie sind dafür zuständig, dem Controller die benötigten Components mitzuteilen. Alle drei Attribute sind Arrays, denen Sie die Namen der gewünschten Klassen übergeben. CakePHP wird diese dann laden, instanziieren und an der richtigen Stelle zur Verfügung stellen.

Mit der Variable `$uses` teilen Sie dem Controller mit, welche Models Sie benutzen möchten. Wenn Sie sich an die CakePHP-Konventionen halten, steht im *JobsController*, wie Sie es ja schon gesehen haben, automatisch das *Job*-Model zur Verfügung. Sie sind an diese Konventionen aber nicht gebunden. Sie könnten beispielsweise auch statt des *Job*-Models ein anderes Model laden oder zusätzliche Models mit einbinden. Dazu genügt ein einfaches Array.

```
$uses = array('Job', 'AnderesModel');
```

CakePHP lädt so automatisch die gewünschten Klassen aus dem *models*-Ordner, instanziiert sie und stellt sie im Controller so zur Verfügung:

```
$this->AnderesModel
```

Ähnlich verhält es sich mit den Attributen `$helpers` und `$components`. Sie können die Funktionalität eines Controllers und der darin verwendeten Views erweitern, indem Sie entsprechende Helper (für das View) oder Components (für den Controller) einbinden.

### Seitentitel setzen – $pageTitle

Das Attribut `$pageTitle` erlaubt es, dynamisch aus dem Controller heraus den Titel der Seite zu setzen. Wenn Sie die Beispielapplikation in einer der Methoden im Controller um die folgenden Zeile Code erweitern, wird der Seitentitel im Browser entsprechend geändert:

```
$this->pageTitle = 'Das ist ein neuer Titel';
```

Dieser Effekt basiert auf einer dynamischen Zuweisung im Template, die über das verwendete Layout von CakePHP gesteuert wird. Wie das genau geschieht, werden Sie in Kapitel 6, *Das View*, erfahren.

### Zugriff auf die Parameter der Anfrage – $params

Das Array `$params` wird automatisch zur Laufzeit der Applikation im Controller durch CakePHP gesetzt, ohne dass Sie etwas dazu tun müssen. In diesem Array stellt Ihnen CakePHP eine Reihe von Informationen zur Verfügung, die Auskunft über den aktuellen Request geben. Erweitern Sie das Beispiel einfach um den folgenden Befehl in einer der Action-Methoden, damit das Array ausgegeben wird. So gewinnen Sie am besten einen Eindruck vom Aufbau der Daten.

```
pr($this->params);
```

Wenn Sie das `$params`-Array nun beispielsweise im View der `add()`-Action im Jobs-Controller ausgeben, bekommen Sie folgendes Array:

```
Array
(
   [pass] => Array
   (
      [0] => 2
   )

   [named] => Array ()

   [controller] => jobs
   [action] => view
   [plugin] =>
   [form] => Array   ()
```

```
    [url] => Array
    (
       [url] => jobs/view/2
    )

    [bare] => 0
    [webservices] =>
)
```

Die Daten sind zum großen Teil selbsterklärend. Trotzdem sollen die einzelnen Punkte hier kurz erklärt werden.

*$this->params['form']*
: Dieses Array speichert Formulardaten, die nicht mit einem Model assoziiert werden sollen, inklusive Daten aus *FILE*-Auswahlfeldern, die normalerweise im nativen Array `$_FILES` verfügbar sind.

*$this->params['bare']*
: Ein Flag zur Bestimmung des Layouts. Wenn ein Layout verwendet wurde, steht dieses Flag auf 0 (false), ansonsten auf 1 (true).

*$this->params['controller']*
: Speichert den Namen des aktuellen Controllers. In unserem Fall also *jobs*.

*$this->params['action']*
: Der Name der Action, die in der URL aufgerufen wurden. In unserem Fall also *view*.

*$this->params['pass']*
: Dieses Array speichert die im CakePHP-Stil übergebenen Parameter in der übergebenen Reihenfolge. Hier würde beispielsweise der in der `view()`-Action verwendete ID-Parameter an erster Stelle stehen (siehe obiges Beispiel).

*$this->params['url']*
: In diesem Array speichert CakePHP die klassisch per GET übergebenen Variablen. Hier steht immer der Schlüssel URL, da CakePHP intern die URL zu *controller/action/parameter* der *index.php* als normalen URL-Parameter übergibt.

  *http://localhost/jobs/view/2* würde in *http://localhost/index.php?url=/jobs/view/2* resultieren.

  Wenn Sie jetzt der URL noch zusätzlich GET-Parameter im »normalen« Stil übergeben würden, würden diese in `$this->params['url']` aufgelistet werden.

## Auf Daten zugreifen – $data

Das Controller-Attribut `$data` haben wir in den vorangegangenen Beispielen schon mehrfach verwendet, beispielsweise um auf die Daten zuzugreifen, die aus einem abgeschickten Formular kommen. Immer wenn eine Methode im Controller durch einen POST-Request aufgerufen wird, enthält dieses Array alle Daten des aufrufenden Formulars im View. Das Array ist immer in Controller, View und Model verfügbar. Wenn die Daten durch den Form-Helper übergeben wurden, sind diese entsprechend dem dazugehörigen Model aufbereitet.

## Controller-Methoden

Neben den verschiedenen Attributen gibt es auch eine Reihe von Standardmethoden, die im Controller verwendet werden.

### Dem View Daten übergeben – set()

Auch die Methode `set()` haben Sie bereits im Beispiel kennengelernt. Mit ihr werden Daten vom Controller an das View übergeben und einem bestimmten Bezeichner zugeordnet. Dabei spielt es keine Rolle, um welche Art von Daten es sich handelt – sei es ein primitiver Datentyp, ein Array oder ein Objekt, mit `set()` wird die Variable direkt im View als lokal zugängliche Variable verfügbar gemacht.

Die mit `set()` gesetzten Variablen sind grundsätzlich im gesamten View-Objekt verfügbar. Das heißt, über `set()` zugewiesene View-Variablen sind auch im Layout verfügbar und nicht nur im Template der jeweiligen Action. Dieses Verhalten ist beispielsweise dann nützlich, wenn Sie aus dem Controller heraus eine Überschrift, die außerhalb des Action-Templates liegt, dynamisch setzen möchten.

### Der Action ein Ende machen – render()

Im normalen Ablauf einer Anfrage an das CakePHP-Framework wird ein großer Teil der Schritte automatisch im Hintergrund erledigt. In den meisten Fällen bekommen der User und auch Sie als Entwickler wenig davon mit, was CakePHP für Sie erledigt. Den Prozess und den Ablauf einer solchen Anfrage haben wir bereits am Anfang dieses Kapitels genau besprochen.

Es gibt allerdings Situationen, in denen es erforderlich ist, in den Ablauf einzugreifen und mehr Kontrolle über ihn zu bekommen. Mit der Funktion `render()` können Sie das Rendern des Views aus dem Controller heraus direkt starten, ohne das Ende der Methode »abzuwarten«. Das ist beispielsweise dann sinnvoll, wenn Sie anstelle des per Konvention dem Controller zugehörigen Views ein anderes Template oder auch ein anderes Layout als das standardmäßige verwenden wollen.

### Den Fluss steuern – redirect() und flash()

Mit der Methode `redirect()` können Sie den Fluss der Anwendung unterbrechen und auf eine andere URL weiterleiten. Sie werden diese Methode vermutlich recht häufig brauchen, da Weiterleitungen in einer Applikation ein gern verwendetes Mittel sind, um den User zu steuern. Die Funktion erwartet dafür drei Parameter, wobei die letzten beiden optional sind:

```
Controller::redirect ( $url, $status = null, $exit = true )
```

Der Parameter `$url` kann ein String oder ein Array sein. Im ersten Fall kann es eine beliebige relative oder absolute URL sein, auf die CakePHP dann weiterleitet. Wenn ein Array übergeben wird, dann muss es im folgenden Format sein, wie Sie es beispielsweise auch schon in der `edit()`-Action verwendet haben:

```
array('controller' => 'jobs', 'action' => 'view', 'param1')
```

In diesem Array werden der Controller und die dazugehörige Action über assoziative Schlüssel definiert. Danach werden die eventuell nötigen Parameter als weitere Array-Elemente übergeben.

Der zweite Parameter ermöglicht es Ihnen, einen HTTP-Status-Code festzulegen, der an den Browser wärend der Weiterleitung gesendet wird, beispielsweise 301 für *moved permanently*. Der dritte Parameter ist standardmäßig auf `true` gesetzt und gibt an, ob das Skript nach der Weiterleitung gestoppt werden soll oder nicht. Falls Sie aus irgendwelchen Gründen das Skript serverseitig bis zum Ende der Methode laufen lassen wollen, können Sie diesen Parameter auf `false` setzen.

Die Methode `flash()` funktioniert im Prinzip ähnlich wie `redirect()`, mit dem Unterschied, dass vor der Weiterleitung eine Nachrichtenseite geladen wird, die dem User eine Nachricht ausgibt. Danach wird auf die definierte URL weitergeleitet. Der Aufbau der Funktion ist wie folgt:

```
Controller::flash ( $message, $url, $pause = 1 )
```

Der erste Parameter übergibt die auszugebende Nachricht an das Framework. Der zweite Parameter ist die Redirect-URL, auf die nach der Flash-Nachricht weitergeleitet werden soll. Hierbei gelten dieselben Regeln wie für die Methode `redirect()`. Als Letztes folgt der optionale Parameter `$pause`, der schlicht festlegt, wie lange die Flash-Nachricht eingeblendet werden soll.

Bitte beachten Sie, dass `flash()` im Debug-Modus von CakePHP nicht automatisch weiterleitet, sondern stehen bleibt. Der automatische Redirect funktioniert nur, wenn CakePHP produktiv läuft.

Die letzte Funktion, die für Sie noch hilfreich sein wird, ist `referer()`. Diese Methode gibt einfach die URL der vorhergehenden Seite zurück, von der auf diese Seite verlinkt wurde. Mit den zwei optionalen Parametern kann das Verhalten der Funktion gesteuert werden:

```
Controller::referer ( $default = null, $local = false  )
```

Der erste Parameter übernimmt eine Standard-URL, die zurückgegeben wird, falls CakePHP den tatsächlichen Referer nicht auslesen kann. Wenn Sie den zweiten Parameter, `$local`, auf *true* setzen, gibt die Methode nur dann Referer-URLs aus, sofern sich die URL auf demselben Server befindet.

# CakePHP-Konventionen

Konventionen in CakePHP sind einer der wichtigsten Punkte in diesem Framework, denn sie erlauben es, ohne große Konfigurationsdateien eine Applikation zu erstellen. Sie sind quasi das Salz in der Suppe, das Schmieröl im Getriebe oder – um es mit den Worten des CakePHP-Manuals auszudrücken – *Conventions in Cake are what make the magic happen, read it automagic.* Nicht umsonst sind die Konventionen in den Grundsätzen des Frameworks durch die Aussage *Convention over Configuration* fest definiert worden.

CakePHP zwingt Sie nicht dazu, die vorgeschlagenen Konventionen einzuhalten. Sie dürfen alle Dateien, alle Methoden und alle Klassen benennen, wie Sie möchten. Allerdings werden Sie dann nicht um eigentlich unnötigen Konfigurationsaufwand herumkommen, weil Sie dem Framework jede Möglichkeit nehmen, automatisch Verknüpfungen zwischen den Bestandteilen der Applikation herzustellen.

Wenn Sie sich an Konventionen halten, werden Sie feststellen, dass es erstaunlich schnell möglich ist, eine Applikation zu schreiben, ohne dabei Einfluss oder Flexibilität zu einzubüßen. Auch wenn die folgenden Ansätze auf den ersten Blick vielleicht gewöhnungsbedürftig scheinen, CakePHP geht einen sehr einfachen und auch intuitiven Weg, der schnell zu adaptieren ist.

In diesem und auch im vorherigen Kapitel haben wir an den verschiedenen Stellen schon auf die Möglichkeiten der Konventionen für dieses Framework hingewiesen. Auch wenn im Wesentlichen die Syntax und die darauf basierenden Annahmen von CakePHP klar sind, möchte ich an dieser Stelle noch einmal alle Konventionen kurz zusammenfassen, damit sie an einer Stelle übersichtlich verfügbar sind.

CakePHP verwendet die zwei in der Programmierung gängigsten Schreibweisen: auf der einen Seite *underscored*, also eine Schreibweise mit Unterstrichen, und auf der anderen Seite *CamelCased*, also ohne Unterstriche und mit Großschreibung am Beginn eines jeden Wortes. Im Folgenden wird die Anwendung der Konventionen im jeweiligen Kontext kurz beschrieben.

## Dateinamen

Dateinamen werden immer kleingeschrieben, und mehrere Wörter in Dateinamen werden immer durch Unterstriche getrennt. Eine Klasse mit dem Namen `MyClass` wird immer in einer Datei mit dem Namen *my_class.php* liegen.

## Model-Konventionen

Model-Namen beziehen sich standardmäßig immer auf die zugehörige Datenbanktabelle, wobei das Model immer im Singular und die Datenbanktabelle immer im Plural geschrieben wird. Darüber hinaus wird das Model groß und CamelCased geschrieben, während die Tabelle mit Kleinbuchstaben und mit Unterstrichen bezeichnet werden muss.

Die Tabelle *jobs* hat also ein Model mit dem Namen *Job*. Ein Model mit der Bezeichnung *JobPublisher* greift automatisch auf eine Datenbanktabelle mit dem Namen *job_publishers* zu.

## Controller-Konventionen

Der Name des Controllers wird immer im Plural notiert, wobei der Klassenname CamelCased und großgeschrieben ist und immer um das Suffix *Controller* ergänzt werden muss. Die Controller-Klasse für das Model *JobPublisher* würde also *JobPublishersController* heißen. Der Dateiname für diese Klasse würde nach den Konventionen der Dateinamen *job_publishers_controller.php* lauten.

Der Aufruf eines Controllers in der URL geschieht nach identischen Regeln: Der *JobPublishersController* wird über die *Underscore*-Schreibweise angesprochen, allerdings ohne das Suffix *controller* und ist so eindeutig definiert:

*http://your_domain/job_publishers/my_action*

Das Gleiche gilt für den Aufruf einer Action im Controller, die durch eine Methode festgelegt ist. Jeder Methodenname muss mit Unterstrichen im Controller definiert werden, damit er direkt aus der URL über das Framework angesprochen werden kann. Die Beispiel-URL oben zeigt den Aufruf der Methode `my_action()` in der Controller-Klasse *JobPublishersController*.

Den Controller haben Sie jetzt kennengelernt. Sie haben CRUD für Ihre Jobangebote komplett implementiert, mit allem, was dazugehört. Im nächsten Kapitel sehen wir uns das Model genauer an. Dieses haben Sie in diesem Kapitel bereits eingesetzt. Es kann aber noch viel mehr als in den hier gezeigten Einsätzen.

KAPITEL 5

# Das Model

In Kapitel 4, *Der Controller*, haben Sie im Controller bereits mehrfach auf Model-Methoden zugegriffen. Es hat seinen Grund, dass das »M« für Model im Namen des MVC-Pattern an erster Stelle steht: Das Model repräsentiert die Daten eines Systems, und die Daten sind der Mittelpunkt der meisten Applikationen.

In diesem Kapitel schauen wir uns zunächst die Rolle des Models in CakePHP an und erläutern, warum Models meistens die beste Lösung zur Datenabstraktion in Anwendungen sind. Nachdem Sie die Techniken zur Validierung von Benutzereingaben im Model kennengelernt haben, gehen wir auf Relationen zwischen mehreren Models ein. Wir werden unsere Beispielanwendung um eine Verwaltung von Unternehmen erweitern und die beiden Models miteinander verknüpfen. So lernen Sie, wie man über mehrere Tabellen verteilte Datenstrukturen so abstrahiert, dass der Zugriff auf diese zum Kinderspiel wird.

In den darauffolgenden vier Abschnitten gehen wir auf die CRUD-Implementierung (Create, Read, Update, Delete) im Model ein. Für jeden dieser vier Buchstaben gibt es mehrere Methoden in CakePHP, die wir uns im Detail anschauen werden. Im letzten Abschnitt gehen wir noch einige wichtige Funktionalitäten durch, die nicht direkt in das CRUD-Schema passen. Beispielsweise lernen Sie, wie Sie über das Model direkt SQL-Abfragen ausführen oder CakePHP-Namenskonventionen umgehen können. Außerdem erfahren Sie, wie Sie Standardeinstellungen wie eine immer geltende Sortierung für Models definieren.

## Was ist ein Model?

Wie Sie schon wissen, repräsentiert das Model die Daten, den Zustand und die Geschäftslogik des Systems. In erster Linie ist das Model ein Zugriffspunkt auf die Daten, genauer auf eine Datenquelle. Im Normalfall ist das eine Datenbanktabelle, es kann aber auch eine Webservice-Schnittstelle oder eine XML-Datei sein. Das Ziel dieses Kapitels wird die Verknüpfung mit einer Datenbanktabelle sein.

Das Model bietet standardisierte Methoden, um komfortabel auf Daten zugreifen zu können und in der Applikationslogik möglichst unabhängig von datenquellenspezifischen Unterschieden zu sein. Das Model ist eine der »obersten« Schichten der Daten-Abstraktion – darunter kommen die CakePHP-Datasources und die Datenbankabstraktion.

Bevor Sie jetzt denken, »Mir ist das alles zu kompliziert, warum mache ich nicht eine Datenbankverbindung auf und schreibe direkt SQL?«, seien Sie versichert, dass die Arbeit mit den Standardmethoden der Model-Klasse einfach, elegant und komfortabel ist. Gerade hier greift das »Don't repeat yourself«-Prinzip. Wie oft haben Sie schon:

- SQL à la »SELECT id, username, password FROM users«... geschrieben,
- eine Datenbankverbindung geöffnet,
- die SQL-Abfrage ausgeführt,
- das Ergebnis kontrolliert und
- die Resultate »gefetcht« und übersichtlich in ein Array geschrieben?

Das Model nimmt Ihnen diese Arbeit ab und stellt Ihnen die Daten so zur Verfügung, dass Sie einfach damit arbeiten können. Wenn Sie jetzt feststellen, »Das kann meine Datenbankabstraktionsklasse xyz auch«, täuschen Sie sich – das Model ist viel mehr als eine Datenbankabstraktion. Es abstrahiert die *Daten* Ihrer Applikation, nicht die *Datenbankzugriffe* – und bietet Ihnen einfache Schnittstellen, um diese Daten abzufragen und zu manipulieren.

## Das Active Record-Pattern

Active Record ist ein Design-Pattern, das eine bestimme Methode bietet, um auf Datenbanken zuzugreifen. Eine Datenbanktabelle ist hier in einem Objekt gekapselt, das einen einzelnen Datensatz aus der Datenbank repräsentiert. Das Objekt bietet Methoden, um Daten zu manipulieren. Wenn eine neue Instanz des Objekts erstellt wird, ohne dass eine ID des zu verwendenden Datensatzes angegeben wird, stellt das Objekt einen neuen Datensatz dar. Dann können die einzelnen Felder im Objekt gesetzt werden, um am Ende durch das Aufrufen einer Speicherfunktion in der Datenbank abgelegt zu werden.

Darüber hinaus ist das Objekt auch dafür zuständig, Daten in diversen Formen aus der Datenbank auszulesen. In diesem Fall ist das nicht vom aktiven Datensatz abhängig.

In den Beispielen in Kapitel 4, *Der Controller*, haben Sie bereits die `find()`-Methode Ihres Job-Models verwendet, um Daten abzufragen und diese auch zu speichern –

ohne eine Zeile SQL dafür zu schreiben oder die Resultate so zu organisieren, dass man einfach damit arbeiten kann. Das Array, das von `find()` zurückgegeben wird, enthält die gelieferten Datensätze als assoziative Arrays. Der Schlüssel zu diesen Arrays ist immer der Name des Models, aus dem die jeweiligen Datensätze kommen. So ist jederzeit eine einfache Identifikation der Daten möglich.

Das Format von Model-Daten in CakePHP sieht folgendermaßen aus:

```
[Job] => Array
   (
      [id] => 1
      [company] => Siemens AG
      [title] => Elektrotechniker
      [description] => Hier steht eine Job-Beschreibung.
      [created] => 2008-01-19 16:43:12
      [modified] => 2008-01-19 16:54:43
   )
```

Alle Model-relevanten Methoden (bis auf einige wenige Ausnahmen) erwarten Arrays in diesem Format und geben auch genau so aufgebaute Arrays wieder zurück.

Im Beispiel des *JobsControllers* in Kapitel 4, *Der Controller*, haben Sie bereits alle grundlegenden CRUD-Methoden des Models kennengelernt. Auf die Details werden wir später in diesem Kapitel eingehen. Jetzt möchten wir Ihnen zeigen, wie Ihnen das Model normalerweise relativ komplexe und/oder aufwendige Tätigkeiten abnehmen kann.

## Validierung im Model

Die Validierung von Formulareingaben ist für Entwickler immer wieder eine anstrengende Tätigkeit. Es ist vor allem eine Tätigkeit, die ohne ein entsprechendes Framework immer wieder Zeit kostet, aber nicht wirklich Spaß macht. Die Benutzereingaben müssen kontrolliert werden, und entsprechende Fehlermeldungen müssen dem Benutzer ausgegeben werden. CakePHP bietet Ihnen eine Datenvalidierung an, die Ihnen sehr viel Code und vor allem Zeit sparen kann.

Sagen wir, Sie möchten sicherstellen, dass der Job-Titel beim Anlegen und Bearbeiten von Jobangeboten eine Eingabe enthält. Das erreichen Sie, indem Sie im Job-Model das `$validate`-Attribut setzen und das *title*-Feld als `required`, also als erforderlich, definieren:

```
var $validate = array(
      'title' => array(
         'rule' => false,
         'required' => true
      ),
   );
```

Wenn Sie jetzt versuchen, ein neues Jobangebot abzuspeichern, und keinen Titel eingeben, werden Sie darauf hingewiesen, dass und warum das Jobangebot nicht gespeichert werden konnte (Abbildung 5-1).

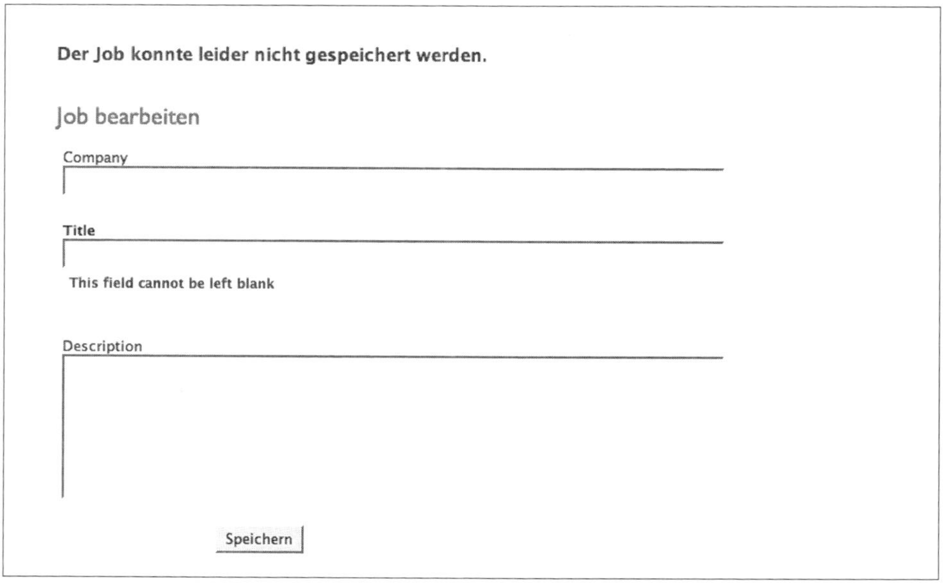


*Abbildung 5-1: Die Fehlermeldung nach der gescheiterten Validierung*

Wie Sie sehen, greift hier die Bedingung, die Sie in der `add()`-Action im *JobsController* definiert haben.

```
if ($this->Job->save($this->data)) {
   $this->Session->setFlash('Der Job wurde gespeichert.');
   $this->redirect(array('action'=>'index'));
} else {
   $this->Session->setFlash('Der Job konnte leider nicht gespeichert werden.');
}
```

`$this->Job->save()` gibt aufgrund der gescheiterten Validierung *false* zurück. Die Weiterleitung zur `index()`-Action findet nicht statt, und Sie bekommen die Fehlermeldung in der `edit()`-Ansicht präsentiert.

Um Sie nicht im Dunkeln stehen zu lassen, gibt CakePHP noch eine Fehlermeldung direkt unter dem von der Validierung betroffenen Formularfeld aus – das wird automatisch vom Form-Helper übernommen. Zusätzlich wird dem Formular-Block noch die CSS-Klasse `required` zugewiesen, damit Sie fehlerhafte Felder visuell noch besser kennzeichnen können. Dazu erfahren Sie mehr in Kapitel 6 im Abschnitt »Validierung«.

Die Fehlermeldung erscheint in Englisch, aber Sie können sie sehr einfach anpassen. Es gibt auch Möglichkeiten, diese Standardmeldungen applikationsweit der gewünschten Sprache anzupassen. Dazu kommen wir aber später im Buch in Kapitel 15, *Lokalisierung und Internationalisierung*. Es reicht hier, dem Array mit der Validierungsbeschreibung für das Feld `title` einen Schlüssel namens `message` mit dem Wert der Feldermeldung zu übergeben:

```
var $validate = array(
      'title' => array(
         'rule' => false,
         'required' => true,
         'message' => 'Bitte geben Sie einen Titel für das Jobangebot ein.'
      ),
   );
```

Jetzt wird die definierte Meldung unter dem Eingabefeld für den Titel ausgegeben, sollte die Validierung für das Feld gescheitert sein (Abbildung 5-2).

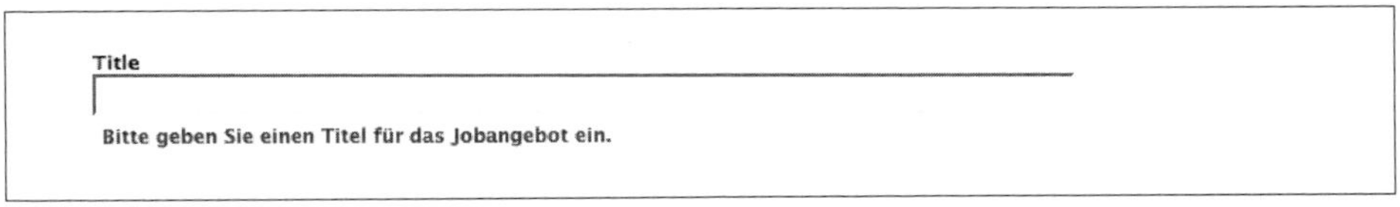


*Abbildung 5-2: Die angepasste Fehlermeldung*

Die Validierung in CakePHP bietet aber noch viel mehr Möglichkeiten. Nehmen wir an, Sie möchten, dass der Jobtitel aus mindestens drei Zeichen besteht, um sinnlose Eingaben zu vermeiden. Dazu können Sie die standardmäßig in CakePHP vorhandenen Validierungsregeln verwenden. Um zu kontrollieren, ob eine Mindestlänge gegeben ist, bietet sich die Regel `minLength` an.

Der `rule`-Schlüssel im `$validate`-Array akzeptiert für Validierungsregeln ohne Parameter einen String mit der Bezeichnung der Regel oder ein Array mit der Bezeichnung und den zugehörigen Parametern. Eine Mindestlänge von drei Zeichen definieren Sie folgendermaßen:

```
var $validate = array(
      'title' => array(
         'rule' => array('minLength', 3),
         'required' => true,
         'message' => 'Bitte geben Sie einen gültigen Jobtitel ein.'
      ),
   );
```

Sie können auch mehrere Regeln pro Feld angeben. Dazu reicht es, für jede Regel ein »Unter«-Array zu erstellen:

```
var $validate = array(
      'title' => array(
         'minlength' => array(
            'rule' => array('minLength', 3),
            'message' => 'Der Titel muss mindestens 3 Zeichen lang sein.'
         ),
```

```
            'maxlength' => array(
               'rule' => array('maxLength', 60),
               'message' => 'Der Titel darf maximal 60 Zeichen lang sein.'
            ),
         ),
      );
```

So haben Sie die Möglichkeit, für jede Regel eine eigene Meldung an den Benutzer zu formulieren.

Der rule-Parameter akzeptiert für Validierungsregeln ohne Parameter den Namen der Regeln auch als String. Wenn Sie z.B. eine E-Mail-Adresse in einem Feld auf Gültigkeit überprüfen möchten, reicht folgender Code:

```
var $validate = array(
   'email_adresse' => 'email',
   'geburtsdatum' => 'date'
);
```

Sie können die Ausführung der Validierungsregeln durch den on-Parameter steuern. Wenn Sie als on-Parameter »create« übergeben, wird die entsprechende Regel nur beim Anlegen von Datensätzen angewendet, wenn Sie »update« übergeben, dann geschieht das nur beim Aktualisieren bereits bestehender Datensätze.

Eine vollständige Liste der in CakePHP verfügbaren Validierungsregeln finden Sie weiter unten in Tabelle 5-1.

## Eigene Validierungsregeln

In CakePHP sind Sie nicht an die mitgelieferten Validierungsmöglichkeiten gebunden, sondern können sehr einfach eigene Regeln erstellen. Um Felder auf Integrität zu testen, verwendet man oft reguläre Ausdrücke. Reguläre Ausdrücke sind flexibel und bieten schier unendliche Möglichkeiten, um in kurzer Zeit die komplexesten Regeln zu definieren. Es braucht seine Zeit, bis »Regexe« einfach, schnell und fehlerfrei von der Hand gehen, aber es lohnt sich, diese Zeit zu investieren.

Sie können die Ausdrücke für die Felder einfach als Parameter für die *custom*-Regel dem Validierungsattribut übergeben:

```
var $validate = array(
   'title' => array(
      'rule' => array('custom', '/^[a-z0-9]{3,24}$/i'),
      'message' => 'Der Titel muss zwischen 3 und 24 Zeichen lang sein
                    und darf nur Buchstaben und Zahlen enthalten.'
   ),
);
```

Mit den Standardvalidierungen von CakePHP und der Möglichkeit, Ihre Felder mit regulären Ausdrücken zu kontrollieren, haben Sie einen sehr großen Teil der normalen Webentwicklung abgedeckt. Nur was ist, wenn Sie komplexere Validierungen vornehmen müssen, beispielsweise in Verbindung mit Datenbanken oder anderen Datenquellen? Hier bietet CakePHP die Möglichkeit, eigene Validierungsmethoden zu definieren.

Diese Validierungsmethoden definieren Sie einfach im entsprechenden Model. Wenn es sich um eher generische Validierungen handelt, was beim folgenden Beispiel der Fall ist, gibt es auch die Möglichkeit, die Validierungsmethoden in das *AppModel* auszulagern, um sie von jedem Model aus verwenden zu können.

```
var $validate = array(
      'email' => array(
         'rule' => array('checkUnique', 'email'),
         'message' => 'Die eingegebene Adresse ist bereits vorhanden.'
      ),
   );

function checkUnique($data, $field) {
     $valid = false;
     if($this->hasField($field)) {
        $valid = $this->isUnique(array($field => $data));
     }
     return $valid;
}
```

Wie Sie sehen, können Sie den Namen der Methode einfach als Rule übergeben. Validierungsmethoden erhalten von CakePHP automatisch immer die Daten des Feldes als ersten Parameter. Außerdem können Sie beliebig viele zusätzliche Parameter selbst deklarieren und im `rule`-Array übergeben.

In diesem Beispiel übergeben Sie den zu validierenden Feldnamen als ersten Parameter. Erst wird mit der Methode `hasField()` sichergestellt, dass es im Model ein Feld mit dem übergebenen Namen gibt, dann wird mit `isUnique()` kontrolliert, ob in der Tabelle bereits ein Datensatz mit demselben Wert in diesem Feld vorhanden ist.

## Mitgelieferte Validierungsregeln

CakePHP liefert eine Reihe von sehr brauchbaren und praktischen Validierungsregeln mit. Einen Überblick über die mitgelieferten Regeln und dazu passenden Beispielcode finden Sie in Tabelle 5-1.

*Tabelle 5-1: Arten von Validierungen in CakePHP*

| Regel | Beschreibung |
|---|---|
| alphaNumeric | alphaNumeric erlaubt nur Ziffern und Buchstaben. Beispiel: `var $validate = array('title' => array('rule' => 'alphaNumeric'));` |
| between | Die Länge der Zeichenkette muss im Bereich zwischen den beiden numerischen Parametern liegen. In diesem Beispiel muss das *title*-Feld mindestens 3 und maximal 24 Zeichen lang sein. Beispiel: `var $validate = array('title' => array('rule' => array('between', 3, 24)));` |

*Tabelle 5-1: Arten von Validierungen in CakePHP (Fortsetzung)*

| Regel | Beschreibung |
|---|---|
| blank | blank stellt sicher, dass die zu validierenden Daten entweder keine Zeichen oder nur Whitespace-Zeichen wie Leerzeichen, Tabs und Newlines enthalten. Beispiel:<br>`var $validate = array('title' => array('rule' => 'blank'));` |
| cc | Mit *cc* können Sie Kreditkartennummern auf Gültigkeit testen. *cc* unterstützt folgende Kartentypen: American Express (*amex*), BankCard (*bankcard*), Diners (*diners*), Disc (*disc*), Electron (*electron*), Enroute (*enroute*), JCB (*jcb*), Maestro (*maestro*), MasterCard (*mc*), Solo (*solo*), Switch (*switch*), VISA (*visa*) und Voyager (*voyager*).<br>*cc* akzeptiert drei Parameter:<br>• $type: *fast* ist der Standardwert, er kontrolliert die übergebene Nummer auf die wichtigsten Kartentypen, *all* validiert alle Kartentypen. Alternativ können Sie ein Array mit den zu kontrollierenden Kartentypen übergeben.<br>• $deep: ist standardmäßig auf *false* gesetzt. Bei *true* wird die Nummer nach dem Luhn-Algorithmus validiert.<br>• $regex: Regulärer Ausdruck zur Validierung der Kartennummer.<br>Hiermit validieren Sie, ob es sich um eine gültige AmericanExpress- oder MasterCard-Nummer handelt:<br>`var $validate = array('title' => array('rule' => array('cc',`<br>`array('mc', 'amex'))));` |
| comparison | *comparison* vergleicht numerische Werte anhand von diversen Operatoren. Sie können die auch in PHP verwendeten Operatoren wie »<«, »>«, »<=« etc. oder auch ausgeschriebene Varianten wie »is greater«, »is less«, »greater or equal« oder »less or equal« verwenden. Beispiel:<br>`var $validate = array('anzahl' => array('rule' => array('comparison',`<br>`'equal to', 42)));` |
| date | *date* validiert Datumsangaben nach dem Format, das Sie als zweiten Parameter angeben. *$format* kann auch als Array mit mehreren Datumsformaten übergeben werden. Akzeptierte Formate sind beispielsweise »dmy«, »mdy«, »dMy«. Wichtig ist hier, dass als Trenner im eingegebenen Datum Leerzeichen, Punkte, Binde- und Schrägstriche akzeptiert werden. Beispiel:<br>`var $validate = array('datum' => array('rule' => array('date',`<br>`'dmy')));`<br>Optional können Sie als dritten Parameter einen regulären Ausdruck verwenden, der anstatt der Standardformate zur Validierung verwendet werden soll. |
| decimal | Validiert auf eine gültige, dezimale Zahl. Beachten Sie, dass hier nur ein Punkt als Dezimaltrenner akzeptiert wird. Möchten Sie auf eine bestimmte Anzahl an Kommastellen validieren, können Sie diese als optionalen zweiten Parameter angeben. Beispiel:<br>`var $validate = array('prozent' => array('rule' => array('decimal',`<br>`3)));` |
| email | *email* kontrolliert die Eingabe auf eine gültige E-Mail-Adresse. Wenn Sie als zweiten Parameter *true* angeben, wird zusätzlich zum Format noch geprüft, ob der Host gefunden werden kann. Beispiel:<br>`var $validate = array('email' => array('rule' => array('email',`<br>`true)));` |
| equalTo | Vergleicht die Eingabe mit dem übergebenen Parameter. |
| extension | Kontrolliert, ob die Eingabe eine gültige Dateierweiterung besitzt. Als zweiten Parameter können Sie ein Array mit gültigen Erweiterungen übergeben. Als Standardwert sind hier die gängigsten Bildformate definiert. Beispiel:<br>`var $validate = array('datei' => array('rule' => array('extension',`<br>`array('php', 'js', 'css'))));` |

*Tabelle 5-1: Arten von Validierungen in CakePHP (Fortsetzung)*

| Regel | Beschreibung |
|---|---|
| ip | Wenn *ip* eingesetzt wird, muss die Eingabe eine gültige IPv4-Nummer enthalten. Beispiel: `var $validate = array('ip_addresse' => array('rule' => 'ip'));` |
| minLength | Die Eingabe wird auf die durch den ersten Parameter definierte Mindestlänge geprüft. Beispiel: `var $validate = array('title' => array('rule' => array('minLength', 3)));` |
| maxLength | Die Eingabe wird auf die durch den ersten Parameter definierte Maximallänge geprüft. Beispiel: `var $validate = array('title' => array('rule' => array('maxLength', 24)));` |
| money | Validiert einen eingegebenen Geldbetrag. Als Parameter können Sie hier »left« oder »right« angeben. Dieser Parameter bestimmt, auf welcher Seite der Zahl das Währungszeichen stehen soll. |
| multiple | Validiert ein Multiple-Select-Feld. Hiermit kann beispielsweise die Anzahl der selektierten Elemente im Select validiert werden oder können die selektierten Elemente mit einem übergebenen Array abgeglichen werden. |
| numeric | *Numeric* setzt die PHP-Funktion `is_numeric()` ein, um sicherzustellen, dass die Eingabe ausschließlich aus Ziffern besteht. Beispiel: `var $validate = array('alter' => array('rule' => 'numeric'));` |
| phone | Kontrolliert, ob die Eingabe eine gültige amerikanische Telefonnummer ist. |
| postal | Kontrolliert, ob die Eingabe eine gültige amerikanische, kanadische oder eine Postleitzahl aus dem Vereinigten Königreich ist. |
| range | Kontrolliert, ob sich die übergebene Zahl im Bereich zwischen dem ersten und dem zweiten Parameter befindet. Beispiel: `var $validate = array('alter' => array('rule' => array('range', 25, 50)));` |
| ssn | Validiert die Eingabe auf eine gültige amerikanische, dänische oder niederländische Sozialversicherungsnummer. Sie können hier als zweiten Parameter einen regulären Ausdruck angeben und als dritten, wenn Sie auf ein konkretes Land validieren möchten, »us«, »dk« oder »nl«. |
| url | Diese Regel kontrolliert, ob eine gültige URL eingegeben wurde. Akzeptiert werden Adressen der Protokolle http(s), ftp(s), file, news und gopher. Beispiel: `var $validate = array('website' => array('rule' => 'url'));` |

# Ein zweites Model einbinden

Stellen Sie sich vor, Ihr Kunde, für den Sie eine simple Jobbörse implementiert haben, ruft an und hat einen neuen Wunsch. Er möchte, dass die Jobbörse mehr Daten über die Anbieter der Stellen enthält. Der erste Gedanke der faulen Seite des Entwicklers ist es, einfach die Datenbanktabelle der Jobangebote um diverse Felder mit Informationen zum Unternehmen zu erweitern und dafür entsprechend die Anzeige und die Formulare in den Job-Views zu erweitern – was ja in CakePHP ein Kinderspiel ist.

Der Kunde möchte aber nicht bei jedem Jobangebot immer wieder die gesamten Daten der Unternehmen eingeben müssen – abgesehen davon ist redundante

Datenspeicherung dem Entwickler ein Gräuel. Die Applikation muss um eine Verwaltung von Unternehmen mit denselben CRUD-Funktionalitäten der Job-Verwaltung erweitert werden.

Dazu brauchen Sie eine zweite Datenbanktabelle, ein zweites Model und einen zweiten Controller. Erstellen Sie eine Datenbanktabelle namens *companies* in der *cakejobs*-Datenbank, und legen Sie gleich noch einige Beispieldatensätze an:

```
CREATE TABLE `cakephp`.`companies` (
   `id` INT( 11 ) NOT NULL AUTO_INCREMENT PRIMARY KEY ,
   `name` VARCHAR( 128 ) NOT NULL ,
   `contact_person` VARCHAR( 128 ) NULL ,
   `address` VARCHAR( 128 ) NOT NULL ,
   `city` VARCHAR( 128 ) NOT NULL ,
   `phone` VARCHAR( 128 ) NOT NULL ,
   `email` VARCHAR( 128 ) NOT NULL
)

INSERT INTO `companies`
   (`id`, `name`, `contact_person`, `address`, `city`, `phone`, `email`)
VALUES
   (1, 'Siemens AG', 'Herr Löscher', 'Musterstraße 1', 'München',
      '+49 89 123 456 58', 'jobs@siemens.de'),
   (2, 'Cake Software Foundation, Inc.', 'Larry E. Masters', 'Sahara Avenue',
      'Las Vegas', '438-7100', 'jobs@cakefoundation.org'),
   (3, 'Volkswagen AG', 'Martin Winterkorn', 'Berliner Ring 2', 'Wolfsburg',
      '+49-5361-9-0', 'stellen@volkswagen.de');
```

Für das Model erstellen Sie eine Datei namens *company.php* in */app/models* mit diesem Inhalt:

```
class Company extends AppModel {
   var $name = 'Company';
}
```

Der *CompaniesController* reicht uns erst einmal als *Scaffold*, wie Sie es ja schon aus Kapitel 3, *Schnell zum Erfolg – Ihre erste Webapplikation mit CakePHP*, kennen:

```
class CompaniesController extends AppController {
   var $name = 'Companies';
   var $scaffold;
}
```

Fällt Ihnen etwas auf? Sie haben den Controller *CompaniesController* genannt, das Model heißt aber *Company* – und CakePHP hat die Dateien trotz der vermeintlichen Nichteinhaltung der Konventionen gefunden. CakePHP erkennt auch Sonderfälle in der (englischen) Grammatik und erwartet hier nicht ein schlicht an *Company* gehängtes »s«, sondern erkennt aufgrund diverser Regeln in der Framework-weit verfügbaren *Inflector*-Klasse den korrekten Plural von *Company*.

Jetzt sollten Sie unter *http://localhost/cakejobs/companies* bereits Unternehmen hinzufügen, bearbeiten und löschen können. Legen Sie schon einmal einige Datensätze mittels der CRUD-Funktionen an, bis Sie eine Datenmenge wie in Abbildung 5-3 haben.

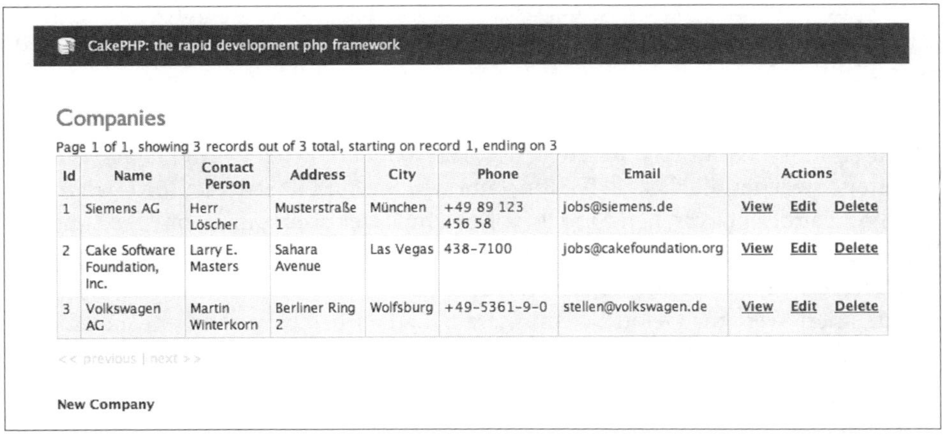


| Id | Name | Contact Person | Address | City | Phone | Email | Actions |
|---|---|---|---|---|---|---|---|
| 1 | Siemens AG | Herr Löscher | Musterstraße 1 | München | +49 89 123 456 58 | jobs@siemens.de | View Edit Delete |
| 2 | Cake Software Foundation, Inc. | Larry E. Masters | Sahara Avenue | Las Vegas | 438-7100 | jobs@cakefoundation.org | View Edit Delete |
| 3 | Volkswagen AG | Martin Winterkorn | Berliner Ring 2 | Wolfsburg | +49-5361-9-0 | stellen@volkswagen.de | View Edit Delete |



*Abbildung 5-3: Die Verwaltung der Unternehmen als Scaffold*

Ihr Kunde kann jetzt nach Belieben Unternehmen und deren Daten verwalten. Doch wie verknüpfen Sie jetzt die Jobangebote mit den Unternehmen? Hier kommen die *Relationen*, also die Beziehungen zwischen Models, ins Spiel.

# Model-Relationen herstellen

Relationen zwischen Models herzustellen gibt Ihnen die Möglichkeit, einfach und intuitiv auf zusammengehörende Daten zuzugreifen. In unserem Fall möchten wir, dass ein Unternehmen mehrere Jobangebote hat. In der Informatik nennt man so einen Zusammenhang eine 1:n-Beziehung, und in CakePHP bezeichnet man eine solche Beziehung als »Company has many Jobs«. CakePHP bietet vier Arten von Relationen zwischen Daten, die in Tabelle 5-2 aufgelistet sind:

*Tabelle 5-2: Arten von Relationen in CakePHP*

| Art | Bezeichnung in CakePHP | Beispiel |
|---|---|---|
| 1:1 | hasOne | Ein User hat ein Profil. |
| 1:n | hasMany | Eine Gruppe hat viele User. |
| n:1 | belongsTo | Ein User gehört zu einer Gruppe. |
| m:n | hasAndBelongsToMany | Ein User kann mehreren Gruppen angehören, und eine Gruppe kann mehrere User haben. |

Bei *hasOne-*, *hasMany-* und *belongsTo*-Relationen werden die Beziehungen in der Datenbank mit Fremdschlüsseln, also Referenzen auf die IDs von verknüpften Tabellen, hergestellt. Bei *hasAndBelongsToMany*-Relationen ist dazu eine Verknüpfungstabelle notwendig – dazu finden Sie mehr Informationen in Kapitel 12, *Das Model reloaded – Bindings, Behaviors & Co.*

Die Fremdschlüssel werden bei *hasOne*- und *hasMany*-Relationen in den zugehörigen Tabellen gespeichert, bei *belongsTo* jedoch im Model, für das die Relation definiert wird.

Das heißt für uns, dass die Tabelle *jobs* einen Fremdschlüssel namens *company_id* enthalten muss, damit eine Referenz auf das *Company*-Model vorhanden ist. Auch hier greifen wieder die CakePHP-Konventionen: CakePHP erwartet für *foreign keys* den Singular des betroffenen Models vor einem Unterstrich und dem Bezeichner *id*. Wie fast alle Konventionen in CakePHP ist diese Benennung nicht zwingend; CakePHP bietet die Flexibilität, auch andere Benennungen zu verwenden – diese müssen nur definiert werden. Gerade wenn Sie auf bereits bestehende, nicht explizit für CakePHP entworfene Datenbanken zugreifen, ist das sehr dankbar.

Das Feld *company* in der *Jobs*-Tabelle benötigen Sie jetzt ja nicht mehr. Ändern Sie es deshalb einfach in phpMyAdmin oder in der Datenbankverwaltung Ihrer Wahl in ein Feld namens *company_id* mit dem Datentyp Integer um, und entfernen Sie die alten Werte (Abbildung 5-4).

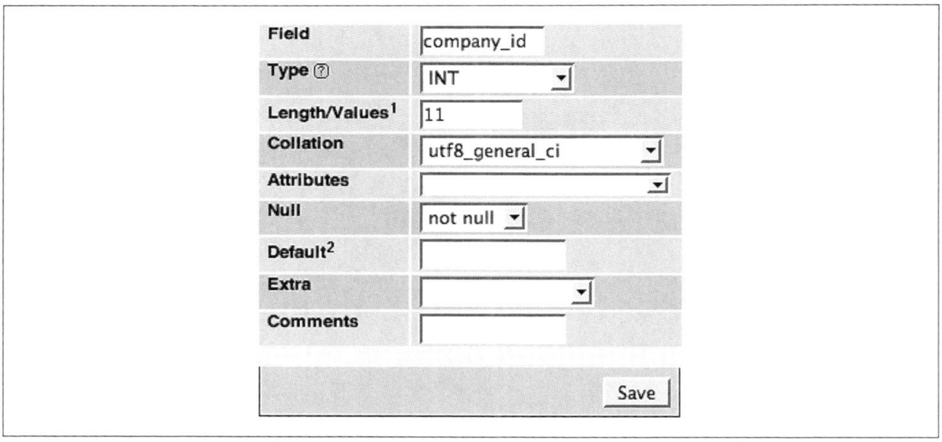


*Abbildung 5-4: Erstellen des Fremdschlüssels*

Die Voraussetzung für eine erfolgreiche Beziehung zwischen Unternehmen und Jobangeboten ist jetzt geschaffen. – Sie möchten jetzt also, dass CakePHP darüber Bescheid weiß, dass Jobangebote zu Unternehmen gehören. Das erledigen Sie mit einer Zeile im *Job*-Model:

```
var $belongsTo = array('Company');
```

Das Jobangebot »weiß« nun, dass es zu einem Unternehmen gehört. Sie sollten jetzt dem *Company*-Model mitteilen, dass es im Besitz von mehreren Jobangeboten sein kann. Die Anweisung dafür könnte nicht intuitiver sein:

```
var $hasMany = array('Job');
```

Jetzt sind noch einige kleine Änderungen im Controller und diversen Views nötig. Fügen Sie am Ende der `edit()`- und der `add()`-Action folgende Zeile ein:

```
$this->set('companies', $this->Job->Company->find('list'));
```

Im `edit()`- und `add()`-View ändern Sie die Bezeichnung des Feldes für das Input-Element der Unternehmen von *company* in *company_id* um:

```
echo $form->input('company_id');
```

Die letzten Änderungen betreffen die Anzeige der Daten in den `index()`- und `view()`-Ansichten. Dort ändern Sie den Zugriff auf den Unternehmensnamen von `$job['Job']['company']` in `$job['Company']['name']` um. – Öffnen Sie jetzt im Browser die URL zum Anlegen eines Jobangebotes, *http://localhost/cakejobs/jobs/add* (Abbildung 5-5).

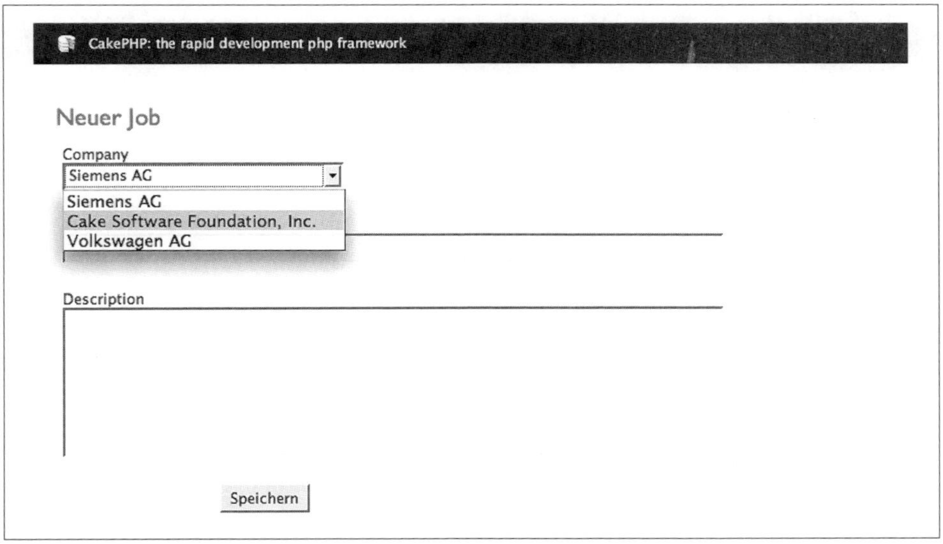


*Abbildung 5-5: Die automatisch erstellte Unternehmensauswahl*

CakePHP hat für Sie ein Select-Element mit den Namen der Unternehmen und den IDs als Wert erzeugt. Der Form-Helper hat erkannt, dass eine View-Variable namens `$companies` im View gesetzt wurde, und hat deren Werte als Optionen in das den Unternehmen zugehörige input-Element aufgenommen.

Geben Sie nun einen Titel und eine Beschreibung für das Angebot ein, und speichern Sie es ab. Sehen Sie sich die gespeicherten Daten nun in den Details des soeben angelegten Angebots an. Zur Veranschaulichung geben Sie am besten am Ende der `view()`-Action im *JobsController* das Array *$job* mit den gelesenen Daten aus:

```
function view($id) {
   $job = $this->Job->read(null, $id);
   $this->set('job', $job);
debug($job);
}
```

Das `$job`-Array sollte folgendermaßen aussehen:

```
Array
(
    [Job] => Array
        (
            [id] => 7
            [company_id] => 2
            [title] => Quality assurance engineer.
            [description] => Best Practice Advisor.
            [created] => 2008-01-28 22:29:06
            [modified] => 2008-01-28 22:29:06
        )

    [Company] => Array
        (
            [id] => 2
            [name] => Cake Software Foundation, Inc.
            [contact_person] => Larry E. Masters
            [address] => Sahara Avenue
            [city] => Las Vegas
            [phone] => 438-7100
            [email] => jobs@cakefoundation.org
        )

)
```

CakePHP holt für Sie bei Lesezugriffen auf das Model zugehörige Datensätze automatisch (wenn es erwünscht ist) in die Resultate der Abfragen. Dasselbe gilt auch umgekehrt für das *Company*-Model. Dort würde eine Abfrage mit der ID der Cake Foundation so aussehen:

```
Array
(
    [Company] => Array
        (
            [id] => 2
            [name] => Cake Software Foundation, Inc.
            [contact_person] => Larry E. Masters
            [address] => Sahara Avenue
            [city] => Las Vegas
            [phone] => 438-7100
            [email] => jobs@cakefoundation.org
        )

    [Job] => Array
        (
            [0] => Array
```

```
            (
                [id] => 2
                [company_id] => 2
                [title] => cakePHP-Entwickler
                [description] => Hier steht eine Job-Beschreibung.
                [created] => 2008-01-19 16:43:38
                [modified] => 2008-01-28 22:34:14
            )

        [1] => Array
            (
                [id] => 7
                [company_id] => 2
                [title] => Quality assurance engineer.
                [description] => Best Practice Advisor.
                [created] => 2008-01-28 22:29:06
                [modified] => 2008-01-28 22:29:06
            )

    )

)
```

Die Funktionalität der verwandten Models steht Ihnen komplett zur Verfügung. Im *Job*-Model erreichen Sie das *Company*-Model über `$this->Company`, im *JobsController* mit `$this->Job->Company`. Für *hasOne*-Relationships gelten dieselben Bedingungen wie für *hasMany*-Beziehungen, nur mit dem offensichtlichen Unterschied, dass `find`-Abfragen hier nur einen Datensatz zurückliefern würden.

Sie konnten sich jetzt einen Überblick über die Möglichkeiten mit Model-Relationen machen. In Kapitel 12, *Das Model reloaded – Bindings, Behaviors & Co.*, werden wir noch auf *hasAndBelongsToMany*-Relationships eingehen.

# Retrieve: Daten finden

Im Folgenden lernen Sie die verschiedenen Möglichkeiten kennen, um Daten aus dem Model zu ziehen. Die wichtigste Rolle spielt hier `find()`, eine Methode, die die verschiedenen Arten, Daten zu finden, kapselt und für diese zum größten Teil dieselben Parameter akzeptiert.

## Der Finder-Methode find()

Mit `find()` »finden« Sie Datensätze. Der erste Parameter ist ein String und bestimmt die Art der `find()`-Operation, und der zweite Parameter ist ein `$options`-Array. Es gibt fünf Arten von `find()`-Operationen, die in Tabelle 5-3 aufgeführt sind.

*Tabelle 5-3: Arten von find()-Operationen*

| Art | Funktion |
|---|---|
| all | Gibt alle Ergebnisse zurück, die mit den übergebenen Bedingungen und Optionen gefunden würden. |
| first | Gibt nur das erste Ergebnis der Suche zurück. |
| count | Gibt die Anzahl der Ergebnisse zurück, die mit den gegebenen Bedingungen und Optionen gefunden würden. |
| list | Wie `all`; die Ergebnisse werden aber als einfache Key-Value-Paare zurückgegeben, ohne die Model-typische Formatierung. Arrays in diesem Format können beispielsweise bei HTML-Select-Elementen hilfreich sein. |
| neighbors | Findet die benachbarten Datensätze. |

Während die Funktion von `find('all')`, `find(first')` und `find('count')` relativ eindeutig ist, sind `find('list')` und `find('neighbors')` Spezialfälle. Deshalb möchten wir diese anhand eines Beispiels erklären, bevor wir auf die diversen Optionen für `find()`-Anweisungen eingehen.

### find('list')

Diese Art der Finders haben Sie bereits bei dem Beispiel verwendet, in dem Sie eine Relation zwischen *Company* und *Job* definiert haben, um das HTML-Select-Element mit den zur Verfügung stehenden Unternehmen zu befüllen. Die Methode `find('list')` akzeptiert dieselben Optionen wie auch `find('all')`, aber das Ergebnis hält sich nicht an das in CakePHP allgemein übliche Format von Model-Arrays: `find('list')` liefert ein Key-Value-Array zurück:

```
$this->Job->Company->find('list');

Array
(
    [1] => Siemens AG
    [2] => Cake Software Foundation, Inc.
    [3] => Volkswagen AG
)
```

Der Schlüssel ist hier im Normalfall die ID des Datensatzes, und der Wert wird von dem Model-Attribut `$displayField` bestimmt. Mit diesem Attribut legen Sie das aussagekräftigste Feld des Models fest. Im Beispiel des *Job*-Models wäre das der Titel, bei *Company* der Name des Unternehmens.

### findNeighbours($conditions = null, $field, $value)

Mit `findNeighbours()` finden Sie die IDs der Nachbarn des Datensatzes mit dem Wert `$value` im Feld `$field`. Eine mögliche Anwendung wäre es, in der `view()`-Ansicht unserer Job-Verwaltung gleich Links zum vorherigen und nächsten Datensatz anzubieten, damit die Benutzer nicht immer wieder auf die Auflistung zurückspringen müssen, um weitere Jobangebote anzusehen. Das könnte in der `view()`-Action des *JobsControllers* so aussehen:

```
function view($id = null) {
   $job = $this->Job->read(null, $id);
   $neighbours = $this->Job->findNeighbours(null, 'Job.id', $id);
   $this->set('job', $job);
  $this->set('neighbours', $neighbours);
}
```

Das Array `$neighbours` würde, wenn Sie sich das Jobangebot mit der ID 2 ansehen, folgendermaßen aussehen:

```
Array
(
    [prev] => Array
        (
            [Job] => Array
                (
                    [id] => 1
                )
        )
    [next] => Array
        (
            [Job] => Array
                (
                    [id] => 3
                )
        )
)
```

### findAllThreaded($conditions, $fields, $sort)

`findAllThreaded()` ist eine spezielle `find`-Methode, die für Tabellen gedacht ist, die in sich selbst »gejoint« werden. Das heißt, dass die Methode ein verschachteltes, mehrdimensionales Array mit den Datensätzen und ihren untergeordneten Datensätzen zurückliefert. Die einzige Voraussetzung ist hier, dass die Tabelle ein Feld namens *parent_id* beinhaltet, das die ID des übergeordneten Datensatzes enthält.

## Parameter der find()-Methode

Der zweite Parameter der `find()`-Methode ist ein optionales Array mit diversen Optionen für die Operation, die wir im Folgenden durchgehen.

### Bedingungen definieren – conditions

In *Conditions* steuern Sie die Bedingungen der Model-Abfrage. Sie können als *Conditions* entweder einen String mit einer oder mehreren Bedingungen übergeben oder die üblichere Form verwenden, indem Sie ein Array übergeben. Hier sehen Sie ein Beispiel mit einem String als Bedingung:

```
$this->Job->find('all', array('conditions' => 'Job.id = 1'));
```

Dasselbe Ergebnis würden Sie mit dem folgenden Code erreichen, der es Ihnen erlaubt, mehrere Bedingungen als Array zu definieren:

```
$this->Job->find('all', array('conditions' => array('Job.id' => 1)));
```

Beide Abfragen würden dieses SQL-Statement generieren, das Sie übrigens, sofern Sie in der Konfigurationsdatei */app/config/core.php* die Debug-Einstellung auf größer 2 gestellt haben, immer in einer Tabelle auf der Webseite sehen können.

```
SELECT
   `Job`.`id`,
   `Job`.`company`,
   `Job`.`title`,
   `Job`.`description`,
   `Job`.`created`,
   `Job`.`modified`
FROM    `jobs` AS `Job`
WHERE    `Job`.`id` = 1
```

Wie Sie hier sehen, hält sich CakePHP auch in den SQL-Statements an die Konventionen des großgeschriebenen Model-Namens im Singluar.

Die Übergabe der Bedingungen an `find()` in der Array-Notation bietet noch viel mehr Möglichkeiten. Sagen wir, Sie möchten alle Jobangebote finden, deren ID 1, 2 oder 3 ist, die in der letzten Woche bearbeitet wurden oder deren Jobbeschreibung die Begriffe *techniker* oder *entwickler* enthält. Dann würde Ihr `conditions`-Array so aussehen wie unten im Beispiel gezeigt.

Bitte beachten Sie, dass die Vergleichsoperatoren immer auf der Seite des Feldnamens stehen müssen. Diese Syntax wurde eingeführt, um SQL-Injections weiter zu erschweren.

```
$conditions = array(
   'or' => array(
         'and' => array(
               'Job.id' => array(1, 2, 3),
               'Job.modified >' => date('Y-m-d', strtotime("-1 weeks"))
         ),
         'or' => array(
               array('Job.title LIKE' => '%techniker%'),
               array('Job.title LIKE' => '%entwickler%')
         )));
$this->Job->find('all', array('conditions' => $conditions));
```

Diese Abfrage würde Ihnen folgendes SQL-Statement bescheren:

```
SELECT
   `Job`.`id`,
   `Job`.`company`,
   `Job`.`title`,
   `Job`.`description`,
   `Job`.`contract_type`,
```

```
    `Job`.`temporary`,
    `Job`.`created`,
    `Job`.`modified`
 FROM `jobs` AS `Job`
 WHERE
    (
       (`Job`.`id` IN (1, 2, 3)) AND
       (`Job`.`modified` > '2008-06-08')
    )
    OR
    (
       ((`Job`.`title` LIKE '%techniker%')) OR
       ((`Job`.`title` LIKE '%entwickler%'))
    )
```

Das `conditions`-Array ist theoretisch bis ins Unendliche kaskadierbar und bietet Ihnen so sehr komfortable Möglichkeiten, Ihre Bedingungen einfach dynamisch zusammenzustellen.

### Zu selektierende Felder definieren – fields

Wenn Sie nur bestimmte Felder selektieren lassen möchten, können Sie als `fields`-Parameter ein Array mit den entsprechenden Feldnamen übergeben. Sie können Felder aus mehreren Models eintragen. Wichtig ist hier nur, dass Sie den entsprechenden Model-Namen vor dem Feld angeben. Wenn die Abfrage an nur ein Model gerichtet ist, reicht der Feldname ohne Model-Bezeichner – *Best Practice* ist es jedoch, den Model-Namen überall in CakePHP anzugeben.

Den `fields`-Parameter würden Sie folgendermaßen einsetzen, wenn Sie nur jeweils den Titel und den Firmennamen des Jobangebots abfragen möchten:

```
$this->Job->find('all', array(
   'fields' => array('Job.title', 'Company.name'),
));

Array
   (
      [Job] => Array
           (
              [title] => Elektrotechniker
           )
       [Company] => Array
           (
                 [name] => Siemens AG
           )
    )
```

### Sortierung mit order und direction

Mit dem `order`-Schlüssel können Sie die Standardsortierung überschreiben, die für das Model gesetzt wurde. Mit `direction` können Sie zusätzlich noch die Sortierrichtung angeben, die Sie allerdings auch direkt in den order-Parameter schreiben können:

```
$this->Job->find('all', array(
   'order' => array('Job.id', 'Job.title ASC'),
));
```

Für die Sortierung können Sie in jedem Model auch einen Standardwert definieren. Wenn das $order-Attribut gesetzt ist, gilt diese als Standardsortierung für alle Lesezugriffe auf das Model. Diese Sortierung kann direkt in der find()-Anweisung überschrieben werden. Das Setzen einer Standardsortierung in Models ist sehr praktisch, da Sie so nicht in jeder Abfrage vom Model die Sortierung festlegen müssen.

Die Jobangebote werden Sie in den meisten Fällen nach Datum absteigend sortiert benötigen, und wenn mehrere Einträge an einem Datum vorhanden sind, vielleicht noch nach Titel aufsteigend. Sie können $order entweder als String oder als Array festlegen. Die Sortierung für die Jobangebote könnten Sie so erreichen:

```
$order = "date ASC";
$order = "Job.date DESC";
$order = array("Job.date" => "DESC", "Job.title" => "ASC");
```

Wie so oft empfiehlt sich hier die Array-Syntax, da man so mit minimalem Aufwand die Sortierung dynamisch und sicher steuern kann.

## Tiefe der Rekursion in Fremdmodels – recursive

Durch das Setzen des Parameters recursive können Sie das für das Model gesetzte recursive-Attribut überschreiben, das bestimmt, in welche Tiefe der Model-Beziehungen selektiert wird. In unserem Beispiel würden bei recursive = 0 nur die Daten des Jobangebots selektiert werden, bei recursive = 1 wären noch die Daten des Unternehmens dabei, und bei recursive = 2 würden noch alle Models mitselektiert werden, die in einer Beziehung zum Company-Model stehen.

Wie auch bei der Sortierung können Sie für die Rekursion per Model-Attribut einen Standardwert festlegen: $recursive. Dieses Attribut definiert die standardmäßige »Tiefe« der Selektion. Im Klartext bedeutet das, dass Lesezugriffe auf das Model entsprechend dem Wert von $recursive die Daten von verwandten Models zurückliefert. $recursive kann drei Werte haben, der Standardwert ist 1 (Tabelle 5-4).

*Tabelle 5-4: Mögliche Werte von $recursive*

| Art | Funktion |
|---|---|
| 0 | Liefert nur die Ergebnisse des aktuellen Models. |
| 1 | Liefert die Ergebnisse des aktuellen Models und die Daten des verwandten Models. |
| 2 | Liefert die Ergebnisse des aktuellen Models, der verwandten Models und die Daten der Models, die in einer Beziehung zu den verwandten Models stehen. |

Sie können den `$recursive`-Wert auch »im laufenden Betrieb« beispielsweise in der `find()`-Anweisung überschreiben.

### limit

Diesem Parameter übergeben Sie einen SQL-konformen Limit-Wert. Sie können einen numerischen Wert übergeben oder aber einen String mit Start- und Limit-Index, zum Beispiel »10, 40«.

## Das magische find()

Der Titel dieses Abschnitts ist gar nicht so reißerisch, wie Sie vielleicht jetzt denken. CakePHP bietet Ihnen eine Art des Findens von Datensätzen, die wirklich etwas Magisches hat. Hier einige Beispiele:

```
$this->Job->findById(5);
$this->Job->findByTitle('Software-Entwickler');
$this->Job->findAllByCompanyId(3);
$this->Company->findByContactPerson('Jason Fried');
```

Alle diese Aufrufe funktionieren, obwohl in CakePHP im Model ganz bestimmt keine Methode namens `findByContactPerson` implementiert wurde. CakePHP erstellt diese Methoden dynamisch auf Grundlage Ihrer Feldnamen. Hängen Sie einfach die Namen Ihrer Felder in CamelCase-Schreibung direkt an `findBy` und `findAllBy` an, und CakePHP liefert Ihnen den oder die Datensätze, die ein Feld mit einem Wert haben, der der übergebenen Bedingung entspricht. Der Rückgabewert entspricht einem Array, das Sie aus anderen `find()`-Abfragen auch bekommen würden.

Hinweis: Bei der Benutzung der »magischen« `find`-Methoden unter PHP 4 gibt es eine Einschränkung. Wenn Ihr Feldname aus mehreren Wörtern besteht, wie beispielsweise *contact_person*, müssen Sie unter PHP 4 `findAllByContact_person()` statt `findAllByContactPerson()` aufrufen.

## ActiveRecord auslesen: read($fields, $id)

Mit `read()` holen Sie den aktuellen Datensatz aus dem Model, ganz nach dem ActiveRecord-Prinzip. `read()` funktioniert dementsprechend nur, wenn im Model eine ID gesetzt wurde (per Attribut `$id`) oder die ID als zweiter Parameter der Methode übergeben wird. Im ebenso optionalen Parameter `$fields` können Sie ein Array mit den zu lesenden Feldern übergeben, analog zum `fields`-Schlüssel in den Optionen einer `find()`-Abfrage.

```
$this->Job->id = 5;
$this->Job->read();
```

## Einzelne Felder auslesen: field($name, $conditions, $order)

Diese Methode ist dazu da, um Ihnen den Wert eines einzelnen, bestimmten Feldes zu liefern. *$name* ist der Feldname und ist hier der einzige Parameter, den Sie angeben müssen. Für `$conditions` und `$order` gilt dieselbe Syntax wie bei den oben erklärten Parametern für `find()`-Abfragen, und diese beiden Parameter sind optional.

Mit der folgenden Abfrage liefert Ihnen `field()` den Titel des neuesten Jobangebots des Unternehmens mit der ID 1 als String – oder *false*, wenn kein entsprechender Datensatz gefunden wird.

```
$this->Job->field('title', array('Job.company_id' => 1), 'Job.created DESC');
```

# Create und Update: Daten speichern

Im Folgenden gehen wir auf das C und das U im CakePHP-CRUD ein. `save()` spielt hier die Hauptrolle, denn diese Methode ist für Inserts und Updates gleichermaßen zuständig. Die Vorarbeit für `save()` kommt unter anderem von `create()`, das das Model und somit den Active Record auf einen neuen Datensatz vorbereitet.

## create($data)

`create()` bereitet das Model auf einen neuen Datensatz vor, indem es die Daten definiert und im `$data`-Array nicht vorhandene Felder und ihre Standardwerte setzt. Sie können `create()`, wie Sie es auch schon in der `add()`-Action unseres *JobsControllers* gemacht haben, ohne das `$data`-Array setzen, das normalerweise aus einem Formular kommt. Dann wird das `$data`-Array anhand des Datenbankschemas generiert. Wenn Sie das `$data`-Array übergeben, brauchen Sie es bei einer späteren `save()`-Aktion nicht mehr zu übergeben.

Die `create()`-Methode ist dann wichtig, wenn Sie beispielsweise in einer Schleife mehrere neue Datensätze speichern möchten, denn dann sollten Sie `create()` vor jeder `save()`-Aktion neu aufrufen. (Sie können alternativ auch `saveAll()` verwenden, das diese Aufgabe für Sie übernimmt; dazu erfahren Sie mehr im Abschnitt »saveAll($data, $options)« weiter unten.)

Hier spielt wieder das ActiveRecord-Pattern eine Rolle, das ja besagt, dass das Model immer einen Datensatz repräsentiert. Nach einer `save()`-Aktion repräsentiert das Model den soeben gespeicherten Datensatz, und beim nochmaligen Speichern ohne das Setzen einer ID würde der vorherige Datensatz überschrieben werden.

## save($data, $validate, $fieldList)

Wie Sie es schon bei unseren Beispielen gesehen haben, müssen Sie in CakePHP nicht mühsam zwischen *INSERT*- und *UPDATE*-Aktionen unterscheiden – Cake-

PHP merkt anhand der vorhandenen oder nicht vorhandenen ID, ob Sie neue oder aktualisierte Daten speichern möchten.

Wie schon im vorherigen Abschnitt beschrieben wurde, können Sie `$data` entweder mittels der `create()`-Methode setzen oder es auch der `save()`-Methode direkt als ersten Parameter übergeben. `$validate` bestimmt, ob eine Validierung vor dem Speichervorgang durchgeführt werden soll und steht standardmäßig auf *true*. Wenn die Validierung fehlschlägt, gibt `save()` *false* zurück, ansonsten `$data`.

Als `$fieldList` können Sie ein Array mit den Feldern übergeben, die gespeichert werden dürfen. Dieser Parameter ist eine komfortabel zu verwendende Sicherheitsfunktion, da Sie so unerwünschte Überraschungen ausschließen können, sollte jemand versuchen, beispielsweise ein Formular so zu manipulieren, dass mehr Daten als die der Formularfelder übergeben werden. Wenn Sie die erlaubten Felder nicht bei jeder `save()`-Aktion neu übergeben möchten, können Sie dieses Array mit dem Attribut `$whitelist` auch allgemeingültig im Model festlegen.

Wie Sie sicher schon gemerkt haben, wurden die beiden Datumsfelder *created* und *modified* in der *jobs*-Tabelle wie von Zauberhand mit den Erstellungs- und Änderungsdaten befüllt. Diese beiden Felder werden in der `save()`-Methode aufgrund ihrer Namen automatisch mit den entsprechenden Werten befüllt, ohne dass die Formulardaten dazu übermittelt werden müssen. Wenn Sie die beiden Daten trotzdem änderbar machen möchten, reicht es, die entsprechenden Eingabefelder im Formular zu definieren.

`save()` übernimmt viel normalerweise sehr anstrengende und sich wiederholende Arbeit für Sie, wie beispielsweise die SQL-Statements für UPDATE- und INSERT-Aktionen zusammenzustellen und noch einiges mehr. Hier noch ein kurzes Beispiel zur Wiederholung der Anwendung von `save()` am Beispiel der `add()`-Action unseres *JobsControllers*.

```
if (!empty($this->data)) {
   $this->Job->create();
   if ($this->Job->save($this->data)) {
      $this->Session->setFlash('Der Job wurde gespeichert.');
      $this->redirect(array('action'=>'index'));
   } else {
      $this->Session->setFlash('Der Job konnte nicht angelegt werden.');
   }
}
```

Hier wird noch einmal deutlich, wie das Hinzufügen von Jobangeboten funktioniert. `$this->data` enthält, sofern ein Formular abgeschickt wurde, ein Array im gewohnten Format:

```
Array
(
    [Job] => Array
        (
            [company_id] => 3
```

```
            [title] => Innovation Consultant
            [description] => Dies ist eine Job-Beschreibung.
        )

)
```

Mit create() teilen Sie dem Model mit, dass ein neuer Datensatz ansteht, den Sie als ersten Parameter der save()-Aktion übergeben. Der Rückgabewert von save() teilt Ihnen mit, ob der Datensatz gespeichert werden konnte oder nicht.

Wenn das $data-Array noch zusätzlich eine ID enthalten würde, beispielsweise über ein *hidden*-Feld im Formular, würde ein Datensatz mit der bestehenden ID gesucht und aktualisiert oder ansonsten ein Datensatz mit eben dieser ID angelegt werden.

## saveAll($data, $options)

Mit saveAll können Sie mehrere Datensätze gleichzeitig in ein Model speichern. Diese Funktion ist hilfreich, wenn Sie beispielsweise in einem Formular die Möglichkeit bieten wollen, mehrere Datensätze einzugeben. Anders als bei save() müssen Sie hier $data übergeben; create() benötigen Sie vor dieser Aktion nicht.

Eine sehr nützliche Funktion von saveAll() ist es, Daten aus mehreren Models gleichzeitig abzuspeichern. Eine Anwendung davon zeigt folgendes Beispiel:

```
$data['Job']['title'] = 'Reverse Engineer';
$data['Company']['name'] = 'Microsoft Corporation';
$this->Job->saveAll($data);
```

Diese drei Zeilen Code

- legen ein neues Jobangebot mit dem Titel »Reverse Engineer« an,
- legen ein neues Unternehmen namens »Microsoft Corporation« an und
- stellen eine Verbindung zwischen den beiden Datensätzen her, indem saveAll() die ID des neu angelegten Unternehmens gleich noch in das Feld *company_id* in der *jobs*-Tabelle einträgt.

Dieses Beispiel benutzt ein Array, um die Daten vorzubereiten, aber es ist möglich, einfach die Formulare für Jobangebote und Unternehmen zusammenzufassen und so gleichzeitig abzuspeichern.

Als zweites Argument können Sie ein Array mit verschiedenen Parametern übergeben:

*validate*
: Wenn Sie validate auf *false* setzen, wird die Validierung der Datensätze ausgeschaltet. Bei *true* wird jeder Datensatz vor dem Speichern validiert. Wenn Sie »first« als String übergeben, werden erst alle Datensätze validiert und dann erst nacheinander gespeichert. Mit »only« werden die Datensätze nur validiert, aber nicht gespeichert.

*atomic*

Dieser Parameter steht standardmäßig auf *true* und bestimmt, ob versucht werden soll, alle Datensätze in einer Datenbanktransaktion abzuspeichern, die bei Misslingen wieder rückgängig gemacht wird (in MySQL START TRANSACTION, COMMIT und ROLLBACK).

*fieldList*

entspricht dem `fieldList`-Parameter bei `save()`, der bestimmt, welche Felder abgespeichert werden sollen.

### saveField($name, $value, $validate)

Wie der Name schon sagt, speichert `saveField()` den Wert eines einzelnen Feldes in der Datenbank ab. `$validate` ist wie bei den anderen save-Methoden auch standardmäßig auf *true* gesetzt und validiert die Datensätze vor dem Speichern.

### updateAll($fields, $conditions)

Mit `updateAll()` können Sie eine Menge an Datensätzen aktualisieren, die auf die übergebenen Bedingungen passen. Wenn Sie keine Bedingungen oder *true* übergeben, gilt die Aktualisierung für alle Datensätze. `$fields` ist ein Array mit den Feldnamen und deren Werten als Key-Value-Paare. `updateAll()` akzeptiert das `$conditions`-Array im gewohnten Format.

Mit folgendem Code würden Sie das Änderungsdatum aller Jobangebote die nach dem 1.1.2008 erstellt wurden, auf den jetzigen Zeitpunkt setzen:

```
$this->Job->updateAll(
   array('Job.modified' => 'NOW()'), array('Job.created' => '> 2008-01-01')
   );
```

## Delete: Daten löschen

Zum Abschluss der Erklärung des CakePHP-CRUD kommen wir noch zum D: Delete. Für das Löschen sind im Model zwei Methoden zuständig: `del()` und `deleteAll()`.

### Datensätze mit del() löschen

Mit `del($id, $cascade)` löschen Sie den Datensatz mit der übergebenen ID. Der `$cascade`-Parameter steht standardmäßig auf *true* und bestimmt, ob abhängige Datensätze, etwa aus einer *hasMany*- oder einer *hasOne*-Beziehung, ebenfalls gelöscht werden sollen.

Wenn Sie beispielsweise ein Unternehmen mit der ID 42 mit `$cascade` auf *true* löschen würden, würden auch alle Jobangebote gelöscht werden, die als *company_id* diese ID haben. Diese Methode ist also mit Vorsicht zu genießen:

```
$this->Company->del(42, true);
```

Sollten Sie in CakePHP-Anwendungen Aufrufe von `remove()` oder `delete()` sehen, wundern Sie sich nicht: Diese sind Aliase von `del()`.

### deleteAll($conditions, $cascade)

Mit `deleteAll()` können Sie mehrere Datensätze gleichzeitig löschen, die den in `$conditions` definierten Bedingungen entsprechen. Auch hier bestimmt der `$cascade`-Parameter, ob abhängige Datensätze mit gelöscht werden sollen. Hiermit löschen Sie alle Datensätze, die vor 2008 erstellt wurden:

```
$this->Job->deleteAll(array('Job.created' => '<= 2007-12-31'), true);
```

## Model-Methoden und -Attribute

Sie können jetzt mit dem Model arbeiten, Daten auslesen und abspeichern, löschen und aktualisieren. Einige wichtige Funktionen zum Arbeiten mit Datenbanken haben Sie bestimmt vermisst, wie beispielsweise das manuelle Ausführen von SQL. Dazu zeigen wir Ihnen noch einige wichtige Methoden, die Hilfestellungen bei häufigen Aufgaben bieten. Zusätzlich werden noch einige wichtige Model-Attribute beschrieben, die ebenfalls oftmals praktische Einstellungsmöglichkeiten im Model sind.

### Model-Methoden

#### SQL ausführen – query()

In der Entwicklung von Webapplikationen kommen Sie auch mit Frameworks im Hintergrund in Situationen, in denen Sie eigene SQL-Abfragen oder -Befehle ausführen müssen. Für diesen Zweck gibt es die Methode `query()` im Model, der Sie ein SQL-Statement als String übergeben können.

#### Model-Schema überprüfen – hasField($name)

Diese Methode gibt *true* zurück, wenn es im Model ein Feld mit dem im ersten und einzigen Parameter übergebenen Namen gibt. Ansonsten gibt sie *false* zurück.

```
$this->Job->hasField('title');
```

Dieser Aufruf würde *true* zurückgeben. `hasField()` eignet sich besonders für Methoden, die nicht für ein bestimmtes Model geschrieben werden, sondern eine generische Funktion erfüllen sollen. In solchen Methoden können Sie mit `hasField()` überprüfen, ob die nötigen Voraussetzungen erfüllt sind.

### Vorkommnisse von Daten überprüfen – hasAny($conditions)

Mit `hasAny()` können Sie herausfinden, ob es im Model Datensätze gibt, die den übergebenen Bedingungen entsprechen. Man könnte sagen, `hasAny()` ist die boolesche Variante von `find('count')`. Diese Methode akzeptiert als einzigen Parameter ein `$conditions`-Array in der Form, wie Sie es auch einer `find()`-Abfrage übergeben würden.

### Die Einzigartigkeit von Datensätzen überprüfen – isUnique($fields, $or)

Mit `isUnique` können Sie kontrollieren, ob es bereits einen Datensatz gibt, der dieselben Daten enthält, die im `$fields`-Parameter definiert sind. `$fields` ist ein Array mit Key-Value-Paaren, das sich, wenn Sie ein leeres Array übergeben, die Daten aus dem aktuellen `$this->data` des Models holt.

Wenn einer oder mehrere Datensätze mit denselben Daten gefunden werden, gibt die Methode *false* zurück, ansonsten *true*. Wenn Sie `$or` auf *false* setzen, gelten alle Werte als `unique`-Kriterien, ansonsten reicht es, wenn es im Model einen Datensatz mit einem der übergebenen Werte gibt.

### Die Validierung manuell überprüfen – validates() und invalidFields()

Mit `validates()` können Sie schon vor einer `save()`-Aktion kontrollieren, ob die im `$data`-Attribut des Models enthaltenen Daten durch die Validierung kommen würden oder nicht. Das Ergebnis ist dann entweder *true* oder *false*. Um herauszufinden, welche Felder betroffen sind, können Sie die Methode `invalidFields()` aufrufen. Sollten Validerungsfehler vorhanden sein, erhalten Sie ein Array mit den Feldern, deren Validierung fehlgeschlagen ist, als Schlüssel und als Wert die Fehlermeldung.

### Informationen über die letzten Abfragen – getInsertID(), getNumRows() und getAffectedRows()

Diese drei Methoden erinnern Sie wahrscheinlich an ähnliche MySQL-Abfragen. `getInsertID()` gibt Ihnen die ID des Datensatzes zurück, der zuletzt neu angelegt wurde; `getNumRows()` ermittelt die Anzahl der Datensätze, die in der letzten Abfrage zurückgegeben worden waren; und `getAffectedRows()` liefert die Anzahl der von der letzten Datenbankabfrage betroffenen Datensätze.

## Model-Attribute

Wie der Controller bietet auch das Model Attribute, um das Verhalten zu steuern. Die wichtigsten davon möchten wir im Folgenden kurz beschreiben, da diese bei gewollter oder schlicht nötiger Nichteinhaltung der CakePHP-Konventionen sehr hilfreich sein können. Ein Beispiel dafür ist das Aufsetzen einer CakePHP-Applikation auf eine bereits bestehende Datenbankstruktur, die sich an andere oder auch an keine richtigen Konventionen hält.

### Tabellennamen überschreiben – $useTable

Für die Job-Verwaltung haben Sie eine Tabelle namens *jobs* angelegt. CakePHP erwartet standardmäßig den Plural des Model-Namens als Namen der Datenbanktabelle. Das ist natürlich praktisch, aber Sie müssen sich an diese Konvention nicht unbedingt halten. Sie können im Model einfach das Attribut `$useTable` setzen, damit CakePHP auf eine andere Tabelle zugreift.

```
class Job extends AppModel {
   var $name = 'Job';
   var $useTable = 'stellenangebote';
}
```

Wenn Sie ein Model möchten, das keine Datenbanktabelle enthält (ein mögliches Anwendungsbeispiel finden Sie weiter unten in diesem Kapitel im Abschnitt »Tabellenschema ändern oder simulieren – $_schema«), können Sie `$useTable` einfach auf *false* setzen.

### Name des Primärschlüssels – $primaryKey

CakePHP erwartet in jeder Tabelle (außer in Verknüpfungstabellen bei *HasAndBelongsToMany*-Beziehungen) standardmäßig einen Primärschlüssel namens *id*. Mit dem Attribut `$primaryKey` können Sie einen anderen Primärschlüssel definieren, wenn Sie möchten:

```
var $primaryKey = 'job_id';
```

Hiermit würde CakePHP für alle Primärschlüssel-relevanten Aktionen `job_id` statt `id` verwenden.

Noch eine Anmerkung zum Handling von Primärschlüsseln bei CakePHP: Wenn Sie den Primärschlüssel in der Datenbank als Datentyp *char* mit der Länge 36 definieren, generiert CakePHP automatisch beim Erzeugen von Datensätzen standardisierte *Universally Unique Identifiers* (UUID).

### Anzeigefeld definieren – $displayField

Mit `$displayField` definieren Sie das Feld, das bei der Selektion von Key-Value-Paaren verwendet werden soll, die Sie beispielsweise bei HTML-Select-Elementen in den Views der verwandten Models benötigen. Die Model-Methode `find('list')`, die Sie zum Finden dieser Paare verwenden können, greift auf das `$displayField`-Attribut zu.

Wenn in der Datenbanktabelle ein Feld namens *title* oder *name* vorhanden ist, verwendet CakePHP eines dieser Felder automatisch. *title* hat hier Priorität. Wenn kein Feld mit diesen Namen existiert und `$displayField` nicht gesetzt wurde, verwendet CakePHP den Wert des Primärschlüssel-Feldes.

### Alternative Datenbankkonfiguration verwenden – $useDbConfig

Mit diesem Attribut teilen Sie CakePHP mit, welche Datenbankkonfiguration für das Model verwendet werden soll. Die Datenbankkonfigurationen definieren Sie unter */app/config* in der Datei *database.php*.

Dort haben Sie bereits in der Datenbankkonfigurationsklasse *DATABASE_CONFIG* im Attribut `$default` die Werte für eine Verbindung zu Ihrer Job-Datenbank gesetzt. `default` ist auch der Default-Wert des `$useDbConfig`-Attributs. Wenn Sie in der Konfigurationsklasse ein neues Attribut erstellen, steht Ihnen die Konfiguration mit dem Namen des Attributs zur Verfügung. Hier ein Beispiel:

```
class DATABASE_CONFIG {
   var $beispielConfig = array(
      'driver' => 'mysql',
      'persistent' => false,
      'host' => 'localhost',
      'port' => '',
      'login' => 'user',
      'password' => 'passwort',
      'database' => 'beispiel_datenbank',
      'schema' => '',
      'prefix' => '',
      'encoding' => ''
   );
}
```

Im Model übergeben Sie den Attributnamen Ihrer Datenbankkonfiguration an die Klassenvariable `$useDbConfig`:

```
var $useDbConfig = 'beispielConfig';
```

Jetzt würde Ihr Model auf die *beispiel_datenbank* zugreifen. Informationen zu den anderen Werten der Datenbankkonfigurationen finden Sie in Kapitel 2, *Installation und Konfiguration*, in der Tabelle 2-3.

### Tabellenschema ändern oder simulieren – $_schema

Dieses Array enthält Metadaten über die Datenbankfelder des Models. Im Normalfall braucht das Schema Sie nicht zu interessieren, da es bei Datenbanken automatisch im Hintergrund von CakePHP generiert wird. Das `$_schema` kann nützlich sein, wenn Sie andere Datenquellen als eine Datenbank haben oder Model-Funktionalitäten für nicht standardmäßige Datenquellen verwenden möchten.

Als Beispiel bietet sich hier ein Kontaktformular an, das nur eine E-Mail an den Website-Betreiber senden, die eingegebenen Daten aber nicht speichern soll. Da ein Kontaktformular ja diverse Möglichkeiten bietet, um Schabernack zu treiben, möchten Sie die eingegebenen Daten validieren. Die komfortabelste Lösung, um die Daten zu validieren, ist die Model-Validierung. Wenn Sie diese verwenden möchten, müssen Sie CakePHP aber erst mitteilen, was für Daten das Kontaktformular enthält.

Das Model für ein Kontaktformular ohne Datenbanktabelle mit selbst definiertem Schema könnte folgendermaßen aussehen:

```
class ContactForm extends AppModel {
   var $useTable = false;
   var $_schema = array(
      'email' => array(
         'type' => 'string',
         'length' => '',
         'default' => '',
         'null' => false
      ),
      'message' => array('type' => 'text')
   );
}
```

Das Kontaktformular hat also die Felder *email* und *message*. Sie können für jedes Feld diverse Attribute festlegen, wie Sie es auch beim Erstellen einer Datenbanktabelle machen würden. Das einzige »Pflichtfeld« ist hier das `type`-Attribut, das den Datentyp des Feldes definiert. Mögliche Werte sind *integer*, *string*, *text*, *float*, *boolean*, *date*, *datetime*, *timestamp*, *time* oder *binary*.

Wie Sie sehen, setzen Sie hier noch zusätzlich `$useTable` auf *false*, da sich CakePHP ansonsten wegen der fehlenden Datenbanktabelle *contact_forms* beklagen würde.

### Weitere Attribute

*$id*
: Wie wir es schon weiter oben erklärt haben, folgt das CakePHP-Model dem *ActiveRecord*-Pattern. Das `$id`-Attribut teilt dem Model die ID des aktuellen Datensatzes im ActiveRecord mit.

*$data*
: Dieses Array enthält den aktuellen Datensatz, sofern das Model eine ID hat und bereits eine `read()`-Operation ausgeführt wurde. Man könnte sagen, `$data` ist der ActiveRecord.

*$name*
: Das `$name`-Attribut muss gesetzt werden, wenn Sie Ihre Anwendung PHP 4-kompatibel halten wollen. Im Fall der Model-Klassen muss hier der Model-Name im Singular verwendet werden.

*$actsAs*

Mit `$actsAs` weisen Sie dem Model ein bestimmtes Verhalten, ein *Behavior*, zu. *Behaviors* können das Verhalten von Lese- und Schreibzugriffen auf Models beeinflussen. Ein Beispiel dafür ist das *TreeBehavior*, das einem Model das Verhalten eines Nested Sets (eines Datenmodells zur Abbildung eines verschachtelten Baumes) geben würde.

*$cacheQueries*

Wenn `$cacheQueries` auf *true* gesetzt ist, was standardmäßig auch so der Fall ist, werden die Resultate zwischengespeichert, die während eines Requests vom Model gelesen werden. Dieses Caching ist nicht mit einem »richtigen« Cache zu verwechseln, denn `$cacheQueries` »hält« nur einen Request lang. Mehrere aufeinanderfolgende `find()`-Anweisungen lösen also nur eine Datenbankabfrage aus.

## Ausblick

Sie haben jetzt einen guten Eindruck davon, was mit dem Model in CakePHP so alles möglich ist. Doch bevor wir Ihnen noch einige sehr interessante Funktionalitäten des CakePHP-Models aufzeigen, möchten wir mit dem »V« im MVC weitermachen.

Einen Rat möchten wir Ihnen jetzt schon geben: Befolgen Sie das »Skinny Controller, Fat Model«-Prinzip, also das »schlanker Controller, fettes Model«-Prinzip, und lagern Sie so viel datenbezogene Logik wie möglich in das Model aus. Ein typischer Fehler von CakePHP-Anfängern (den wir natürlich auch machten), ist es, die Models fast leer zu lassen – ein Model quasi als Behälter für die Definition von Validierung und Relationen zu missbrauchen – und zu viel Logik in den Controller zu packen.

»Skinny Controller, Fat Model« bringt Ihnen Übersichtlichkeit in Ihrer Applikation (vor allem im Controller) und ein hohes Maß an Wiederverwendbarkeit Ihres Codes.

Wenn Sie überlegen, wie Sie eine Anforderung lösen sollen, rufen Sie sich immer wieder die Definition des Models vom Anfang dieses Kapitels in Erinnerung: »Das Model repräsentiert die Daten, den Zustand und die Geschäftslogik des Systems.« In diesem Sinne möchten wir Sie nicht länger aufhalten und kommen nun zum »V« in MVC.

KAPITEL 6

# Das View

Aller guten Dinge sind drei, auch beim MVC-Pattern. In den letzten Kapiteln haben Sie bereits den Controller und das Model kennengelernt. Bleibt an dieser Stelle nur noch, sich das View genauer anzuschauen. Sie werden auf den folgenden Seiten kein Neuland betreten, da die Beispiele, die wir bisher besprochen haben, bereits mit Views gearbeitet haben, um die Daten im Browser darzustellen. Allerdings haben Sie die Möglichkeiten im View speziell im Bezug auf die Helper bei Weitem noch nicht ausgereizt, so dass es noch einiges zu entdecken gibt. Das Ziel dieses Kapitels ist es also, die bestehenden Views des Beispiels zu erweitern und Ihren Wünschen entsprechend zu gestalten.

In diesem Kapitel behandeln wir vor allem zwei Bereiche: zum einen den eigentlichen Aufbau des Views in CakePHP, bestehend aus dem Rahmenlayout und dem dynamisch erzeugten View, abhängig von einer Action. Zum anderen betrachten wir die Helper, die CakePHP Ihnen zur Verfügung stellt. Schwerpunkt werden dabei der HTML- und der Form-Helper sein, die für die Ausgabe von HTML-Elementen und Formularen zuständig sind. Am Ende dieses Kapitels werden Sie noch die Möglichkeiten der View-Elemente kennenlernen, mit denen Sie Ausgaben weiter untergliedern und Seitenbereiche auslagern können.

Beide Aspekte des Views werden Sie anhand der Beispielapplikation kennenlernen und natürlich auch anwenden. Unser Ziel ist es in diesem Kapitel, die schon bestehenden – automatisch erzeugten – Ansichten der Jobbörse zu erweitern und den eigenen Wünschen entsprechend anzupassen.

## Was ist ein View?

Das View im Sinne des Model-View-Controller-Patterns ist im Prinzip das, was der User zu sehen bekommt. Es definiert die Oberfläche, über die ein Anwender die Applikation bedienen kann, und gibt damit den Rahmen vor, in dem eine Interaktion stattfinden kann. Dabei greift das View auf die Schnittstellen des Controllers zurück, um Eingaben an der Applikationsoberfläche weiterzuleiten und anhand der Reaktion der Programmlogik eine neue oder aktualisierte Ansicht zu laden.

Eine wesentliche Grundlage für die Entwicklung verschiedener Views ist die viel zitierte Trennung von Layout und Logik. Gerade im Bezug auf Webanwendungen, deren Oberflächen in der Regel durch HTML-Seiten erzeugt werden, ist dieses Prinzip wesentlich, da zwischen dem Layout und der eigentlichen Anwendung oft Welten liegen, die von außen nicht wahrnehmbar sind.

Professionelle Webseiten werden durch Designer und Frontend-Entwickler entworfen und dann in HTML umgesetzt. Bis zu diesem Punkt ist eine Webanwendung nichts weiter als ein großer Stapel von statischen HTML-Dokumenten, die durch eine Reihe von Anforderungen oder Ablaufdiagrammen miteinander verknüpft sind.

Auf Basis dieser Vorgaben werden die Templates mit den Schnittstellen der Controller verknüpft, um mit dynamischen Inhalten befüllt zu werden oder User-Eingaben zurück an die Applikation senden zu können. Diese Templates sind allerdings weiterhin weitestgehend unabhängig von der Programmlogik und können im Bedarfsfall wieder von einem Producer bearbeitet werden, wenn er die vorgegebenen Konventionen einhält.

Das Framework von CakePHP sieht Views im Prinzip genauso wie oben beschrieben: als einfache HTML-Seiten, die über Links, Formulare und dynamische Bereiche mit der Applikationslogik verknüpft sind. Dabei ist durch die Konventionen genau festgelegt, welches View für welche Action in einem Controller zuständig ist. Wenn eine Template-Datei also erst einmal erstellt ist und entsprechend benannt und gespeichert wurde, dann ist schon eine Menge erledigt.

Um die Details und den Inhalt eines CakePHP-Templates werden wir uns nun auf den folgenden Seiten kümmern.

## Die Template-Engine in CakePHP

Die Überschrift dieses Abschnitts ist streng genommen zu weit gegriffen, da CakePHP keine eigene Template-Engine hat, sondern schlicht HTML-Files mit einigen Schnipseln an PHP-Code kombiniert. Das klingt zunächst nicht besonders elegant, aber birgt doch einige Vorteile, die nicht unterschätzt werden sollten.

Der erste Vorteil ist, dass Sie keine neue Syntax lernen oder das gedankliche Schema einer Template-Engine nachvollziehen müssen, sondern Sie können sich auf dem gewohnten Boden von PHP bewegen. Zum anderen steht Ihnen auf diese Weise natürlich der komplette Funktionsumfang von PHP zur Verfügung, der in vielen Templating-Engines nur gekapselt oder gar nicht erreichbar ist. Auch wenn diese Tatsache dazu verführt, Logik ins Template auszulagern (was Sie nicht tun sollten), hat sie an anderer Stelle eine Menge Vorteile zu bieten.

Die wichtigsten Punkte sind allerdings die Mechanismen, die Ihnen von CakePHP im View zur Verfügung gestellt werden und die es erlauben, ein Template dynamisch zu gestalten, ohne die Trennung von Logik und Layout zu verletzen. Es geht hier um die Möglichkeiten der *Helper*-Klasse und der sogenannten *Elements*, die dynamischen Code kapseln und es ermöglichen, schnell und einfach Views zu erstellen.

Alle diese Techniken sind Teil dieses Kapitels. Im ersten Schritt soll allerdings auf die Grundlagen der Template-Struktur von CakePHP eingegangen werden.

## Ordnerstruktur und Dateinamen

Wie Sie schon in Kapitel 2, *Installation und Konfiguration*, gesehen haben, werden alle Views im gleichnamigen Ordner unterhalb des Ordners *app* gespeichert. Im Unterschied zum Model und auch zum Controller liegen die Templates nicht direkt im Ordner *view*, sondern noch einmal in einem eigenen Unterordner, der entsprechend der Konventionen nach dem dazugehörigen Controller benannt ist. Einige Beispiele:

| Controller-Name | View-Ordner |
|---|---|
| JobsController | *views/jobs* |
| CompaniesController | *views/companies* |

Innerhalb dieser Ordner liegen dann die Views, wobei jede Datei die Endung *.ctp* (Cake Template) hat. Die Dateinamen selbst richten sich entsprechend der Konventionen nach dem Namen der einzelnen *Actions*, denen sie zugeordnet werden sollen. Sprich, jeder Funktionsname hat ein Default-Template, das den Namen der jeweiligen Methode trägt. Einige Beispiele für den `JobsController`:

| Methode | Pfad und Dateiname des Templates |
|---|---|
| `index()` | *views/jobs/index.ctp* |
| `view()` | *views/jobs/view.ctp* |
| `add()` | *views/jobs/add.ctp* |
| `edit()` | *views/jobs/edit.ctp* |
| `delete()` | *views/jobs/delete.ctp* |

Sobald eine Action über die bekannte URL-Syntax aufgerufen wird, sucht CakePHP automatisch nach dem dazugehörigen Template und gibt es aus. Falls keine Datei gefunden wird, liefert das Framework eine entsprechende Fehlermeldung (Abbildung 6-1).

CakePHP macht an dieser Stelle recht deutlich, was vermisst wird, und gibt sogar an, wie und wo die Datei zu erstellen ist.

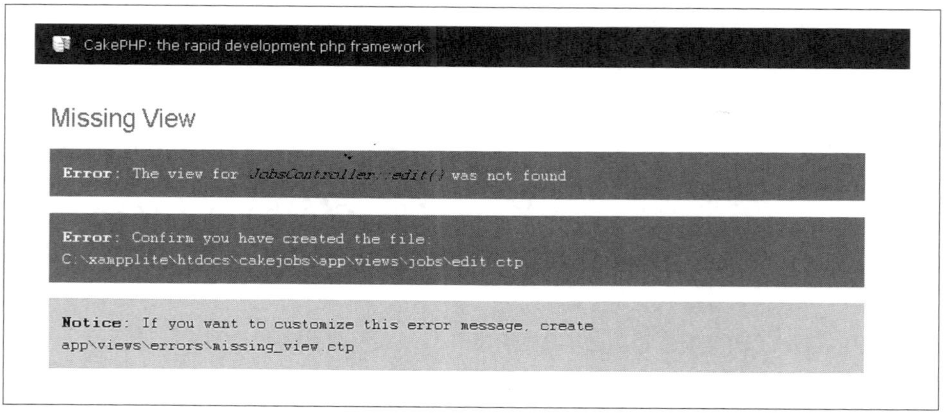


*Abbildung 6-1: Die Fehlermeldung für das fehlende View*

Natürlich gibt es auch Ausnahmen, da nicht jede Action unbedingt einem View zugeordnet sein muss. Ein gutes Beispiel ist die Methode `delete()`, die Sie schon in Kapitel 4, *Der Controller*, kennengelernt haben. Nach dem Löschen des Datensatzes wird mittels `redirect()` direkt auf eine andere Action verwiesen, so dass der Schritt des Renderns des Templates gar nicht durchgeführt wird. Dementsprechend ist eine Datei wie *delete.ctp* nicht notwendig. Wenn Sie eine eigene Seite mit einer entsprechenden Meldung oder sogar Sicherheitsabfrage anbieten wollen, macht ein Template natürlich wieder Sinn.

## Aufbau einer Template-Datei

Templates sind in den meisten Fällen HTML-Dateien, können aber auch jedes andere textbasierte Format sein, das benötigt wird. Gängige Beispiele sind sicher die Ausgabe von dynamischen CSV-Files oder XML-Dateien, die Daten im Sinne eines Webservice zur Verfügung stellen.

CakePHP beschränkt sich also nicht nur auf die Darstellung von Webseiten, sondern kann in seinem Funktionsumfang durchaus auch für die Ausgabe anderer Formate genutzt werden. Auch wenn die folgenden Beispiele nur die Ausgabe von HTML zeigen, können Sie die gleichen Methoden auch für andere Textformate verwenden.

Um einen Eindruck von einem Template bekommen, werfen wir einfach einen Blick auf das Beispiel aus den vorhergehenden Kapiteln, das Template *index.ctp*. Auch wenn Sie diese Dateien schon kennen, wurde bisher noch nicht viel dazu gesagt. Das soll sich jetzt ändern:

```
<h2>Jobs</h2>

<table>
   <tr>
      <th>ID</th>
```

```
        <th>Firma</th>
        <th>Titel</th>
        <th>Angebot vom</th>
        <th>zuletzt aktualisiert</th>
        <th>Actions</th>
    </tr>

<?php foreach($jobs as $job): ?>
    <tr>
        <td><?php echo $job['Job']['id'] ?></td>
        <td><?php echo $job['Job']['company'] ?></td>
        <td><?php echo $job['Job']['title'] ?></td>
        <td><?php echo $job['Job']['created'] ?></td>
        <td><?php echo $job['Job']['modified'] ?></td>
        <td>
            <?php echo $html->link('Details', '/jobs/view/' . $job['Job']['id']) ?>
            <?php echo $html->link('bearbeiten', '/jobs/edit/' . $job['Job']['id']) ?>
            <?php echo $html->link('löschen', '/jobs/delete/' . $job['Job']['id']) ?>
        </td>
    </tr>
<?php endforeach; ?>
</table>
```

Auf den ersten Blick ist das eine HTML-Datei, die eine Tabelle definiert, die dann durch eine PHP-Schleife befüllt wird. Viel mehr steckt im Prinzip auch nicht dahinter, wobei an dieser Stelle auf die Schreibweise der `foreach`-Schleife hinwiesen werden soll. Um ein sauberes Bild zu bekommen, verzichten Sie auf die geschweiften Klammern, wie sie in der Regel eingesetzt werden, und bemühen dafür eine nicht ganz so verbreitete Schreibweise über das Schlüsselwort `endforeach`.

Dynamische Blöcke sind so leichter zu erkennen und erscheinen zusammengefasst zwischen den PHP-Tags, die den PHP-Code umschließen. Natürlich ist die Art, wie Sie Ihre Templates schreiben, Geschmacksache, aber CakePHP empfiehlt die Ausgabe auf diese Art.

Der Aufbau des Arrays `$jobs`, über das die `foreach`-Schleife iteriert, ist Ihnen schon bekannt, genau wie das eigentliche Setzen der Daten über die Controller-Methode `set()`. Unbekannt ist dagegen noch der Einsatz des HTML-Helpers, über den der Link zu den verschiedenen Funktionen der Applikation gesetzt wird:

```
<td>
    <?php echo $html->link('Details', '/jobs/view/' . $job['Job']['id']) ?>
    <?php echo $html->link('bearbeiten', '/jobs/edit/' . $job['Job']['id']) ?>
    <?php echo $html->link('löschen', '/jobs/delete/' . $job['Job']['id']) ?>
</td>
```

Prinzipiell könnten Sie auch direkt HTML-Links an dieser Stelle setzen. Allerdings bietet der Einsatz von Helpern eine Reihe von Vorteilen, wie beispielsweise die Kapselung von dynamischen Werten oder die standardisierte Ausgabe von sauberem XHTML-Code. Das Gleiche gilt für den Form-Helper, der im `edit.ctp`-Template fast ausschließlich zum Einsatz kommt.

```
<h2>Job bearbeiten</h2>
<?php
    echo $form->create('Job');
    echo $form->input('id');
    echo $form->input('company');
    echo $form->input('title');
    echo $form->input('description');
    echo $form->end('Speichern');
?>
```

Das komplette Template wird im Prinzip durch den Form-Helper aufgebaut, der durch die wenigen Zeilen Code doch ein sehr ansehnliches Ergebnis wie in Abbildung 6-2 zaubert.

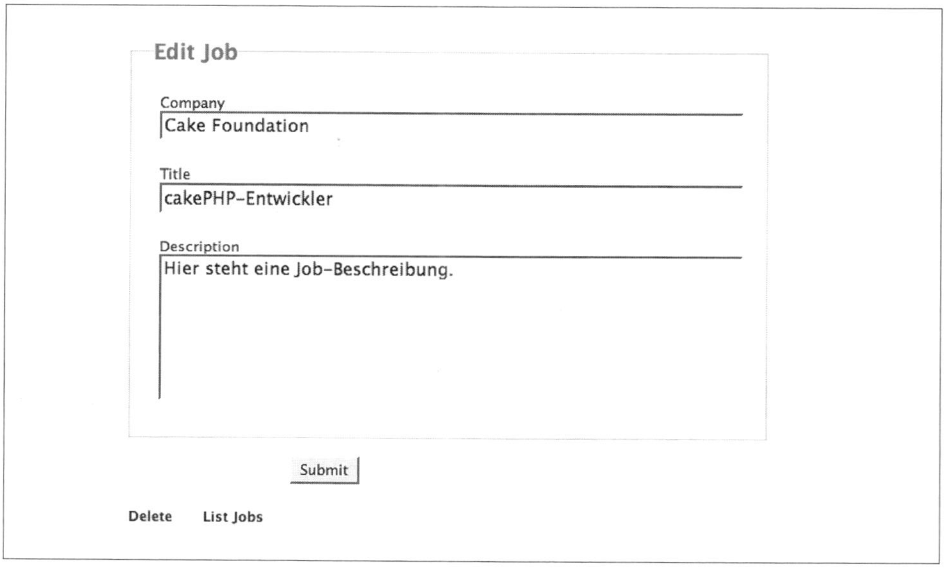


*Abbildung 6-2: Ergebnis des Form-Helpers*

Neben der automatischen Beschriftung und der Definition der Eingabeflächen ist wohl die »magische« Befüllung der Input-Felder der sichtbarste Vorteil des Form-Helpers gegenüber der manuellen Programmierung eines HTML-Formulars.

Der HTML-Helper und der Form-Helper, der mit der Version 1.2 von CakePHP dazugekommen ist, sind die beiden am häufigsten verwendeten Helper bei der Erstellung von Templates. Diese und noch einige weitere Helper werden Sie im Laufe dieses und des nächsten Kapitels noch genau kennenlernen.

## Rahmen-Layouts festlegen

Bevor wir zu den Möglichkeiten der Helper kommen, soll zuvor die Verwendung von Layouts – also des Rahmen-Templates für eine Webseite – vorgestellt werden.

Sie werden sich sicher schon gefragt haben, wo das Aussehen der Webseite herkommt, die Sie in allen Beispielen bisher zu Gesicht bekommen haben. Alles, was Sie bis zu diesem Augenblick an Quelltext geschrieben haben, hat nur den »dynamischen« Bereich der Seite berührt.

Wo kommt dieser nicht-dynamische Bereich her? Die Antwort liegt relativ nahe, da jede Webseite im Prinzip in zwei verschiedene Bereiche zerfällt. Auf der einen Seite gibt es den eigentlichen Content-Bereich, in dem die Inhalte entsprechend der User-Anfragen dargestellt werden. Dieser Bereich wird von CakePHP mit den Templates befüllt.

Auf der anderen Seite gibt es den »Rest« der Seite, der in Abbildung 6-3 dunkel markiert ist. Hier passiert in der Regel nichts, außer dass ein Rahmen-Layout gezeichnet wird, das den Look der Seite bestimmt. Diesen Bereich nennt man in CakePHP das *Layout*, und man behandelt es getrennt von den Templates.

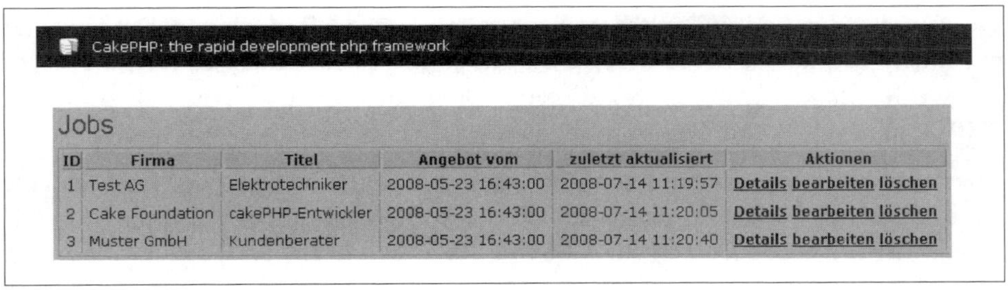


*Abbildung 6-3: Layout der Seite*

Dieses Vorgehen macht Sinn, da es keinen Zweck hat statische – oder hauptsächlich statische – Bereiche einer Webseite redundant in jedem Template identisch zu hinterlegen. Es ist natürlich möglich, aber spätestens, wenn Sie einmal die Navigation einer Seite aktualisieren wollen und zu diesem Zweck jedes Template anfassen müssen, werden Sie die Notwendigkeit von Layouts sehr zu schätzen wissen.

Sowohl das Layout als auch das Template, das mit diesem Layout verknüpft wird, werden vom Controller gesteuert. In den meisten Fällen werden Sie mit dem Template arbeiten und die Ausgaben, die geschehen sollen, im Template über die bekannte `set()`-Methode verwenden. Trotzdem sollten Sie wissen, dass jeder Wert, der per `set()` gesetzt worden ist, auch im Layout verfügbar ist und auf die bekannte Art und Weise genutzt werden kann.

So viel zur Theorie, doch wo liegen die Layouts nun? Wenn Sie einen Blick in den Ordner *view* werfen, der alle Unterordner mit Templates für die Controller enthält, werden Sie feststellen, dass außer diesen Unterordnern auch eine Reihe weiterer Ordner vorhanden ist, unter anderem ein Ordner mit dem Namen *layouts*. Der Pfad im CakePHP-Verzeichnis lautet wie folgt:

*/app/views/layouts*

Alle anderen Unterordner können Sie erst einmal ignorieren, auch die Ordner innerhalb des *layouts*-Ordners selbst. Wichtig sind erst einmal nur die Dateien, die in diesem Ordner abgelegt werden können, denn sie bestimmen das Layout und damit das Aussehen Ihrer Webapplikation.

Doch der Ordner ist aktuell ziemlich leer, was natürlich die Frage aufwirft, wie das Framework auf die Idee kommt, die Seite so darzustellen, wie Sie sie kennen. Die Antwort kennt, wer CakePHP kennt, denn wie so oft greift auch an dieser Stelle ein Default-Verhalten, das fehlende Layouts ersetzt. Anstatt uns eine Fehlermeldung zu präsentieren, wie es bei einem fehlenden Template der Fall ist, lädt CakePHP an dieser Stelle einfach die Standard-Layouts aus dem *cake*-Ordner, der auch die Quelldateien des kompletten Frameworks enthält.

In diesem Fall spreche in von folgender Datei:

*/cake/libs/view/layouts/default.ctp*

Wie Sie sehen, haben Layouts, genau wie Templates, die Endung *.ctp*. Der Umgang mit ihnen ist ähnlich. Bevor wir uns die Datei näher anschauen, empfiehlt es sich, den Ordner *app/view/layouts/* zu kopieren, damit das Default-Verhalten von CakePHP nicht verändert oder überschrieben wird.

Wenn das geschehen ist, wird sich zwar an der Ausgabe im Browser nichts ändern, das Framework wird intern aber ab sofort mit der neuen Datei in Ihrem Layout-Ordner arbeiten. CakePHP sucht während des Renderns der Ausgabe immer zuerst nach einer Layout-Datei mit dem Namen *default.ctp*. Dieses Verhalten können Sie ändern. Wie das genau geht, erfahren Sie im Abschnitt »Die Variable $layout« in diesem Kapitel.

Öffnen Sie nun die Datei *default.ctp*, und werfen Sie einen Blick auf den Inhalt. Neben einer Menge Kommentare im Kopf präsentiert sich schlichter XHTML-Quellcode, der je nach Version von CakePHP in etwa so aussehen sollte:

```
<!DOCTYPE html PUBLIC "-//W3C//DTD XHTML 1.0 Transitional//EN"
                      "http://www.w3.org/TR/xhtml1/DTD/xhtml1-transitional.dtd">
<html xmlns="http://www.w3.org/1999/xhtml">
<head>
   <title>
      <?php __('CakePHP: the rapid development php framework:'); ?>
      <?php echo $title_for_layout; ?>
   </title>
   <?php
      echo $html->charset();
      echo $html->meta('icon');

      echo $html->css('cake.generic');

      echo $scripts_for_layout;
   ?>
</head>
<body>
```

```
    <div id="container">
        <div id="header">
            <h1><?php echo $html->link(__('CakePHP: the rapid development php
                        framework', true), 'http://cakephp.org'); ?></h1>
        </div>
        <div id="content">
            <?php
                if ($session->check('Message.flash')):
                    $session->flash();
                endif;
            ?>

            <?php echo $content_for_layout; ?>

        </div>
        <div id="footer">
            <?php echo $html->link(
                    $html->image('cake.power.gif', array('alt'=> __("CakePHP: the
                        rapid development php framework", true), 'border'=>"0")),
                        'http://www.cakephp.org/',
                    array('target'=>'_new'), null, false
                );
            ?>
        </div>
    </div>
    <?php echo $cakeDebug; ?>
</body>
</html>
```

Die dynamischen Teile dieser Datei sind hervorgehoben, denn sie machen das Layout erst wirklich zu dem, was es ist: zum Rahmen für Ihre Templates. Sie sind in der Gestaltung dieser Datei natürlich absolut frei, alles andere würde auch keinen Sinn machen. Wichtig ist nur, dass die PHP-Schnipsel an den richtigen Stellen verwendet werden, wie Sie gleich sehen werden.

## Die dynamischen Bereiche des Layouts

Der HTML-Teil der Datei *default.ctp* muss wohl nicht weiter erklärt werden. Wesentlich sind die dynamischen Bereiche in PHP, die wir auf den folgenden Seiten nun im Einzelnen und von oben nach unten besprechen werden.

Als Erstes fällt der Bereich im `<title>`-Tag der HTML-Datei ins Auge. Hier wird neben einem konstanten Teil, der einfach den String »CakePHP: the rapid development php framework:« vorgibt, eine Variable mit dem Namen `$title_for_layout` ausgegeben. Diese Variable wird von CakePHP mit dem Namen des aktuell verwendeten Controllers gesetzt. In der Ausgabe des Beispiels ist das bisher einfach *jobs* gewesen.

Da die Ausgabe in dieser Form in den seltensten Fällen das ist, was Sie haben wollen, stellt das Framework im Controller die Klassenvariable `$pageTitle` zur Verfügung. Ist diese gesetzt, wird der Wert dieser Variablen als Titel der Seite verwendet.

```
$this->pageTitle = 'CakeJobs';
```

Das Prinzip ist simpel: Die Variable `$title_for_layout` wird im Layout einfach mit dem Wert von `pageTitle` versehen, ähnlich wie es mit der Methode `set()` für beliebige andere Werte funktioniert. Des Weiteren finden sich noch einige andere dynamische PHP-Bereiche im `<head>`-Tag des HTML-Dokuments. Direkt unterhalb des Titles befindet sich ein ganzer Block, die Ausgabe der Meta-Tags, CSS-Styles und JavaScripts:

```
echo $html->charset();
echo $html->meta('icon');
echo $html->css('cake.generic');
echo $scripts_for_layout;
```

Über diesen Quelltext werden wichtige Meta-Tags, der Link zu den CSS-Styles und eventuell vorhandenen JavaScripts gesetzt. Auch hier kommen wieder *Helper* zum Einsatz, die die Ausgabe der nötigen HTML-Elemente kapseln.

Die genaue Anwendung dieser Helper werden Sie in Kapitel 7, *Helper – Lassen Sie CakePHP für sich arbeiten*, kennenlernen. Der Effekt an dieser Stelle ist im Prinzip trotzdem nachvollziehbar, da die Methodennamen für sich selbst sprechen. Als Erstes wird die Zeichenkodierung der Seite ausgegeben.

Die Methode `charset()` des HTML-Helpers erwartet dabei einen optionalen Parameter, der die Kodierung, wie beispielsweise UTF-8, festlegt. Wird dieser Parameter nicht übergeben, greift CakePHP auf die festgelegte Konfiguration in der Datei *core.php* im Ordner *app/config/* zurück. Hier finden Sie eine Zeile, die das Default für die komplette Anwendung festlegt:

```
/**
 * Application wide charset encoding
 */
   Configure::write('App.encoding', 'UTF-8');
```

Falls für ein bestimmtes Layout eine andere Kodierung verwendet werden soll, können Sie dies über `charset()` festlegen. Im fertigen HTML-Quelltext, der im Browser des Anwenders geladen wird, ist dies das Ergebnis der Methode:

```
<meta http-equiv="Content-Type" content="text/html; charset=utf-8" />
```

Die nächste Zeile arbeitet ebenfalls mit dem HTML-Helper und ist für die Ausgabe eines Meta-Tags zuständig. Die Methode `meta()` ist generell für die Ausgabe aller Arten von Meta-Tags zuständig. An dieser Stelle im Beispiel wird ein *FavIcon* gesetzt, das im Browser (sofern dieser es unterstützt) vor der URL als kleines Icon dargestellt wird. Der Aufbau der Methode ist wie folgt definiert:

```
HtmlHelper::meta (
   $type = null,
   $url = null,
   $attributes = array(),
   $inline = true
)
```

Der erste Parameter übergibt den Typ des Meta-Tags, in diesem Fall schlicht `icon`. Die folgenden Parameter erlauben es Ihnen, weitere Details zu diesem Meta-Tag festzulegen. Das muss allerdings nicht geschehen, da alle Parameter optional sind.

Für das FavIcon muss nichts weiter angegeben werden, da der Name der Datei und die Platzierung per Definition des *FavIcons* festgelegt sind. Der Browser sucht immer eine Datei mit dem Namen *favicon.ico* im Root-Verzeichnis der Domain und gibt diese an der entsprechenden Stelle aus.

## Der Ordner webroot

Das Webroot für Ihre CakePHP-Applikation befindet sich immer im Verzeichnis *\app\webroot* und ist wie folgt aufgebaut:

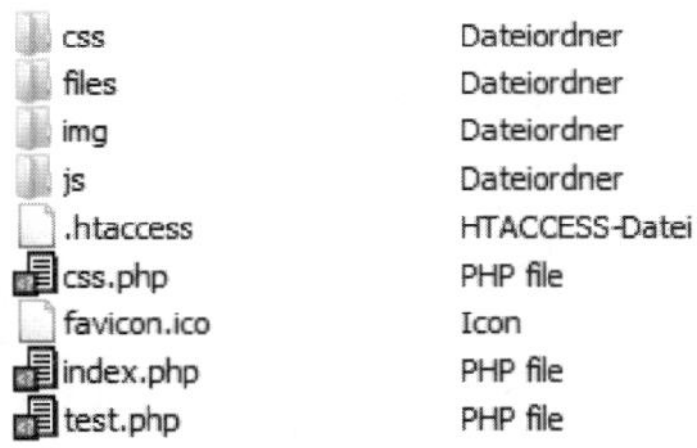


Dieser Ordner ist nach der Installation von CakePHP der Root-Ordner Ihrer Domain. Wenn Sie also Ihren Webserver über die Domain aufrufen, wird der Browser immer in diesem Ordner landen. Das lässt sich sehr leicht überprüfen, indem Sie folgende URL eingeben:

*http://localhost/img/cake.power.gif*

Ihr Browser wird das CakePHP-Logo anzeigen, das sich im *img*-Ordner von *webroot* befindet. Auch wenn das wirkliche Home-Verzeichnis Ihres Webverzeichnisses einige Ebenen tiefer liegt, wird der Zugriff durch die *htaccess*-Dateien vom Framework in diesen Ordner geleitet. Voraussetzung ist, dass der Apache richtig konfiguriert ist und URL-Rewrites über *htaccess*-Dateien zulässt.

Der Sinn und Zweck dieser Übung besteht darin, dass ein Zugriff auf Ihre Skripten von außen über andere Wege als die gewünschten Schnittstellen nicht möglich ist. Bilder, JavaScripts, Stylesheets oder andere Dateien, die unabhängig vom Framework vom Browser angefordert werden, müssen natürlich direkt verfügbar sein. Darum können diese Files über den Ordner *webroot* direkt erreicht werden.

Sie werden im Laufe des Buches – oder in jedem anderen Projekt mit CakePHP – die meisten Files an dieser Stelle überschreiben und durch Ihre eigenen Angaben ersetzen.

Wollen Sie beispielsweise noch Meta-Tags zu den *Keywords* und der *Description* der Seite ausgeben, geschieht das auf diese Weise:

```
echo $html->meta('keywords', 'Beschreibung, der, Webseite, in, Stichpunkten');
echo $html->meta('description', 'Das ist eine Beschreibung der Webseite.');
```

Das Ergebnis stellt sich erwartungsgemäß wie folgt dar:

```
<meta name="keywords" content="Beschreibung, der, Webseite, in, Stichpunkten"/>
<meta name="description" content="Das ist eine Beschreibung der Webseite."/>
```

Alle Helper lassen sich mit dynamischen Parametern ansprechen, so dass sich die Ausgabe von individuellen Meta-Tags für verschiedene Views problemlos aus den jeweiligen Controllern steuern lässt.

Kommen wir zum nächsten Punkt in der Ausgabe des Headers, dem Stylesheet. Dies ist vermutlich einer der wichtigsten Punkte in diesem Bereich, denn kaum eine Webseite kommt heute noch ohne die Verwendung von *Cascading Stylesheets* aus. Da Stylesheets in den meisten Fällen nicht direkt in der HTML-Datei definiert werden, sondern extern liegen, erwartet die Funktion css einen Dateinamen oder optional einen Pfad zur CSS-Datei. Diese wird dann vom Framework so verlinkt ausgegeben, dass der Browser sie im oben beschriebenen Ordner *webroot* sucht:

```
echo $html->css('cake.generic');
```

Der Dateiname wird wie immer ohne Endung angegeben, so dass dieser Aufruf das Layout mit einer CSS-Datei namens *cake.generic.css* verknüpft. Wie Sie hier erkennen können, erkennt der HTML-Helper automatisch, ob sich die Cake-Applikation in einem Unterordner befindet, und ergänzt entsprechend den Pfad:

```
<link rel="stylesheet" type="text/css" href="/cakejobs/css/cake.generic.css" />
```

Sie können Ihre CSS-Dateien natürlich auch in Unterordnern organisieren. Ergänzen Sie den Parameter dazu um den relativen Pfad zum *css/*-Ordner im *webroot/*-Verzeichnis:

```
echo $html->css('jobs/forms/form.generic');
```

Als letzter Punkt im Head-Element wird die Variable `$scripts_for_layout` ausgegeben. Wie der Name erahnen lässt, wird an dieser Stelle der JavaScript-Code in das Layout geschrieben. Das kann ein Verweis zu einer externen JavaScript-Datei sein, aber auch JavaScript-Code, der direkt im HTML-Dokument steht. Diese Variable wird über die Methode `addScript()` angesprochen, die zur View-Klasse von CakePHP gehört. Der Aufbau der Methode ist wie folgt:

```
View::addScript ( $name, $content = null )
```

Der erste Parameter ist der Bezeichner für das Skript. Er wird verwendet, wenn Sie mehrere JavaScript-Code-Blöcke in das Layout übernehmen. Der zweite Parameter ist das eigentliche Skript, das als einfacher String übergeben wird. Falls der zweite Parameter nicht angegeben wird, geht das Framework davon aus, dass der Quelltext im ersten Parameter angegeben wird, und nimmt diesen Wert für `$content` an. Auf diese Weise ist eine verkürzte Schreibweise möglich.

Der Aufruf der Methode erfolgt direkt im View und wird in der Regel mit dem JavaScript-Helper kombiniert, den Sie in Kapitel 13, *Ajax und DHTML mit CakePHP*, noch kennenlernen werden. Die direkte Übergabe von Quelltext über den Parameter `$content` ist nicht vorgesehen, auch wenn sie ohne Weiteres möglich ist. Ohne groß vorgreifen zu wollen, können Sie einmal den folgenden Code in Ihrem View ausprobieren:

```
$this->addScript("test", $javascript->link("test"));
```

Mithilfe des JavaScript-Helpers wird eine externe JavaScript-Datei in das Layout geladen. An der Stelle der Variable `$scripts_for_layout` wird folgender Code eingefügt:

```
<script type="text/javascript" src="/cakejobs/js/test.js"></script>
```

Alternativ können Sie auch den JavaScript-Helper dazu verwenden. Im obigen Aufruf von `addScript()` übergeben Sie als zweiten Parameter ein von `$javascript->link()` generiertes `<script>`-Tag. Dieses können Sie natürlich auch eigenständig im View einsetzen, indem Sie das zurückgegebene `<script>`-Tag einfach ausgeben:

```
echo $javascript->link("test");
```

View-spezifische JavaScripts, die Sie nicht auf jeder Seite eingebunden haben möchten, können Sie im entsprechenden View einfach der `$scripts_for_layout`-Variable im `<head>`-Bereich Ihres Layouts hinzufügen, wie Sie es schon mit `View::addScript` gemacht haben. Übergeben Sie dazu der `$javascript->link()`-Methode als zweiten Parameter *false*, und lassen Sie die Ausgabe weg:

```
$javascript->link("test", false);
```

Somit haben Sie einen sehr einfachen Weg, View-spezifische `$javascripts` direkt am Ort des Geschehens zu definieren, ohne die Skripten dann irgendwo im `<body>`-Bereich Ihrer Website auszugeben, wo diese im Normalfall nicht hingehören.

Voraussetzung für diese Experimente ist, dass im Ordner *\app\webroot\js* eine Datei mit dem Namen *test.js* liegt. Der Einfachheit halber verzichten Sie auf große Experimente und schreiben nur folgenden Code in die Datei:

```
alert("Ich bin ein dynamisch zugeladenes JavaScript!");
```

Wenn Sie nun das View im Browser über den zugeordneten Controller laden, sollte eine `alert()`-Meldung wie in Abbildung 6-4 vor dem Laden der Seite erscheinen:

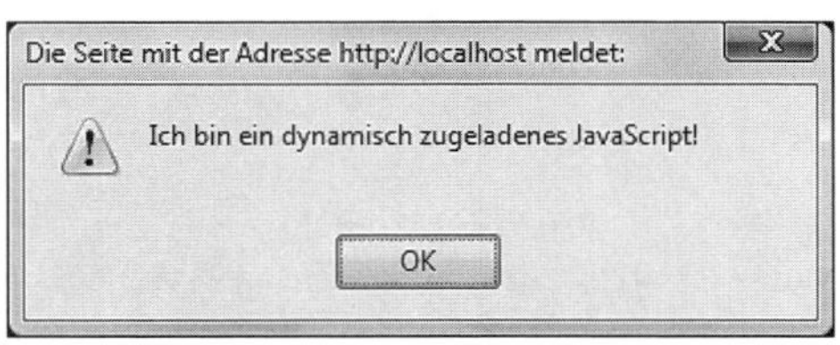


*Abbildung 6-4: JavaScript über $scripts_for_layout*

Das Ziel der ganzen Aktion ist es, aus dem View heraus alle Skripten dynamisch einzubinden, und zwar abhängig davon, welches Template gerade aktiv ist. So kann verhindert werden, dass blind für jede Ansicht alle JavaScipts geladen werden und stattdessen werden immer nur diejenigen geladen, die für diese Ausgabe notwendig sind. Das macht Ihre Seiten schneller und spart gleichzeitig Bandbreite zum Server.

Nun verlassen Sie das `Head`-Element des HTML-Dokuments und erreichen den »sichtbaren« Bereich im *Body*. An dieser Stelle wird nun (endlich) das eigentliche Template geladen, das Sie zuvor über den Controller dynamisch mit Daten ausgestattet haben. Zuvor wird jedoch noch über die folgenden Zeilen die Ausgabe einer Flash-Nachricht ermöglicht:

```
if ($session->check('Message.flash')):
   $session->flash();
endif;
```

Dieses Stückchen Code wird von der Session-Component verwendet, die Sie in Kapitel 8, *Session-Handling mit CakePHP*, noch kennenlernen werden. Grundsätzlich geht es aber darum, über den eigentlichen Inhalt der Seite Meldungen auszugeben, wie beispielsweise Hinweise auf Fehler oder sonstige Nachrichten an den User. Durch die konditionale Einschränkung geschieht diese Ausgabe nur, wenn tatsächlich eine Nachricht gesetzt ist.

Die Ausgabe der Variablen `$content_for_layout` sieht fast schon ein wenig trivial aus, verglichen mit der enormen Bedeutung, die sie hat. Denn genau an dieser Stelle wird der Inhalt des Templates ausgegeben, das durch den Controller zuvor bestimmt und geladen worden ist. Dazu muss eigentlich nichts weiter gesagt werden, außer dass Sie darauf achten müssen, dass die Zusammenführung von Layout und Template sauberes HTML produziert.

Der letzte dynamische Bereich im Layout ist optional und muss nicht für die finale Seite im Layout bestehen bleiben. Über die Variable `$cakeDebug` werden vom Framework Debug-Meldungen ausgegeben, die unterhalb des Inhalts erscheinen. Zur Entwicklung sind diese Ausgaben sehr nützlich, darum sollten Sie diese Zeile in Ihren eigenen Layouts übernehmen.

In der Datei *core.php* im Ordner config lässt sich die Ausgabe dieser Zeile steuern:

```
/**
 * CakePHP Debug Level:
 *
 * Production Mode:
 *    0: No error messages, errors, or warnings shown. Flash messages redirect.
 *
 * Development Mode:
 *    1: Errors and warnings shown, model caches refreshed, flash messages halted.
 *    2: As in 1, but also with full debug messages and SQL output.
 *    3: As in 2, but also with full controller dump.
 *
```

```
 * In production mode, flash messages redirect after a time interval.
 * In development mode, you need to click the flash message to continue.
 */
   Configure::write('debug', 2);
```

Je nachdem, welchen Debug-Level Sie wählen, wird die Ausgabe entsprechend ausführlich für Sie gestaltet.

Zusammengefasst kann man Folgendes sagen: Die Gestaltung des Layouts ist komplett Ihnen überlassen. Wichtig ist nur, dass Sie so essenzielle Variablen wie `$content_for_layout` oder den PHP-Bereich im <head>-Teil der Datei nicht vergessen.

## Templates und Layouts zur Laufzeit festlegen

Bei allen bisherigen Beispielen haben Sie das Default-Verhalten von CakePHP verwendet, um die Templates bzw. das Layout innerhalb einer Controller-Methode zuzuweisen. Diese Möglichkeit ist sehr praktisch, aber nicht immer gewünscht. Sie werden beispielsweise in die Situation kommen, dass Sie abhängig von Input eines Users oder einem anderen externen Einfluss dynamisch das Template wechseln müssen. Klassischerweise muss eine Action also nicht unbedingt nur ein View haben, sondern kann auch in den Ausgaben verschiedene Templates bedienen.

Anders herum kann es durchaus passieren, dass das gleiche Template für verschiedene Actions verwendet werden kann. Oft ist dies zum Beispiel der Fall, wenn die gleiche Oberfläche verwendet wird, um Datensätze zu editieren oder neu hinzuzufügen. In diesem Fall kann dieselbe CTP-Datei verwendet werden.

In beiden Fällen kann mit dem Befehl `render()` das Default-Verhalten überschrieben werden. Die Methode wird direkt im Controller aufgerufen und legt so fest, wie das Framework sich verhalten soll, wenn es zur Ausgabe der Daten an den User kommt. Insgesamt stehen Ihnen drei Parameter zu Verfügung, um diese Methode aufzurufen:

```
Controller::render ( $action = null, $layout = null, $file = null  )
```

Alle drei Parameter sind optional. Wird die Methode ohne Parameter aufgerufen, wird einfach das Default-Template gerendert und an den Browser geschickt. Auf diese Weise können Sie beispielsweise verhindern, dass weitere Variablen per `set()` in das Template gesetzt werden.

Interessanter wird es allerdings, wenn Sie über das Standardverhalten von CakePHP hinausgehen. Der erste Parameter des Befehls gibt Ihnen die Möglichkeit, den Namen der `$action` zu überschreiben, anhand der das Framework das Template-File sucht. Der folgende Aufruf ändert beispielsweise den Namen des verwendeten Templates in *edit.ctp*:

```
$this->render('edit');
```

Zu beachten ist an dieser Stelle, dass der Dateiname ohne die CTP-Endung angegeben wird. Darüber hinaus kann mit diesem Parameter nur die Action selbst beeinflusst werden. Das Framework wird weiterhin im View-Ordner des zugehörigen Controllers suchen.

Wenn Sie auf einen komplett eigenen Pfad verlinken möchten, dann brauchen Sie den dritten Parameter `$file`. Auf diese Weise haben Sie die Möglichkeit, sich frei im Dateisystem zu bewegen und absolute sowie relative Pfade zu verwenden:

```
$this->render(null, null, "../../stuff/test");
```

Dieser Aufruf lädt die Datei *test.ctp* aus dem Ordner */app/stuff/* und verwendet sie wie gewohnt für den Render-Mechanismus. Angenommen, die Testdatei sieht schlicht so aus:

```
Testfile :)
```

Nach dem Aufruf im Browser zeigt sich, dass die neue Datei aus dem definierten Unterordner geladen wurde, siehe Abbildung 6-5.

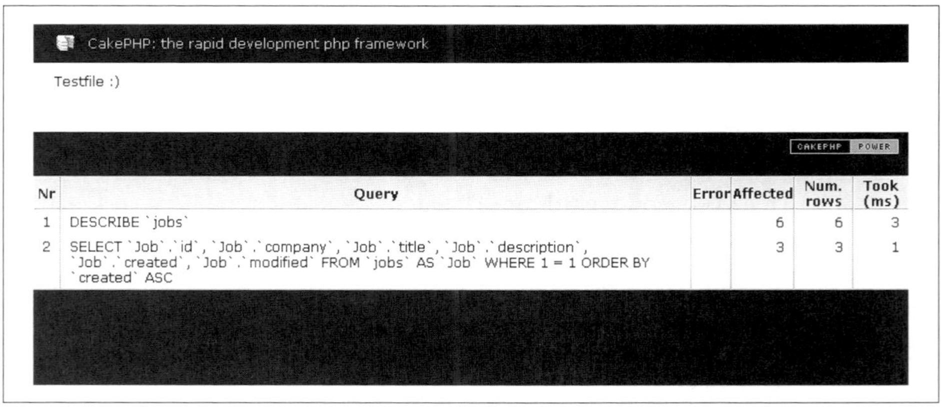


*Abbildung 6-5: Das externe Template*

Es bleibt Parameter Nummer zwei der `render()`-Funktion, der für das Laden eines alternativen Layouts zuständig ist. Ähnlich wie beim Template wird das Layout auch automatisch nach einem Default geladen. Wie schon oben beschrieben wurde, sucht CakePHP im Ordner *views/layouts/* nach der Datei *default.ctp*. Wenn Sie eine andere Layout-Datei verwenden wollen, definieren Sie diese einfach so:

```
$this->render(null, 'mein_layout');
```

Auch hier wird auf die Endung *.ctp* verzichtet. Statt auf die Datei *default.ctp* wird nun auf das Layout *mein_layout.ctp* zurückgegriffen. Je nachdem, wie Sie diese Datei aufgebaut haben, wird die Ausgabe entsprechend anders gestaltet sein.

Denken Sie auch daran, dass es manchmal reicht, einfach eine andere CSS-Datei zu laden, um ein ähnliches Ergebnis zu haben. Manchmal ist diese Lösung die bessere Variante. Die HTML-Helper von CakePHP bieten hier einige intelligente Möglichkeiten, die Sie gleich noch kennenlernen werden.

### Die Variable $layout

Neben der Methode `render()`, die in der Regel für das Setzen von Templates in einer Action verwendet wird, gibt es noch eine Klassenvariable mit den Namen `$layout`, die ebenfalls verwendet werden kann, um das Layout festzulegen. Im Unterschied zu `render()` gilt diese Variable für den kompletten Controller und kann so das Verhalten verschiedener Actions gleichzeitig beeinflussen.

Wenn Sie also in einem kompletten Controller allen Actions ein neues Layout zuweisen wollen, genügt es, die Variable `$layout` im Kopf der Klasse zu überschreiben:

```
class JobsController extends AppController {
   var $name = 'Jobs';
   var $layout = 'mein_layout';
   ...
```

Genau wie bei `render()` sucht das Framework dann im Ordner */app/views/layouts/* nach einer Datei mit der Endung *.ctp*, die wie der definierte Wert benannt wurde. In unserem Beispiel sucht es also nach der Datei */app/views/layouts/mein_layout.ctp*.

Die Verwendung eines anderen Dateinamens für das Layout macht eigentlich nur dann Sinn, wenn Sie beispielsweise die gleiche Applikation in verschiedenen Darstellungen anbieten wollen (Stichwort White-Label-Applikationen: Eine Software, die in der Lage ist, in unterschiedlichen Darstellungen auf verschiedenen Webpräsenzen einen übergreifenden Dienst anzubieten) oder bestimmte Bereiche einer Anwendung anders behandeln müssen. Das kann zum Beispiel der Fall sein, wenn der User nach einem Login eine geänderte oder erweiterte Navigation zu sehen bekommt. In diesem Fall kann das über ein anderes Layout gelöst werden.

## Nützliche Helfer im View: Die Helper-Klassen

Helper sind im Grunde genommen Klassen, die in Views oder im Layout verwendet werden, um Code zu kapseln, der in mehr als einer Ansicht verwendet werden soll. Die Verwendung eines bestimmten Helpers wird im Controller definiert und steht dann automatisch in allen Views und Layouts zur Verfügung, die über diesen Controller gesteuert werden. Auf diese Weise wird doppelter Code vermieden, und die Templates bleiben von ausufernder Logik in Form von PHP-Code verschont.

Den Helper-Klassen von CakePHP ist ein komplett eigenes Kapitel (Kapitel 7, *Helper – Lassen Sie CakePHP für sich arbeiten*) gewidmet, das diesem Kapitel folgt. An dieser Stelle wird nun der Form-Helper vorgestellt, der im Grunde genommen für sich allein steht und mit eines der wichtigsten Werkzeuge in CakePHP darstellt.

## Der Form-Helper

Der Form-Helper ist definitiv der wichtigste und praktischste Helper in CakePHP. Sie haben diesen Helper bereits in Kapitel 4, *Der Controller*, kennengelernt. Im Folgenden möchten wir genauer besprechen, was Ihnen dieser Helper bietet.

### Das <form>-Tag erstellen – create($model, $options)

Diese Methode erstellt für Sie das <form>-Tag in einer sehr intelligenten Art und Weise. create() erkennt beispielsweise anhand der übergebenen Daten, auf welche URL das action-Attribut des <form>-Tags zeigen soll. Im edit()-View des *JobsControllers* haben Sie das Formular folgendermaßen erstellt:

```
echo $form->create('Job');
```

Sie könnten den ersten Parameter auch weglassen. Bei »normalen« Formularen erkennt CakePHP automatisch, um welches Model es sich in dem Formular wohl handelt. Es ist aber ratsam, das Model trotzdem zu übergeben, um hier explizit zu bleiben.

Im $options-Array haben Sie noch diverse Möglichkeiten, um das <form>-Tag noch weiter zu gestalten. Die möglichen Optionen finden Sie in Tabelle 6-1.

*Tabelle 6-1: Optionen des <form>-Tags*

| Option | Beschreibung |
|---|---|
| url | Dieser Parameter bestimmt das action-Attribut des <form>-Tags. Es ist eine Übergabe als Array oder als String möglich.<br>`$form->create('Job', array('url' => array('controller' => 'jobs', 'action' => 'edit')));`<br>Diese Notation würde Ihre Formular-action auf */jobs/edit/* zeigen lassen. Wenn Sie das Formular bereits mit einem Parameter aufgerufen haben, beispielsweise mit */jobs/edit/8*, wird die 8 auch mit übergeben. Hier noch ein Beispiel mit dem url-Parameter als String:<br>`$form->create('Job', array('url' => '/jobs/edit'));` |
| type | Mit type setzen Sie die Art des Formulars. Default ist »post«, möglich sind noch »get«, »file«, »put« und »delete«. Wenn Sie »file« als type setzen, nimmt Ihnen CakePHP die Arbeit ab, das Formular auf den Typ »post« zu setzen und noch automatisch das Attribut enctype auf »multipart/form-data« zu setzen, ohne das ein File-Upload nicht funktionieren würde. |
| action | action erfüllt einen ähnlichen Zweck wie url, jedoch setzt action voraus, dass die Ziel-Action im selben Controller liegt, in dem Sie sich aktuell befinden. Es ist hier eher ratsam, den URL-Parameter zu verwenden. |
| default | Wenn Sie default als *false* definieren, ändert sich das Verhalten des Formulars beim Absenden. Konkret heißt das, dass CakePHP das Formular für das Abschicken per Ajax vorbereitet und das onsubmit-Attribut des <form>-Tags ändert. Mehr dazu finden Sie in Kapitel 13, *Ajax und DHTML mit CakePHP*. |

### Das <form>-Tag beenden – end($options)

end() schließt das <form>-Tag ab. »Relativ unnötig« werden Sie sich denken, doch diese Methode kann noch etwas mehr. Diese Methode ist im Hintergrund dafür zuständig, diverse sicherheitsrelevante Aufgaben zu übernehmen. Ohne ins Detail zu gehen: CakePHP bietet über eine Security-Component die Möglichkeit, Formulare sicherer zu machen. Diese Funktionen greifen aber nur, wenn Sie $form->end anstatt </form> in Ihren Formularen verwenden.

Abgesehen davon bietet end() auch noch die Möglichkeit, direkt einen *Absenden*-Button für Sie zu erstellen. Wenn Sie es einfach haben wollen, können Sie es so machen, wie Sie es bereits in den Formularen des Job-Beispiels in Kapitel 4, *Der Controller*, gemacht haben. Sie übergeben dafür die Bezeichnung des Buttons als String:

```
echo $form->end('Speichern');
```

Die Ausgabe würde in diesem Fall so aussehen:

```
<div class="submit"><input type="submit" value="Speichern" /></div></form>
```

Wie alle mit dem Form-Helper erstellten <input>-Elemente ist auch um dieses Element ein <div> gelegt, das Ihnen diverse Styling-Möglichkeiten gibt.

Sie können der Methode end() auch ein Array mit Optionen übergeben, das so aussehen könnte:

```
echo $form->end(array('label' => 'Speichern',
                      'name' => 'save_button', 'div' => false));
```

In diesem Falle würde das <form>-Tag noch das Attribut name bekommen, und es würde kein <div>-Element um das <input>-Tag gelegt werden. Dies wäre die gesamte Ausgabe des obigen Kommandos:

```
<input type="submit" name="save_button" value="Speichern" />
```

### Formulare erstellen – input($fieldName, $options)

input() gibt Ihnen die Möglichkeit, einfach und mit vielen Automatismen Formulare zu erstellen. Als ersten Parameter geben Sie das Model-Feld an, das das Eingabefeld repräsentieren soll. Der zweite Parameter ist ein optionales Array, das es Ihnen erlaubt, das Input-Element zu modifizieren. Sehen Sie sich erst einmal das *edit*-Formular der Jobverwaltung in Code-Form und in ausgegebener Form an. Öffnen Sie dazu das View zur *edit*-Action unter */app/views/jobs/edit.ctp*:

```
echo $form->create('Job');
echo $form->input('id');
echo $form->input('company_id');
echo $form->input('title');
echo $form->input('description');
echo $form->end('Speichern');
```

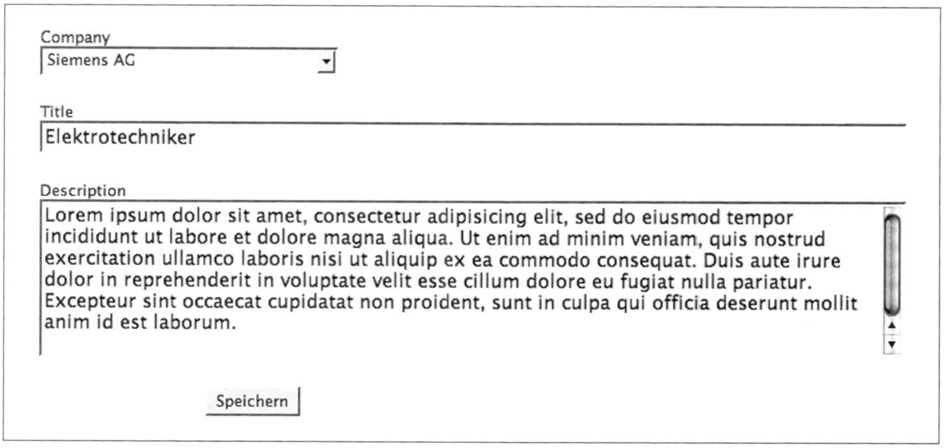


*Abbildung 6-6: Das edit-Formular*

$form->create() und $form->end() haben Sie ja bereits kennengelernt, nun sehen Sie sich die input-Aufrufe an. Beginnen Sie mit dem *id*-Feld. Da es sich ja um ein Formular zum Bearbeiten eines Datensatzes handelt, müssen Sie CakePHP sagen, welcher Datensatz gemeint ist. Zu diesem Zweck übergeben Sie mit einem Formularfeld die ID des Datensatzes. Im Formular gibt es aber kein Feld für die ID. Wenn Sie im Quelltext der ausgegebenen Website nachsehen, zeigt sich auch, warum das so ist:

```
<input type="hidden" name="data[Job][id]" value="1" id="JobId" />
```

CakePHP hat von selbst erkannt, dass es sich um das *id*-Feld handelt, und hat, weil die ID eines Datensatzes nicht geändert werden sollte, ein *hidden*-Feld dafür erstellt. Beim Attribut name dieses Tags können Sie auch schon erkennen, in welcher Form CakePHP Formulardaten erwartet: in dem Ihnen schon bekannten Format, das für alle Model-relevanten Arrays gilt. Das gilt übrigens auch für den Feldnamen: Bitte beachten Sie, dass Sie in einem Formular mit Feldern aus mehreren Models den Feldnamen das zugehörige Model voranstellen müssen, beispielsweise »Job.title«.

Weiter geht es mit dem Feld für den Titel. Die Ausgabe von input() sieht für das *title*-Feld so aus:

```
<div class="input">
   <label for="JobTitle">Title</label>
   <input name="data[Job][title]" type="text" maxlength="128"
          value="Elektrotechniker" id="JobTitle" />
</div>
```

input() umhüllt Eingabefelder standardmäßig mit einem <div>-Tag, um Ihnen das Handling und das Styling per CSS zu erleichtern. Es wird ein <label>-Tag generiert, das auch gleich der ID des <input>-Tags zugewiesen wird – semantische Formulare erstellen sich so quasi von allein.

Wie Sie sicher schon gemerkt haben, hat CakePHP aus dem *title*-Feld ein normales Text-Eingabefeld gemacht. CakePHP kennt durch das Job-Model die Datentypen Ihrer Felder und geht bei einem Varchar-Feld in der Datenbank davon aus, dass es mit einem Textfeld befüllt werden soll. Dadurch ergibt sich auch das `maxlength`-Attribut, das automatisch mit der in der Datenbank gesetzten Maximallänge für dieses Feld befüllt wird. Zu guter Letzt wird noch eine ID für das Tag gesetzt, so dass Sie bei Spezialfällen in Formularen das Feld per CSS visuell anpassen und vielleicht auch per JavaScript steuern können.

Auch bei der Job-Beschreibung hat CakePHP aus dem Datenbankschema erkannt, dass es sich um ein Textfeld handelt, und hat dementsprechend ein `<textarea>`-Element dafür ausgegeben.

Diese Automatismen machen es für Sie sehr einfach, neue Felder zu einem Formular hinzuzufügen. Nehmen Sie nun an, Sie möchten noch die Information setzen können, ob es sich bei einem Angebot um eine befristete Stelle handelt. Fügen Sie dazu der *jobs*-Tabelle noch ein Feld namens *temporary* mit dem Datentyp *TINYINT* und der Länge 1 hinzu (Abbildung 6-7).

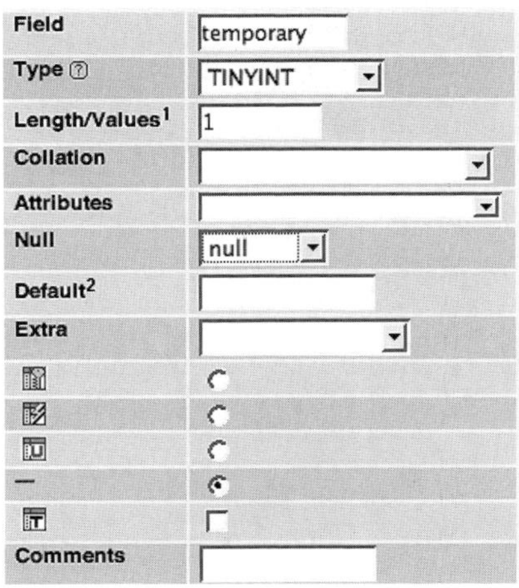


*Abbildung 6-7: Ein neues Feld in der Tabelle jobs*

Jetzt können Sie dem Formular ein neues Feld hinzufügen, indem Sie die `input()`-Anweisung für das Feld *temporary* an das Ende des Formulars setzen:

```
echo $form->input('temporary');
```

Und siehe da, CakePHP hat eine Checkbox mit Label für das neue Feld erstellt (Abbildung 6-8). Die Checkbox ist ab jetzt auch vollkommen einsatzfähig: Die gesetzten Werte werden mit abgespeichert.

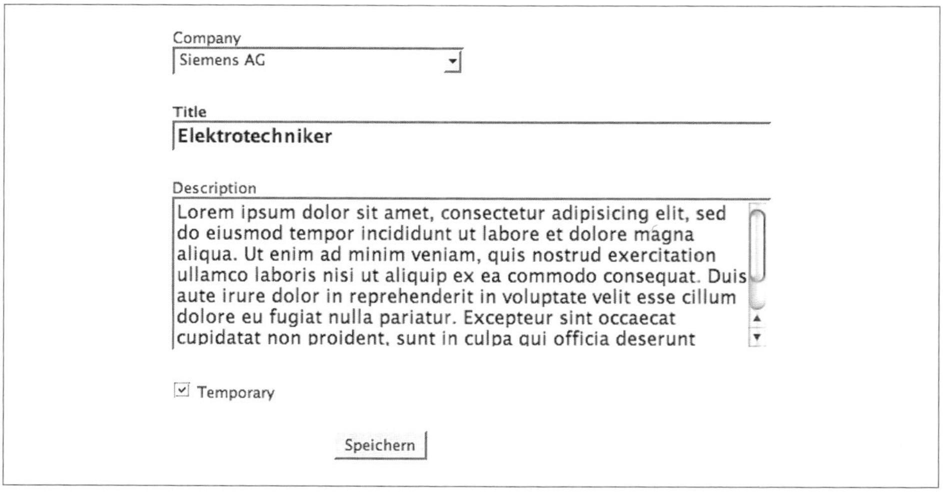


*Abbildung 6-8: Das Formular mit der Checkbox für Temporary*

Sie haben in der Datenbank zwei Felder namens *created* und *modified* erstellt, die von CakePHP automatisch befüllt werden. Um die Möglichkeit zu bekommen, diese beiden Felder manuell zu bearbeiten, müssen Sie ein Input-Feld dafür erstellen. Ohne die Möglichkeiten eines entsprechenden Frameworks sind solche Eingabefelder relativ aufwendig – es müssen mehrere Select-Boxen erstellt werden, und diese müssen dann vor dem Speichern zu einem datenbankkompatiblen String zusammengefasst werden. Mit dem Form-Helper ist das erheblich einfacher. Fügen Sie dem *edit*-Formular ein `input` namens `created` hinzu:

```
echo $form->input('created');
```

Auch hier erkennt CakePHP wieder den Datentyp und erstellt entsprechend eine komfortable Eingabemöglichkeit für ein Datum (Abbildung 6-9).

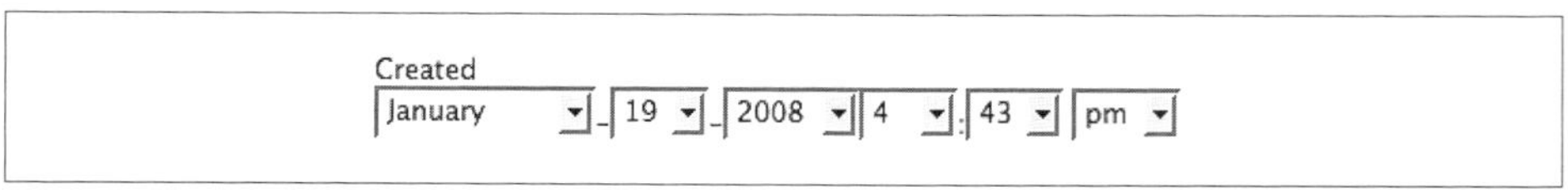


*Abbildung 6-9: Ein Eingabefeld für das created-Datum*

Hier müssen Sie sich um nichts kümmern, CakePHP konvertiert die Daten aus diesen Feldern vor dem Speichern automatisch in einen entsprechenden Datumsstring. Standardmäßig wird hier das amerikanische Datumsformat verwendet – das können Sie beeinflussen, indem Sie den Parameter `dateFormat` im `$options`-Array setzen.

Mit diesem Parameter können Sie die Anzeige-Reihenfolge von Tag, Monat und Jahr bestimmen. Wenn Sie beispielsweise »DMY« übergeben, werden die Select-Elemente in der in Europa üblichen Reihenfolge Tag, Monat und Jahr ausgegeben:

```
echo $form->input('created', array('dateFormat' => 'DMY'));
```

Dasselbe gilt für das Zeitformat. Um eine Auswahlmöglichkeit für eine 24-Stunden-Zeitangabe zu erreichen, übergeben Sie als Parameter `timeFormat` die Zahl 24; `timeFormat` ist standardmäßig auf 12 gesetzt. Genauso wie beim `dateFormat` können Sie als Format auch *NONE* übergeben, was die Eingabemöglichkeiten ausblenden würde.

Jetzt stören nur noch die englischen Monatsbezeichnungen im Dropdown-Menü. Seit der CakePHP-Version 1.2 stable funktioniert das Setzen von `setlocale(LC_TIME, "de_DE");` in der */app/config/bootstrap.php* leider nicht mehr, da das CakePHP-Team sich entschieden hat, hierfür die CakePHP-Internationalisierungs- anstatt der PHP-Datumsfunktionen einzusetzen. Das ist zwar konsequent, aber macht die nötigen Anpassungen an dieser Stelle ein wenig aufwendiger, da Sie nun Übersetzungs-Files im `gettext`-Format anlegen müssen. Eine genaue Anleitung finden Sie auf unserer Webseite *http://webentwicklung-mit-cakephp.de* im Abschnitt *Errata*. Eine komplette Einführung in das Thema *Internationalisierung und Lokalisierung* ist in diesem Buch in Kapitel 15 verfügbar.

Nach diesen Einstellungen sollte Sie in Ihrem *edit*-Formular ein deutsches Datums- und Zeit-Eingabeelement erwarten (Abbildung 6-10).

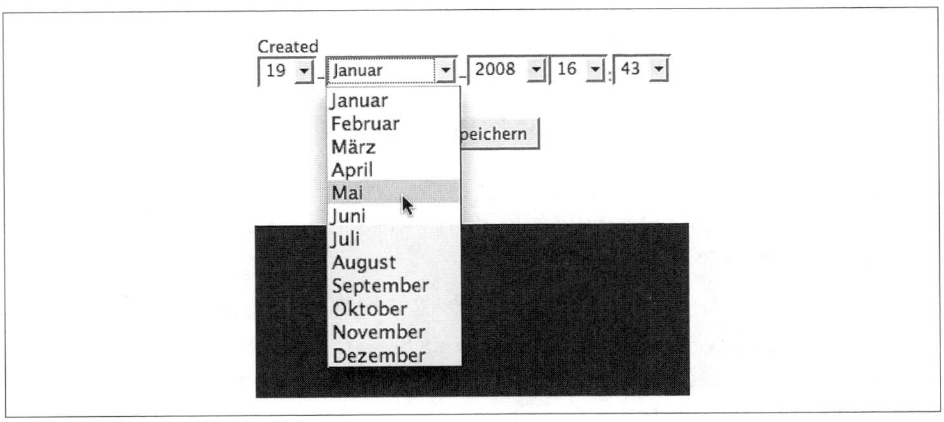


*Abbildung 6-10: Ein Datumseingabefeld in Deutsch*

Sie können auch ganz konkret Einfluss auf die Zuordnung eines Felds zu einem Input-Typ nehmen, indem Sie den `type`-Parameter setzen. Möchten Sie beispielsweise aus dem *title*-Feld eine Textarea machen, reicht es, diesen Input-Typ als `type`-Parameter zu übergeben:

```
echo $form->input('title', array('type' => 'textarea'));
```

Ein möglicher Typ wäre beispielsweise auch `select`. Damit würden Sie ein Select-Feld bekommen mit den Daten, die Sie im Parameter `options` als Key-Value-Paare in einem Array übergeben können. Als Beispiel fügen Sie bitte Ihrer Jobs-Tabelle das Feld *contract_type* als Varchar mit einer Länge von 64 Zeichen an, und fügen Sie dem Formular folgende Anweisung hinzu:

```
echo $form->input('contract_type', array(
      'type' => 'select',
      'options' => array(
         'full-time' => 'Vollzeit',
         'part-time' => 'Teilzeit',
         'freelance' => 'Freiberuflich',
         'internship' => 'Praktikum'
      )
   ));
```

Damit erhalten Sie ein Select-Feld, das Ihnen die Werte des Arrays anzeigt und die Schlüssel des Arrays in die Datenbank speichert. Wenn Sie das Formular abspeichern und den Datensatz anschließend bearbeiten, wird Ihnen auffallen, dass – sofern im aktuellen Datensatz ein Wert für das Feld vorhanden ist – auch die entsprechende Option im Select ausgewählt ist (Abbildung 6-11).

*Abbildung 6-11: Das erstellte Select-Element*

Wenn Sie mit Feldern arbeiten, die nicht in der Datenbank vorkommen oder deren Wert Sie verändern möchten, reicht es, den gewünschten Wert als `value`-Parameter der `input()`-Methode zu übergeben:

```
$form->input('title', array('value' => 'Anderer Wert'));
```

Möchten Sie ein Select-Feld erzeugen, können Sie auch die `type`-Angabe weglassen. CakePHP macht, wenn ein `options`-Parameter da ist, aus dem Feld automatisch sein `select`. Aus dem Aufruf:

```
$options = array(1 => 'Option 1', 2 => 'Option 2');
echo $form->input('title', array('options' => $options));
```

würde folgendes HTML entstehen:

```
<div class="input required">
   <label for="JobTitle">Title</label>
   <select name="data[Job][title]" id="JobTitle">
      <option value="1">Option 1</option>
      <option value="2">Option 2</option>
   </select>
</div>
```

Auch solchen Select-Feldern können Sie den aktuell ausgewählten Wert übergeben. Dazu setzen Sie den Parameter `selected` mit dem Schlüssel des Optionsarrays. Möchten Sie also, dass »Option 2« ausgewählt ist, sieht der `input()`-Aufruf so aus:

```
echo $form->input('title', array('options' => $options, 'selected' => 2));
```

Ein Input-Feld mit dem Typ *Select* haben Sie bereits erstellt – bei der Auswahl der den Jobangeboten zugehörigen Unternehmen, als Sie Kapitel 5, *Das Model*, die ersten Model-Associations definiert haben. Dort haben Sie im `edit()`-Formular mit dem Form-Helper ein Eingabefeld für das Feld *company_id* erstellt, und der Form-Helper hat dieses Eingabefeld automatisch zu einem Select-Feld mit den Namen der Unternehmen gemacht. Wie funktioniert das?

In den `edit()`- und `add()`-Actions haben Sie dem Template die Ausgabe von einer `find('list')`-Abfrage als *companies* zugewiesen:

```
$this->set('companies', $this->Job->Company->find('list'));
```

Die Ausgabe hiervon ist ein simples Array mit Key-Value-Paaren, wie Sie es bereits in Kapitel 5, *Das Model*, gesehen haben. Das Array sieht folgendermaßen aus:

```
Array
(
    [1] => Siemens AG
    [2] => Cake Software Foundation, Inc.
    [3] => Volkswagen AG
)
```

Der Form-Helper erkennt anhand des Namens von *company_id*, dass damit ein Fremdschlüssel gemeint ist, und sucht automatisch nach den entsprechenden Daten im View. Werden diese gefunden, erkennt CakePHP das, und weist dem `input()`-Element den richtigen Datentyp, die Optionen dafür und den aktuell gespeicherten Datensatz zu.

Ein weiterer Input-Typ ist `radio`. Ändern Sie im Formular den type-Parameter des *contract_type*-Felds auf `radio` um, und aktualisieren Sie das Formular in Ihrem Browser (Abbildung 6-12).

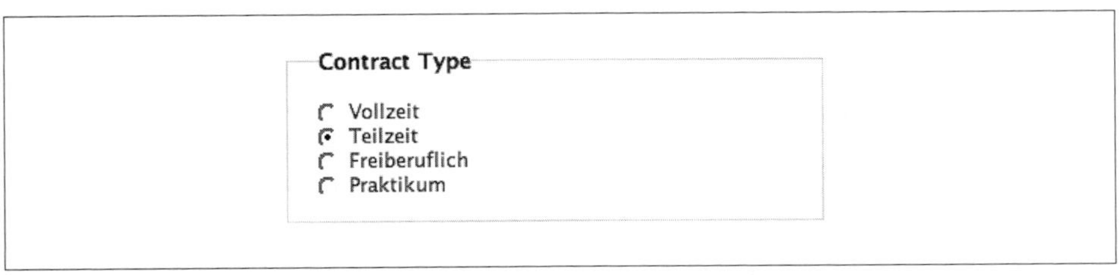


*Abbildung 6-12: Ein Fieldset mit Radio-Buttons*

Komfortabel, oder? CakePHP hat hier die definierten Optionen als Radio-Elemente erstellt und diese in einem Fieldset zusammengefasst. CakePHP gibt bei `radio`-

Inputs beispielsweise die Labels auch nach statt vor dem Input-Element aus, genau so wie bei der Checkbox des *temporary*-Feldes.

Um die Bezeichnung der Legende zu ändern, reicht es, den gewünschten Titel als `legend`-Parameter im Array `$options` mit zu übergeben. Wenn Sie kein Fieldset um die Radio-Elemente haben möchten, reicht es, den Parameter `legend` auf *false* zu setzen. So werden die Radio-Elemente vom gewohnten `<div>`-Container umschlossen.

Weitere mögliche Typen sind: `hidden`, `text`, `password`, `textarea`, `date`, `datetime`, `time`, `select`, `checkbox`, `radio`, `file`

Wenn Sie bei einem *input*-Feld des Typs `select` noch den Parameter `multiple` auf *true* setzen, wird aus dem Select ein Select mit Mehrfachauswahl.

### Attribute der weiteren Input-Elemente

Weiter geht es mit den Anpassungsmöglichkeiten der zusätzlichen Tags eines Input-Elements. Wie Sie schon gemerkt haben, macht CakePHP aus den Namen der Datenbankfelder für Menschen lesbare Feldbezeichnungen, indem beispielsweise Unterstriche durch Leerzeichen ersetzt und die Begriffe großgeschrieben werden. Das funktioniert bei englischen Applikationen sehr gut, das Frontend möchten wir für die Job-Börse aber in Deutsch halten. Um die Feldbezeichnung zu ändern, setzen Sie einfach den `label`-Parameter mit der Bezeichnung, die Sie wünschen (Abbildung 6-13).

```
echo $form->input('title', array('label' => 'Titel für das Job-Angebot'));
```

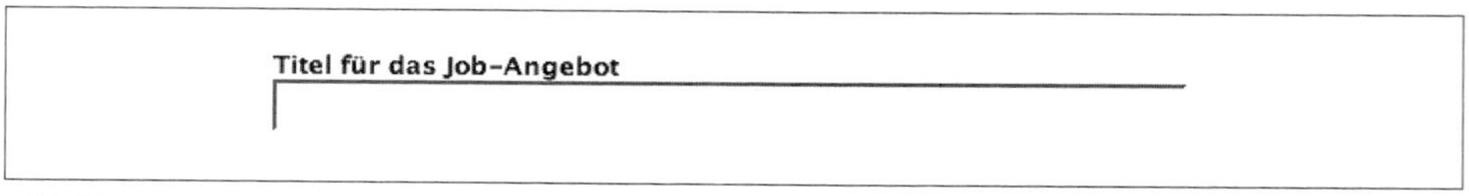


*Abbildung 6-13: Anpassen des Labels für das Input-Element*

Weitere mögliche Werte für das `label` sind zum Beispiel *false*, womit das `<label>`-Tag weggelassen würde, oder auch ein Array mit Attributen für das `<label>`-Tag. Wenn Sie `label` als Array übergeben, können Sie die Bezeichnung mit dem Parameter `text` im `label`-Array mit übergeben.

```
echo $form->input('title', array(
      'label' => array(
         'style' => 'font-size: 20px;',
         'class' => 'big-label',
         'text' => 'Titel für das Job-Angebot'
      )));
```

Sie können wie auch in einigen HTML-Helpern CSS-Styles und Klassen setzen. Das machen Sie mit dem `class`- und dem `style`-Parameter. Dieser `input()`-Aufruf würde dem `<input>`-Tag das Attribut `style` mit dem Wert »width: 100px;« und »small« als `class`-Attribut zuweisen.

```
echo $form->input('title', array('style' => 'width: 100px;', 'class' => 'small'));
```

Sie können auch Einfluss auf das Container-<div> nehmen. Wenn Sie beispielsweise kein <div> um das Input-Element haben möchten, setzen Sie den Parameter div einfach auf *false*. Mit folgender Anweisung würde nur das input-Element, gefolgt dem <label>-Tag ausgegeben:

```
echo $form->input('title', array('div' => false));
```

Wenn Sie das <div> nicht weglassen, sondern anpassen möchten, können Sie im div-Parameter ein Array mit Attributen für das div-Element übergeben:

```
echo $form->input('title', array(
      'div' => array(
         'style' => 'width: 300px;',
         'class' => 'small-div',
         'id' => 'title-input-div'
         )
      ));
```

Auch wenn Sie so die Klassenumgebung für das <div> überschreiben, fügt CakePHP dem <div>, sofern das so im Validierungsarray im Model definiert ist, noch zusätzlich die Klasse required hinzu, damit Sie es auch per CSS als Pflichtfeld kennzeichnen können.

```
<div class="small-div required" style="width: 300px;" id="title-input-div">
   <label for="JobTitle">Title</label>
   <input name="data[Job][title]" type="text" maxlength="128" value=""
          id="JobTitle" />
</div>
```

## Validierung

Der Form-Helper hilft Ihnen auch bei der Validierung von Feldern. Setzen Sie, wie es in Kapitel 5, *Das Model*, erklärt wurde, die Validierung für das Titel-Feld auf die folgenden Werte:

```
var $validate = array(
      'title' => array(
         'rule' => false,
          'allowEmpty' => false,
          'message' => 'Bitte geben Sie einen Titel ein.'
      ),
   );
```

Wenn Sie jetzt das *edit*-Formular mit einem leeren Titel-Feld absenden, bekommen Sie wie in Abbildung 6-14 die schon bekannte Fehlermeldung unter dem Formularfeld.

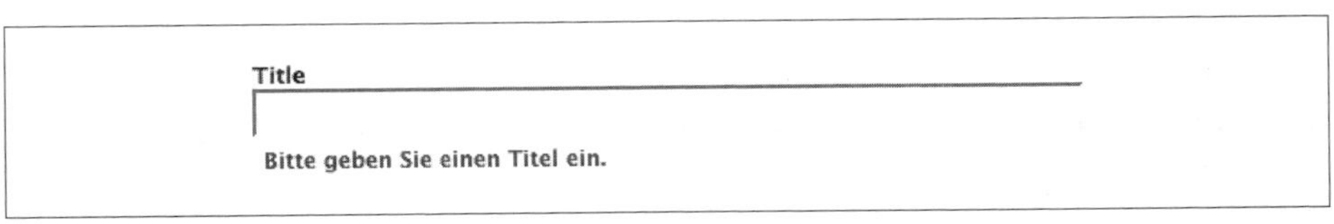


*Abbildung 6-14: Das edit-Formular mit Fehlermeldung*

Sehen Sie sich jetzt noch einmal den generierten Quellcode an:

```
<div class="input required">
   <label for="JobTitle">Title</label>
   <input name="data[Job][title]" type="text" maxlength="128" value=""
         id="JobTitle" class="form-error" />
   <div class="error-message">Bitte geben Sie einen Titel ein.</div>
</div>
```

CakePHP hat dem Container-`<div>` die Klasse `required` hinzugefügt, mit der Sie per CSS benötigte Felder hervorheben können (Abbildung 6-14). Dies geschieht automatisch, sofern für das Feld eine Validierung definiert wurde. Zusätzlich wird die Fehlermeldung in einem `<div>`-Tag in den `input`-Block geschrieben, und dem `input`-Element wird die Klasse `form-error` hinzugefügt. Dies gibt Ihnen die Möglichkeit, Formulare so einfach und verständlich wie möglich für die Benutzer zu gestalten.

Der Form-Helper bietet Ihnen noch weitere Möglichkeiten, Ihre Formulare mit der Model-Validierung interagieren zu lassen. Es ist beispielsweise eine Stilfrage von MVC-Programmierern, ob solche Daten wie die Meldungen bei Validierungsfehlern nicht besser im View als im Model angegeben werden sollten. CakePHP lässt das offen. Wir empfehlen, diese Meldungen im Model zu definieren, da sie so egal in welchem Formular für dieses Model wiederverwendet werden können.

Wenn Sie die Fehlermeldung im Model weglassen und im `$options`-Array den `error`-Parameter definieren, erreichen Sie dasselbe Ergebnis wie vorher mit der Meldung im `$validate`-Attribut des Job-Models:

```
echo $form->input('title', array('error' => 'Bitte geben Sie einen Titel ein.'));
```

Doch was tun Sie, wenn Sie mehrere Validierungen für das Titel-Feld definieren müssen und dem Benutzer die passende Fehlermeldung liefern möchten? Bei der Definition der Validierung haben Sie die Möglichkeit kennengelernt, mehrere Regeln pro Feld anzugeben. Basierend auf diesen Regeln, können Sie auch mehrere Fehlermeldungen im View definieren.

Nehmen Sie an, Sie möchten eine Minimallänge von fünf Zeichen voraussetzen und eine Maximallänge von 100 Zeichen für das Titel-Feld erlauben. Diese Validierung mit mehreren Regeln würden Sie folgendermaßen definieren:

```
var $validate = array(
      'title' => array(
            'minimallaenge' => array('rule' => array('minLength', 5)),
            'maximallaenge' => array('rule' => array('maxLength', 100))
      ),
   );
```

Im View würden Sie den Parameter `error` als Array anstatt als String übergeben. Sie können in diesem Array dann für den Regel-Namen eine Meldung als String definieren.

```
echo $form->input('title', array(
      'error' => array(
            'minimallaenge' => 'Der Job-Titel muss mindestens 5 Zeichen lang sein.',
            'maximallaenge' => 'Der Job-Titel darf maximal 100 Zeichen lang sein.'
      )
));
```

Wenn Sie jetzt einen Titel länger als 100 Zeichen eingeben, präsentiert CakePHP Ihnen die passende Fehlermeldung wie in Abbildung 6-15.

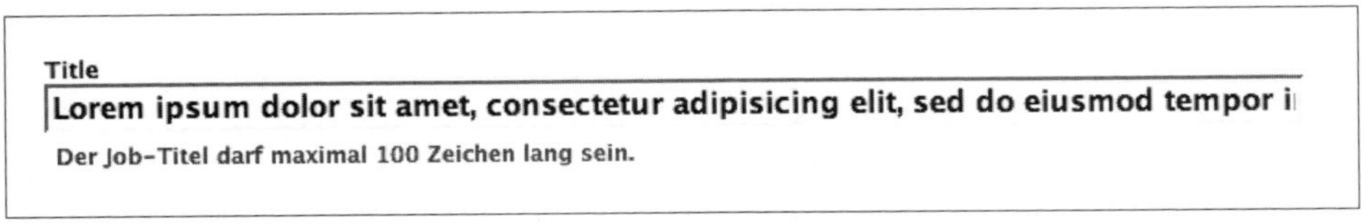


*Abbildung 6-15: Das edit-Formular mit passender Fehlermeldung*

Wenn Sie schon einmal »von Hand« ein komplexeres Formular programmiert haben, wissen Sie sicher, wie viel Arbeit es bedeuten kann, das soeben gezeigte Beispiel umzusetzen. Bei CakePHP geht das mit einigen wenigen Zeilen Code.

### before, between und after

Diese Parameter sind eigentlich relativ selbst erklärend. Möchten Sie um das Input-Element herum noch etwas einfügen, können Sie diese Parameter verwenden.

`before` wird innerhalb des Input-`<div>`s und vor dem Label ausgegeben. `between` wird zwischen dem `<label>`- und dem `<input>`-Tag ausgegeben, und `after` wird nach dem Input-Element ausgegeben, aber vor den Validierungsfehlermeldungen, sofern welche vorhanden sind. `after` ist sehr praktisch, wenn Sie einem Eingabefeld noch zusätzliche Hinweise hinzufügen möchten (Abbildung 6-16):

```
echo $form->input('title', array('after' => '<span>Bitte geben Sie hier einen
aussagekräftigen Titel ein.</span>'));
```

*Abbildung 6-16: Eingabefeld mit Ausfüllhinweis*

## Die Mini-Views: Elements

Im letzten Teil dieses Kapitels möchten wir Ihnen noch eine kleine, aber sehr nützliche Möglichkeit von CakePHP vorstellen, die sogenannten Elements. Ähnlich wie Helper sind Elements ausgelagerte Bereiche eines Views und werden dementsprechend in View-Ordner abgelegt, genauer gesagt im Ordner *app/views/elements/*.

Im Gegensatz zu Helpern sind Elements keine ausgelagerten Logikbereiche, sondern vielmehr statische HTML-Schnipsel, die in verschiedenen Views immer wiederverwendet werden. CakePHP spricht in diesem Zusammenhang auch von Mini-Views, die in normalen Views eingebunden werden können. Typische Beispiele dafür sind Hilfeboxen oder eine Login-Box, die im Layout oder im View an verschiedenen Stellen angezeigt werden.

Natürlich könnte man Elements auch als Helper auslagern, aber der Aufbau eines Elements ist leichter und für diese Aufgabe besser geeignet. Das wird auch anhand des Dateityps deutlich, der genau wie ein View mit der Endung *.ctp* gekennzeichnet ist.

Viel mehr gibt es im Prinzip an dieser Stelle nicht zu sagen, darum folgt gleich ein Beispiel. Für die Views des CakeJob-Projektes soll eine einfache Hilfebox entstehen, die flexibel platzierbar ist. Erstellen Sie zu diesem Zweck die Datei *helpbox.ctp* im Ordner *app/views/elements* mit folgendem Inhalt:

```
<div class="helpbox">
<p>
<b>Hinweis</b>
<br>
   Hier wird Ihnen geholfen!
</p>
</div>
```

Dieser `<div>`-Container steht nun als Element allen Views der Applikation CakeJob zur Verfügung. Die CSS-Klasse `helpbox` ermöglicht es Ihnen, der Box ein wenig Charme zu verleihen. Hier ein Vorschlag:

```
.helpbox {
   background-color: white;
   border: 1px solid #333;
   width: 350px;
   height: 35px;
   margin-bottom: 10px;
   padding: 5px;
}
```

Diese CSS-Anweisung schreiben Sie in die Datei *cake.generic.css* im Ordner *app/webroot/css* und erweitern so das bestehende Stylesheet.

Fehlt nur noch die Integration im View selbst. Das geschieht ganz einfach über die Methode `element()`, die in jedem View über die View-Klasse automatisch zur Verfügung steht. Da der Aufruf innerhalb des Views geschieht und im View alle Methoden der CakePHP-View-Klasse zur Verfügung stehen, wird die Methode `element()` einfach über `$this` angesprochen. Als Parameter wird der Dateiname des Elements erwartet – wie gewohnt ohne die Endung *.ctp*. Fügen Sie den folgenden Aufruf im View-Template an der Stelle ein, wo das Element angezeigt werden soll:

```
<?php echo $this->element('helpbox'); ?>
```

Je nachdem, wo Sie das Element eingebaut haben, sollte sich jetzt wie in Abbildung 6-17 eine Ansicht im Browser zeigen.

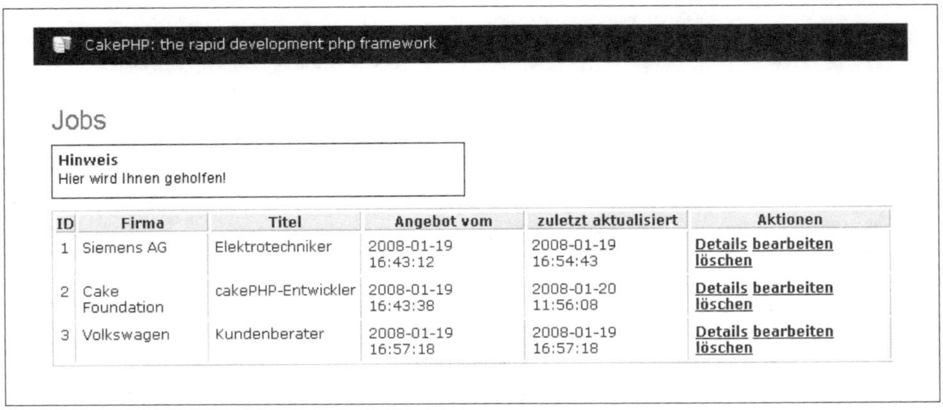


*Abbildung 6-17: Ausgabe des Helpers*

Elements sind per Default statische HTML-Bereiche ohne weitere dynamische Daten. Allerdings können sie genauso wie View-Templates behandelt und um dynamische Bereiche erweitert werden. Dementsprechend können Sie der Methode `element()` über einen zweiten Parameter Werte übergeben, die im Element dann verwendet werden können. Um die Anzahl der Parameter skalierbar zu halten, wird an dieser Stelle ein assoziatives Array verwendet:

```
<?php
   echo $this->element(
      'helpbox',
      array(
         'title' => 'Ein dynamischer Titel',
         'text'  => 'Hier wird Ihnen gerne geholfen!'
      )
   );
?>
```

Die Daten stehen nun im Element als lokale Variablen zur Verfügung und können folgendermaßen genutzt werden:

```
<div class="helpbox">
<p>
<b><?php echo $title; ?></b>
<br>
<b><?php echo $text; ?></b>
</p>
</div>
```

Diese Änderung ergibt nun eine Ausgabe in Ihrem Browser wie in Abbildung 6-18.

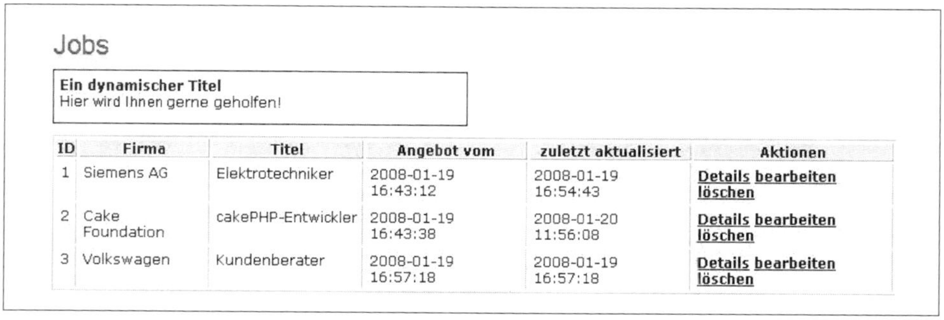

Jobs

**Ein dynamischer Titel**
Hier wird Ihnen gerne geholfen!

| ID | Firma | Titel | Angebot vom | zuletzt aktualisiert | Aktionen |
|---|---|---|---|---|---|
| 1 | Siemens AG | Elektrotechniker | 2008-01-19 16:43:12 | 2008-01-19 16:54:43 | Details bearbeiten löschen |
| 2 | Cake Foundation | cakePHP-Entwickler | 2008-01-19 16:43:38 | 2008-01-20 11:56:08 | Details bearbeiten löschen |
| 3 | Volkswagen | Kundenberater | 2008-01-19 16:57:18 | 2008-01-19 16:57:18 | Details bearbeiten löschen |

*Abbildung 6-18: Ausgabe des dynamischen Helpers mit variablem Titel*

Die Art, wie die Daten in das Element gelangen und dort verwendet werden, trägt deutlich die Handschrift der Controller-View-Kommunikation. Darum ist der Vergleich der Elements mit einem *Mini-View* sicher zulässig und spätestens nach diesem Beispiel auch deutlich.

Die Möglichkeiten der Elements in Zusammenarbeit mit Views wird oft unterschätzt, aber Elements machen Ihre Templates aufgeräumter und leichter lesbar. Wir arbeiten sehr gerne mit Elements und möchten sie nicht mehr missen.

## Zusammenfassung

An dieser Stelle des Buches haben wir die Grundlagen von CakePHP dargestellt, und Sie können nun von sich behaupten, die wesentlichen Funktionen dieses Frameworks zu kennen. Sie haben gelernt, wie CakePHP das MVC-Pattern verwendet, um Applikationen sinnvoll zu gliedern und unabhängige Komponenten zu schaffen. Auf diese Weise ist es möglich, Komponenten getrennt voneinander zu entwickeln, ohne dass Konflikte auftreten, beispielsweise zwischen dem Entwickler der Logikebene und dem HTML-Producer.

Da stellt sich natürlich Frage nach dem, was noch kommt. Oder anders ausgedrückt: Was verbirgt sich auf den noch folgenden Seiten? Noch eine ganze Menge, das können wir Ihnen versprechen, allen voran das Kapitel 7 über die verschiedenen Helper, die als Teil des Views ein wesentlicher Bestandteil von CakePHP sind.

Anders ausgedrückt: Wenn das, was Sie bisher gelernt haben, der Kuchen war, kommen Sie jetzt langsam zum Zuckerguss, der dieses Gebäck erst so richtig schmackhaft macht. Eine wesentliche Voraussetzung dafür ist, dass Sie die Punkte, die bisher besprochen wurden, komplett verstanden haben, denn alles, was jetzt folgt, basiert auf den gleichen logischen Strukturen.

Wir wünschen Ihnen viel Spaß beim Weiterlesen.

KAPITEL 7

# Helper – Lassen Sie CakePHP für sich arbeiten

Helper sind im Grunde genommen Klassen, die in Views oder im Layout verwendet werden, um Code zu kapseln, der in mehr als einer Ansicht verwendet werden soll. Die Verwendung eines bestimmten Helpers wird im Controller definiert und steht dann automatisch in allen Views und Layouts zur Verfügung, die über diesen Controller gesteuert werden.

Die Idee hinter dem Helper-Konzept ist folgende: Es werden Methoden für die Präsentationsschicht definiert, die sich – dynamisch abhängig von verschiedenen Werten oder Zuständen – auf eine bestimmte Weise verhalten. Diese Logik soll aber nicht direkt im View implementiert werden (Trennung von Logik und Präsentation), soll jedoch auch nicht umständlich über den Controller in das Template gelangen. Darüber hinaus soll der Code, der für die dynamische Darstellung notwendig ist, an verschiedenen Stellen wiederverwendet werden und muss deshalb ausgelagert werden.

Sie haben in den letzten Beispielen in Kapitel 6 schon einige Anwendungsmöglichkeiten der Helper kennengelernt. Speziell für die Ausgabe von HTML-Tags und Formularen stellt CakePHP sehr nützliche Helper aus den Bordmitteln des Frameworks zur Verfügung. Denken Sie beispielsweise an die dynamische Erstellung der Meta-Tags im Layout, die über den HTML-Helper realisiert worden sind. Auch der Form-Helper ist ein sehr gutes Beispiel für den Einsatz eines Helpers. Ohne die Methode `input()` wäre der Aufbau vorausgefüllter und formatierter Formulare bei Weitem nicht so einfach, wie Sie im letzten Kapitel gesehen haben.

Das Ziel dieses Kapitels ist es, Ihnen die Verwendung der wichtigsten Standard-Helper von CakePHP näherzubringen. Darüber hinaus soll Ihnen gezeigt werden, wie Sie den Funktionsumfang von CakePHP sehr leicht durch eigene Helper erweitern können.

Damit die Praxis an dieser Stelle nicht zu kurz kommt, werden Sie im Laufe der folgenden Seiten die Beispielapplikation um eine Reihe von Features erweitern, die durch verschiedene Helper von CakePHP angeboten werden. Im ersten Schritt werden die bestehenden Templates aus Kapitel 6, *Das View*, durch den Text- und HTML-Helper erweitert, um so Features wie das Erstellen dynamischer Tabellen und Listen, eine Breadcrump-Navigation, die automatische Formatierung oder die Umwandlung von Texten zu demonstrieren. Im zweiten Schritt wird die Jobbörse auf die Darstellung großer Datenmengen vorbereitet, und es wird eine Paginierung – sprich eine seitenweise Darstellung – der Joblisten implementiert. Zum Einsatz kommt hier der Paginator-Helper, der die notwendige Logik dieser Erweiterung zur Verfügung stellt.

Um neben großen Datenmengen auch große Zugriffszahlen abfedern zu können, wird an dieser Stelle gleich der Caching-Helper vorgestellt, der es erlaubt, dynamische Seiten zu cachen und so die Last auf dem Server gering zu halten. Zu guter Letzt werden Sie die Applikation um einen eigenen Helper erweitern, der in einem kleinen Beispiel eine dynamische Begrüßung eines Users realisiert.

Sie sehen, in diesem sehr umfangreichen Kapitel kommen einige neue Features auf Sie zu. Wir wünschen Ihnen viel Vergnügen.

## Die Standard-Helper von CakePHP

Bevor Sie einen Helper verwenden können, müssen Sie diesen im Controller bekannt machen. Er steht damit automatisch allen verwendeten Views in diesem Controller zur Verfügung. Die Zuweisung erfolgt sehr einfach über das Array `$helpers`, das als Klassenvariable gesetzt wird:

```
class JobsController extends AppController {
   var $helpers = array('Javascript', 'Time');
   ...
}
```

Der Form- und der HTML-Helper stehen in jedem Controller automatisch zur Verfügung und müssen nicht extra über das `$helpers`-Array bekannt gemacht werden. CakePHP nimmt uns diese Aufgabe ab, weil diese beiden Helper erfahrungsgemäß in fast jeder Action verwendet werden. Aus diesem Grund war es in den bisherigen Beispielen auch nicht notwendig, `$helper` explizit zu setzen, um auf die Methoden der genannten Helper zurückzugreifen. Wenn Sie weitere Helper hinzufügen möchten, werden diese automatisch zu den schon vorhandenen Standard-Helpern hinzugefügt.

CakePHP stellt Ihnen neben dem Form- und dem HTML-Helper eine ganze Reihe weiterer Helper zur Verfügung, die Sie dabei unterstützen, korrektes XHTML zu erstellen, Werte schön zu formatieren oder häufig verwendete Ausgaben zu automatisieren. Darüber hinaus werden auch für einige andere Aufgaben Helper zur Verfügung gestellt. Die Liste in Tabelle 7-1 gibt Ihnen eine kurze Übersicht über alle verfügbaren Helper und deren Aufgaben.

*Tabelle 7-1: Die verfügbaren Helper*

| Helper | Beschreibung |
|---|---|
| Html | Unterstützt Sie bei der Erstellung von HTML-Tags und erleichtert die Ausgabe komplexer HTML-Strukturen, wie zum Beispiel von Links oder Tabellen. |
| Form | Erstellt Formularelemente und befüllt diese automatisch. Darüber hinaus wird über diesen Helper das Ergebnis der Validierung von Eingaben ausgegeben. |
| Number | Formatierung von Zahlen |
| Javascript | Dient zur Formatierung von JavaScript-Code und zum Escapen von Werten für die Verwendung in JS-Quelltexten. |
| Cache | Dieser Helper wird für Caching-Aufgaben verwendet. |
| Paginator | Seitennummerierung und Sortierung |
| Rss | Helper zur automatischen Generierung von RSS-Feeds |
| Session | Helper für den Umgang mit Sessions und den darin gespeicherten Werten. |
| Text | Formatierung von Texten und Links |
| Ajax | Verwendet die Prototype-Library, um Ajax-Funktionen zu realisieren. |
| Time | Formatierung von Zeit- und Datumsangaben sowie einige logische Funktionen zum Umgang mit diesen Werten beispielsweise für Berechnungen. |
| Xml | Helper zur Ausgabe von XML |

In den folgenden Abschnitten werden die wichtigsten Helper aus dieser Liste vorstellt. Helper, die für eher spezielle Aufgaben entwickelt wurden, werden dann im Laufe des Buches im jeweiligen Kontext näher beleuchtet werden.

## Der HTML-Helper

Der HTML-Helper dient zur Ausgabe von HTML-Tags und komplexen HTML-Strukturen in korrektem XHTML. Der Helper kapselt im View durch diverse Methoden viele gängige und damit häufig benutzte Elemente in HTML-Dokumenten und erleichtert es Ihnen auf diese Weise, ein View schnell und unkompliziert aufzubauen.

Es mag am Anfang gewöhnungsbedürftig sein, einen Helper zu verwenden, um HTML auszugeben, aber in vielen Fällen überwiegen tatsächlich die Vorteile eines solchen Vorgehens. Im Folgenden sollen Ihnen die wichtigsten und damit auch nützlichsten HTML-Helper-Methoden vorstellt werden. So sind Sie in der Lage, sich selbst ein Bild von den Möglichkeiten dieses Helpers zu machen.

Seit der Version 1.2 von CakePHP wurden viele Methoden des HTML-Helpers für veraltet (*deprecated*) erklärt. Im Mittelpunkt standen die Methoden, die für den Umgang mit Formularen geschaffen wurden. Diese Funktionalität ist nun in einem eigenen Helper gekapselt, dem sogenannten Form-Helper, den Sie bereits in Kapitel 6, *Das View*, kennengelernt haben. Alle Methoden sind zwar im HTML-Helper noch verfügbar, sollten aber nicht mehr verwendet werden. Darum werden sie auch an dieser Stelle nicht weiter besprochen.

Einige Anwendungen, wie beispielsweise die Header-Methode `charset()` oder `meta()` haben Sie bereits in Kapitel 6, *Das View*, kennengelernt. Sie vermitteln schon eine grobe Vorstellung davon, wie der HTML-Helper funktioniert. Auch die Methode `link()` war schon Teil unserer Beispiele, auch wenn wir bisher nicht näher darauf eingegangen sind. Das soll jetzt nachgeholt werden:

```
<?php foreach($jobs as $job): ?>
   <tr>
      <td><?php echo $job['Job']['id'] ?></td>
      <td><?php echo $job['Job']['company'] ?></td>
      <td><?php echo $job['Job']['title'] ?></td>
      <td><?php echo $job['Job']['created'] ?></td>
      <td><?php echo $job['Job']['modified'] ?></td>
      <td>
      <?php echo $html->link('Details', '/jobs/view/' . $job['Job']['id']) ?>
      <?php echo $html->link('bearbeiten', '/jobs/edit/' . $job['Job']['id']) ?>
      <?php echo $html->link('löschen', '/jobs/delete/' . $job['Job']['id']) ?>
      </td>
   </tr>
<?php endforeach; ?>
```

Das Beispiel zeigt einen Ausschnitt aus dem View-Template *index.ctp* des Cake-Jobs-Beispiels. Der HTML-Helper steht automatisch über den Controller jedem View zur Verfügung, ohne dass Sie diesen explizit über das `$helper`-Array nennen müssten. Der Teil des Beispiels, der nun für uns interessant ist, wurde hervorgehoben. Die Methode `link()` erstellt ganz offensichtlich einen HTML-Link auf eine URL, die relativ oder auch absolut angegeben werden kann. Der komplette Aufbau der Parameter sieht so aus:

```
HtmlHelper::link (
$title,
$url = null,
$htmlAttributes = array(),
$confirmMessage = false,
$escapeTitle = true  )
```

Neben der URL erwartet die Methode noch einen String, also den Text, der verlinkt werden soll. Außer Text können hier natürlich weitere HTML-Elemente angegeben werden, wie beispielsweise ein Bild. Das Array `$htmlAttributes` dient dazu, weitere Attribute für das `<a>`-Element zu übergeben, die durch die übrigen Parameter nicht abgedeckt sind. Infrage kämen hier beispielsweise Inline-Styles oder das Zielfenster des Links.

Interessant ist sicher auch das Attribut `$confirmMessage`, das, falls es gesetzt ist, vor dem Ausführen des Links eine JavaScript-Bestätigung per `confirm()` erzeugt. Falls diese vom User verneint wird, wird der Link nicht verfolgt und die Ausführung abgebrochen.

Der letzte Parameter gibt an, ob der Parameter $title maskiert werden soll. Standardmäßig auf *true* gesetzt, sorgt die Methode link() dafür, dass HTML-Sonderzeichen, wie beispielsweise spitze Klammern (< >), automatisch in die entsprechenden HTML-Entities (< >) umgewandelt werden. Dieses Verhalten kann aber nicht immer erwünscht sein, zum Beispiel wenn Sie keinen Text, sondern ein Bild verlinken wollen, das mit dem <img>-Tag angegeben wird. Die spitzen Klammern dieses Elements sollten natürlich nicht als Entity an den Browser übergeben werden, da sonst das HTML nicht korrekt interpretiert werden würde.

```
$html->link(
    'Das CakePHP-Framework >>>',
    'http://www.cakephp.org/',
    array('target'=>'_blank'),
    'Wollen Sie die Seite wirklich verlassen?',
    true
);
```

Der Aufruf der Methode link() mit den oben gezeigten Parametern würde folgenden HTML-Quelltext zurückgeben:

```
<a
    href="http://www.cakephp.org/"
    target="_blank"
    onclick="return confirm('Wollen Sie die Seite wirklich verlassen?');"
    >Das CakePHP-Framework &gt;&gt;&gt;</a>
```

Wichtig zu erwähnen an dieser Stelle ist sicherlich der Umgang mit dem Parameter $url, der sowohl als Array im bekannten Format array('controller' => 'controller_name', 'action' => 'action_name', 'parameter1', 'parameter2') als auch als String übergeben werden kann. Beginnt er mit *http://*, dann wird er automatisch als externer Link behandelt. Falls kein Wert für $url übergeben wird (der Parameter ist optional) dann wird der Wert von $title relativ an die aktuelle URL angehängt. Sehr kurze Aufrufe von link() sind damit auch möglich.

## Bilder mit dem HTML-Helper ausgeben

Die Methode image() des HTML-Helpers erstellt ein <img>-Element und befüllt es mit den übergebenen Parametern. Der Aufbau der Methode ist wie folgt:

```
HtmlHelper::image($path, $options = array())
```

Der Parameter $path gibt den genauen Pfad und den Namen des Bildes an. Wenn kein absoluter Pfad angegeben wird, bezieht sich die Angabe immer relativ auf den Ordner *webroot/img/*. Der zweite Parameter übernimmt genau wie bei link() weitere HTML-Attribute, die im <img>-Element ausgegeben werden.

Der Image-Helper kann sehr schön in Kombination mit dem Link-Helper verwendet werden, um verlinkte Grafiken zu erzeugen:

```
$html->link(
   $html->image(
      'cake.icon.gif',
      array('border'=>'0')
   ),
   'http://www.cakephp.org/',
   array('target'=>'_blank'),
   null,
false  // Maskierung der HTML-Zeichen verhindern
)
```

Der oben gezeigte Aufruf erzeugt einen externen Link über das Cake-Icon, das im Ordner *webroot/img* liegt. Achten Sie darauf, dass die Methode `link()` den letzten Parameter als *false* übergeben bekommt, da ansonsten kein Bild, sondern der HTML-Code des `<img>`-Tags ausgegeben wird.

## Formatierte Textabschnitte erzeugen

Um formatierte Textabschnitte in Ihrem Template zu erzeugen, steht Ihnen die Methode `para()` zur Verfügung. Diese Methode erzeugt dabei ein <p>-Element, dem eine bestimmte Klasse zugeordnet ist:

```
HtmlHelper::para($class, $text, $attributes = array(), $escape = false)
```

Der Aufruf ist relativ trivial und ähnelt dem Aufbau der übrigen Helper, die wir schon besprochen haben. Sie werden feststellen, dass CakePHP sehr konsequent im Aufbau von Methoden ist, um die Anwendung des Frameworks so einfach wie möglich zu halten.

Als erster Parameter wird ein CSS-Klassenname erwartet, der dem Absatz zugeordnet wird. Die Klasse sollte in einem externen CSS oder auch direkt im View definiert sein. Der Text selbst wird als zweiter Parameter erwartet und kann über den vierten Parameter (`$escape`) escapt werden. Im Gegensatz zur Methode `link()` ist hier das Standardverhalten auf *nicht escapen* gesetzt. Der inzwischen schon bekannte Parameter `$attributes` übernimmt wieder ein Array mit Attributen, die zusätzlich dem <p>-Element zugeordnet werden.

## Listen erstellen

Neben der Ausgabe von einfachen Elementen stellt der HTML-Helper auch Methoden zur Verfügung, die komplexere HTML-Konstruktionen erstellen können. Hier wird der Vorteil der Helper-Methoden besonders deutlich, da mit einem Befehl sehr viel HTML-Code erstellt und damit viel Arbeit gespart werden kann.

Ein Beispiel für die intelligente Automatisierung von Quelltext ist die Methode nestedList(), die es ermöglicht, eine Liste auf Basis des <ul>- oder <ol>-Tags zu erzeugen. Grundlage dafür ist ein einfaches assoziatives Array. Der Aufbau der Methode ist dementsprechend transparent gestaltet:

```
HtmlHelper::nestedList(
   $list,
   $attributes = array(),
   $itemAttributes = array(),
   $tag = 'ul'
)
```

Der Aufruf nestedList erwartet als Erstes ein Array mit allen Werten, die in der Liste ausgegeben werden sollen. Das kann ein einfaches eindimensionales Array mit Werten sein oder ein mehrdimensionales assoziatives Array, um eine (verschachtelte) Liste zu erzeugen. Was das genau bedeutet, sehen Sie gleich im Beispiel.

Die beiden Parameter $attributes und $itemAttributes übernehmen jeweils auch ein assoziatives Array mit HTML-Attributen für die verwendeten Tags <ul>/<ol> und <li>. Diese werden dann automatisch dem jeweiligen Tag zugeordnet. Das letzte Attribut kann den Wert ul oder ol übernehmen. Sie legen damit fest, welches Rahmenelement verwendet werden soll und ob es sich um eine normale (*unordered*) oder nummerierte (*ordered*) Liste handelt.

Damit Sie die Verwendung der Methode nestedList() besser verstehen können, folgt hier ein kurzes Beispiel. Seine Basis ist wieder das CakeJobs-Beispiel, das wir um eine Ansicht erweitern wollen. Als Erstes erstellen Sie dafür eine neue Action im JobsController:

```
function list_jobs() {

   $jobs = $this->Job->find('all', array(
           'order' => 'created',
           'direction' => 'DESC'
   ));

   $companyJobs = array();
   foreach($jobs as $job) {
         $ company = $job["Job"]["company"];
         $title = $job["Job"]["title"];
         $companyJobs[$company][$title] = $job["Job"];
   }

   $this->set('jobs', $companyJobs);
}
```

Die neue Action arbeitet im Prinzip ähnlich wie die index()-Methode, mit dem Unterschied, dass vor der Übergabe der Daten an das View das Array ein wenig umstrukturiert wird. Auf diese Weise entsteht ein mehrdimensionales assoziatives Array mit folgendem Aufbau:

```
Array
(
    [Siemens AG] => Array
        (
            [Elektrotechniker] => Array
                (
                    [id] => 1
                    [company] => Siemens AG
                    [title] => Elektrotechniker
                    [description] => Lorem ipsum ...

                    [created] => 2008-01-19 16:43:12
                    [modified] => 2008-01-19 16:54:43
                )

        )

    [Cake Foundation] => Array
        (
            [cakePHP-Entwickler] => Array
                (
                    [id] => 2
                    [company] => Cake Foundation
                    [title] => cakePHP-Entwickler
                    [description] => Hier steht eine Job-Beschreibung.
                    [created] => 2008-01-19 16:43:38
                    [modified] => 2008-01-20 11:56:08
                )

            [Buchautor] => Array
                (
                    [id] => 6
                    [company] => Cake Foundation
                    [title] => Buchautor
                    [description] => Sie lieben CakePHP? Dann …
                    [created] => 2008-01-27 12:30:09
                    [modified] => 2008-01-27 12:30:09
                )

        )

    [Volkswagen] => Array
        (
            [Kundenberater] => Array
                (
                    [id] => 3
                    [company] => Volkswagen
                    [title] => Kundenberater
                    [description] => Lorem ipsum ...

                    [created] => 2008-01-19 16:57:18
                    [modified] => 2008-01-19 16:57:18
                )

        )

)
```

Diese Daten werden dann per `set()` an das View weitergegeben. Jetzt kommt der interessante Teil, nämlich die Verwendung von `nestedList()` und der Daten im Array:

```
<h2>Liste der Jobs</h2>
<?php
echo $html->nestedList (
        $jobs,
        array(),
        array(),
        $tag = 'ul'
    );
?>
```

Der Quelltext wirkt übersichtlich, hat aber eine erstaunliche Wirkung. Wenn Sie die neue Action im Controller über die folgende URL aufrufen, werden Sie das Ergebnis direkt im Browser sehen:

*http://localhost/cakejobs/jobs/list_jobs/*

Dank des Datenaufbaus des übergebenen Arrays erzeugt CakePHP eine mehrdimensionale Liste, die im Browser so wie in Abbildung 7-1 erscheint:

*Abbildung 7-1: Ausgabe der Liste*

Die Daten werden nun sortiert nach Anbieter und nach Job-Bezeichnung über mehrere Ebenen der Liste ausgegeben. Die Darstellung ist sicher noch nicht perfekt, zeigt aber sehr schön, wie CakePHP mit mehrdimensionalen assoziativen Listen in der Methode `nestedList()` umgeht. Das Frame geht das Array rekursiv bis in die Spitzen durch und erstellt anhand der Struktur eine Ausgabe, die der Verschachtelung des Arrays entspricht. Wenn Sie eine andere Ausgabe wünschen, dann genügt es, die Struktur des Arrays entsprechend anzupassen.

Seien es nun Daten aus der Datenbank, die über den Controller an das Template weitergereicht werden, oder statische Daten, die als Liste dargestellt werden sollen – in beiden Fällen ist die Ausgabe des HTML-Codes mithilfe der Methode `nestedList()` sinnvoll. Diese Vorgehensweise spart nicht nur Tipparbeit, sondern sorgt auch immer dafür, dass der Aufbau syntaktisch korrekt in XHTML erfolgt.

## Tabellen erzeugen

HTML-Tabellen sind vermutlich eines der am meisten verwendeten Elemente auf Webseiten. Sei es, weil sie lange zum Aufbau von Seiten und zur Positionierung von Seitenbereichen verwendet wurden (eine Technik, die inzwischen nicht mehr angewendet werden sollte), oder sei es, um Daten strukturiert auszugeben. CakePHP hat diese HTML-Struktur auch mit in den HTML-Helper aufgenommen und ermöglicht es so, Tabellen schnell und einfach zu erstellen.

Anders als bei allen vorherigen Helper-Methoden müssen Sie hier mit zwei Helper-Methoden gleichzeitig arbeiten, da zwischen dem Aufbau des Tabellenkopfes und dem eigentlichen Inhalt unterschieden wird.

Wenn Sie also eine komplette Tabelle über den HTML-Helper ausgeben wollen, müssen Sie zuerst den Kopf über die Methode `tableHeader` definieren. Die Methode ist recht einfach aufgebaut:

```
HtmlHelper::tableHeaders ( $names, $trOptions = null, $thOptions = null  )
```

Der erste Parameter ist wie so oft ein Array. Über dieses werden die Spaltennamen übergeben, die im Kopf der Tabelle erscheinen sollen. Die Länge des Arrays entspricht dabei der Anzahl der Spalten. Die folgenden beiden Parameter sind für die Ausgabe optionaler Attribute zuständig: auf der einen Seite für die Attribute des `<tr>`-Tags und auf der anderen Seite für die Attribute des `<th>`-Tags.

Entsprechend unseres CakeJobs-Beispiels möchten wir die Ausgabe der Jobs anpassen und über den HTML-Helper erstellen. Die Table-Headers im Beispiel könnten Sie zum Beispiel so ausgeben:

```
<table>
<?php
   echo $html->tableHeaders(
      array('id',
               'Firma',
               'Titel',
               'Beschreibung',
               'Angebot vom',
               'zuletzt aktualisiert')
   );
?>
</table>
```

Dieser Quelltext im View gibt nun folgende HTML-Konstruktion aus:

```
<table>
<tr>
   <th>id</th>
   <th>Firma</th>
   <th>Titel</th>
   <th>Beschreibung</th>
   <th>Angebot vom</th>
   <th>zuletzt aktualisiert</th>
</tr>

</table>
```

Das Table-Element muss manuell geöffnet und geschlossen werden, da der eigentliche Inhalt nicht Teil dieser Methode ist, sondern gesondert behandelt werden muss.

Um den eigentlichen Inhalt in die Tabelle zu bekommen, wird die Methode `tableCells()` verwendet. Der Aufbau des Methodenaufrufs ähnelt weitgehend dem Aufruf der Methode tableHeaders(), wenn auch mit leicht geänderten Parametern:

```
HtmlHelper::tableCells(
   $data,
   $oddTrOptions = null,
   $evenTrOptions = null,
   $useCount = false
)
```

Der erste Parameter ist wieder ein Array und übernimmt die Daten der Tabelle als zweidimensionales Array. Der Aufbau des Arrays entspricht dabei direkt dem Aufbau der Tabelle: Jede Zeile ist eine einfache Liste von Werten, die wiederum durch das übergeordnete Array zusammengefasst wird.

Die folgenden beiden Arrays übernehmen in der bekannten Syntax weitere Attribute für die `<tr>`-Elemente der Tabelle. Dabei haben Sie die Möglichkeit, zwischen geraden und ungeraden Zeilen zu differenzieren. Wenn Sie beispielsweise jede zweite Zeile mit einer bestimmten Eigenschaft versehen wollen, dann ist dies eine gute Möglichkeit, die Sie verwenden können.

Der letzte Parameter hat ein ähnliches Konzept, bezieht sich aber auf die `<td>`-Tags der Tabelle. Wenn `$useCount` auf *true* gesetzt wird, dann tritt ein Automatismus in Kraft, der jede Zelle der Tabelle mit einer CSS-Klasse versieht. Der Name der Klasse ist dabei von den Zeilen abhängig, die einfach durchnummeriert werden (beginnend mit 1). Die jeweilige Klasse hat dann den Bezeichner `column-i`, wobei das `i` durch die jeweilige Zeilennummer ersetzt wird, sprich: `column-1`, `column-2`, `column-3` etc.

Um das Beispiel von oben nun fortzusetzen und der Tabelle den nötigen Inhalt zu geben, müssen Sie die Jobdaten nach dem Auslesen aus der Daten ein wenig aufbereiten, um das passende Array-Format zu generieren. Zu diesem Zweck erstellen Sie eine neue Action im JobsController:

```
function table_jobs() {
   $jobs = $this->Job->find('all');
   $jobs = Set::extract($jobs, '{n}.Job');
   $this->set('jobs', $jobs);
}
```

Nach dem Auslesen der Jobdaten wird das Array, das bis zu diesem Zeitpunkt noch über drei Dimensionen geht, durch die Methode extract() der Klasse Set umgewandelt. Wundern Sie sich bitte nicht über den Einsatz der Set-Klasse an dieser Stelle, darauf werden wir in Kapitel 17 im Abschnitt »Set« genau eingehen. Aktuell reicht es zu wissen, dass das Array nach der Umwandlung folgendes Format hat:

```
Array
(
    [0] => Array
        (
            [id] => 1
            [company] => Siemens AG
            [title] => Elektrotechniker
            [description] => Lorem ipsum dolor sit amet...
            [created] => 2008-01-19 16:43:12
            [modified] => 2008-01-19 16:54:43
        )

    [1] => Array
        (
            [id] => 2
            [company] => Cake Foundation
            [title] => cakePHP-Entwickler
            [description] => Hier steht eine Job-Beschreibung.
            [created] => 2008-01-19 16:43:38
            [modified] => 2008-01-20 11:56:08
        )

    [2] => Array
        (
            [id] => 3
            [company] => Volkswagen
            [title] => Kundenberater
            [description] => Lorem ipsum dolor sit amet...
            [created] => 2008-01-19 16:57:18
            [modified] => 2008-01-19 16:57:18
        )

)
```

Das ist genau richtig für die Helper-Methode tableCells(), die die Daten per set() auch gleich an das View übergibt. Das komplette Template hat dann folgende Form:

```
<table>
<?php

   echo $html->tableHeaders(
      array('id',
               'Firma',
               'Titel',
               'Beschreibung',
               'Angebot vom',
               'zuletzt aktualisiert')
   );
   echo $html->tableCells($jobs);

?>
</table>
```

Das Ergebnis kann sich sehen lassen. Im Browser erhalten Sie nun unter der neuen Action-URL die Ausgabe, die Sie in Abbildung 7-2 sehen.

Liste der Jobs

| id | Firma | Titel | Beschreibung | Angebot vom | zuletzt aktualisiert |
|---|---|---|---|---|---|
| 1 | Siemens AG | Elektrotechniker | Lorem ipsum dolor sit amet... | 2008-01-19 16:43:12 | 2008-01-19 16:54:43 |
| 2 | Cake Foundation | cakePHP-Entwickler | Hier steht eine Job-Beschreibung. | 2008-01-19 16:43:38 | 2008-01-20 11:56:08 |
| 3 | Volkswagen | Kundenberater | Lorem ipsum dolor sit amet... | 2008-01-19 16:57:18 | 2008-01-19 16:57:18 |

*Abbildung 7-2: Ausgabe der Tabelle im Browser*

## CSS-Stylesheets erstellen

Eine weitere Methode des HTML-Helpers ist `style()`, die anhand eines Arrays mit Style-Angaben eine Liste mit CSS-Styles erstellt. Die Rückgabe der Methode können Sie beispielsweise dazu verwenden, um dynamisch CSS-Stylesheets zu erstellen oder Inline-Styles im View auszugeben. Die Syntax der Methode sieht so aus:

```
HtmlHelper::style ($data, $inline = true )
```

Der erste Parameter wird als assoziatives Array übergeben und hat eine Schlüssel-Wert-Syntax. Der Schlüssel bezeichnet immer die CSS-Angabe (zum Beispiel `color` oder `line-height`), und der Wert entspricht dem jeweiligen Wert im CSS (beispielsweise #333 oder 28px). Aus diesen Daten wird dann die CSS-Syntax erstellt.

Der zweite Parameter ist optional und hat Einfluss auf das Format der Rückgabe. Wenn der Parameter auf *true* gesetzt ist, wird der Rückgabe-String so gestaltet, dass er direkt im Browser ausgegeben werden kann.

## Breadcrumbs – Brotkrumen sammeln und anzeigen

Sie haben sicher schon Links am oberen Rand einer Webseite gesehen, die in etwa den folgenden Aufbau hatten:

```
Startseite > Übersicht > Jobangebot
```

Solche Menüs können Sie mit CakePHP leicht mit den Methoden `addCrumb()` und `getCrumbs()` erzeugen. In dieser Kombination dienen sie dazu, eine dynamische Breadcrumb-Ausgabe zu erzeugen. Breadcrumbs, auf deutsch Brotkrumen, dienen dazu, dem User anzuzeigen, wo auf der Webseite er sich aktuell befindet. In der Regel wird dabei die Hierarchie der Navigation angezeigt und dadurch verdeutlicht, auf welcher Ebene man sich befindet.

Auch wenn die Ausgabe nicht weltbewegend kompliziert ist, macht es Sinn, diese Aufgabe in eine Methode auszulagern, was der HTML-Helper mit den beiden oben genannten Methoden tut. Mit `addCrumb()` fügen Sie einen Link zum »Brotkrumen«-Array hinzu. Das kann beliebig oft geschehen.

Mit `getCrumbs()` erzeugen Sie einen String, der aus allen bisher hinzugefügten Brotkrumen besteht, und geben ihn entsprechend der übergebenen Parameter formatiert wieder aus. Das folgende Beispiel zeigt das Zusammenspiel der beiden Methoden. Fügen Sie folgenden Quelltext im *view.ctp*-Template an der Stelle ein, wo Sie die Breadcrump-Links erzeugen wollen:

```
$html->addCrumb(
   'Startseite',
   '/',
   array('escape' => false)
);

$html->addCrumb(
   '&Uuml;bersicht',
   array(
      'controller'=>'jobs',
      'action'=>'index'),
   array('escape' => false)
);

$html->addCrumb(
   'Jobangebot',
   array(
      'controller'=>'jobs',
      'action'=>'view',
      $job['Job']['id']
   ),
   array('escape' => false)
);

echo $html->getCrumbs(' &gt; ');
```

Im Beispiel werden drei Ebenen im Breadcrumb-Array angelegt. Die Methode `addCrumb()` erwartet dazu bis zu drei Parameter: als ersten den String, der ausgegeben werden soll, dann einen optionalen Link und zu guter Letzt ein `$options`-Array, das eine Konfiguration für die Ausgabe des Strings auf die bekannte Weise übergibt. Die Methode `getCrumbs()` fasst im letzten Schritt alle eingetragenen Brotkrumen zusammen und gibt diese aus. Optional kann ein String übergeben werden, der zur Verknüpfung der einzelnen Links verwendet wird.

Die Ausgabe in Abbildung 7-3 zeigt, wie das Array interpretiert und zusammengesetzt wird. Jeder Link führt zu einer anderen Ebene der Webseite, wobei der letzte Link auf die aktuelle Seite führt, auf der der User sich gerade befindet.

*Abbildung 7-3: Brotkrumen-Navigation*

# Der Text-Helper

Der Text-Helper ist eine kleine Klasse, die Ihnen einige nützliche Werkzeuge zur Verfügung stellt, um Texte in einem HTML-Dokument zu bearbeiten und auszugeben. Die Methoden sind alle recht einfach gestrickt, aber in der Anwendung sehr nützlich. Die folgenden Möglichkeiten stehen Ihnen über das Objekt `$text` zur Verfügung, das automatisch nach der Einbindung des Text-Helpers in den Controller im Template vorhanden ist.

## Worte hervorheben

Mit der Methode `highlight()` können Sie einzelne Bereiche oder einzelne Wörter in einem String hervorheben. Die Methode erwartet dafür zwei Parameter:

```
TextHelper::highlight (
   $text,
   $phrase,
   $highlighter = '<span class="highlight">\1</span>'
)
```

Der erste Parameter ist der eigentliche String, der bearbeitet wird. Der zweite Parameter ist der Such-String, der hervorgehoben werden soll. An dieser Stelle kann auch ein regulärer Ausdruck verwendet werden. Der dritte Parameter gibt an, auf welche Weise die Hervorhebung geschehen soll. Als Default-Parameter ist ein `<span>`-Element angegeben, dem die Klasse `highlight` zugeordnet ist. Der Wert `\1` wird durch den jeweiligen Treffer im Text ersetzt.

Folgender Aufruf umgibt beispielsweise alle Werte, die der Variable `$search` entsprechen, mit dem Element `<strong>`:

```
$search = 'Text';
$str = 'Das ist ein Text, der durchsucht wurde.';
echo $text->highlight($str, $search, '<strong>\1</strong>');
```

Folgende Ausgabe wird auf diese Weise realisiert:

```
Das ist ein <strong>Text</strong>, der durchsucht wurde.
```

In Kombination mit Werten, die aus dem Controller übergeben wurden, ist diese Methode sehr nützlich, um HTML-Code dynamisch zu formatieren.

## Links entfernen und hinzufügen

Einige weitere Methoden des Text-Helpers ermöglichen es, automatisch Links in einem Text zu erstellen oder zu entfernen. Insgesamt gibt es hierzu vier wichtige Methoden:

| Methode | Beschreibung |
|---|---|
| `stripLinks($str)` | Entfernt alle Links im übergebenen String |
| `autoLinkUrls($str, $htmlOptions)` | Erstellt automatisch Links für alle URLs im String, die mit *http://* oder *ftp://* beginnen |
| `autoLinkEmails($str, $htmlOptions)` | Erstellt automatisch E-Mail-Links für alle E-Mail-Adressen im String |
| `autoLink($str, $htmlOptions)` | Erstellt automatisch Links für alle URLs und E-Mail-Adressen im String |

Die Methode `stripLink()` ist sehr einfach und säubert den übergebenen String von allen `<a>`-Elementen, die er enthält. Auf diese Weise können Sie sicher sein, dass die Ausgabe keine Verlinkungen enthält. Die folgenden drei Methoden sind interessanter, da Sie den übergebenen String automatisch durchsuchen und dafür sorgen, dass eventuell angegebene URLs oder auch E-Mail-Adressen eine entsprechende Verlinkung erhalten. Sowohl die Methode `autoLinkUrls()` als auch die Methoden `autoLinkEmails()` und `autoLink()` erwarten neben dem eigentlichen String auch ein Array mit optionalen Attributen, die dem `<a>`-Element hinzugefügt werden.

Das folgende Beispiel verwendet die letzte Methode `autoLink()`, um den String `$text` mit entsprechenden Links auszustatten. Da es die Methode `autoLinkUrls()`

und autoLinkEmails() zusammenfasst, werden sowohl die E-Mail-Adresse als auch die URL zur CakePHP-Seite erfasst.

```
$str = 'Besuchen Sie die Webseite http://www.cakephp.org, um noch mehr zu erfahren,
        oder schreiben Sie an bla@blubb.de';
echo $text->autoLink($str);
```

Das Ergebnis in HTML ist erwartungsgemäß wie folgt:

```
Besuchen Sie die Webseite <a href="http://www.cakephp.org">http://www.cakephp.org
</a>, um noch mehr zu erfahren, oder schreiben Sie an <a href="mailto:bla@blubb.
de">bla@blubb.de</a>
```

Auch User-Eingaben in Foren oder Feedback-Formularen können auf diese Weise sehr anwenderfreundlich aufbereitet werden.

## Texte kürzen und Ausschnitte erstellen

Eine sehr häufig auftretende Anwendung ist sicherlich das dynamische Kürzen von Texten oder das Erstellen von Ausschnitten eines übergebenen Textes. Beides kommt häufig vor, um Suchergebnisse in einer gekürzten Fassung als Ergebnisliste zu präsentieren. Jede dieser Varianten ist durch eine Methode im Text-Helper abgedeckt.

Die einfachere Methode zum Kürzen hört auf den Namen truncate() und dient dazu, einen übergebenen String auf eine bestimmte Zeichenlänge abzukürzen. Der Aufbau der Methode sieht so aus:

```
TextHelper::truncate (
   $text,
   $length = 100,
   $ending = '...',
   $exact = true
)
```

Auf den ersten Blick sind das eine Menge Parameter, aber das Prinzip ist recht simpel. Der übergebene String (Parameter 1: $text) wird auf die Länge $length gekürzt. An den neuen String wird der Wert der Variable $ending angehängt. Falls der Wert des Parameters $exact auf false gesetzt wird, sorgt der Helper dafür, dass nicht mitten im Wort abgeschnitten wird, sondern erst danach. Auf diese Weise wird das »Zerschneiden« von Wörtern verhindert. Bis auf den ersten Parameter sind alle Angaben optional und durch mehr oder weniger sinnvolle Werte vorbelegt. Das folgende Beispiel zeigt die Wirkung dieser Methode:

```
$str = 'Besuchen Sie die Webseite http://www.cakephp.org, um noch mehr zu erfahren,
        oder schreiben Sie an bla@blubb.de';
echo $text->trim($str, 100, "...", false);
```

Der Aufruf kürzt den Text auf 100 Zeichen, wobei die Anzahl der Zeichen im Parameter $ending mitgezählt wird. Durch den Wert $exact wird festgelegt, dass der Text nicht mitten im Wort enden soll. Falls auf diese Weise die Anzahl der zulässigen Zeichen überschritten wird, wird der Rückgabe-String entsprechend kürzer. Es werden also nie mehr als 100 Zeichen durch die Methode zurückgeben. In diesem Fall ist der Rückgabewert der folgende Satz:

```
Besuchen Sie die Webseite http://www.cakephp.org, um noch mehr zu erfahren, oder
schreiben Sie...
```

Die Methode `trim()` ist ein Alias von `truncate()` und kann mit den gleichen Parametern und der gleichen Wirkung verwendet werden.

Eine Alternative zu `truncate()` ist die Methode `excerpt()`, die auch zur Kürzung von Texten verwendet wird. Im Gegensatz zu `truncate()` wird aber nicht vom Anfang des Textes weg gekürzt, sondern um ein festgelegtes Suchwort herum. Sie kennen diesen Effekt bestimmt aus Ergebnissen einer Volltextsuche, die das Suchergebnis im Kontext des Fließtextes anzeigen. Der Aufbau der Methode ist entsprechend:

```
TextHelper::excerpt (
   $text,
   $phrase,
   $radius = 100,
   $ending = "..."
)
```

Der Ausschnitt des Textes wird durch die Parameter definiert. Wesentlich sind neben dem eigentlichen Text `$text` der Suchstring `$phrase` und der umgebene Bereich `$radius`. Mit dem Parameter `$ending` können Sie festlegen, wie das Ergebnis am Anfang und am Ende aussehen soll.

Angenommen, Sie programmieren eine Suche über große Textbereiche und Sie möchten das Ergebnis nicht für sich genommen, sondern mit dem umgebenden Text ausgeben. Das folgende Beispiel zeigt, wie das geht:

```
$str = 'Besuchen Sie die Webseite http://www.cakephp.org, um noch mehr zu erfahren,
        oder schreiben Sie an bla@blubb.de';
echo $text->excerpt($str, 'erfahren', 25, "...");
```

Die Methode schneidet 25 Zeichen links und rechts um das Suchwort aus und fügt an jedem Ende den Wert des vierten Parameters an. Der Benutzer bekommt auf diese Weise das folgende Ergebnis präsentiert:

```
... um noch mehr zu erfahren, oder schreiben...
```

In Kombination mit den bereits oben vorgestellen Text-Helpern können Sie sehr einfach schöne Ausgaben erstellen, die das Ergebnis aufbereitet dem User präsentieren.

## Textlisten erstellen

Die letzte Methode des Text-Helpers, die wir Ihnen zeigen möchten, ermöglicht es Ihnen, eine kommaseparierte Liste aus einem Array zu erstellen. Bei dieser Methode steht die sprachlich gebräuchliche Variante im Vordergrund, es wird eine Reihe von Werten in einer lesbaren Form ausgegeben. Grundlage dieser Methode ist ein Array mit Strings, die verknüpft werden sollen:

```
TextHelper::toList ($list, $and = 'and'  )
```

Die Methode `toList()` erwartet zwei Parameter: zum einen ein Array mit den Werten, die per Kommata verknüpft werden sollen, und zum anderen den optionalen Parameter `$and`, der den String für die Verknüpfung des letzten Wertes übernimmt. Auf diese Weise entsteht eine Auflistung von Wörtern, die am Ende mit einer Konjunktion abschließt. Das folgende Beispiel zeigt, wie es funktioniert:

```
$toBuy = array('Milch', 'Brot', 'Butter', 'Kekse', 'Kaffee', 'Honig',
               'Schokolade', 'Bier');
echo $text->toList($toBuy, "und");
```

Das Ergebnis sieht dann so aus:

```
Milch, Brot, Butter, Kekse, Kaffee, Honig, Schokolade und Bier
```

Eine Einkaufsliste, die man ohne schlechtes Gewissen auch jemandem präsentieren kann, der noch nie von einem Array gehört hat.

# Der Time-Helper

Der Time-Helper hilft Ihnen, die Ausgabe von Datums- und Zeitangaben so zu formatieren, dass sie in einem lesbaren Format im View ausgegeben werden können. Zu diesem Zweck stehen Ihnen eine Reihe von Methoden zur Verfügung, die in der Regel mit dem bekannten Datenbankformat YYYY-MM-DD HH:MM:SS arbeiten. Diese Formatierung wird durch den Time-Helper in verschiedenen Varianten umgewandelt, so dass Datum und Zeit in einer für Menschen leichter lesbaren Art ausgegeben werden können.

Die Methoden, die in Tabelle 7-2 aufgeführt sind, sind Teil des Time-Helpers und stehen Ihnen im View und im Layout automatisch zur Verfügung, wenn Sie den Helper über die Klassenvariable `$helpers` im Controller bekannt gemacht haben:

```
var $helpers = array('time');
```

*Tabelle 7-2: Methoden des TimeHelpers*

| Methode | Beschreibung |
|---|---|
| `dayAsSql($date_string, $field_name)` | Gibt einen Teil-SQL-String für die Suche in einem Zeitbereich zurück |
| `daysAsSql($begin, $end, $field_name)` | Gibt einen Teil-SQL-String für die Suche in einem Zeitbereich zurück, der sich über mehrere Tage erstreckt |
| `format($format= 'd-m-Y', $date)` | Kapselt die Methode `date()` von PHP und gibt einen formatierten *DateTime*-String zurück |
| `fromString($date_string)` | Gibt einen Unix-Timestamp zurück und kapselt die Methode `strtotime()` von PHP |

*Tabelle 7-2: Methoden des TimeHelpers (Fortsetzung)*

| Methode | Beschreibung |
|---|---|
| `gmt($string=null)` | Gibt die Greenwich Mean Time als Timestamp zurück |
| `isThisMonth($date_string)` | Überprüft, ob der übergebene Zeitpunkt im aktuellen Monat liegt |
| `isThisWeek($date_string)` | Überprüft, ob der übergebene Zeitpunkt in der aktuellen Woche liegt |
| `isThisYear($date_string)` | Überprüft, ob der übergebene Zeitpunkt im aktuellen Jahr liegt |
| `isToday($date_string)` | Überprüft, ob der übergebene Zeitpunkt im heutigen Tag liegt |
| `isTomorrow($date_string)` | Überprüft, ob der übergebene Zeitpunkt im morgigen Tag liegt |
| `nice($date_string=null)` | Gibt einen formatierten Datums- und Zeitstring zurück |
| `niceShort($date_string=null)` | Gibt einen kurzen formatierten Datums- und Zeitstring zurück |
| `toAtom($date_string)` | Gibt ein Datum zurück, das für Atom-RSS Feeds formatiert ist |
| `toQuarter ($date_string, $range=false)` | Gibt das Quartal zurück, in dem das Datum liegt |
| `toRSS($date_string)` | Erstellt einen formatiertes Datum für RSS-Feeds |
| `toUnix($date_string)` | Kapselt die Methode `fromString()` |
| `wasWithinLast($timeInterval, $date_string)` | Überprüft, ob der Zeitpunkt im übergebenen Intervall liegt |
| `wasYesterday($date_string)` | Überprüft, ob der Zeitpunkt am gestrigen Tag war |

Um mit dem Time-Helper arbeiten zu können, müssen Sie die Arbeitsweise mit dem Unix-Timesstamp (Sekunden, die seit dem 01.01.1970 vergangen sind) verstanden haben und die Möglichkeiten der Methode `strtotime()` in PHP kennen. Jede der Time-Helper-Methoden, die einen bestimmten Zeitpunkt als Parameter erwarten, kann sowohl als Timestamp als auch als formatierter `strtotime()`-String (siehe dazu die Informationen im Kasten) übergeben werden.

Auch wenn der Umgang mit englischen Zeitangaben nicht für jeden sofort intuitiv ist, hat die Erfahrung gezeigt, dass dieses Verfahren nach einer Eingewöhnungszeit in vielen Fällen die Arbeit erleichtert und den Quelltext lesbarer macht.

Die Funktion `strtotime()` ist im Time-Helper gekapselt und kann auch über die Methode `fromString()` aufgerufen werden. Alle anderen Methoden verwenden intern die `fromString()`-Methode, um eventuell übergebene String-Zeitangaben entsprechend zu übersetzen.

## Zeitpunkte formatieren

Der erste Block der Time-Helper-Methoden ist für die Formatierung von Zeitpunkten in verschiedene Formate zuständig. Der Aufbau der Methoden ist prinzipiell immer gleich: Es wird ein Zeitpunkt als Timestamp oder `strtotime()`-String erwartet und der entsprechend formatierte Wert ausgegeben. Der Parameter ist wie so oft optional, so dass CakePHP als Standardwert den aktuellen Zeitpunkt annimmt.

## strtotime()

Die Funktion strtotime() ist eine native PHP-Funktion und steht seit der Version 4 zur Verfügung. Sie erwartet einen Datumsstring im englischen Format und versucht, diesen in einen Unix-Timestamp umzuwandeln. Über einen optionalen Parameter kann darüber hinaus angegeben werden, dass dies relativ zum aktuellen Zeitpunkt geschehen soll:

```
int strtotime ( string $time [, int $now ] )
```

Der übergebene String muss entsprechend eines bestimmten Formats aufgebaut sein. Grundlage ist hierbei die Syntax von *GNU Date*, die unter dieser URL definiert ist:

*http://www.gnu.org/software/tar/manual/html_node/tar_113.html*

Es sind sowohl relative Angaben möglich als auch exakte Angaben von Zeitpunkten in der Zukunft und der Vergangenheit. Das Format richtet sich dabei so weit wie möglich nach dem gesprochenen Englisch und ist damit intuitiv zu verwenden. Einige Beispiele:

```
strtotime('30 Nov 1978');       //Ausgabe 281228400
strtotime('11:50am');           //Ausgabe 1202554200
strtotime('last Friday', 1); //Ausgabe -522000
strtotime('Monday, 2 months ago');     //Ausgabe 1196204400
```

Die Angabe des zweiten Parameters sorgt dafür, dass die Anzahl der Sekunden relativ zum aktuellen Zeitpunkt ausgegeben wird, nicht abhängig vom 01.01.1970. Das sorgt dafür, dass Angaben in der Vergangenheit beispielsweise ins Negative rutschen.

Das folgende Beispiel zeigt einige Methoden, die für die Darstellung von Zeitpunkten im Time-Helper verfügbar sind:

```
$time->format('Y-m-d H:i:s', $time->gmt());
$time->nice('yesterday, 9:42pm');
$time->toAtom(0);
$time->toRSS('30 Nov 1978, 12:10am');
```

Ausgabe:

```
2008-02-09 14:44:32
Fri, Feb 8th 2008, 21:42
1970-01-01T01:00:00Z
Thu, 30 Nov 1978 00:10:00 +0100
```

Die Methode format(), die ebenfalls in diesem Beispiel verwendet wurde, kapselt die date()-Methode von PHP und arbeitet dementsprechend auch mit den gleichen Parametern. Der Vorteil hier ist allerdings, dass man optional zum Timestamp auch einen strtotime()-String verwenden kann.

## Wann war das? – Zeitpunkte überprüfen

Die zweite Gruppe der *TimeHelper*-Methoden dient zur Überprüfung von Zeitpunkten auf eine bestimmte Bedingung, die in der Regel im Namen der Methode genannt wird. Die Verwendung ist dabei sehr intuitiv:

```
$time->isThisMonth('last month'); // false
$time->isThisWeek(time());    // true
$time->isThisYear('30 Nov 2008');    // true
$time->isToday('next week'); // false
$time->isTomorrow('next day');  // true
$time->wasYesterday('yesterday');  //true
```

Die Methoden geben jeweils *true* oder *false* zurück, je nachdem, ob die Bedingung erfüllt ist oder nicht.

## Zeitpunkte in SQL

Zwei nützliche Methoden des Time-Helpers sind `dayAsSql()` und `daysAsSql()`, die es ermöglichen, unkompliziert SQL-kompatible Datumsformate zu erstellen. Beide Methoden arbeiten im Prinzip gleich, wobei `daysAsSql()` einen weiteren Parameter erwartet, um einen Zeitbereich über mehrere Tage zu definieren.

Die Aufgabe beider Methoden ist es, eine SQL-Bedingung zu erzeugen, die als einschränkendes Kriterium hinter der WHERE-Klausel an einen SQL-Befehl angehängt werden kann. Zu diesem Zweck erwartet die Methode `dayAsSql()` zum einen einen Zeitpunkt, der den Zieltag definiert, und zum anderen den Namen der Tabellenspalte, auf die sich diese Bedingung bezieht. Der Zeitpunkt kann als Timestamp oder als `strtotime()`-String übergeben werden.

Die Methode `daysAsSql()` erwartet zwei Zeitpunkte, die sowohl den Starttag als auch den Endtag definieren. Als dritter Parameter wird dann die Tabellenspalte angegeben.

| Methode | Beschreibung |
|---|---|
| `dayAsSql ($date_string, $field_name)` | Gibt einen Teil-SQL-String für die Suche in einem Zeitbereich zurück |
| `daysAsSql ($begin, $end, $field_name)` | Gibt einen Teil-SQL-String für die Suche in einem Zeitbereich zurück, der sich über mehrere Tage erstreckt |

Das folgende Beispiel zeigt, wie die Methoden arbeiten (die Ausgabe erfolgt über die Debug-Methode `pr()` von CakePHP):

```
pr($time->dayAsSql('yesterday', 'last_login'));
pr($time->daysAsSql('yesterday', 'today', 'last_login'));
```

Ausgabe:

```
(last_login >= '2008-02-15 00:00:00') AND (last_login <= '2008-02-15 23:59:59')
(last_login >= '2008-02-15 00:00:00') AND (last_login <= '2008-02-16 23:59:59')
```

Wie Sie sehen, werden über die Methode jeweils zwei SQL-Bedingungen erstellt, die durch ein AND verbunden sind. Auf diese Weise lassen sich schnell alle Einträge filtern, die innerhalb dieses Zeitraumes liegen.

# Der Number-Helper

Der Number-Helper stellt eine Reihe von Methoden zur Verfügung, die die Darstellung von Zahlen im View erleichtern. Der Schwerpunkt liegt hier auf der formatierten Ausgabe von Zahlen und gängigen Einheiten wie Währungen, Prozentangaben oder anderen Größen. Alle Methoden haben eine formatierte Zahl als Rückgabewert und sollten dementsprechend eingesetzt werden.

## Währungen ausgeben

Die Methode `currency()` ist für die formatierte Ausgabe von Währungen zuständig. Neben der Zuordnung des entsprechenden Währungssymbols wird auch die Formatierung der Währung berücksichtigt.

```
NumberHelper::currency ($number, $currency = 'USD')
```

Der erste Parameter ist der eigentliche Wert, der ausgegeben werden soll. Der zweite Parameter ist die Währung, in der die Ausgabe erfolgt. Der Standardwert ist US-Dollar, kann aber durch EUR oder GBP überschrieben werden. Wenn Sie eine dieser Abkürzungen wählen, dann wird der Helper automatisch das entsprechende Währungssymbol als HTML-Entity setzen. Jeder andere String wird einfach vor die Ausgabe der Zahl gesetzt.

```
echo $number->currency(12.345, 'EUR');
echo $number->currency(56.789, 'GBP');
echo $number->currency(17, 'BLA');
```

Das Beispiel zeigt drei verschiedene Währungen mit unterschiedlichen Werten. Die Ausgabe im Browser erscheint so:

```
€12,35
£56.79
BLA17.00
```

Beachten Sie die unterschiedliche Formatierung der Nachkommastellen. Wenn dem Helper die Währung bekannt ist, wird die Ausgabe so gestaltet, wie es landesüblich ist.

## Prozentwerte angeben

Auch für Prozentangaben stellt der Helper eine Lösung bereit. Die Methode `toPercentage()` formatiert Kommazahlen in den entsprechenden Prozentwert um.

```
NumberHelper::toPercentage ( $number, $precision = 2)
```

Der Aufruf besteht aus zwei Parametern: dem zu formatierenden Wert und der Anzahl der Nachkommastellen.

## Datengrößen darstellen

Die Methode `toReadableSize()` ist für die Darstellung von Datengrößen in einem lesbaren Format zuständig. Zu diesem Zweck wird abhängig von der Größe des übergebenen Wertes eine entsprechende Einheit für die Rückgabe gewählt. Diese kann die Werte Bytes, KB, MB und GB haben.

```
echo $number->toReadableSize(0);
echo $number->toReadableSize(1024);
echo $number->toReadableSize(1323385.76);
echo $number->toReadableSize(6368709655);
```

Die Methode rundet automatisch auf zwei Nachkommastellen und hängt die entsprechende Einheit an die Ausgabe an, wie die folgende Ausgabe zeigt:

```
0 Bytes
1 KB
1.26 MB
5.93 GB
```

## Werte flexibel formatieren

Wenn keine der vorhergehenden Methoden die Art der Formatierung bietet, die Sie brauchen, dann haben Sie die Möglichkeit, mit der Methode `format()` beliebige Werte nach Ihren Vorstellungen auszugeben. Der Aufruf der Methode gestaltet sich auf den ersten Blick relativ einfach:

```
NumberHelper::format ($number, $options = false)
```

Neben dem eigentlichen Wert, der formatiert werden soll, wird ein Array als zweiter Parameter erwartet, der angibt, wie der Wert hinterher aussehen muss. An dieser Stelle können Sie einiges bewegen: Wenn ein einfacher Integer-Wert übergeben wird, legen Sie damit die Anzahl der gerundeten Nachkommastallen fest:

```
echo $number->format(12.34534, 2); // Ausgabe 12,35
```

Wenn Sie ein assoziatives Array übergeben, haben Sie mehr Einfluss auf die Darstellung. Folgende Schlüssel können Sie verwenden:

| Schlüssel | Beschreibung |
|---|---|
| `places` | Anzahl der Nachkommastellen |
| `before` | String, der vor dem Wert ausgegeben werden soll |
| `escape` | Legt fest, ob der Wert für `before` escapt werden soll (*true* oder *false*) |
| `decimals` | Trennzeichen für die Nachkommastellen |
| `thousands` | Trennzeichen für die Vielfachen von 1000 |

Das folgende Beispiel zeigt die Anwendung der Methode `format()`:

```
echo $number->format(
    23456.23443,
    array(
        'places'    => 2,
        'before'    => '&euro;',
        'escape'    => false,
        'decimals'   => ',',
        'thousands'  => '.'
        )
    );
```

Die Ausgabe der Methode `format()` mit den Angaben aus dem Beispiel erzeugt folgende Ausgabe:

```
€23.456,23
```

Am Rande sei erwähnt, dass die Methode `currency()` intern auch auf `format()` zurückgreift, um eine entsprechend formatierte Währung zu erzeugen.

## Der Cache-Helper

CakePHP unterstützt schon seit der Version 1.1 das Caching von Views und Layouts aus dem Framework heraus. Es ist also möglich, dass Ansichten von Seiten in einem internen Speicher von CakePHP hinterlegt werden, damit der notwendige Prozess, um diese Seite zu generieren, nicht erneut ausgeführt werden muss. Dieses sogenannte *Full-Page-Caching* erlaubt es, die Geschwindigkeit von Seiten, auf die sehr häufig zugegriffen wird, spürbar zu erhöhen, da unnötiger Rechenaufwand vermieden wird.

Das Prinzip ist simpel: Wenn ein User eine Seite über eine bestimmte URL aufruft, wird als Erstes der interne Cache daraufhin überprüft, ob diese URL schon einmal innerhalb eines bestimmten Zeithorizontes aufgerufen wurde. Jede Seite im Cache ist dabei an die individuelle URL gebunden, so dass das Caching bei unterschiedlichen Parametern in der URL entsprechend unterschiedlich behandelt wird.

Wenn CakePHP eine gecachte Ausgabe im Speicher findet, wird diese an den User zurückgegeben und der normale Workflow übersprungen. Falls noch keine gerenderte Ausgabe vorhanden oder diese veraltet ist, wird das normale Verhalten über den Controller ausgeführt. Die Ausgabe, die dann auf diese Weise erstellt wurde, wird anschließend im Cache hinterlegt und für zukünftige Requests gespeichert. Das Ausführen der Logik, die für das Rendern einer bestimmten Ausgabe notwendig ist, wird in einem bestimmten Zeitraum also nur einmal erledigt, unabhängig davon, wie oft die Seite abgefragt wurde.

## Konfiguration

Das Caching von Ausgaben ist per Default im Framework deaktiviert. Alle Seiten, die vom User über den Browser aufgerufen werden, müssen jedes Mal neu berechnet und erstellt werden. Um das Caching zu aktivieren, müssen Sie es in der Konfiguration, genauer gesagt in der Datei */app/config/core.php*, eintragen. Der Schlüssel dazu ist der Wert von *Cache_Check*, der im oberen Drittel der Datei definiert wird:

```
/**
* Enable cache checking.
 * If set to true, for view caching you must still use the controller
 * var $cacheAction inside your controllers to define caching settings.
 * You can either set it controller-wide by setting var $cacheAction = true,
 * or in each action using $this->cacheAction = true.
 *
 */
Configure::write('Cache.check', true);
```

Wenn Sie diese Zeile so umschreiben, wie hier gezeigt ist, dann ist das Caching für die Seite grundsätzlich erlaubt. Es muss im Controller zwar noch festgelegt, was genau wie gecacht werden soll, aber die Angaben werden nur berücksichtigt, wenn das oben genannte Flag gesetzt ist. Darüber hinaus gibt es ein weiteres Flag, das für die Steuerung des Caching-Verhaltens in der Konfiguration verantwortlich ist:

```
/**
 * Turn off all caching application-wide.
 *
 */
Configure::write('Cache.disable', false);
```

Diese Einstellung erlaubt es, das Caching applikationsweit zu steuern, und überschreibt die Einstellung von *Cache.check*. Wenn dieser Wert auf *false* gesetzt wird, dann ist das Caching aktiviert und die hier beschriebenen Möglichkeiten sind verfügbar.

Der letzte Wert in der Konfiguration von CakePHP, den Sie an dieser Stelle betrachten müssen, ist am Ende der Datei core.php zu finden. Hier werden die globalen Voreinstellungen für die Cache-Engine festgelegt und darüber hinaus seit der Version 1.2 von CakePHP auch die Cache-Engine selbst. Ohne Änderungen an den Standardeinstellungen sieht die entsprechende Zeile so aus:

```
Cache::config('default', array('engine' => 'File'));
```

Hier wird für das Profil `default` festgelegt, dass das komplette Caching über die File-Engine abgewickelt wird. Das heißt, jedes File, das gecacht wird, landet im CakePHP-*tmp*-Ordner im Unterordner cache. Ähnlich wie in der Konfiguration für die Datenbank haben Sie auch hier die Möglichkeit, verschiedene Profile anzulegen, um beispielsweise für die Testeinstellungen keine oder eine kürzere Caching-Zeit anzugeben. Optional haben Sie die Möglichkeit, an dieser Stelle einige weitere Werte festzulegen, die global für die gesamte Caching-Engine gelten:

```
/**
* Cache Engine Configuration

* File storage engine.
* default dir is /app/tmp/cache

*   Cache::config('default', array('engine' =>
                'File' //[required]
*               'duration'=> 3600, //[optional]
*               'probability'=> 100, //[optional]
*               'path' => '/tmp', //[optional] use system tmp directory
*               'prefix' => 'cake_', //[optional] prefix every cache file
                                              with this string
*               'lock' => false, //[optional] use file locking
*               'serialize' => true, //[optional]
    *)
    *);
*/
```

Alle Angaben sind optional, bis auf den Namen der zu verwendenden Engine selbst. Neben der File-Engine, die CakePHP aus den früheren Versionen mitgebracht hat, gibt es seit Version 1.2 die Möglichkeit, auch andere Caching-Mechanismen zu verwenden. In der Konfigurationsdatei *core.php* sind beispielhafte Konfigurationen als Kommentar ähnlich wie im Beispiel oben angegeben, die die Einstellungsmöglichkeiten dazu zeigen. Der Aufbau ist immer der gleiche, nur die Zahl der Parameter schwankt abhängig vom Zielmechanismus.

Die Caching-Mechanismen können an dieser Stelle im Einzelnen nicht beschrieben werden. Abhängig von der Applikation und dem zu erwartenden Traffic kann es sinnvoller sein, den Schwerpunkt auf das Caching von Datenbankabfragen zu legen (MemCache) oder eine andere Lösung zu wählen, wie beispielsweise Xcache, das nicht die Ausgabe cacht, sondern den kompilierten Quellcode der PHP-Dateien.

Für was Sie sich auch immer entscheiden – jeder Entwickler hat sicherlich unterschiedliche Vorlieben bzw. Vorgaben – es spielt für den weiteren Verlauf dieses Abschnitts keine Rolle. Es klingt erstaunlich, aber CakePHP zeigt an dieser Stelle wieder einmal den Vorteil eines Frameworks, indem es den Umgang mit allen Caching-Mechanismen kapselt und über denselben Helper bedient. Es ist also egal, was in der Konfiguration festgelegt ist, für die Arbeit im Controller und im View wird es keinen Unterschied machen. Selbst wenn Sie später die komplette Applikationen oder Teile von ihr auf ein anderes Caching-System umstellen – im Quelltext wird das keine Änderung nach sich ziehen.

## Caching in Ihrer Applikation

Der erste Schritt in Richtung Caching ist das Aktivieren des Cache-Helpers im Controller, der für das View verantwortlich ist, das gecacht werden soll. Das geschieht auf die bekannte Art:

```
var $helpers = array('Cache');
```

Damit wäre schon mal ein großer Teil geschafft. Der Rest geschieht im Prinzip nur noch über das Setzen einer Variablen, nämlich `$cacheAction`. Die Daten, die über diese Variable gesetzt werden, sagen CakePHP, welche Ausgaben gecacht werden sollen und in welchem Zeitraum das geschehen soll. Der Wert für `$cacheAction` ist immer nur für den Controller gültig, in dem er definiert wurde. Alle Angaben, die im Folgenden gemacht werden, beziehen sich also immer auf den einzelnen Controller und müssen unter Umständen für andere Controller entsprechend gesetzt werden, wenn auch an dieser Stelle das Caching aktiviert werden soll.

Der Aufbau von `$cacheAction` ist recht einfach: In der Regel setzen Sie an dieser Stelle ein assoziatives Array, das einzelne Actions mit eventuellen Parametern für das Caching aktiviert:

```
var $cacheAction = array(
    'index/' => 3600,
    'view/3/' => 1800
);
```

Das Beispiel zeigt, wie im Kopf der Controller-Klasse zwei Actions definiert werden, die durch den Helper gecacht werden sollen: zum einen `index()` selbst, egal welche Parameter übergeben wurden, und zum anderen die Action `view()`, allerdings nur für den Aufruf mit dem Parameter 3. Die `index()`-Action wird genau eine Stunde lang gecacht, die `view()`-Action 30 Minuten. Die Zeitangaben können an dieser Stelle natürlich auch über `strtotime()`-Strings übergeben werden, wie das folgende Beispiel zeigt:

```
var $cacheAction = array(
    'index/' => '1 hour'
);
```

Wenn Sie einen kompletten Controller cachen möchten, ohne jede Action-Methode einzeln zu definieren, dann reicht so eine Angabe:

```
var $cacheAction = '1 hour';
```

Sie verzichten einfach auf die Array-Syntax und übergeben direkt einen Zeitwert. Dadurch werden sämtliche Ausgaben aller Action-Methoden mit allen Parametern gecacht. Im obigen Beispiel geschieht das genau eine Stunde lang. Einfach, oder?

Alle Einstellungen können auch direkt innerhalb einer Action angegeben werden, indem Sie über `$this->cacheAction` innerhalb der Action-Methode direkt die Werte dynamisch übergeben. Achten Sie allerdings darauf, dass die Angaben vor dem Rendern des Layouts und der Templates gesetzt werden, da sonst das Caching nicht mehr greift.

## Ausnahmebereiche im View definieren

Jetzt kommen Sie zu einem genialen Mechanismus der Caching-Engine: dem partiellen Cachen bestimmter Bereiche im View. Es kann vorkommen, dass Sie eine Seite haben, die zwar gecacht werden soll, auf der aber bestimmte Bereiche vom Caching ausgenommen werden müssen: beispielsweise die Ausgabe der aktuellen Uhrzeit oder des Usernamens auf der Startseite Ihrer Applikation. Bisher würde dies dazu führen, dass die komplette Ausgabe nicht gecacht werden kann, da dieser Bereich nicht als Ausnahme definiert ist.

Für ein adäquates Beispiel werden wir den Hello-Helper bemühen, den Sie in diesem Beispiel als Erweiterung für die Applikation erstellen werden. Der Helper begrüßt den User und gibt die aktuelle Uhrzeit aus:

```
$hello->sayHello(); // Ausgabe  Guten Morgen! 11.02.2008 11:57:41
```

Diese Ausgabe würde gecacht werden und unter Umständen den nächsten User ebenfalls mit »Guten Morgen« begrüßen, auch wenn es schon früher Nachmittag ist. Die falsche Uhrzeit oder das Datumsproblem bei längeren Caching-Zeiten kommen noch dazu und verhindern im Prinzip das Cachen der Seite.

Folgende Anweisung ermöglicht es allerdings, CakePHP auf genau dieses Problem hinzuweisen und die Anweisung zu erteilen: »Bitte alles cachen bis auf diesen Bereich!« Den Bereich, der nicht gecacht, werden soll, definieren Sie direkt im View:

```
<h2>Jobs</h2>
<cake:nocache>
<?php
echo $hello->sayHello();
?>
</cake:nocache>

...
```

Durch das Element nocache im CakePHP-Namensraum wird im View der Bereich markiert, der vom Caching ausgenommen ist. Sie können beliebig viele Bereiche auf diese Weise markieren. Das Framework wird so immer nur die Bereiche in das Cache-File schreiben, die auch gecacht werden sollen. Der Rest bleibt dynamischer Quellcode.

## Den Cache leeren

Grundsätzlich müssen Sie sich nicht um das Leeren des Caches kümmern, da dies automatisch geschieht, wenn der definierte Zeitraum abgelaufen ist. Darüber hinaus leert CakePHP den Cache, wenn ein Update stattgefunden hat, was die Daten insoweit ändert, dass das gecachte View nicht mehr aktuell ist. Das ist beispielsweise immer der Fall, wenn ein INSERT-, UPDATE- oder DELETE-Statement für das Model des Controllers stattgefunden hat.

Wenn Sie darüber hinaus die gecachten Ansichten löschen wollen, müssen Sie auf die globale Methode `clearCache()` zurückgreifen. Wenn sie ohne Parameter aufgerufen wird, löscht sie alle Cache-Files aus dem *tmp*-Ordner und setzt damit den Cache-Status zurück. Sie haben natürlich die Möglichkeit, insoweit zu filtern, dass nur der Cache für bestimmte Bereiche gelöscht wird. Die folgenden Beispiele zeigen ein paar dieser Möglichkeiten:

```
//Den kompletten Cache löschen
clearCache();

//Den Cache aller Views vom Job-Controller löschen
clearCache('jobs');

//Den Cache aller Views vom Job-Controller löschen, die von der View-Action
//erzeugt wurden
clearCache('jobs_view');

//Den Cache aller Views vom Job-Controller löschen, die von der View-Action
//erzeugt wurden, allerdings nur für Parameter, die mit 3 beginnen
clearCache('jobs_view_3');
```

Der letzte Fall ist mit ein wenig Vorsicht zu genießen. Auf den ersten Blick könnte man davon ausgehen, dass nur das Caching vom Aufruf *jobs/view/3* gelöscht werden würde. Tatsächlich ist hier allerdings ein String-Vergleich der Hintergrund, der nach partiellen Übereinstimmungen in den Cache-Files sucht. Es würden also auch alle Cache-Einträge von den Aufrufen gelöscht werden, deren Parameter mit 3 beginnt, also zum Beispiel */view/33 /view/374* etc.

## Der Paginator-Helper

Mit dem Paginator-Helper, der seit Version 1.2 Teil dieses Frameworks ist, hat CakePHP allen Entwicklern ein Geschenk gemacht, das das Leben sehr erleichtern kann. Die Bemühungen um eine saubere Paginierung, also das Darstellen von Datensätzen über mehrere Seiten, gehören der Vergangenheit an, da mit dem Paginator-Helper eine gute Lösung in der CakePHP-Welt geschaffen wurde. Zugegeben, die Begeisterung klingt gerade etwas überzogen. Aber lesen Sie einfach die folgenden Seiten, und erleben Sie, wie einfach es sein kann, Seiten auszugeben, ohne sich in irgendeiner Form Gedanken über den Aufbau der Logik dahinter zu machen.

Der Paginator-Helper ist sehr einfach zu bedienen und bietet neben einer Lösung für die seitenweise Darstellung von Daten noch einige andere Features, die an dieser Stelle nicht unerwähnt bleiben sollten. Ohne groß vorzugreifen, kann man sagen, dass neben der Paginierung auch die Sortierung und das Filtern von Daten unterstützt werden und dass darüber hinaus die komplette Logik auch über Ajax im Hintergrund genutzt werden kann. Diesen Teil des Helpers werden wir in Kapitel 13, *Ajax und DHTML mit CakePHP*, näher beleuchten.Kommen wir also zu den Grundlagen des Paginator-Helpers.

## Konfiguration im Controller

Im ersten Schritt muss im Controller das $helpers-Array erweitert werden, damit Sie später im View damit arbeiten können. Das passiert auf die bekannte Weise, indem Sie das Array um den Wert »Paginator« erweitern:

```
var $helpers = array('Paginator');
```

Wesentlich für die Paginierung von Daten ist die Klassenvariable $paginate, die für den Controller die Default-Werte für jede paginierte Ausgabe übernimmt. Die Variable übernimmt ein Array, das wie folgt aufgebaut ist:

```
<?php
class JobsController extends AppController {
var $paginate = array(
    'limit' => 10,
        'order' => array(
                'Job.created' => 'desc'
        )
);
...
}
```

Weitere Werte für die Konfiguration sind conditions, fields, order, limit, recursive und page. Wer sich dabei an die find()-Methode erinnert fühlt, hat vollkommen recht. Der Paginator-Helper arbeitet fast genauso wie find(), mit dem Unterschied, dass die Ergebnisse in einer seitenweisen Formatierung zurückgegeben werden. Dafür steht auch der letzte Parameter $page, der festlegt, auf welcher Seite man sich abhängig von den übrigen Parametern befindet. Das Beispiel zeigt eine solche Konfiguration, die eine Paginierung aller Jobs der Firma »Apple« anzeigt:

```
var $paginate = array(
        'limit'         => 5,
        'conditions'    => array('company' => 'Apple'),
        'fields'        => array('id', 'title'),
        'order'         => array('Job.created' => 'desc'),
        'recursive'     => 2,
        'page'          => 1,
);
```

Die $paginate-Konfiguration bezieht sich immer auf das Model, das dem Controller zugeordnet ist. Sollten Sie mehrere Models verwenden (über $uses), dann können Sie auch mehrere Konfigurationen angeben.

```
var $uses = array('Job', 'Customer');

var $paginate = array(
        'Jobs' => array(
            'limit'         => 5,
            'conditions'    => array('company' => 'Apple'),
            'fields'        => array('id', 'title'),
```

```
                'order'          => array('Job.created' => 'desc'),
                'recursive'        => 2,
                'page'             => 1,
            ),
            'Customers' => array(
                'limit'          => 10,
                'order'          => array('Customer.modified' => 'desc'),
                'recursive'      => 0,
                'page'           => 1,
            ),
    );
```

Der Schlüssel ist in diesem Fall immer der Name des Models, der dann auf eine eigene Konfiguration verweist. Auf diese Weise können eine Reihe von Konfigurationen nebeneinander stehen und entsprechend verwendet werden. Je nachdem, mit welchen Parametern Sie die Methode `paginate()` aufrufen, wird die entsprechende Konfiguration genutzt.

## Die Methode paginate()

Wenn die Konfiguration so weit steht, können Sie sich dem Herzstück der Paginierung widmen, der Controller-Methode `paginate()`. Sie arbeitet ähnlich wie die Methode `find()` und gibt genau wie diese ein Daten-Array zurück, das entsprechend der Konfiguration in `$paginate` befüllt ist. Die Methode ist wie schon gesagt nicht Teil des Helpers – zu dem kommen Sie gleich –, sondern gehört zum Controller und muss entsprechend aufgerufen werden:

```
Controller::paginate ($object = null, $scope = array(), $whitelist = array())
```

Der erste Parameter ist der wichtigste, weil hier der Name der Model-Klasse übergeben wird, für die die Paginierung der Ergebnismenge erfolgen soll. Wenn keine weiteren Parameter folgen, wird entsprechend der Konfiguration eine Liste erzeugt, die beispielsweise folgenden Aufbau haben könnte:

```
$jobs = $this->paginate('Job');
```

Ausgabe:

```
Array(
    [0] => Array
        (
            [Job] => Array
                (
                    [id] => 6
                    [company] => Testfirma
                    [title] => Testjob
                    [description] => Das ist Blindtext. Das ist Blindtext. Das ist
Blindtext. Das ist Blindtext. Das ist Blindtext. Das ist Blindtext. Das ist
Blindtext. Das ist Blindtext. Das ist Blindtext.
                    [created] => 2008-02-11 16:00:09
```

```
                    [modified] => 2008-02-11 16:00:09
                )

        )

    [1] => Array
        (
            [Job] => Array
                (
                    [id] => 10
                    [company] => Testfirma
                    [title] => Testjob
                    [description] => Das ist Blindtext. Das ist Blindtext. Das ist
Blindtext. Das ist Blindtext. Das ist Blindtext. Das ist Blindtext. Das ist
Blindtext. Das ist Blindtext. Das ist Blindtext.
                    [created] => 2008-02-11 16:00:09
                    [modified] => 2008-02-11 16:00:09
                )

        )

    [2] => Array
        (
            [Job] => Array
                (
                    [id] => 14
                    [company] => Testfirma
                    [title] => Testjob
                    [description] => Das ist Blindtext. Das ist Blindtext. Das ist
Blindtext. Das ist Blindtext. Das ist Blindtext. Das ist Blindtext. Das ist
Blindtext. Das ist Blindtext. Das ist Blindtext.
                    [created] => 2008-02-11 16:00:09
                    [modified] => 2008-02-11 16:00:09
                )
        )
...
)
```

Dieser Parameter – *job* – steuert auch die entsprechende Verwendung der Konfiguration im Wert von `$paginate`, da über den Objektnamen das entsprechende Array gemappt wird. Der zweite Parameter ermöglicht es, in der bekannten `find()`-Syntax die Default-Konfiguration zu überschreiben, die Sie über das `$paginate`-Array festgelegt haben. An dieser Stelle kommen genau dieselben Werte zum Einsatz wie im Wert `$paginate`, was einen dynamischen und sehr spezifischen Zugriff auf die Daten des Models ermöglicht.

Der letzte Parameter, `$whitelist`, kann gesetzt werden, wenn bestimmte Optionen der Sortierung bzw. des Seitenaufbaus explizit freigeschaltet werden sollen. Da diese Werte über Parameter in der URL gesteuert werden, kann man an dieser Stelle eventuellen Missbrauch verhindern.

Der letzte Schritt im Controller ist nicht weiter neu: Die Daten müssen nun an das View übergeben werden, damit Sie mithilfe des Paginator-Helpers ausgegeben werden können. Das geschieht wie gewohnt über set():

```
$jobs = $this->paginate('Job');
$this->set('jobs', $jobs);
```

Nun stehen die Daten der Job-Anzeigen in Form des oben dargestellten Arrays zur Verfügung und können weiterverarbeitet werden. Wechseln Sie also ins View.

## Der Paginator-Helper im View

Prinzipiell können Sie im View mit den übergebenen Daten genauso arbeiten wie bisher. Das Daten-Array $jobs hat dieselbe Struktur und kann entsprechend mit einer foreach-Schleife abgearbeitet und ausgegeben werden. Am bekannten Aufbau ändert sich also erst einmal nichts.

Die Methode paginate() im Controller hat aber neben dem eigentlichen Auslesen der Daten noch ein paar Dinge mehr getan, die im ersten Augenblick vor unseren Augen verborgen geblieben sind. Da der Paginator-Helper aktiviert wurde, konnte die Methode an das aktive View der Action einige Daten übergeben, die weitergehende Informationen über die Paginierung beinhalten. Dazu zählen unter anderem die aktuelle Seite, die Gesamtanzahl der Seiten und weitere Daten über die möglichen Sortierungsoptionen.

Diese Daten sind über den Paginator-Helper verfügbar und können so in die Ausgabe eingearbeitet werden. Das folgende Beispiel zeigt, wie das aussehen kann:

```
<h2>Jobs</h2>
<?php echo $paginator->counter(array('format'=>'Seite %page% von %pages%:')); ?>
<table>
    <tr>
        <th>ID</th>
        <th>Firma</th>
        <th>Titel</th>
        <th>Angebot vom</th>
        <th>zuletzt aktualisiert</th>
        <th>Actions</th>
    </tr>

<?php foreach($jobs as $job): ?>
    <tr>
        <td><?php echo $job['Job']['id'] ?></td>
        <td><?php echo $job['Job']['company'] ?></td>
        <td><?php echo $job['Job']['title'] ?></td>
        <td><?php echo $job['Job']['created'] ?></td>
        <td><?php echo $job['Job']['modified'] ?></td>
        <td>
```

```
                <?php echo $html->link('Details', '/jobs/view/' . $job['Job']['id']) ?>
                <?php echo $html->link('bearbeiten', '/jobs/edit/'
                                        . $job['Job']['id']) ?>
                <?php echo $html->link('löschen', '/jobs/delete/'
                                        . $job['Job']['id']) ?>
            </td>
        </tr>
    <?php endforeach; ?>
    </table>
    <?php echo $paginator->prev(); ?>
       
    <?php echo $paginator->next(); ?>
```

Die wesentlichen Änderungen gegenüber der alten Version des Views *index.ctp* sind hervorgehoben. Es erscheint nun eine Übersichtsseite mit der Möglichkeit, in den Daten zu blättern, und einer entsprechenden Ausgabe wie in Abbildung 7-4.

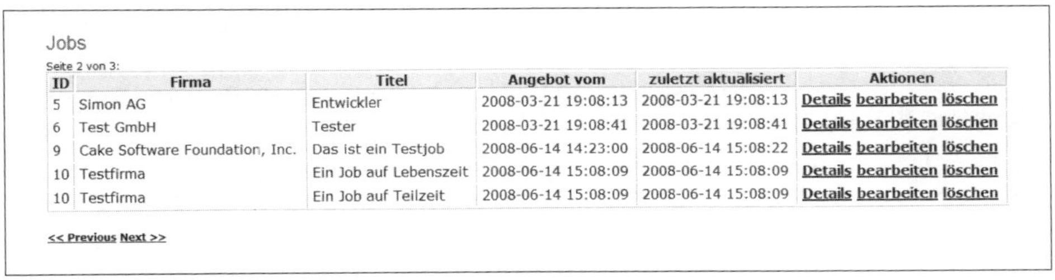

Jobs

Seite 2 von 3:

| ID | Firma | Titel | Angebot vom | zuletzt aktualisiert | Aktionen |
|---|---|---|---|---|---|
| 5 | Simon AG | Entwickler | 2008-03-21 19:08:13 | 2008-03-21 19:08:13 | Details bearbeiten löschen |
| 6 | Test GmbH | Tester | 2008-03-21 19:08:41 | 2008-03-21 19:08:41 | Details bearbeiten löschen |
| 9 | Cake Software Foundation, Inc. | Das ist ein Testjob | 2008-06-14 14:23:00 | 2008-06-14 15:08:22 | Details bearbeiten löschen |
| 10 | Testfirma | Ein Job auf Lebenszeit | 2008-06-14 15:08:09 | 2008-06-14 15:08:09 | Details bearbeiten löschen |
| 10 | Testfirma | Ein Job auf Teilzeit | 2008-06-14 15:08:09 | 2008-06-14 15:08:09 | Details bearbeiten löschen |

<< Previous Next >>

*Abbildung 7-4: Die Übersichtsseite mit Paginator*

Das Beispiel ist noch recht trivial, zeigt aber die Mächtigkeit des Paginator-Helpers. Im Wesentlichen haben Sie an dieser Stelle drei Methoden verwendet: zum einen `counter()`, die über einen übergebenen String die aktuelle Seite und die Gesamtanzahl ausgibt. Am Ende der Tabelle sorgen `prev()` und `next()` dafür, dass zwei Links zur Verfügung stehen, die es erlauben, durch die Seiten vor- und zurückzublättern. Ist der Anfang oder das Ende erreicht, wird durch das Defaultverhalten der Methoden der jeweilige Link ausgeblendet.

Wenn Sie ein wenig mit der neuen Ausgabe experimentiert haben, werden Sie sehen, dass die Steuerung der Paginierung über den Parameter `page` in der URL erfolgt. Dieser sogenannte `named`-Parameter sieht auf den ersten Blick gewöhnungsbedürftig aus, ist aber für die Verwendung des Helpers elementar. Die genaue Syntax werden Sie im Laufe des Buches noch kennenlernen. Aktuell genügt es zu wissen, dass er vorhanden ist und entsprechend genutzt wird.

Insgesamt stellt der Paginator-Helper eine ganze Reihe von Methoden mehr zur Verfügung, die in Tabelle 7-3 aufgeführt sind. Die wichtigsten dieser Methoden werden wir auf den folgenden Seiten anhand einiger Beispiele besprechen.

*Tabelle 7-3: Methoden des Paginator-Helpers*

| Methode | Beschreibung |
|---|---|
| `counter ($options=array())` | Gibt einen formatierten String aus, der eine Reihe von Informationen über die aktuelle Seite ausgibt |
| `current ($model=null)` | Gibt die aktuelle Seite zurück |
| `defaultModel ()` | Gibt das Standard-Model für diesen Paginator zurück |
| `first ($first= '<< first', $options=array())` | Erstellt einen Link auf die erste Seite |
| `hasNext ($model=null)` | Überprüft, ob eine Folgeseite vorhanden ist |
| `hasPage ($model=null, $page=1)` | Überprüft, ob eine bestimmte Seite vorhanden ist |
| `hasPrev ($model=null)` | Überprüft, ob eine vorhergehende Seite vorhanden ist |
| `last ($last= 'last >>', $options=array())` | Erstellt einen Link auf die letzte Seite |
| `link ($title, $url=array(), $options=array())` | Generiert einen Link mit allen notwendigen Parametern für den Paginator |
| `next ($title= 'Next >>', $options=array(), $disabledTitle=null, $disabledOptions=array())` | Erstellt einen Link auf die Folgeseite, sofern eine vorhanden ist |
| `numbers ($options=array())` | Gibt einen String mit Links zu den einzelnen Seiten zurück |
| `options ($options=array())` | Definiert die Standardoptionen für den Paginator |
| `prev ($title= '<< Previous', $options=array(), $disabledTitle=null, $disabledOptions=array())` | Erstellt einen Link auf die vorhergehende Seite, sofern diese vorhanden ist |
| `sort ($title, $key=null, $options=array())` | Erstellt einen Sortierungslink |
| `sortKey ($model=null, $options=array())` | Gibt die aktuelle Spalte zurück, nach der sortiert wurde |

## In den Seiten blättern

Das kleine Beispiel oben zeigt, wie einfach die Paginierung über den Helper gesteuert werden kann. Um das Beispiel noch ein wenig interessanter zu machen, sollen noch einige der anderen Möglichkeiten vorgestellt werden, die Ihnen der Paginator-Helper bietet. Betrachten Sie das folgende Beispiel, das um ein paar Methoden aus Tabelle 7-2 erweitert wurde, um dem User mehr Informationen über den Zustand des Paginators anzuzeigen:

```
<h2>Jobs</h2>

<?php
    $options = array(
        'url' => array('controller'=>'jobs', 'action'=>'index', $param),
    );

    $paginator->options($options);
```

```
?>

<?php echo $paginator->counter(array('format'=>'Seite %page% von %pages%:')) ?>
<table>
    <tr>
        <th>ID</th>
        <th>Firma</th>
        <th>Titel</th>
        <th>Angebot vom</th>
        <th>zuletzt aktualisiert</th>
        <th>Actions</th>
    </tr>

<?php foreach($jobs as $job): ?>
    <tr>
        <td><?php echo $job['Job']['id'] ?></td>
        <td><?php echo $job['Job']['company'] ?></td>
        <td><?php echo $job['Job']['title'] ?></td>
        <td><?php echo $job['Job']['created'] ?></td>
        <td><?php echo $job['Job']['modified'] ?></td>
        <td>
            <?php echo $html->link('Details', '/jobs/view/' . $job['Job']['id']) ?>
            <?php echo $html->link('bearbeiten', '/jobs/edit/'
                                   . $job['Job']['id']) ?>
            <?php echo $html->link('löschen', '/jobs/delete/'
                                   . $job['Job']['id']) ?>
        </td>
    </tr>
<?php endforeach; ?>
</table>
<?php echo $paginator->first('zum Anfang'); ?>
  
<?php echo $paginator->prev('zur&uuml;ck', array('escape'=>false)); ?>
  
<?php echo $paginator->numbers(array('seperator' => '|')); ?>
  
<?php echo $paginator->next('vor'); ?>
  
<?php echo $paginator->last('zum Ende'); ?>
```

Die Verwendung der meisten Methoden wird durch den praktischen Einsatz hier im Beispiel sehr gut veranschaulicht. Besonders wichtig an dieser Stelle ist der Umgang mit der Konfiguration der einzelnen Methoden. Eine recht wichtige Variable dazu ist `$options`, auch wenn das am Anfang schnell übersehen wird. Über diesen Wert wird nämlich festgelegt, wie die Methoden innerhalb des Paginators arbeiten sollen. Das geschieht zwar standardmäßig sehr ordentlich, indem auf gute Standardwerte zurückgegriffen wird, aber das Beispiel macht deutlich, dass an vielen Stellen doch Handlungsbedarf besteht.

Besonders deutlich wird das ganz am Anfang des Beispiels, wo mittels der Methode `$options` die Recall-URL für den Paginator-Helper festgelegt wird. Das Beispiel zeigt, wie über den Schlüssel *URL* ein dynamischer Parameter über den Paginator-Helper durchgereicht wird, damit er nach dem Blättern auch weiterhin zur Verfügung steht (siehe Abbildung 7-5). Das ist immer dann nötig, wenn die Seite über Parameter gesteuert wird und die Action-Methoden entsprechende Werte erwarten.

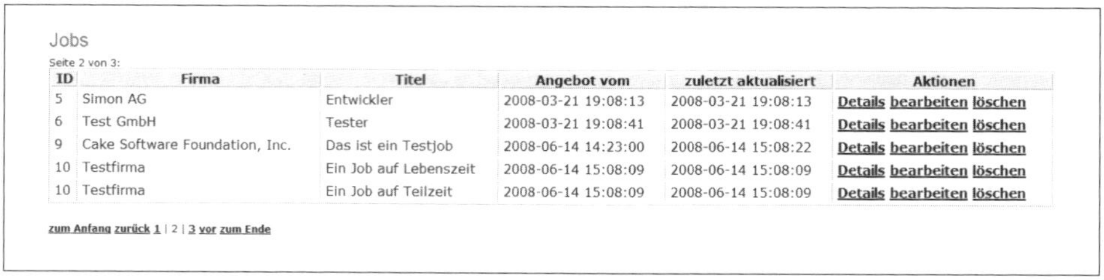


*Abbildung 7-5: Der Paginator mit Seitenzahlen und angepassten Labels*

Über `options()` kann noch eine Reihe von Einstellungen mehr gesetzt werden, die dann global für alle generierten Links gelten. Die Tabelle 7-4 zeigt die unterschiedlichen Werte, die über ein Array an die Methode `options()` übergeben werden können:

*Tabelle 7-4: Schlüssel von $options*

| Schlüssel | Beschreibung |
|---|---|
| `escape` | Legt fest, ob der Link-Text escapt werden soll oder nicht (Standard: *false*) |
| `sort` | Legt die Sortierungsspalte fest |
| `direction` | Legt die Sortierrichtung fest |
| `format` | Legt die Ausgabe von `counter()` fest. Übergeben wird ein String, der folgende Platzhalter unterstützt: `%page%`, `%pages%`, `%current%`, `%count%`, `%start%` und `%end%`. Diese Werte werden durch die Methode entsprechend ersetzt und erzeugen so eine dynamische Ausgabe. |
| `separator` | Legt den Trenner für die Methode `number()` fest |
| `url` | Legt die URL für den Paginator mit eventuellen Parametern fest |
| `model` | Der Name des Models, das sortiert werden soll |

Es besteht bei jeder Methode des Paginator-Helpers die Möglichkeit, die globalen Einstellungen zu überschreiben, indem Sie ein Konfigurationsarray als Parameter übergeben. Die Tabelle oben zeigt, welche Methoden den Parameter erwarten. Der Aufbau des Arrays ist identisch zu dem von `options()`.

Nicht alle Werte sind für alle Methoden sinnvoll. Das Beispiel oben zeigt, an welcher Stelle welche Werte eingesetzt werden können.

## Sortierungen einfügen

Der Paginator-Helper hat neben der Fähigkeit, schnell und einfach Ergebnisse in Seitendarstellung auszugeben, auch noch die Möglichkeit, die ausgegebene Tabelle zu sortieren. Zu diesem Zweck stellt der Helper die `sort()`-Methode zur Verfügung, die ähnlich wie die übrigen Paginator-Methoden Links generiert, um die Ansicht neu zu laden. Die Sortierung der Daten wird durch den Controller auf Basis der Parameter vorgenommen, und es wird ein entsprechend sortiertes Array erstellt, das dann wieder im View über den Helper ausgegeben wird.

Die Methode `sort()` sorgt dafür, dass die richtigen Parameter im erstellten Link übergeben werden, damit der Controller weiß, wie sortiert werden soll. Der Aufbau der `sort()`-Methode ist wie folgt:

```
PaginatorHelper::sort   (
                $title,
                $key = null,
                $options = array()
        )
```

Der erste Parameter gibt den klickbaren String an, der im Link erscheinen soll. An diese Stelle können Sie natürlich auch ein Bild setzen (bevorzugt mit dem HTML-Helper), achten Sie dann aber darauf, in den `$options`, also im letzten Parameter, den Wert von escape auf *false* zu setzen. Ansonsten werden die HTML-Tags nicht interpretiert, sondern einfach ausgegeben.

Der zweite Parameter ist der Name der Datenspalte, nach der sortiert werden soll. Im SQL-Befehl, der aus den Parametern generiert wird, ist es dieser Wert, der im ORDER BY-Statement verwendet wird. Standardmäßig legt dieser Wert eine aufsteigende Sortierung fest, außer es wurde schon nach dieser Spalte aufsteigend sortiert: Dann wird dynamisch auf eine absteigende Sortierung umgeschaltet.

Der letzte Parameter ist wieder das bekannte `$options`-Array, das es ermöglicht einzelne Parameter für diese Methode festzulegen, so wie es oben beschrieben wurde. Das folgende Beispiel zeigt den Einsatz der Methode:

```
<table>
        <tr>
                <th>ID</th>
                <th><?php echo $paginator->sort('Firma', 'company'); ?></th>
                <th><?php echo $paginator->sort('Titel', 'title'); ?></th>
                <th><?php echo $paginator->sort('Angebot vom', 'created'); ?></th>
                <th><?php echo $paginator->sort('zuletzt aktualisiert',
                                                'modified'); ?></th>
                <th>Actions</th>
        </tr>
...
```

In der Tabelle wurden nun alle Titel der Tabellenspalten als Links dargestellt. Ein Klick auf die jeweilige Überschrift sortiert die Reihenfolge auf- oder absteigend (Abbildung 7-6).

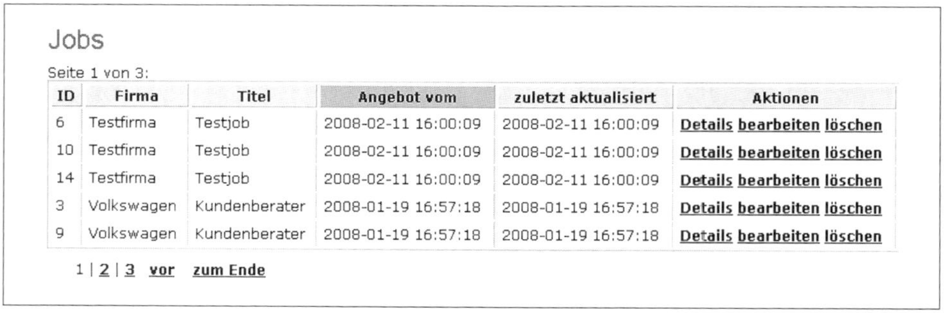


*Abbildung 7-6: Sortierung im Paginator nach Spalten*

Einfacher geht es kaum. Neben der `sort()`-Methode gibt es noch zwei Zugriffsmethoden, mit denen Sie den aktuellen Stand der Sortierung auslesen können:

```
PaginatorHelper::sortKey        (
                $model = null,
                $options = array()
        )


PaginatorHelper::sortDir        (
                $model = null,
                $options = array()
        )
```

Die Methode `sortKey()` gibt den aktuellen Schlüssel zurück, nach dem die Ansicht in der Seite sortiert wird. Dieser Wert entspricht dem Datennamen der Spalte, die vom User angeklickt wurde. Die Methode `sortDir()` gibt entweder den Wert *ASC* oder *DESC* zurück, je nachdem, welche Sortierrichtung vorgegeben wurde.

# Der JavaScript-Helper und CakePHP

Der JavaScript-Helper wird wie jeder andere Helper im Controller über das `$helpers`-Array im Kopf der Klasse eingebunden. Wenn das geschehen ist, steht Ihnen der komplette Funktionsumfang über das `$javascript`-Objekt im View zur Verfügung.

Dieser Abschnitt dient auch als Grundlage für den Einsatz der Ajax-Komponenten, die ebenfalls als Helper in CakePHP enthalten sind. Wenn Sie die Grundlagen dieses Helpers erarbeitet haben, werden Sie das Kapitel 13, *Ajax und DHTML mit CakePHP*, schnell verstehen und anwenden können. Die Tabelle 7-5 gibt einen Überblick über die Möglichkeiten des JavaScript-Helpers:

*Tabelle 7-5: Methoden des JavaScript-Helpers*

| Methode | Beschreibung |
|---|---|
| `link($url, $inline=true)` | Verlinkt ein externes JS-File mit dem Dokument |
| `includeScript( $script="", $options=array() )` | Liest ein externes JS-File aus und fügt es dem Dokument hinzu |
| `codeBlock( $script=null, $options=array(), $safe=true )` | Gibt einen JavaScript-Codeblock aus und setzt diesen in korrekte `<script>`-Tags |
| `escapeScript($script)` | Escapt Sonderzeichen in einem Skript |
| `escapeString($string)` | Escapt Sonderzeichen in einem String |
| `cacheEvents ($file=false, $all=false)` | Definiert den Umgang mit JavaScript-Events |
| `event( $object, $event, $observer=null, $options=array() )` | Legt ein Event für ein DOM-Element fest |
| `getCache($clear=true)` | Gibt den Event-Cache zurück |
| `writeEvents( $inline=true, $options=array() )` | Schreibt gechachte Events ins Dokument |

## Externe JavaScript-Dateien einbinden

Die wichtigste Methode ist erfahrungsgemäß die Methode `link()`, mit der externe JS-Dateien in das View eingehängt werden. *Link* erzeugt dabei ein *Script*-Element, das über das Attribut `href` auf eine externe Ressource verweist. Der erste Parameter übergibt dabei den Link zur eigentlichen Skriptdatei, wobei an dieser Stelle eine relative oder auch eine absolute URL angegeben werden kann.

Im ersten Fall verweist der Helper automatisch auf das *js/*-Verzeichnis unter *webroot*, in dem alle JavaScript-Files im Normalfall liegen sollten. Fall Sie das Skript in einen Unterordner abgelegt haben, muss dieser an dieser Stelle mit angegeben werden.

```
echo $javascript->link('scriptaculous-js-1.8.1/lib/prototype');
echo $javascript->link('scriptaculous-js-1.8.1/src/scriptaculous');
```

Über den zweiten Parameter legen Sie die Stelle fest, an der das Skript ausgegeben werden soll. Im Normalfall gibt `link()` einfach einen String zurück, der wie im Beispiel per echo an der entsprechenden Stelle im Template die folgende Ausgabe macht:

```
<script type="text/javascript" src="/cakejobs/js/scriptaculous-js-1.8.1/lib/
                                     prototype.js"></script>
<script type="text/javascript" src="/cakejobs/js/scriptaculous-js-1.8.1/src/
                                     scriptaculous.js"></script>
```

Wenn Sie allerdings `$inline` auf *false* setzen, gibt `link()` nichts zurück, sondern setzt die Ausgabe automatisch an die Stelle im Layout, an der Sie `$scripts_for_layout` gesetzt haben. Im Standardlayout von CakePHP ist das direkt im Head, wo JavaScript-Verweise dieser Art normalerweise auch hingehören. So haben Sie die Möglichkeit, aus dem View heraus das Einbinden von JS-Files zu steuern, ohne diese direkt ins View schreiben zu müssen.

## JavaScript-Code in den Quelltext einfügen

Die Methode `codeBlock()` verlinkt nicht auf ein externes Skript, sondern fügt JavaScript-Quelltext direkt im View ein. Dabei wird der Quelltext automatisch in ein Script-Element gesteckt. Das Verhalten der Methode wird über die beiden Parameter gesteuert: `$script` übergibt den JavaScript-Quelltext, der im View ausgegeben werden soll. Wichtig ist, dass an dieser Stelle tatsächlich der Quelltext übergeben wird und kein Link auf ein externes File, wie es bei `link()` der Fall war.

Mit dem zweiten Parameter, `$options`, können Sie die Ausgabe anpassen, indem Sie Schlüssel-Wert-Paare in Form eines Arrays übergeben. Möglich sind die Schlüssel `safe` und `allowCache`, die beide entweder *true* oder *false* sein können. Wird `safe` auf *true* gesetzt (das ist der Default-Wert), dann wird der Quelltext im Script-Element noch zusätzlich als CDATA markiert, um eine gültige XHTML-Syntax zu garantieren.

Der zweite Schlüssel, `allowCache`, dient dazu, den Quelltext, der an dieser Stelle eigentlich ausgegeben werden sollte, zu cachen und an anderer Stelle gesammelt mit anderem JavaScript-Quelltext auszugeben. Diese Form des Cachings werden Sie in Kapitel 13, *Ajax und DHTML mit CakePHP*, näher kennenlernen.

```
echo $javascript->codeBlock("alert('Das ist ein Test!');");
```

Dieses Beispiel zeigt, wie ein recht einfacher JavaScript-Befehl als Code-Block ausgegeben wird. Der JavaScript-Helper erzeugt dabei diesen Quelltext:

```
<script type="text/javascript">
//<![CDATA[
alert('Das ist ein Test!');
//]]>
</script>
```

Das Ergebnis ist eine einfache Alert-Box mit der oben definierten Ausgabe.

## Strings und Texte bearbeiten

Die beiden Methoden escapeString() und escapeScript() sind im Prinzip recht simpel und dienen dazu, Strings beziehungsweise komplette Skripten von potenziell gefährlichen Zeichen zu befreien. Gefährlich heißt an dieser Stelle, dass Zeichen wie Zeilenumbrüche, andere Whitespaces oder Anführungszeichen entsprechend maskiert werden, damit der Browser den Quelltext korrekt interpretiert und auswertet.

Die Methode escapeString() unterscheidet sich von der Methode escapeScript() dadurch, dass der übergebene String so umgewandelt wird, dass er in einem Skript als String verwendet werden kann: also in Anführungszeichen gesetzt werden kann, ohne dass ein Problem auftritt. Die Methode escapeScript() sorgt dafür, dass Zeilenumbrüche einheitlich kodiert sind und Anführungszeichen korrekt gequotet werden.

## Die Methode includeScript()

Als weitere Möglichkeit bietet der JavaScript-Helper die Methode includeScript(), um externe JavaScript-Dateien in Ihr View einzubinden. Im Gegensatz zu link() wird an dieser Stelle aber keine Referenz auf die externe Datei angelegt, sondern die externe Datei wird ausgelesen und direkt in den Quelltext geschrieben, so wie es die Methode codeBlock() macht. Die Datei muss dazu entsprechend erreichbar sein und im Webroot-Ordner unter */javascript* liegen.

```
JavascriptHelper::includeScript (
  $script = "",
  $options = array()
)
```

Wird kein Wert für *Script* angegeben, durchsucht die Methode automatisch das JavaScript-Verzeichnis im Webroot-Ordner und bindet automatisch alle *.js*-Dateien ein, die gefunden werden. Der Parameter $options übernimmt dieselben Angaben wie die Methode codeBlock() und wird genauso behandelt.

# Eigene Helper entwickeln

Falls Sie in die Lage kommen sollten, dass die schon bestehenden Helper von CakePHP nicht ausreichen, dann ist es problemlos möglich, den Funktionsumfang im View durch eigene Helper zu erweitern. Diese Tatsache erklärt auch die Existenz des noch leeren Ordners *helpers* in Ihrem View-Ordner, denn an dieser Stelle speichern Sie alle selbst erstellten Helper, die in Ihrer Applikation verwendet werden sollen.

Der Dateiname richtet sich nach den Namenskonventionen von CakePHP und ist der Name der Helper-Klasse in der Underscore-Schreibweise. Ein Helper mit dem Namen `MyExampleHelper` würde in der folgenden Datei hinterlegt werden:

*/app/views/helpers/my_example.php*

Angenommen, Sie möchten einen Helper erstellen, der es ermöglicht in unserer CakeJobs-Applikation das aktuelle Datum samt Uhrzeit formatiert auszugeben und den User optional abhängig von der Tageszeit auch noch zu begrüßen. Das ist vielleicht nicht die anspruchsvollste Aufgabe, aber für ein Beispiel gut geeignet.

## Der HelloHelper

Erstellen Sie zu diesem Zweck im Ordner */app/views/helpers* eine Datei mit dem Namen *hello.php*. Die Datei enthält die neue Helper-Klasse mit dem Namen `HelloHelper`, die aus der Klasse `AppHelper` abgeleitet wurde.

```
class HelloHelper extends AppHelper {

   //Helper-Logik

}
```

Die öffentlichen Methoden des Helpers stehen Ihnen als Werkzeug im View zur Verfügung. Das Beispiel enthält erst einmal nur eine Methode, die allerdings auf weitere private Methoden zugreift. Zu diesem Zweck verwenden Sie die Underscore-Syntax des Frameworks:

```
class HelloHelper extends AppHelper {

   function sayHello($hello = true) {

      $out = 'Guten Abend!';

      if(date('H') < 18) $out = 'Guten Tag!';
      if(date('H') < 12) $out = 'Guten Morgen!';

      if($hello) {
         $ret = $this->output($out . " " . $this->__getDateTime());
      } else {
         $ret = $this->output($this->__getDateTime());
      }

      return $ret;
    }

    function __getDateTime() {
       return date('d.m.Y H:i:s');

   }
}
```

Der Quelltext des Beispiels ist nicht weiter kompliziert und erklärt sich zum größten Teil von selbst. Die Methode __getDateTime() erstellt einfach einen String, der die aktuelle Uhrzeit mit Datum enthält, und gibt diesen zurück. Diese Methode wird in der Helper-Methode sayHello() verwendet. Darüber hinaus wird anhand der aktuellen Stunde noch eine Begrüßung ausgewählt, die abhängig vom Parameter $hello ausgegeben wird oder nicht.

So weit, so gut. Das Einzige, was an dieser Stelle ins Auge fällt, ist die Helper-Methode output(), die aus der Mutterklasse AppHelper vererbt worden ist. Die Rückgabe wird nicht direkt per return in das View zurückgegeben, sondern erst an die Methode output() weitergeleitet.

Dieses Vorgehen ist im Prinzip nicht notwendig, da die Methode keinerlei Effekt hat. Sie bietet aber den Vorteil, dass sie im Helper oder in der Oberklasse AppHelper überschrieben werden kann, um die Ausgabe von Helpern generell zu verändern, ohne jede Methode der einzelnen Dateien anfassen zu müssen.

Damit wäre unser *HelloHelper* im Prinzip fertig. Sie müssen ihn nur noch im Jobs-Controller bekannt machen, dann kann er in den Views verwendet werden. Fügen Sie dazu die folgende Zeile in die *JobsController*-Klasse ein:

```
var $helpers = array('hello');
```

Wenn Sie nun ein View um den folgenden Code erweitern, sehen Sie den neuen Helper in Aktion:

```
echo $hello->sayHello();        //Ausgabe: Guten Morgen! 29.01.2008 10:53:15
echo $hello->sayHello(false);   //Ausgabe: 29.01.2008 10:53:15
```

Ähnlich wie Controller können Helper um die Funktionalität anderer Helper erweitert werden. Das geschieht über die gleiche Syntax wie in der Controller-Klasse:

```
class HelloHelper extends AppHelper {

   var $helpers = array('html');

   function sayHello($hello = true) {
       ...
   }
}
```

Dieses Beispiel zeigt, wie Sie mit dem $helpers-Array im Kopf der Klasse bereits bestehende Helper einfügen können. Der Aufruf erfolgt dann über den $this-Operator in der Helper-Klasse:

```
$this->html->link();
```

Oft ist es einfacher, die bestehende Funktionalität eines Helpers zu nutzen, anstatt die Logik komplett nachzubauen.

## Generelle Helper-Funktionalitäten mit der AppHelper-Klasse

Die Klasse `AppHelper` ist die Grundlage aller Helper, die in CakePHP verwendet werden. Das gilt speziell für die selbst erstellten Helper in Ihrer Applikation. Diese Klasse ist prinzipiell eine Rahmenklasse, die eigene Funktionalität beeinhaltet und lediglich aus der Mutterklasse `Helper` des Frameworks abgeleitet wird.

CakePHP sucht die Klasse `AppHelper` automatisch an zwei Orten: zuerst im Applikationsordner an der Stelle */app/app_helper.php*. Falls die Klasse dort nicht angelegt ist, wird sie aus dem Ordner */cake/* des Frameworks geladen.

Dieses Vorgehen gibt Ihnen die Möglichkeit, die Klasse `AppHelper` selbst zu erstellen und in ihr allgemeine Methoden und Werte zu definieren, die dann automatisch allen Helpern zur Verfügung stehen. Nutzen Sie diese Möglichkeit, um beispielsweise die Methode `output()` zu überschreiben oder um generelle Methoden zu definieren, die global genutzt werden sollen. An dieser Stelle können Sie auch über das Klassen-Array `$helpers` Core-Helper von CakePHP für selbst geschriebene Helper global verfügbar machen.

KAPITEL 8

# Session-Handling mit CakePHP

Der Umgang mit Sessions gehört zu den wichtigsten Aufgaben bei der Entwicklung von dynamischen Webanwendungen. Der Grund dafür ist schnell gefunden, da das HTTP-Protokoll, die Grundlage all unserer Arbeit, ein zustandsloses Protokoll ist, das jeden Request so behandelt, als wäre er der erste. Mit den Bordmitteln des WWW ist es also nicht möglich, einen User zu identifizieren oder einer bestimmten Abfolge von Requests an einen Server zuzuordnen.

Jede Programmiersprache, die im Web Verwendung findet, bietet Lösungen für dieses Problem. Diese bestehen in der Regel aus einer Kombination aus dem Einsatz von Cookies, eindeutigen IDs und temporären Daten auf dem Server, die einem User zugeordnet werden können. Das gilt auch für PHP, das Sessions nativ seit der Version 4 unterstützt.

Da fast keine Webanwendung mehr ohne ein vernünftiges Session-Handling auskommt, ist es naheliegend, dass das Framework unserer Wahl den Umgang mit Sessions kapselt und auf eine CakePHP-typische Weise behandelt. Die Rede ist von der CakePHP-Session-Component, die in diesem Kapitel behandelt wird. Im Folgenden erläutern wir zunächst die Grundlagen zu diesem Thema, dann werden wir uns wieder die Beispielapplikation vornehmen, um diese um eine konkrete Anwendung des Session-Handlings zu erweitern. Unser Ziel ist es, einen Session-basierten Merkzettel zu erstellen, der einzelne Jobs speichert und wieder verfügbar macht.

## Session-Konfiguration

Um in CakePHP mit Sessions arbeiten zu können, müssen bezüglich der Konfiguration einige Punkte beachtet werden. Alle Einstellungen zum Umgang mit Sessions finden Sie in der Datei *\app\config\core.php* mit entsprechenden Kommentaren.

CakePHP unterstützt drei Arten von Session-Verwaltung: PHP-Engine-gesteuert, über temporäre Dateien im */tmp*-Ordner von CakePHP und das Speichern der Daten in einer Datenbank. Als Standard ist dabei die Steuerung über die PHP-

Engine gesetzt. Um dies zu ändern, setzen Sie einfach in der Zeile `Configure::write('Session.save', 'php');` einen der drei folgenden Werte:

| Wert | Beschreibung |
|---|---|
| `php` | Steuerung über die *php.ini* |
| `cake` | Session-Files werden im CakePHP-*tmp*-Ordner gespeichert |
| `database` | Sessions-Daten werden in der Datenbank gespeichert |

Falls Sie festlegen, dass die Session über die Datenbank erfolgen soll, dann können Sie in der folgenden Zeile den Namen der entsprechenden Tabelle sowie die Datenbank festlegen, in der die Tabelle gespeichert wird:

```
Configure::write('Session.table', 'cake_sessions');
Configure::write('Session.database', 'default');
```

Die Tabelle selbst kann über den SQL-Befehl erstellt werden, der in der Datei */app/config/sql/sessions.sql* hinterlegt ist. CakePHP greift dann automatisch im Zuge der Session-Generierung auf diese Tabelle zu, um alle Daten der Session abzulegen.

Die folgenden Zeilen definieren einige weitere Punkte rund um die Session und ihre Verwaltung. Zum einen können Sie den Namen des Cookies festlegen, in dem die Session-ID gespeichert wird, zum anderen die Länge des Timeouts, wann eine Session ohne Interaktion ablaufen soll:

```
Configure::write('Session.cookie', 'CAKEPHP');
Configure::write('Session.timeout', '120');
```

Der Wert des Timeouts wird noch mit einer Konstante multipliziert, die durch den Sicherheitslevel weiter unten festgelegt wird. Per Default-Einstellung wird automatisch eine Session gestartet, wenn ein CakePHP-Controller über eine Action aufgerufen wird. Wenn Sie dies unterbinden wollen, setzen Sie hier den Wert `false`. Die Session muss dann immer manuell gestartet werden, wie Sie gleich sehen werden.

```
Configure::write('Session.start', true);
```

CakePHP ist sehr auf Sicherheit bedacht. Darum wird neben der gültigen Session-ID auch immer der Browser-Typ des Users überprüft, bevor eine Session reaktiviert wird. Wenn Sie also den Browser wechseln, würde das zu einem Abbruch der Session führen. Das kann verhindert werden, wenn an dieser Stelle der Wert `false` in der Konfiguration eingetragen wird. Diese Einstellung setzt allerdings die Sicherheit der Applikation herunter.

```
Configure::write('Session.checkAgent', false);
```

Über den Wert des Security-Levels haben Sie Einfluss auf verschiedene Faktoren im Umgang mit der Session. Zum einen wird hier die Dauer des Session-Timeouts beeinflusst, zum anderen die Erneuerung der Session-ID selbst zur Laufzeit des Session. Sie können zwischen drei Sicherheitsstufen wählen: `high`, `medium` und `low`, wobei `high` der Standard ist.

```
Configure::write('Security.level', 'high');
```

Bleibt der Wert bei `high`, dann wird bei jedem Request die Session-ID intern geändert, so dass es nicht möglich ist, die ID zu »klauen« (Session-Highjacking) und eine gültige Session zu übernehmen. Darüber hinaus wird die eigentliche Geltungsdauer der Session wie folgt festgelegt:

| Wert | Beschreibung |
|---|---|
| `high` | Der Wert von *Timeout* wird mit 10 multipliziert |
| `medium` | Der Wert von *Timeout* wird mit 100 multipliziert |
| `low` | Der Wert von *Timeout* wird mit 300 multipliziert |

Der Wert `Session.timeout` ist also ein Multiplikator, der über den Sicherheitslevel entsprechend hochgesetzt wird. Berücksichtigen Sie dies, wenn Sie die Konfiguration von CakePHP in Bezug auf die Session verändern.

Prinzipiell kann man an dieser Stelle Folgendes festhalten: Die Voreinstellungen von CakePHP sind für die meisten Anwendungen vollkommen in Ordnung und können so übernommen werden. Änderungen sind eigentlich nur notwendig, wenn höhere Sicherheitseinstellungen notwendig sind, beispielsweise bei Applikationen, die mit kritischen Daten arbeiten, oder wenn im Zuge einer Performance-Optimierung der Aufwand für das Session-Handling reduziert werden soll.

# Die Session-Component verwenden

Anders als viele andere Components von CakePHP müssen Sie die Session-Component nicht explizit im Controller über das Array `$components` bekannt machen. Sie steht Ihnen automatisch zur Verfügung und kann direkt über `$this->Session` angesprochen werden. Die in Tabelle 8-1 aufgeführten Methoden stehen Ihnen dabei zur Verfügung.

*Tabelle 8-1: Methoden der Session-Component*

| Methode | Beschreibung |
|---|---|
| `activate($base=null)` | Aktiviert eine Session |
| `started()` | Überprüft, ob eine Session aktiv ist |
| `check($name)` | Überprüft, ob ein Wert in der Session gesetzt ist |
| `del($name)` | Löscht einen Wert aus der Session |
| `error()` | Gibt den letzten Fehler der Session zurück |
| `valid()` | Überprüft die Session auf Gültigkeit |
| `write($name, $value=null)` | Schreibt einen Wert in die Session |
| `read($name=null)` | Liest einen Wert aus der Session |
| `destroy()` | Löscht die komplette Session |

*Tabelle 8-1: Methoden der Session-Component (Fortsetzung)*

| Methode | Beschreibung |
| --- | --- |
| `renew()` | Setzt eine neue Session-ID und überträgt alle Daten aus der bestehenden Session |
| `setFlash( $message, $layout = 'default', $params=array(), $key= 'flash' )` | Setzt eine Nachricht, die im View mit `flash()` ausgegeben wird |

Im Wesentlichen sind die Methoden selbsterklärend für alle, die schon einmal mit einer Session gearbeitet haben. Darum werden wir hier nur die wichtigsten Methoden durchgehen und den Umgang mit einer Session unter CakePHP erklären.

## Grundlagen

Grundsätzlich steht Ihnen automatisch immer eine aktive Session zur Verfügung, außer Sie haben diese Option in der Konfiguration deaktiviert. Wenn das der Fall ist, müssen Sie die Session mit dem Befehl `activate()` starten. Wenn Sie nicht sicher sind, ob die Session gestartet ist, können Sie dies über den Befehl `started()` überprüfen. Der Befehl gibt *true* oder *false* zurück, je nachdem, ob eine Session vorhanden ist oder nicht. Das genaue Gegenstück zu `activate()` ist die Methode `destroy()`. Diese Methode (Überraschung!) löscht die bestehende Session mit allen darin enthaltenen Daten.

```
if(!$this->Session->started()) {
  $this->Session->activate();
}

//Dinge mit der Session veranstalten...
$this->Session->destroy();
```

So einfach und so gut. Natürlich ist es nur dann sinnvoll, eine Session zu löschen, wenn sie tatsächlich nicht mehr gebraucht wird, beispielsweise beim Logout des Users. Wesentlich gebräuchlicher ist die Methode `del()`, die es erlaubt, einzelne Werte aus der Session zu löschen. Dazu müssen diese aber zuvor gesetzt werden, und zwar mit der Methode `write()`, die neben einem Schlüssel-String den Wert erwartet, der gespeichert werden soll. Der Wert kann dabei jeder beliebige Datentyp sein, vom einfachen String bis hin zu einem multidimensionalen assoziativen Array.

```
//Dinge mit der Session veranstalten...
$value = "Hallo Welt!";
$arr   = array("rot", "grün", "blau");
$this->Session->write("str", $value);
$this->Session->write("arr", $arr);
```

```
echo $this->Session->read("str");
$farben = $this->Session->read("arr");
echo $farben[1];

$this->Session->del("arr");
$this->Session->del("str");
```

Ausgabe:

```
Hallo Welt!
grün
```

Beide Methoden geben *true* zurück, wenn alles geklappt hat, und *false*, falls ein Fehler aufgetreten ist. Sobald der Wert in einer Session hinterlegt ist, kann er in der kompletten Laufzeit der Session jederzeit abgerufen werden. Wie das Beispiel zeigt, geschieht das über die Methode `read()`, die einfach den Schlüssel zum gewünschten Wert übernimmt und diesen dann zurückgibt. Wenn Sie keinen Schlüssel übergeben, werden einfach alle Werte in einem Array zusammengefasst und als Rückgabewert ausgegeben:

```
$this->Session-read();
```

Ausgabe:

```
Array
(
    [Config] => Array
        (
            [userAgent] => 257e22ed10a35e5c7ef15cc858dd6ea0
            [time] => 1202399769
            [rand] => 699
            [timeout] => 6
        )

    [str] => Hallo Welt!
    [arr] => Array
        (
            [0] => rot
            [1] => grün
            [2] => blau
        )

)
```

Neben den eigentlichen Werten kommen dabei auch einige interne Angaben zum Vorschein, die in CakePHP verwendet werden. Um zu prüfen, ob ein Wert schon in der Session hinterlegt ist, genügt die Methode `check()`:

```
if($this->Session->check("arr")) {
        echo "Ich sehe Farben!";
}
```

`check()` gibt *true* oder *false* zurück, je nachdem, ob der Schlüssel mit einem Wert in der Session hinterlegt ist oder nicht.

## Mehr Sicherheit

Neben den oben genannten Kern-Methoden im Umgang mit einer Session bietet die Session-Component von CakePHP noch einige Möglichkeiten, um den Missbrauch von Sessions zu erschweren. Eine Methode ist `renew()`, die dafür sorgt, dass für die bestehende Session eine neue Session-ID angelegt wird und alle Daten an diese neue Session übertragen werden. All das geschieht automatisch im Hintergrund, wenn die Methode aufgerufen wird, sorgt aber gleichzeitig dafür, dass Session-IDs, die zuvor verwendet wurden, ihre Gültigkeit verlieren. Jeder Request an den Server ist auf diese Weise mit einer neuen ID verknüpft. Das führt bei sehr vielen gleichzeitigen Anfragen natürlich zu einem gewissen Performance-Verlust, der allerdings erst bei wirklich großen Anwendungen ins Gewicht fällt.

Dieses Verhalten wird automatisch ausgeführt, wenn der Security-Level in der Konfiguration auf high gesetzt wurde. Die Methode `valid()` überprüft, ob eine Session gültig ist oder nicht. Dabei werden einige Eckdaten überprüft, wie beispielsweise der Browsertyp (sofern dies in der Konfiguration aktiviert wurde) oder der Zeitstempel im Sinne eines Timeouts. Darüber hinaus wird überprüft, ob die korrekten Konfigurationsdaten in der Session hinterlegt sind. Falls einer der Punkte nicht korrekt sein sollte, gibt diese Methode *false* zurück.

# Der Session-Helper

Neben der Session-Component für den Einsatz im Controller existiert ein entsprechendes Gegenstück in Form eines Helpers für den Einsatz von Sessions in den Templates des Views. Genau wie die Component steht der Session-Helper auch automatisch zur Verfügung, ohne dass man ihn speziell aufrufen muss. Auch wenn es vielleicht auf den ersten Blick redundant erscheint, ist es durchaus sinnvoll, die Session sowohl über den Controller als auch über einen Helper im View steuern zu können.

Ohne den Helper müssten alle Werte per `set()` in das Template gesetzt werden, was nicht sehr elegant ist. Durch den Helper stehen Ihnen automatisch alle Werte aus der Session gekapselt im View zur Verfügung. Da der Helper fast identische Methoden zur Component hat (Tabelle 8-2), ist der Umgang mit der Session im View schnell gelernt.

*Tabelle 8-2: Methoden des Session-Helpers*

| Methode | Beschreibung |
|---|---|
| `activate()` | Aktiviert eine Session |
| `check($name)` | Überprüft, ob ein Wert in der Session gesetzt ist |
| `valid()` | Überprüft die Session auf Gültigkeit |
| `write()` | Schreibt einen Wert in die Session |

*Tabelle 8-2: Methoden des Session-Helpers (Fortsetzung)*

| Methode | Beschreibung |
|---|---|
| `read($name=null)` | Liest einen Wert aus der Session |
| `flash($key='flash')` | Gibt eine Nachricht zurück, die im Controller mit `setFlash()` gesetzt wurde |

Zu den meisten Methoden muss nichts mehr gesagt werden, da diese über dieselbe Syntax und mit denselben Parametern gesteuert werden wie im Controller. Der Zugriff auf die Methoden erfolgt einfach direkt über den Namen des Helpers:

```
echo $session->read("login");
```

Dieser Aufruf gibt erwartungsgemäß den Wert hinter dem Schlüssel login in der aktiven Session im Browser aus. Entsprechend funktionieren auch alle anderen Methoden.

## Ausgaben mit flash() und setFlash()

Sicher haben Sie sich schon über den Aufruf `$session->flash()` in Beispiel-Layout gewundert. Bisher haben wir den Aufruf stillschweigend ignoriert und einfach als Teil der Ausgabe von CakePHP behandelt. Auch wenn an verschiedenen Stellen schon implizit davon Gebrauch gemacht worden ist, fehlt noch eine adequate Erklärung zu `flash()` und seinem Gegenstück `setFlash()`, das im Controller zum Einsatz kommt.

Mit der Methode `setFlash()` wird ein mehrdimensionales Array mit dem Namen *Message* in der Session gespeichert, das dazu dient, Nachrichten im View auszugeben. Neben der eigentlichen Nachricht können weitere Parameter übergeben werden, wie beispielsweise das Ziellayout oder dynamische Werte, die im View als Variablen zur Verfügung stehen sollen (ähnlich wie bei `set()`):

```
SessionComponent::setFlash (
   $message,
   $layout = 'default',
   $params = array(),
   $key = 'flash')
```

Der letzte optionale Wert, `$key`, übernimmt den Namen des Schlüssels, unter dem die Nachricht abgelegt werden soll. Default ist hier der Wert `flash`, der allerdings überschrieben werden kann, um mehrere Nachrichten innerhalb des Message-Arrays übergeben zu können.

So weit die Theorie. Gängige Praxis ist es, die Methode `setFlash()` im Zusammenhang mit der Ausgabe von Meldungen zu verwenden, wie es in den Beispielen zuvor schon geschehen ist:

```
function add() {
   if (!empty($this->data)) {
      $this->Job->create();
```

```
        if ($this->Job->save($this->data)) {
            $this->Session->setFlash('Der Job wurde gespeichert.');
            $this->redirect(array('action'=>'index'));
        } else {
            $this->Session->setFlash('Der Job konnte nicht angelegt werden.');
        }
    }
}
```

Im Beispiel wird deutlich, wie mit `setFlash()` gearbeitet wird. Falls das Neuanlegen des Jobs funktioniert, wird eine Erfolgsmeldung in der Session hinterlegt, anderfalls eine Fehlermeldung. Im ersten Fall würde das Session-Array so ausehen:

```
Array
(
    [Config] => Array
        (
            [userAgent] => 257e22ed10a35e5c7ef15cc858dd6ea0
            [time] => 1202463311
            [rand] => 31084
            [timeout] => 10
        )

    [Message] => Array
        (
            [flash] => Array
                (
                    [message] => Der Job wurde gespeichert.
                    [layout] => default
                    [params] => Array
                        (
                        )
                )
        )
)
```

Innerhalb des Arrays `Message` werden alle Nachrichten gesammelt, die über `setFlash()` gesetzt wurden. Dabei wird innerhalb des Arrays der Parameter `$key` als Schlüssel verwendet. Der folgende Aufruf erweitert das Array um einen weiteren Eintrag:

```
$this->Session->setFlash(
   'Der Job wurde gespeichert.',
   'default', array('v1' => 'Hallo', 'v2' => 'Welt!'),
   'flash2'
);
```

Nun sieht das Session-Array so aus:

```
Array
(
    [Config] => Array
        (
            [userAgent] => 257e22ed10a35e5c7ef15cc858dd6ea0
```

```
            [time] => 1202463461
            [rand] => 12496
            [timeout] => 10
        )

    [Message] => Array
        (
            [flash] => Array
                (
                    [message] => Der Job wurde gespeichert.
                    [layout] => default
                    [params] => Array
                        (
                        )

                )

            [flash2] => Array
                (
                    [message] => Der Job wurde gespeichert.
                    [layout] => default
                    [params] => Array
                        (
                            [v1] => Hallo
                            [v2] => Welt!
                        )
                )
        )
)
```

Beachten Sie, dass Messages überschrieben werden, wenn sie mit demselben Schlüssel übergeben werden. Das geschieht auch, wenn der Default-Schlüssel verwendet wird, den CakePHP dann automatisch mit dem Wert `flash` setzt.

So weit, so gut. Nun stellt sich die Frage, was mit den Daten in der Session passiert, da die Meldung bisher noch nicht das Licht der (Browser-)Welt erblickt hat, sondern nur im kurzlebigen Speicher des Servers verweilt. An dieser Stelle kommt die View-Methode `flash()` ins Spiel, die dafür sorgt, dass alle Nachrichten auch im View erscheinen:

```
SessionHelper::flash($key = 'flash')
```

Die Methode erwartet nur einen Parameter, der optional den Schlüssel zur Nachricht in der Session übernimmt. Der Default-Wert ist `flash`, wie es schon in der Methode `setFlash()` der Fall war.

Sie kennen die Flash-Methode bereits aus Kapitel 6, *Das View*, wo diese Methode im Default-Layout verwendet wurde. Im Detail sieht die Sache so aus:

```
<div id="content">
  <?php
    if ($session->check('Message.flash')):
          $session->flash();
```

```
        endif;
    ?>
    <?php echo $content_for_layout; ?>
</div>
```

Über dem eigentlichen Content wird in einer `if`-Bedingung überprüft, ob eine Nachricht in der Session über `setFlash()` gespeichert ist. Wenn ja, wird diese einfach über das Gegenstück `flash()` ausgegeben. Sie sehen hier gleichzeitig, dass der Aufbau des Arrays `Message` über eine Punktsyntax nachvollzogen wird. Auf diese Weise können Sie in beliebig tief verschachtelten Arrays navigieren.

Das Ergebnis ist in diesem Fall klar und auch bekannt: Die Nachricht wird im Layout an der passenden Stelle ausgegeben, so dass der User über das Ergebnis der jeweiligen Aktion aufgeklärt ist. Falls darüber hinaus noch beim Aufruf von `setFlash()` das Layout *default* ausgegeben wurde, wird die Nachricht darüber hinaus in ein `<div>`-Element mit einer zugeordneten Klasse gesteckt:

```
<div id="flashMessage" class="message">Der Job wurde gespeichert.</div>
```

Über die CSS-Klasse `Message` kann nun die Ausgabe entsprechend formatiert werden. Falls Sie ein anderes Layout als *default* verwenden, wird die Nachricht einfach als String ohne HTML-Auszeichnung ausgegeben.

## Beispiel: Ein Merkzettel für Job-Anzeigen

Damit die Anwendung der Session-Component und des Session-Helpers nicht ohne konkretes Beispiel bleibt, werden Sie nun die Beispielapplikation um ein neues Feature erweitern. Unser Ziel ist es, einen virtuellen Notizzettel zu schaffen, auf dem ein User verschiedene Job-Anzeigen notieren kann, um im Laufe seines Besuches immer wieder darauf zuzugreifen.

Die Daten dazu werden in der Session abgelegt, was den Vorteil hat, dass der User keinen Login oder Ähnliches braucht, um sich zu identifizieren, sondern sofort loslegen kann. Der Nachteil besteht natürlich darin, dass alle Daten nach dem Ende der Session (also spätestens, wenn der Benutzer den Browser schließt) verloren gehen. Das persistente Speichern von Daten über einen Login werden Sie in Kapitel 14, *Sicherheit, Authentifizierung und Autorisierung*, realisieren.

Im ersten Schritt müssen Sie für diese Erweiterung den Jobs-Controller um einige Methoden ergänzen, die für die Logik des Merkzettels verantwortlich sind:

| Methode | Beschreibung |
| --- | --- |
| `job_to_notepad($id)` | Speichert einen Job auf dem Merkzettel |
| `clean_notepad()` | Löscht alle Jobs vom Merkzettel |
| `jobs_notepad()` | Zeigt den Merkzettel an |

Jede dieser Methoden ist als Action des Controllers über den Browser aufzurufen. Der User kann so den Inhalt und die Darstellung des Merkzettels steuern. Mit den Informationen, die Sie auf den vorhergehenden Seiten erhalten haben, fällt die Implementierung der drei Methoden relativ leicht: Um einen Job auf dem Merkzettel zu speichern, soll die eindeutige ID dieses Jobs in der Session gespeichert werden. Da der Merkzettel auch mehrere Jobs enthalten kann, wird dies über ein Array gelöst, das unter dem Namen notepad in der Session gespeichert wird.

Das Schreiben und Lesen dieses Session-Arrays geschieht über die drei oben genannten Methoden. Die erste Methode, job_to_notepad(), ist die komplexeste der drei und wird darum als Erstes besprochen:

```
//Speichert einen Job auf dem Merkzettel
function job_to_notepad($id = null) {

   //Abbruch, wenn keine gültige ID übergeben wurde
   if(empty($id)) {
      $this->Session->setFlash('Ungültige ID!');
      $this->redirect(array('controller'=>'jobs', 'action'=>'jobs_notepad'));
   }

   //Session aktivieren, sofern dies noch nicht geschehen ist
   if(!$this->Session->started()) $this->Session->activate();

   //bestehenden Merkzettel auslesen
   $notepad = $this->Session->read('notepad');
   if(!is_array($notepad)) $notepad = array();

   //Job in Session speichern
   $notepad[] = $id;
   $this->Session->write('notepad', $notepad);
   $this->Session->setFlash('Job wurde gespeichert!');

   //Weiterleiten auf Notepad
   $this->redirect(array('controller'=>'jobs', 'action'=>'jobs_notepad'));

}
```

Diese Methode arbeitet in fünf Schritten, um eine Job-ID in der Session zu speichern. Im ersten Schritt wird überprüft, ob die übergebene ID einen gültigen Wert enthält. Die Methode geht davon aus, dass die Job-ID als URL-Parameter übergeben wird und so als Variable $id zur Verfügung steht. Wird kein gültiger Wert gefunden, wird die Verarbeitung abgebrochen und eine Meldung ausgegeben.

Im nächsten Schritt wird geprüft, ob eine gültige Session gestartet wurde. Ist das nicht der Fall, wird dieser Schritt manuell nachgeholt. Da nun auf jeden Fall eine gültige Session existiert, versucht das Skript nun, das Array notepad auszulesen. Wird kein gültiges Array zurückgegeben, wird ein neues angelegt, da der Merkzettel in diesem Fall definitiv leer ist.

Im Folgenden passiert das eigentliche Speichern der Daten, da nun die übergebene ID zuerst im Array und dann in der Session gespeichert wird. Damit steht der neue Wert während der kompletten Browser-Sitzung des Users zur Verfügung. Ist das geschehen, wird mit einer entsprechenden Meldung auf die Merkzettelübersicht weitergeleitet.

Die zweite Methode, `jobs_notepad()`, ist die einzige Methode der drei Merkzettel-Methoden, die über ein eigenes View verfügt, da die Aufgabe dieser Methode darin besteht, alle gespeicherten Jobs in einer Übersicht auszugeben. Das geschieht wie folgt:

```
//Übersicht über alle gemerkten Jobs
function jobs_notepad() {

   $jobs = array();

   //Ausgabe nur bei aktiver Session
   if($this->Session->started() && $this->Session->check('notepad')) {

      //Werte auslesen
      $notepad = $this->Session->read('notepad');

      //Jobdaten auslesen
      $condition = 'Job.id IN (' . implode(',', $notepad) . ')';
      $jobs = $this->Job->find('all', array('conditions'=>$condition));
   }

   //Daten ins Template schreiben
   $this->set('jobs', $jobs);

}
```

Wenn diese Action über den Browser aufgerufen wird, soll das Template *jobs_notepad.ctp* gerendert werden. Zu diesem Zweck wird das Array `$jobs` übergeben, das die Jobdaten des Merkzettels enthält. Dieses Array wird allerdings nur gesetzt, wenn eine gültige Session vorhanden ist und in dieser auch der Wert `notepad` gefunden wurde, ansonsten wird per `set()` ein leeres Array gesetzt.

Ist allerdings ein Array mit Job-IDs in der Session gesetzt, werden diese Daten genutzt, um per `find()` die dazugehörigen Daten aus der Datenbank auszulesen. Das geschieht über ein IN-Statement in SQL, das als Parameter eine kommagetrennte Liste von IDs erwartet. Diese Liste wird über die PHP-Funktion `implode()` erzeugt. Die so ausgelesenen Daten werden dann an das View-Template übergeben, das folgenden Aufbau hat:

```
<h2>Merkzettel</h2>
<br>

<?php echo $html->link('Merkzettel leeren', array('controller'=>'jobs', 'action'=>
                        'clean_notepad')) ?>
```

```
<br><br>

<table>
<?php foreach($jobs as $job): ?>
   <tr>
      <td><?php echo $job['Job']['id'] ?></td>
      <td><?php echo $job['Company']['name'] ?></td>
      <td><?php echo $job['Job']['title'] ?></td>
      <td><?php echo $job['Job']['created'] ?></td>
      <td><?php echo $job['Job']['modified'] ?></td>
      <td><?php echo $html->link('Details', array('controller'=>'jobs', 'action'=>
                              'view', $job['Job']['id'])) ?></td>
   </tr>
<?php endforeach; ?>
</table>
```

Der Aufbau dieses Templates orientiert sich stark an der ursprünglichen Version der Index-Seite der Jobbörse und gibt eine einfache Tabelle zur Übersicht aller gemerkten Jobs aus. Über einen Link wird direkt auf die Detail-Seite des jeweiligen Jobs verlinkt (Abbildung 8-1).

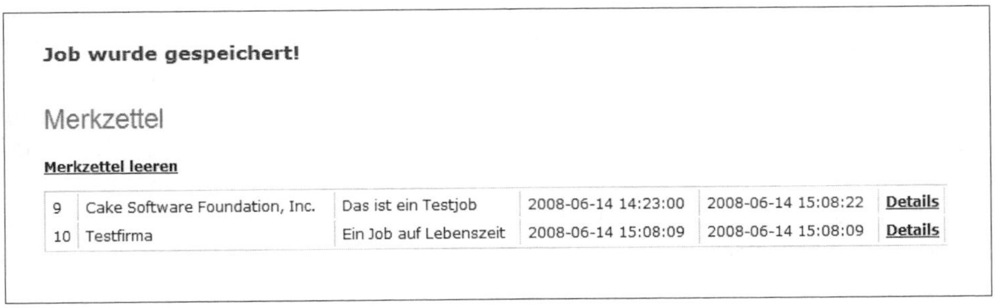


*Abbildung 8-1: Der Merkzettel*

In Abbildung 8-1 fällt der Link *Merkzettel leeren* auf. Dieser Link ruft die letzte der drei Methoden auf und sorgt dafür, dass alle gespeicherten Jobs wieder aus der Session entfernt werden. Der Quelltext dazu ist recht einfach gehalten:

```
//Löscht den kompletten Merkzettel
function clean_notepad() {

   //Session-Wert löschen
   $this->Session->del('notepad');
   $this->Session->setFlash('Merkzettel wurde gelöscht!');

   //Weiterleiten auf Notepad
   $this->redirect(array('controller'=>'jobs', 'action'=>'jobs_notepad'));
}
```

Im Wesentlichen wird an dieser Stelle nur die Methode `del()` aufgerufen, die den Wert `notepad` aus der Session entfernt und damit das Array mit allen Job-IDs löscht.

Danach wird wieder auf die Merkzettelübersichtsseite weitergeleitet, die erwartungsgemäß leer ist.

Damit das Merken eines Jobs möglichst leichtfällt, empfiehlt es sich, die Detailseite eines Jobs um folgenden Link zu erweitern:

```
$html->link(__('merken', true), '/jobs/job_to_notepad/' . $job['Job']['id'])
```

Damit wird der jeweilige Job direkt auf den Merkzettel geschrieben. Dieser kann dann wiederum über einen entsprechenden Link aus der Übersichtsseite heraus verfügbar gemacht werden.

# Kekse zum Kuchen – Der Einsatz von Cookies

Eine Session dauert definitionsgemäß immer so lange wie die »Sitzung« des Users im Browser. Wenn der Browser geschlossen wird, dann endet auch die Session. Das reicht in der Regel, um einen User während des Besuchs auf einer Seite wiederzuerkennen und entsprechend auf die Requests zu reagieren, die von ihm an den Server geschickt werden.

Wenn Sie aber darüber hinaus einen Benutzer mit persistenten Daten versehen möchten, müssen Sie einen Schritt weiter gehen und Cookies verwenden, um die entsprechenden Daten zu hinterlegen. Cookies erlauben es, Informationen beim Client abzulegen und diese über einen definierten Zeitraum abzufragen. Der Austausch zwischen Client und Server erfolgt über den Header des HTTP-Protokolls. Darum müssen sämtliche Angaben für den Umgang mit einem Cookie vor der eigentlichen Ausgabe erfolgen.

Das Konzept der Cookies wurde ursprünglich von Netscape entwickelt, ist aber inzwischen ein Teil jedes modernen Browsers. Der User hat zwar die Möglichkeit, über die Sicherheitseinstellungen seines Browsers über die Annahme und den Umgang mit Cookies zu entscheiden, aber fast alle Online-Applikationen machen Gebrauch von dieser Technik. Darum können Sie davon ausgehen, dass ein sehr großer Teil der Nutzer die Unterstützung von Cookies aktiviert hat.

## Die CakePHP-Cookie-Component einsetzen

CakePHP unterstützt den Umgang mit Cookies in einer eigenen Component, die immer in jedem Controller verwendet werden kann. Der Umgang mit Cookies ähnelt der Nutzung einer Session und ist vom Framework in einer entsprechend ähnlichen Klasse gekapselt. Im Folgenden möchten wir die Component kurz vorstellen und die einzelnen Methoden besprechen.

Als CakePHP-Component muss die Cookie-Component im Controller über das Array `$components` im Kopf der Klasse bekannt gemacht werden:

```
var $components = array('Cookie');
```

Wenn das geschehen ist, können Sie auf die Component mit allen Eigenschaften und Methoden direkt zugreifen. Insgesamt stehen Ihnen vier Methoden zur Verfügung, um Cookies im Browser des Benutzers zu setzen, auszulesen oder zu löschen. Darüber hinaus können Sie in der Component noch einige Eigenschaften setzen, um globale Werte für Cookies zu definieren. Die meisten dieser Werte können allerdings beim Aufruf der einzelnen Methoden direkt überschrieben werden. Sie arbeiten mit den in Tabelle 8-3 aufgeführten Methoden.

*Tabelle 8-3: Methoden der Cookie-Component*

| Methode | Beschreibung |
|---|---|
| `read($key=null)` | Liest den Wert eines Cookies anhand des Schlüssels aus |
| `write(`<br>`    $key,`<br>`    $value = null,`<br>`    $encrypt = true,`<br>`    $expires = null`<br>`)` | Schreibt den Wert eines Cookies über einen Schlüssel oder auch den Wert mehrerer Cookies, wenn ein Array übergeben wird |
| `del($key)` | Löscht einen Wert eines Cookies anhand des Schlüssels |
| `destroy()` | Löscht alle Cookies, die über den Controller gesetzt wurden |

Diese Methoden müssen aufgerufen werden, bevor irgendeine Ausgabe an den Browser stattgefunden hat. Ansonsten werden Sie eine Fehlermeldung bekommen, die besagt, dass der HTTP-Header schon geschickt wurde und keine Cookies mehr gesetzt werden können.

Um beim Benutzer ein Cookie zu setzen, verwenden Sie die Methode `write()`. Der Aufbau ist oben in der Tabelle schon gezeigt worden, so dass Sie nun gleich auf die einzelnen Parameter eingehen können. Der erste Wert, `$key`, ist der Schlüssel, über den der Wert im Cookie gespeichert wird. Über diesen Key können Sie später mithilfe von `read()` den Wert wieder auslesen, wenn derselbe User wieder auf die Seite kommt.

Der zweite Wert, `$value`, übernimmt den eigentlichen Wert, der im Cookie abgelegt werden soll. Neben einem String können auch andere Werte wie beispielsweise Arrays übergeben werden, die dann serialisiert im Cookie gespeichert werden. Die Datenmenge ist allerdings browserspezifisch begrenzt, so dass große Datenmengen unter Umständen zu Problemen führen. Best Pratice ist in solchen Fällen, die Daten selbst serverseitig persistent zu speichern und im Cookie selbst nur eine ID zu hinterlegen, die eindeutig auf diese Daten verweist.

Um die Daten nicht direkt sichtbar im Cookie abzulegen, können Sie diese verschlüsseln. CakePHP tut das automatisch für Sie, wenn der dritte optionale Parameter, `$encrypt`, auf `true` steht.

Der vierte und letzte Parameter, `$expires`, gibt an, wie lange das Cookie gelten soll. Wird hier nichts oder null übergeben, dann läuft das Cookie ab, sobald der Browser geschlossen wird. Alternativ können Sie hier die Anzahl der Sekunden angeben oder einen String, der entsprechend der Syntax der PHP-Funktion `strtotime()` interpretiert wird. Folgende Aufrufe von `write()` sind also möglich:

```
//Gültigkeit, solange der Browser offen ist
$this->Cookie->write('key', 'wert');

//Gültigkeit 7 Tage
$this->Cookie->write('mein_wert', 'Hallo Welt!', true, 60*60*24*7);

//Gültigkeit 2 Wochen
$this->Cookie->write('noch_ein_wert', 'Hallo Robert!', true, '+2 week');
```

Alternativ können Sie auch ein Array verwenden, um mehrere Cookies gleichzeitig zu setzen. Dieses wird dann als Parameter übergeben und intern von `write()` so interpretiert, dass die Schlüssel-Wert-Paare korrekt gesetzt werden.

```
$cookies = array(
   'key'           => 'wert',
   'mein_wert'     => 'Hallo Welt!',
   'noch_ein_wert' => 'Hallo Robert!'
);
$this->Cookie->write($cookies);
```

Dieser Aufruf setzt drei Cookies mit den gleichen Werten wie im letzten Beispiel. Da keine weiteren Parameter übergeben werden können, orientiert sich die Component an den Werten, die als Klassenparameter gesetzt worden sind.

Um nun den Wert eines Cookies wieder auslesen zu können, bemühen wir die Methode `read()`. Der Aufruf ist recht einfach:

```
echo $this->Cookie->read('key');              //Ausgabe 'wert'
echo $this->Cookie->read('mein_wert');        //Ausgabe 'Hallo Welt!'
echo $this->Cookie->read('noch_ein_wert');    //Ausgabe 'Hallo Robert!'
```

Die Methode gibt den gespeicherten Wert zurück, der anhand des Schlüssels hinterlegt wurde. Falls kein Wert dazu existiert, gibt die Methode `false` zurück.

Wenn Sie den Parameter `$key` weglassen und `read()` ohne einen einschränkenden Wert aufrufen, dann erhalten Sie – CakePHP-typisch – ein Array mit allen Schlüssel-Wert-Paaren zurück, die als Cookies hinterlegt sind.

```
pr($this->Cookie->read());
```

Ausgabe:

```
Array
(
    [key] => wert
    [mein_wert] => Hallo Welt!
    [noch_ein_wert] => Hallo Robert!
)
```

Ähnlich funktioniert die Methode del(), die einzelne Cookies wieder löscht und zu diesem Zweck auch den entsprechenden Schlüssel erwartet:

```
$this->Cookie->del('key');
$this->Cookie->del('mein_wert');
$this->Cookie->del('noch_ein_wert');
```

Dieses Beispiel löscht alle Cookies, die wir in den obigen Beispielen gesetzt hatten. Falls Sie alle Cookies auf einmal entfernen möchten, die über diese Component gesetzt wurden, dann geht das ganz einfach über destroy(). Diese Methode wird ohne Parameter aufgerufen und löscht alles weg, was eventuell an Cookies verfügbar ist. Das ist nicht besonders feinsinnig, aber eine sichere Methode, um keinen Datenmüll zu hinterlassen.

Neben den Methoden können folgende öffentliche Werte der Cookie-Component gesetzt werden (Tabelle 8-4). Sie haben globalen Einfluss auf das Verhalten der Cookie-Component und überschreiben Default-Werte, die bei den oben genannten Methoden verwendet werden.

*Tabelle 8-4: Eigenschaften der Cookie-Component*

| Name | Beschreibung |
|---|---|
| $name = 'CookieName' | Name der Cookies, die über diese Component gesetzt werden |
| $time = null | Gültigkeitsdauer als Timestamp oder String |
| $path = '/' | Pfad, in dem die Cookies Gültigkeit haben |
| $domain | Domain, in der die Cookies gelten sollen. Default ist immer die aktuelle Domain. |
| $secure = false; | Legt fest, ob die Cookies nur über eine SSL-Verbindung genutzt werden können. |
| $key; | Schlüssel für die Verschlüsselung des Wertes |

Interessant ist sicherlich der erste Wert, $name, der nicht – wie man glauben könnte – ein Default-Wert für $key ist, sondern vielmehr eine Gruppe der Cookies zusammenfasst. Um das zu verstehen, muss man folgendes Hintergrundwissen haben: Intern setzt CakePHP nicht für jeden Aufruf von write() ein neues Cookie beim User, sondern speichert die neue Schlüssel-Wert-Zuweisung in einem Array ab, das dann serialisiert in einem einzelnen Cookie hinterlegt wird. Folgender Aufruf macht das deutlich:

```
pr($_COOKIE);
```

Anstatt die Methoden von CakePHP zu verwenden, greifen wir direkt über das PHP-System-Array auf die gespeicherten Cookies zurück. Die Ausgabe ist wie folgt:

```
Array
(
    [CAKEPHP] => 2a2043c590f3e1bd95fe499bb2127662

    [CakeCookie] => Array
        (
```

```
                [key] => Q2FrZQ==.9oa84A==
                [mein_wert] => Q2FrZQ==.yYKi+BN+p76sb7g=
                [noch_ein_wert] => Q2FrZQ==.yYKi+BN+orSifuupCA==
            )
    )
```

Neben dem Session-Cookie, der automatisch über CakePHP angelegt wird, existiert nur ein weiteres Cookie mit dem Name *CakeCookie*, der in einem Array-Format alle von uns angelegten Werte speichert. Der Name dieses Cookies wird durch den Wert von `$name` festgelegt und hat als Default-Wert ganz offensichtlich *CakeCookie*. Außerdem wird deutlich, dass die Werte verschlüsselt sind, die im Cookie abgelegt wurden.

Wenn Sie den Wert von `$name` neu setzen, wird ein neues Cookie angelegt, der dann diesen Namen trägt:

```
$this->Cookie->name = 'Kekse';
$this->Cookie->write('key', 'wert');
pr($_COOKIE);
```

Die Ausgabe zeigt dies:

```
Array
(
    [CAKEPHP] => 2a2043c590f3e1bd95fe499bb2127662
    [Kekse] => Array
        (
            [key] => Q2FrZQ==.9oa84A==
        )

    [CakeCookie] => Array
        (
            [key] => Q2FrZQ==.9oa84A==
            [mein_wert] => Q2FrZQ==.yYKi+BN+p76sb7g=
            [noch_ein_wert] => Q2FrZQ==.yYKi+BN+orSifuupCA==
        )
)
```

Neben den bestehenden Cookies ist nun ein weiterer hinzugekommen, der auf den schönen Namen *Kekse* hört.

Neben dem Namen des Cookies können Sie einige weitere Werte beeinflussen, die als Default-Werte für die verschiedenen Methoden dienen. Dazu zählen `$time` und `$secure`. Der Wert für `$domain` ermöglicht es Ihnen, explizit eine Domain zu nennen, für die dieses Cookie gültig sein soll. Per Default ist es immer die Domain, von der dieses Cookie gesetzt wurde. Skripten, die auf anderen Domains laufen, haben keinen Zugriff auf die im Cookie hinterlegten Werte. Das können Sie ändern, indem Sie eine bestimmte Domain nennen und damit den Zugriff gestatten. Allerdings werden Sie selbst dann nicht mehr auf das Cookie zugreifen können, weil der Browser dies aus Sicherheitsgründen verbietet.

Der Wert für `Path` schränkt innerhalb einer Domain den Zugriff auf das Cookie auf bestimmte Pfade ein. Der Default-Wert ist hier das Root-Verzeichnis, dessen Berechtigung auf alle Unterverzeichnisse vererbt wird. Überschreiben Sie diesen Wert, dann wird der Zugriff auf die benannten Verzeichnisse beschränkt.

Der letzte Wert setzt den Schlüssel für die Verschlüsselung der Cookie-Daten auf der Client-Seite. Per Default wird hier der Wert `Security.salt` aus der Konfiguration verwendet. Er sollte auch nicht verändert werden. Falls Sie aus irgendwelchen Gründen einen anderen Schlüssel brauchen, können Sie ihn über diesen Wert setzen.

KAPITEL 9

# Die CakePHP-Console und die Bake-Shell

Die CakePHP-Console ist seit Version 1.2 ein wichtiger Bestandteil von CakePHP geworden. Doch welche Relevanz hat eine Konsole für die Entwicklung einer Webanwendung? Nicht jeder Entwickler ist 100%ig Konsolen-affin, aber Sie brauchen sich keine Sorgen machen: Die CakePHP-Console ist einfach zu bedienen und »straightforward«, wenn man es so nennen will. Die Console bietet ein kommandozeilenbasiertes Interface zu den CakePHP-Funktionalitäten und ist ein zentrales Werkzeug, mit dem Sie Aufgaben schnell und direkt umsetzen können. Sie bedarf etwas Einarbeitungszeit, spart Ihnen danach aber wertvolle Zeit.

Die prominenteste Funktionalität der Console ist das sogenannte »Baking« (Backen), also das automatische Generieren von Code. Die Code-Generierung gehört zu modernen Rapid Development Frameworks dazu, doch warum sollte man sich Code generieren lassen? Das Anlegen der benötigten Klassen und Templates und deren Code gleicht sich zumindest am Anfang der Entwicklung immer sehr. Im Prinzip wandelt das Baking das Scaffolding in »echten«, für Sie verwendbaren und anpassbaren Code um, aber es geschieht noch einiges mehr. Mit der Bake-Shell werden Sie den gesamten Code, der in unserem Beispiel für die Verwaltung der Unternehmen in CakeJobs nötig ist, automatisch generieren lassen.

Bevor wir uns mit dem Baking befassen, gehen wir noch auf Shells allgemein ein. Hier wären wir wieder bei der Relevanz: Wozu sollte man die Kommandozeile nutzen, wenn es auch über den Browser geht? Für viele Aufgaben ist die Nutzung der Kommandozeile sinnvoller als der Browser, beispielsweise wenn es um Wartungsarbeiten und die damit verbundenen Automatismen geht. So ist erstens der Zugriff von außen abgesichert, und zweitens ist die Implementierung von Benutzerinteraktion und Abläufen mit mehreren Schritten in der Shell wesentlich einfacher zu bewerkstelligen, als wenn Sie diese browserbasiert umsetzen müssten.

Zum Abschluss dieses Kapitels werden Sie noch Ihre eigene Shell programmieren, mit der Sie dann über die Kommandozeile die Jobangebote in CakeJobs im CSV-Format exportieren können.

# Shells starten

Wofür ist eine Shell gut? Eine Shell ist dazu da, um rein kommandozeilenbasierte Programme zu schreiben, mit oder ohne Interaktion vom Benutzer. Möchten Sie Programme z.B. per Cronjob starten, ist der Zugang über die Kommandozeile normalerweise praktischer und eleganter, als – wie es oft gemacht wird – eine URL per *wget* aus dem Cronjob heraus abzurufen und somit die Funktion auszuführen.

In Kapitel 2, *Installation und Konfiguration*, finden Sie eine Anleitung, um die CakePHP-Console auf den verbreitetsten Betriebssystemen lauffähig zu machen. Sollten Sie das noch nicht erledigt haben, gehen Sie bitte zu Kapitel 2 zurück, denn für dieses Kapitel brauchen Sie eine lauffähige Console.

Wenn Sie in Ihrer Kommandozeile in das *app/*-Verzeichnis Ihrer Applikation navigieren, den Befehl `cake` eingeben und folgende Ausgabe erhalten, können Sie loslegen. `{pfad}` ist der absolute Pfad zu Ihrer CakePHP-Installation und ist je nach System und Installation unterschiedlich.

```
Welcome to CakePHP v1.2.0.6311 beta Console
---------------------------------------------------------------
Current Paths:
 -working: /{pfad}/cakejobs/app
 -root: /{pfad}/cakejobs
 -app: /{pfad}/cakejobs/app/
 -core: /{pfad}/cake/

Changing Paths:
your working path should be the same as your application path
to change your path use the '-app' param.
Example: -app relative/path/to/myapp or -app /absolute/path/to/myapp

Available Shells:

 /{pfad}/cakejobs/app/vendors/shells/:
        - none

 cake/console/libs/:
        acl
        api
        bake
        console
        i18n
        schema

To run a command, type 'cake shell_name [args]'
To get help on a specific command, type 'cake shell_name help'
```

CakePHP hat hier schon erkannt, um welche Applikation auf Ihrem Webserver es sich handelt, und listet zur Kontrolle die entsprechenden Pfade auf. Es werden Ihnen die verfügbaren Shells aufgelistet: erst Ihre eigenen, wovon es noch keine gibt, sowie die Core-Shells. Eine Shell starten Sie mit `cake {shellname}`, gefolgt von den benötigten Parametern.

Wenn Sie die Shell einer anderen CakePHP-Applikation verwenden möchten, können Sie den Pfad dorthin mit dem Parameter -app übergeben.

# Die Console-Shell kennenlernen

Bevor Sie Ihre eigenen Shells und Tasks schreiben, möchten wir die Console-Shell vorstellen. Wechseln Sie in der Kommandozeile von unserer Baking-Testapplikation *cakebake* wieder zu unserer Jobbörse *cakejobs/* und dort in das *app/*-Verzeichnis, und starten Sie die Console-Shell per `cake console`.

## Mit Models arbeiten

In dieser Console können Sie Aktionen ausprobieren oder Teile Ihrer Applikation testen. Sie haben hier direkten Zugriff auf Ihre Models. Möchten Sie beispielsweise ausprobieren, ob eine `find()`-Abfrage die richtigen Ergebnisse liefert, bevor Sie sie in den Controller implementieren, erreichen Sie das folgendermaßen:

```
> Company->find('all', array('order' => 'name DESC', 'recursive' => 0));
Company
        id: 3
        name: Volkswagen AG
        contact_person: Martin Winterkorn
        address: Berliner Ring 2
        city: Wolfsburg
        phone: +49-5361-9-0
        email: stellen@volkswagen.de
Company
        id: 1
        name: Siemens AG
        contact_person: Herr Löscher
        address: Musterstraße 1
        city: München
        phone: +49 89 123 456 58
        email: jobs@siemens.de
Company
        id: 2
        name: Cake Software Foundation, Inc.
        contact_person: Larry E. Masters
        address: Sahara Avenue
        city: Las Vegas
        phone: 438-7100
        email: jobs@cakefoundation.org
```

Wie Sie sehen, sprechen Sie das Model einfach per großgeschriebenem Model-Namen im Singular an. Dasselbe gilt auch für alle Model-Methoden, wie z.B. save()-Operationen. Zum Testen von Model-Associations können Sie Relations dynamisch erstellen oder wieder löschen. Dazu ist der bind-Befehl da; die Syntax ist folgende:

```
Company bind hasMany Job
```

Somit hätten Sie ein Äquivalent zu folgender Definition im Company-Model erstellt:

```
$hasMany = array('Job');
```

Wenn Sie testweise die beiden Models voneinander trennen möchten, können Sie dafür unbind benutzen:

```
Job unbind belongsTo Company
```

Dynamische Model-Bindings sind nicht nur in der Console möglich – mehr dazu finden Sie in Kapitel 12, *Das Model reloaded – Bindings, Behaviors & Co.*

Um einen schnellen Überblick darüber zu bekommen, aus welchen Feldern mit welchen Datentypen ein Model besteht, geben Sie einfach Modelname columns als Befehl ein.

```
> Company columns
        id: integer
        name: string
        contact_person: string
        address: string
        city: string
        phone: string
        email: string
```

## Routes testen

Wir haben zwar das Thema Routes noch nicht besprochen (siehe dazu Kapitel 10, *Der Controller reloaded – Callbacks, Routes & Co.*), damit Sie es aber im Hinterkopf haben, hier so viel dazu: Sie können in der Console auch Routes, das heißt URLs, testen, um zu sehen, welche Action in welchen Controllern mit was für Parametern aufgerufen würde.

```
> Route /companies/edit/3
array(
        "pass" => array("3"),
        "named" => array(),
        "controller" => "companies",
        "action" => "edit",
        "plugin" => null
)
```

Die Routes-Konfiguration können Sie mit dem Befehl Route reload neu laden.

# Baking – Code automatisch generieren

Dass CakePHP automatisch Standardfunktionalitäten der Controller, Models und Views bereitstellen kann, wissen Sie schon. Mit Scaffolding können Sie mit einer einzigen Zeile Code eine komplette CRUD-Umgebung für Ihre Daten schaffen. Scaffolding ist ideal für Prototypen oder zum Anlegen von Testdaten, sprich: zur Konzeption und zum schnellen Loslegen mit einer Applikation. Doch was tun Sie, wenn Sie diese automatischen Interfaces zu Ihren Daten modifizieren oder erweitern möchten?

Den JobsController haben Sie in Kapitel 4, *Der Controller*, von Hand implementiert, weil wir Ihnen zeigen wollten, wie ein typischer, einfacher Controller aussieht. Wenn Sie solche Standard-Controller aber immer wieder gleich erstellen müssen, ist das ein ganz klarer Verstoß gegen das »Don't repeat yourself«-Prinzip.

Jetzt, wo Sie die grundlegende Funktionsweise des CakePHP-MVC kennen, können Sie sich diese Art des Prototypings ersparen und direkt dazu überzugehen, Ihre Applikation zu backen – zum Baking. Anhand des Beispiels der Unternehmensverwaltung von CakeJobs werden Sie jetzt alle dafür benötigten Dateien baken. Löschen Sie dazu erst einmal die beiden Dateien */app/models/company.php* und */app/controllers/companies_controller.php*.

`bake` ist eine Shell der Console und wird entsprechend durch `cake bake` aufgerufen. Wenn Sie die Bake-Shell ohne Parameter aufrufen, bietet CakePHP Ihnen einen interaktiven Schritt-für-Schritt-Modus an, den wir jetzt durchgehen werden. Rufen Sie die Bake-Shell über `cake bake` auf, so dass Sie folgende Eingabeaufforderung erhalten:

```
Interactive Bake Shell
---------------------------------------------------------------
[D]atabase Configuration
[M]odel
[V]iew
[C]ontroller
[P]roject
[Q]uit
What would you like to Bake? (D/M/V/C/P/Q)
>
```

CakePHP erwartet hier nach der spitzen Klammer eine Eingabe von Ihnen, die dann mit Enter bestätigt wird.

## Model baken

Da die Datenbanktabelle *companies* beziehungsweise das Model *Company* die Basis Ihrer Unternehmensverwaltung darstellt, beginnen Sie mit dem Model. Geben Sie jetzt `m` ein, und bestätigen Sie.

```
---------------------------------------------------------------
Bake Model
Path: /{pfad}/cakejobs/app/models/
---------------------------------------------------------------
Use Database Config: (default/test)
[default] >
```

Als Erstes wird die zu benutzende Datenbankkonfiguration abgefragt. Wenn vor der spitzen Klammer ein Wert in eckigen Klammern angezeigt wird, so ist das der Standardwert, den Sie durch das Bestätigen mit Enter übernehmen. Da wir im Moment mit der Default-Konfiguration arbeiten, bestätigen Sie mit Enter. Die folgende Ansicht fragt Sie nach dem gewünschten Model für diesen Vorgang:

```
Possible Models based on your current database:
1. Company
2. Job
Enter a number from the list above, type in the name of another model, or 'q' to
exit
[q] >
```

CakePHP listet Ihnen hier Ihre Datenbanktabellen auf, mit dem Namen, der per Konvention für diese Tabelle verwendet würde. Deshalb finden Sie hier auch das noch nicht existente Company-Model. Geben Sie jetzt `1` für das Company-Model ein, und bestätigen Sie wieder mit Enter.

Im Folgenden fragt CakePHP diverse Informationen zur Gestaltung Ihres Models ab. Los geht es mit den Validierungsregeln.

```
Would you like to supply validation criteria for the fields in your model? (y/n)
[y] >
```

Sie möchten gern einige Felder bei der Erstellung eines neuen Unternehmens validieren: Bestätigen Sie deshalb die Standardantwort y mit Enter.

Jetzt geht die Console mit Ihnen die Felder der Tabelle durch, zeigt Ihnen den Datentyp des Felds und bietet Ihnen für jedes Feld die vorhandenen Validierungsmethoden an. Wenn Sie nichts oder nichts mehr an einem Feld validieren möchten, geben Sie die Zahl ein, die für `Do not do any validation on this field.` steht und immer als Standardantwort selektiert ist, so dass Sie die für Sie uninteressanten Felder einfach per Enter überspringen können. In den folgenden Console-Ausgaben haben wir unnötige Einstellungen mit »...« ausgeblendet.

Sie möchten in unserem Beispiel prüfen, dass der Name des Unternehmens eingegeben wurde und die eingegebene E-Mail-Adresse gültig ist.

```
Field: name
Type: string
---------------------------------------------------------------
Please select one of the following validation options:
---------------------------------------------------------------
1 - alphaNumeric
2 - between
```

```
3 - blank
4 - cc
5 - comparison
6 - custom
7 - date
8 - decimal
9 - email
...
24 - userDefined
26 - Do not do any validation on this field.
... or enter in a valid regex validation string.

[1] >
```

Geben Sie hier die Zahl 3 für eine `blank`-Validierung ein, und gehen Sie weiter, bis Sie zum E-Mail-Feld kommen.

```
Field: email
Type: string
---------------------------------------------------------------
Please select one of the following validation options:
---------------------------------------------------------------
1 - alphaNumeric
...
9 - email
...
26 - Do not do any validation on this field.
... or enter in a valid regex validation string.

[9] >
```

Hier bietet CakePHP Ihnen praktischerweise anhand des Feldnamens schon automatisch die Option 9 für E-Mail-Validierung an. Nach der Bestätigung geht es gleich mit den Model-Relations weiter. CakePHP fragt Sie im nächsten Schritt, ob Sie eine Model-Association definieren möchten.

```
Would you like to define model associations (hasMany, hasOne, belongsTo, etc.)?
(y/n)
[y] >
```

Zu einem Unternehmen gehören ja viele Jobs, also bestätigen Sie hier bitte mit y. CakePHP prüft jetzt aufgrund der vorhandenen Felder, welche Associations hier möglich sind, und fragt Sie nach der richtigen Art der Relation zu den möglichen Models.

```
---------------------------------------------------------------
Please confirm the following associations:
---------------------------------------------------------------
Company hasOne Job? (y/n)
[y] > n
Company hasMany Job? (y/n)
[y] > y
```

Da jede Company mehrere Jobs anbieten kann, verneinen Sie bei der Frage nach einer *hasOne*-Relationship zwischen Company und Job. Bestätigen Sie die zweite Frage nach einer *hasMany*-Relationship. CakePHP wird ab jetzt keine weiteren möglichen Model-Relations mehr erkennen können und verneint die nächste Frage nach weiteren Associations gleich in der Standardantwort.

CakePHP kann die möglichen Associations nur nach Konvention prüfen. Sollten Sie noch andere auf die Company bezogene Tabellen haben, wählen Sie in der nächsten Abfrage ja, und CakePHP wird Sie Schritt für Schritt nach den Parametern wie dem Tabellennamen, dem Namen des Fremdschlüssels und der Art der Association fragen und die Association im Model entsprechend konfigurieren. Diesen Schritt überspringen Sie hier.

```
Would you like to define some additional model associations? (y/n)
[n] > n
```

Im nächsten Schritt gibt Ihnen CakePHP eine Übersicht über die definierten Kriterien und fragt Sie, ob diese in Ordnung sind und das Model erstellt werden kann. Wenn das nicht der Fall ist, können Sie hier `n` eingeben und die Kriterien von Neuem definieren.

```
---------------------------------------------------------------
The following Model will be created:
---------------------------------------------------------------
Name:       Company
Validation: Array
(
    [name] => blank
    [email] => email
)

Associations:
     Company hasMany Job
---------------------------------------------------------------
Look okay? (y/n)
[y] >
```

Nach der Bestätigung schreibt CakePHP das generierte Model als Datei in das */app/models*-Verzeichnis und fragt Sie, ob gleich das *Testcase* für das Model geschrieben werden soll. Ein Testcase ist eine Klasse, die die korrekte Funktion von Code testet. Dieser Vorgang auch *Unit Testing* genannt. Diese Testcases können automatisiert gestartet werden, und sollte sich ein Bestandteil Ihres Codes nicht wie gewünscht bzw. wie vom Testcase erwartet verhalten, dann wird Ihnen das mitgeteilt. Solche Testcases behandeln wir ausführlich in Kapitel 16, *Testing*. Bejahen Sie die Frage nach der Erstellung eines Testcases, denn dieses werden wir im genannten Kapitel noch benötigen.

```
Creating file /{pfad}/cakejobs/app/models/company.php
Wrote /{pfad}/cakejobs/app/models/company.php
Cake test suite not installed.  Do you want to bake unit test files anyway? (y/n)
[y] > y
```

## Controller baken

Das Model ist jetzt fertig, und die Console fragt gleich nach dem nächsten Schritt. Geben Sie c für das Baken eines Controllers ein, und bestätigen Sie. Dann sollte sich Ihnen folgende Ansicht präsentieren:

```
---------------------------------------------------------------
Bake Controller
Path: /{pfad}/cakejobs/app/controllers/
---------------------------------------------------------------
Possible Models based on your current database:
1. Companies
2. Jobs
```

CakePHP stellt Ihnen hier wieder die verfügbaren Datenbanktabellen, gemappt auf den entsprechenden Controller, zur Verfügung. Geben Sie hier 1 für den *Companies-Controller* ein.

```
---------------------------------------------------------------
Baking CompaniesController
---------------------------------------------------------------
Would you like to use scaffolding? (y/n)
[n] >
```

Wählen Sie hier die Standardantwort n. Bei Scaffolding würde Ihnen ein »leerer« Controller mit dem Attribut $scaffold erstellt werden, das kennen Sie ja schon aus Kapitel 3, *Schnell zum Erfolg – Ihre erste Webapplikation mit CakePHP*. Der nächste Schritt ist sehr wichtig:

```
Would you like to include some basic class methods (index(), add(), view(),
edit())? (y/n)
[n] >
```

Die Console erstellt für Sie gleich die vier für die CRUD-Funktionalität erforderlichen Methoden, deshalb nehmen Sie dieses Angebot jetzt an und bestätigen mit y.

Die nächste Abfrage betrifft die Methoden für das Admin-Routing. CakePHP ermöglicht es Ihnen, Actions wie edit() eigens für administrative Zwecke anzulegen, die Sie dann über ein URL-Schema wie *http://localhost/cakejobs/admin/jobs/edit* erreichen, obwohl die Methode admin_edit() ebenfalls im JobsController implementiert ist. Genauer behandeln wir das Admin-Routing in Kapitel 17, *Weitere Kernfunktionalitäten von CakePHP*. Verneinen Sie jetzt die Frage, da Sie diese Methoden vorerst nicht benötigen.

```
Would you like to create the methods for admin routing? (y/n)
[n] >
```

Möchten Sie zusätzlich zu den beiden Standard-Helpern *Form-Helper* und *HTML-Helper* noch weitere Helper verwenden, bietet Ihnen die folgende Abfrage die Möglichkeit dazu.

```
Would you like this controller to use other helpers besides HtmlHelper and
FormHelper? (y/n)
[n] > y
```

Bestätigen Sie mit y, und geben Sie in der nächsten Abfrage noch Javascript als zusätzlichen Helper ein. Eine vollständige Helper-Liste finden Sie online im CakePHP-Cookbook, dem Handbuch für CakePHP.

```
Please provide a comma separated list of the other helper names you'd like to use.
Example: 'Ajax, Javascript, Time'
> Javascript
```

Die nächste Abfrage betrifft die Components, die im Controller zur Verfügung gestellt werden sollen. Components sind Klassen, die die Controller »unterstützen« und in die Sie wiederverwendbare Controller-Logik auslagern können. Diese haben wir bisher noch nicht behandelt, doch Sie werden in Kapitel 14, *Sicherheit, Authentifizierung und Autorisierung*, die Security-Component benötigen. Machen Sie deshalb bitte die Eingaben wie folgt:

```
Would you like this controller to use any components? (y/n)
[n] > y
Please provide a comma separated list of the component names you'd like to use.
Example: 'Acl, Security, RequestHandler'
> Security
```

Sie benötigen auch Sessions, deshalb nehmen wir diese gleich mit:

```
Would you like to use Sessions? (y/n)
[y] >
```

Wie auch beim Baken des Models folgt jetzt die Übersicht der definierten Kriterien für den Controller und darauf die Nachfrage, ob Sie die Testcases gleich mit baken möchten. Bestätigen Sie die beiden Abfragen mit y.

```
---------------------------------------------------------------
The following controller will be created:
---------------------------------------------------------------
Controller Name:  Companies
Helpers:      Javascript
Components:      Auth
---------------------------------------------------------------
Look okay? (y/n)
[y] > y

Creating file /{pfad}/cakejobs/app/controllers/companies_controller.php
Wrote /{pfad}/cakejobs/app/controllers/companies_controller.php
Cake test suite not installed.  Do you want to bake unit test files anyway? (y/n)
[y] > y
```

Der Controller ist jetzt auch geschafft: Weiter geht es mit den Views.

## Views baken

Geben Sie in der nächsten Abfrage v für View ein.

```
---------------------------------------------------------------
Interactive Bake Shell
---------------------------------------------------------------
[D]atabase Configuration
[M]odel
[V]iew
[C]ontroller
[P]roject
[Q]uit
What would you like to Bake? (D/M/V/C/P/Q)
> v
---------------------------------------------------------------
Bake View
Path: /{pfad}/cakejobs/app/views/
---------------------------------------------------------------
Possible Models based on your current database:
1. Companies
2. Jobs
Enter a number from the list above, type in the name of another controller, or 'q'
to exit
[1] >
```

Wählen Sie auch hier wieder `Companies` als Controller aus. Wie auch beim Controller bietet Ihnen CakePHP die Erstellung der CRUD-Standardfunktionalitäten beziehungsweise die Standard-Actions an, aber als Views. Bestätigen Sie die nächste Abfrage mit y:

```
Would you like to create some scaffolded views (index, add, view, edit) for this
controller?
NOTE: Before doing so, you'll need to create your controller and model classes
(including associated models). (y/n)
[n] > y
```

Lehnen Sie auch hier die Nachfrage nach dem Admin-Routing ab:

```
Would you like to create the views for admin routing? (y/n)
[y] > n
```

Und schon ist das Baking der Views abgeschlossen:

```
Creating file /{pfad}/cakejobs/app/views/companies/index.ctp
Wrote /{pfad}/cakejobs/app/views/companies/index.ctp

Creating file /{pfad}/cakejobs/app/views/companies/view.ctp
Wrote /{pfad}/cakejobs/app/views/companies/view.ctp

Creating file /{pfad}/cakejobs/app/views/companies/add.ctp
Wrote /{pfad}/cakejobs/app/views/companies/add.ctp

Creating file /{pfad}/cakejobs/app/views/companies/edit.ctp
Wrote /{pfad}/cakejobs/app/views/companies/edit.ctp
---------------------------------------------------------------

View Scaffolding Complete.
```

Sehen Sie sich jetzt das Ergebnis in Ihrem Browser an (Abbildung 9-1).

Companies

Page 1 of 1, showing 3 records out of 3 total, starting on record 1, ending on 3

| Id | Name | Contact Person | Address | City | Phone | Email | Actions |
|---|---|---|---|---|---|---|---|
| 1 | Siemens AG | Herr Löscher | Musterstraße 1 | München | +49 89 123 456 58 | jobs@siemens.de | View Edit Delete |
| 2 | Cake Software Foundation, Inc. | Larry E. Masters | Sahara Avenue | Las Vegas | 438-7100 | jobs@cakefoundation.org | View Edit Delete |
| 3 | Volkswagen AG | Martin Winterkorn | Berliner Ring 2 | Wolfsburg | +49-5361-9-0 | stellen@volkswagen.de | View Edit Delete |

<< previous | next >>

New Company   List Jobs   New Job

*Abbildung 9-1: Die gebackene Companies-Verwaltung*

Es ist hier kein Unterschied zur Scaffold-Version der Unternehmensverwaltung zu sehen – doch jetzt haben Sie die Möglichkeit, Einfluss auf den Code der Unternehmensverwaltung zu nehmen.

CakePHP hat den gesamten Code für das Model, die CRUD-Actions und -Views generiert und in Dateien geschrieben, die nur darauf warten, an die Anforderungen Ihrer Applikation angepasst zu werden.

Was heißt das jetzt für Sie und die Art, Webanwendungen zu entwickeln? Sie müssen sich nicht mehr um die mühsame Grundlagenarbeit wie die immer gleichen Auflistungen, Formulare und Funktionen kümmern, sondern baken ab jetzt Prototypen Ihrer Applikation auf Basis einer Datenbanktabelle und haben dann die Zeit, die spezifischen Anforderungen Ihrer Applikation zu implementieren, die vielleicht nicht einfach gebacken werden können.

## Projekte baken

Weiter im Text: Was ist in der Bake-Shell noch möglich? Sehen Sie sich noch einmal die Liste an, in der CakePHP Sie fragt, was Sie denn baken möchten:

```
[D]atabase Configuration
[M]odel
[V]iew
[C]ontroller
[P]roject
[Q]uit
What would you like to Bake? (D/M/V/C/P/Q)
```

Beginnen wir mit `P` wie Project. Wenn Sie einmal mehrere CakePHP-Projekte gleichzeitig entwickeln oder betreuen, bietet es sich an, den Cake-Core zentral in Ihrer Entwicklungs- oder Produktionsumgebung zu halten. Das heißt, es gibt den Ordner *cake* nur ein einziges Mal auf Ihrem Server, und alle CakePHP-Applikationen greifen auf diesen zu.

Da Sie im Normalfall nie etwas am Kern von CakePHP ändern müssen, brauchen Sie beispielsweise Updates des Kerns immer nur an einem Ort zu machen. Ähnlich halten Sie es ja auch bereits jetzt schon: Wenn Sie eine Konfiguration haben, wie in Kapitel 2, *Installation und Konfiguration*, beschrieben, arbeiten Sie gerade nicht mit der Console im Ordner *cakejobs*, sondern mit der Console unter *cake/*. Diese erkennt aufgrund Ihrer aktuellen Position in der Kommandozeile, um welche Applikation es sich handelt, und schreibt die gebackenen Dateien auch an den gewünschten Ort.

So ist auch die Project-Option der Bake-Shell gedacht. Legen Sie einen neuen Ordner namens *cakebake* in der Document Root Ihrer Serverumgebung an, navigieren Sie in der Kommandozeile dorthin, und starten Sie die Bake-Shell mittels `cake bake`.

Die Console erkennt gleich, dass hier noch kein Projekt angelegt ist, und startet gleich das Baken des Projekts:

```
Bake Project
Skel Directory: /{pfad}/cake/cake/console/libs/templates/skel
Will be copied to: /{pfad}/cakebake
---------------------------------------------------------------
Look okay? (y/n/q)
[y] >
```

`Skel Directory` steht hier für das Verzeichnis, in dem die »Skelette«, also die Ordnerstruktur mit den wichtigsten Dateien für ein CakePHP-Projekt liegen.

Bestätigen Sie mit Enter. Anschließend fragt cake, ob die folgenden Ausgaben ausführlich oder kurz sein sollen. Verneinen Sie diese Frage, und schon ist das Baken des Projekts abgeschlossen. Was ist jetzt passiert? CakePHP hat das gesamte Grundgerüst des *app/*-Ordners erstellt und den Pfad des CakePHP-Kerns auf den Ordner gelenkt, aus dem gerade die Console ausgeführt wird. Rufen Sie zum Beweis die neu erstellte *cakebake*-Applikation im Browser unter *http://localhost/cakebake* auf (Abbildung 9-2).

Noch ein zusätzlicher Tipp: Sie können dem Befehl den Pfad, in dem Sie das Projekt erstellt haben möchten, und den Namen der Anwendung als Parameter übergeben. Möglich sind absolute und relative Pfadangaben:

```
cake bake project CakeProjekt /docroot/cakebake
```

## Datenbankkonfigurationen baken

CakePHP weist Sie gleich darauf hin, dass die Anwendung noch keinen Zugriff auf eine Datenbank hat. Starten Sie deshalb gleich wieder die Console per `cake bake`, und wählen Sie `D` für `Database Configuration` aus.

Auch dieser Bake-Vorgang läuft interaktiv und schrittweise ab und erstellt die Datei */app/config/database.php* für Sie. Das Baken der *database.php* läuft folgendermaßen ab:

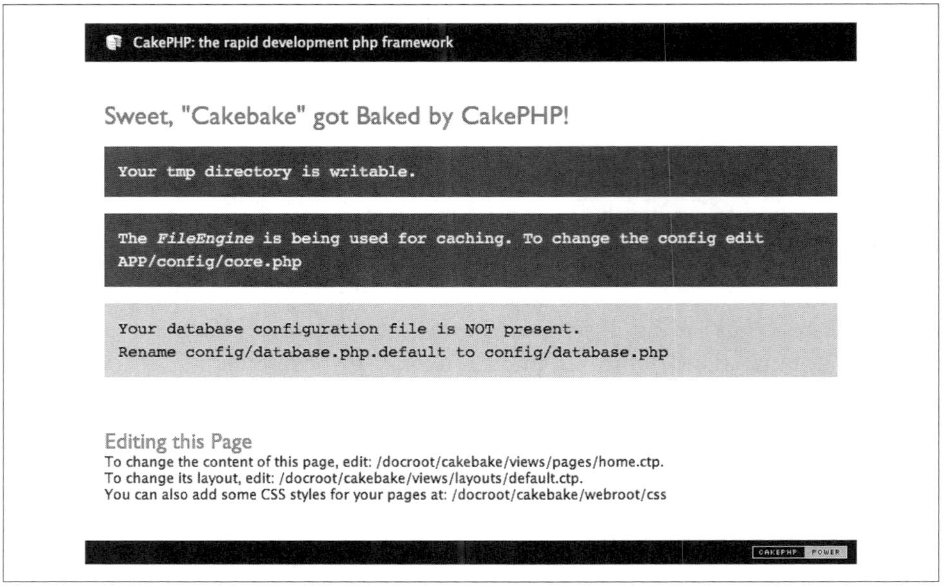


*Abbildung 9-2: Das gebackene Cake-Projekt*

```
Database Configuration:
Name:
[default] >
Driver: (db2/firebird/mssql/mysql/mysqli/odbc/oracle/postgres/sqlite/sybase)
[mysql] >
Persistent Connection? (y/n)
[n] >
Database Host:
[localhost] >
Port?
[n] > 3306
User:
[root] >
Password:
> ****
Database Name:
[cake] > cakejobs
Table Prefix?
[n] > cj_
Table encoding?
[n] > utf-8
Table schema?
[n] >
Look okay? (y/n)
[y] >
```

CakePHP gibt Ihnen hier alle möglichen Parameter zur Auswahl. Ihre Datenbankkonfiguration können Sie so in weniger als 30 Sekunden erstellen.

## Bake-Kurzbefehle

Sie können jetzt Funktionalitäten zu dem Projekt hinzufügen. Die Console bietet dafür Kurzbefehle, die Ihnen die Arbeit ersparen, alle Fragen zu beantworten. Hierfür gibt es mehrere Möglichkeiten. Fangen wir mit den Models an.

```
cake bake model
```

Mit diesem Befehl gelangen Sie direkt zur Auswahl des entsprechenden Models und bekommen dann die üblichen Fragen gestellt. Sie können das zu bakende Model auch direkt dem Befehl mit übergeben, indem Sie es diesem Befehl in der gewohnten Singular-Schreibweise (`Company` oder `Job`) hinzufügen.

```
cake bake model Company
---------------------------------------------------------------
App : cakebake
Path: /{pfad}/cakebake
---------------------------------------------------------------

Baking model class for Company...

Creating file /{pfad}/cakebake/models/company.php
Wrote /{pfad}/cakebake/models/company.php
```

Wenn Sie das Model gleich mit übergeben, werden alle Fragen nach Validierung und Associations übersprungen, und die Datei wird sofort geschrieben.

Bei Controllern gilt dasselbe: Wenn Sie den Namen des zu bakenden Controllers gleich mit übergeben, werden alle Fragen übersprungen und die Datei wird gleich geschrieben. Hier gilt es zu beachten, dass zum Baken eines Controllers das zugehörige Model schon existieren muss, da der Controller sonst seine Daten nicht kennt, und dass der Name des Controllers im Plural übergeben werden muss.

`cake bake controller` führt Sie also zur Auswahl des Controllers und zu den Fragen, und `cake bake controller {Controller}` überspringt alle Fragen. Hier gibt es aber das Problem, dass nur das absolute Grundgerüst des Controllers mit dem `$scaffold`-Attribut erstellt wird.

Im Normalfall möchten Sie aber, wenn Sie die Console benutzen, gleich den Code für die Controller-CRUD-Actions generieren lassen. Auch daran haben die Entwickler gedacht und haben dafür noch den zusätzlichen Parameter `scaffold` implementiert. Wenn Sie dem Befehl noch zusätzlich den Parameter `scaffold` übergeben, werden die Standard-Actions mit erstellt.

```
cake bake controller Companies scaffold
```

Hiermit erreichen Sie das meistens gewünschte Ergebnis eines kompletten Controllers mit allen nötigen Actions.

Weiter geht es mit Views. `cake bake view` führt Sie direkt zur Auswahl des zugehörigen Controllers, und mit `cake bake view {Controller}` werden die CRUD-Views sofort geschrieben:

```
cake bake view Companies
---------------------------------------------------------------
App : cakebake
Path: /{pfad}/cakebake
---------------------------------------------------------------

Creating file /{pfad}/cakebake/views/companies/index.ctp
Wrote /{pfad}/cakebake/views/companies/index.ctp

Creating file /{pfad}/cakebake/views/companies/view.ctp
Wrote /{pfad}/cakebake/views/companies/view.ctp

Creating file /{pfad}/cakebake/views/companies/add.ctp
Wrote /{pfad}/cakebake/views/companies/add.ctp

Creating file /{pfad}/cakebake/views/companies/edit.ctp
Wrote /{pfad}/cakebake/views/companies/edit.ctp
```

Mit `cake bake view` können Sie noch gezielter arbeiten, indem Sie dem Befehl noch die gewünschte CRUD-Action (`index`, `add`, `edit` oder `view`) für das View übergeben. Somit wird nur ein gewünschtes View geschrieben.

```
cake bake view Companies edit
Creating file /{pfad}/cakebake/views/companies/edit.ctp
Wrote /{pfad}/cakebake/views/companies/edit.ctp
```

Als letzten Parameter bietet `cake bake view` noch die Möglichkeit, zwar ein sogenanntes Action-Template zu verwenden (im Endeffekt also die vorhandenen CRUD-Actions), aber mit einem anderen Dateinamen. Dazu reicht es, dem Kurzbefehl noch den gewünschten Dateinamen ohne Erweiterung zu übergeben. Das kann nützlich sein, wenn Sie beispielsweise mehrere `index`-Views für verschiedene Zwecke baken möchten.

```
cake bake view Companies index listing
Creating file /{pfad}/cakebake/views/companies/listing.ctp
Wrote /{pfad}/cakebake/views/companies/listing.ctp
```

Zum Abschluss der Kurzbefehle kommen wir noch zum besten Kommando am Anfang eines Projekts, zu `bake all`. Mit `cake bake all {Model}` können Sie in einem Rutsch das Model, den Controller (mit Actions, nicht `$scaffold`) und die CRUD-Views erstellen lassen.

`cake bake all` bringt Sie zur Auswahl des Models, das die Grundlage der ganzen Action ist, aber auch `bake all` können Sie den Model-Namen direkt übergeben, um sich einen vielleicht unnötigen Arbeitsschritt zu ersparen.

```
---------------------------------------------------------------
Bake All
---------------------------------------------------------------
One moment while the associations are detected.

Baking model class for Company...
```

```
Creating file /Volumes/Data/nano/Sites/cakebake/models/company.php
Wrote /Volumes/Data/nano/Sites/cakebake/models/company.php
Company Model was baked.

Creating file /Volumes/Data/nano/Sites/cakebake/controllers/
              companies_controller.php
Wrote /Volumes/Data/nano/Sites/cakebake/controllers/companies_controller.php
Company Controller was baked.

Creating file /Volumes/Data/nano/Sites/cakebake/views/companies/index.ctp
Wrote /Volumes/Data/nano/Sites/cakebake/views/companies/index.ctp

Creating file /Volumes/Data/nano/Sites/cakebake/views/companies/view.ctp
Wrote /Volumes/Data/nano/Sites/cakebake/views/companies/view.ctp

Creating file /Volumes/Data/nano/Sites/cakebake/views/companies/add.ctp
Wrote /Volumes/Data/nano/Sites/cakebake/views/companies/add.ctp

Creating file /Volumes/Data/nano/Sites/cakebake/views/companies/edit.ctp
Wrote /Volumes/Data/nano/Sites/cakebake/views/companies/edit.ctp
Bake All complete
```

Als Schlussbemerkung: Wenn bei den Kurzbefehlen, wie auch bei `bake all`, der interaktive Modus übersprungen wird und Sie keine einzelnen Fragen beantworten, verwendet CakePHP die bestmöglichen Defaults und versucht, die MVC-Dateien so intelligent wie möglich zusammenzustellen.

Wenn Sie beispielsweise die Unternehmensverwaltung per `cake bake all Company` in einem Schritt baken, erkennt die Bake-Shell viele Eigenschaften und setzt diese direkt in Code um:

- Im Company-Model wurde, ohne dass das Job-Model bereits existierte, eine *hasMany*-Relationship zum Job-Model definiert.
- Das `$validate`-Attribut wurde mit den Feldern befüllt, und die Validierungsregeln wurden, so gut es ging, anhand ihres Datentyps oder Namens zugeordnet. So wird das *email*-Feld aus der *companies*-Tabelle mit der Validierungsregel *email* auf Gültigkeit geprüft.

Wenn Sie auch das Job-Model per `bake all Job` baken, werden Ihnen folgende Aufgaben bereits abgenommen:

- Im Model wurde eine *$belongsTo*-Association zu *Company* hergestellt.
- Im Controller werden dem View mit `$this->set` die Datensätze der *companies*-Tabelle als Array mit Key-Value-Paaren zugewiesen, das per `find('list')` erstellt wird, ...
- ... um die Dropdown-Input-Felder in den `add`- und `edit`-Views mit Daten zu befüllen.

Wie Sie merken, versucht CakePHP Ihnen aufgrund der Konventionen möglichst viel Arbeit abzunehmen.

### Hilfe beim Baking

Sollten Sie sich an eine bestimmte Syntax der Bake-Shell nicht erinnern können, bietet die Console dafür Hilfeseiten an:

```
cake bake help
```

Dieser Befehl gibt Ihnen eine Übersicht über die verschiedenen bake-Optionen und -Parameter. Um genauere Informationen zu einem einzelnen Befehl zu erhalten, fügen Sie der Option als Parameter help hinzu:

```
cake bake {befehl} help
```

## Eigene Shells programmieren

Die CakePHP-Console ist nicht nur zum Baken da. Bake ist nur eine – zugegebenermaßen, sehr mächtige – Shell der Console. CakePHP liefert noch zusätzliche Shells für ACL (Access Control Lists), I18N (Internationalisierung), Schema, eine API-Shell und noch die bereits besprochene Console-Shell mit. Shells werden unter */app/vendors/shells* abgespeichert. Zur ACL- und zur I18N-Shell kommen wir später in diesem Buch in den Kapiteln 14 und 15, wenn wir die Themen Autorisierung und Internationalisierung behandeln.

Jetzt gehen wir es an, eine eigene Shell zu schreiben. Als Beispiel möchten wir eine Shell programmieren, die unsere Jobangebote als CSV-Datei auf den Server schreibt. Legen Sie dazu eine Datei namens *csv_export.php* in diesem Ordner an. Der Name einer Shell-Klasse muss identisch mit dem Dateinamen sein, und das Suffix »Shell« muss angehängt werden. Shell-Klassen erweitern die Shell-Klasse. Um einen Anfang zu machen, fügen Sie folgenden Code in die Klasse ein:

```
class CsvExportShell extends Shell {
   function main() {
      $this->out('Willkommen in der CSVExport-Shell');
   }
}
```

Als Konstruktor bzw. als Start-Methode fungiert main(). Mit $this->out() geben Sie Text in der Shell aus. Rufen Sie jetzt mit dem Befehl cake die Console auf. Unter *Available Shells* sollte jetzt die CSVExport-Shell auftauchen.

```
Available Shells:

 /{pfad}/cakejobs/app/vendors/shells/:
         csv_export
```

Starten Sie jetzt die CSVExport-Shell mit cake csv_export, um daraufhin freundlich begrüßt zu werden.

```
Welcome to CakePHP v1.2.0.6311 beta Console
---------------------------------------------------------------
App : app
Path: /{pfad}/cakejobs/app
---------------------------------------------------------------
Willkommen in der CSVExport-Shell
```

Jetzt steht schon einmal die Struktur unserer Shell. Doch was wollen Sie jetzt eigentlich genau machen? Sie möchten alle Job-Datensätze vom Job-Model abfragen und diese in einer kommaseparierten Datei speichern. Die CSVExport-Shell soll die Möglichkeit haben, von »Hand« gestartet zu werden, mit noch einer Abfrage, ob der Export auch wirklich gestartet werden soll. Das erreichen Sie mit dem Gegenstück von `$this->out()`, mit `$this->in()`:

```
Shell::in($prompt, $options = null, $default = null);
```

Diese Methode akzeptiert drei Parameter: die Nachricht an den Benutzer, ein Array mit den Eingabemöglichkeiten und die Standardantwort, die verwendet wird, wenn der Benutzer ohne Eingabe bestätigt. Der Rückgabewert dieser Methode ist die Eingabe des Benutzers. Wenn Sie ein Array mit Optionen übergeben, wird die Frage so lange wiederholt, bis der Benutzer einen der möglichen Werte eingegeben hat.

Nun implementieren Sie den Export an sich. Da Sie Zugriff auf das Job-Model benötigen, muss dieses erst einmal geladen werden. Das erreichen Sie, indem Sie das Attribut `$uses` setzen und ein Array mit den gewünschten Models definieren, genauso wie im Controller. Unsere CSVExportShell sieht jetzt folgendermaßen aus:

```
class CsvExportShell extends Shell {
   var $uses = array('Job');

   function main() {
      $this->out('Willkommen in der CSVExport-Shell');
      $this->hr(); // Horizontale Linie ausgeben

      $start = $this->in('Wollen Sie den Export jetzt starten?',
                         array('y', 'n'), 'y');

      if($start == 'y') {
         $this->out('Export gestartet, bitte warten...');

         # Daten abfragen
         $jobs = $this->Job->find('all');
         $entries = Set::extract($jobs, '{n}.Job');

         # CSV erstellen
         $rows = array();
         foreach($entries as $entry) {
            $fields = array();
            foreach($entry as $field) {
               $fields[] = $field;
            }
            $rows[] = implode(',', $fields);
```

```
            }
            $csv = implode("\n", $rows);

            # Datei schreiben
            App::import('Core', 'File');
            $file = new File(APP . DS . 'webroot' . DS . 'jobs.csv', true);
            $file->write($csv);
            $file->close();

            $this->out('Export wurde gespeichert unter webroot/jobs.csv');
        } else {
            $this->out('Export wurde nicht gestartet, Abbruch.');
        }
    }
}
```

Zur Erklärung: Sie fragen erst mit `$this->in()` ab, ob der Export gestartet werden soll. Wenn die Antwort y lautet, fragen Sie die Jobs aus dem Model ab und extrahieren mit `Set::extract()` die Inhalte aus allen Unter-Arrays, die als Key »Job« gesetzt haben. Durch das resultierende Array iterieren wir, und in der Iteration werden die einzelnen Felder, durch Kommas getrennt, in die Variable `$csv` geschrieben, und jeder Datensatz wird durch einen Zeilenumbruch vom nächsten getrennt.

Dann holen Sie sich die Core-Klasse `File` von CakePHP und schreiben das CSV in die Datei *jobs.csv* im *webroot*-Verzeichnis. Keine Sorge, mit den sehr praktischen `Set`- und der `File`-Klassen werden wir uns in Kapitel 17, *Weitere Kernfunktionalitäten von CakePHP*, noch beschäftigen.

Starten Sie nun die Shell in der Kommandozeile mit `cake csv_export`. Folgendes Ergebnis sollte Sie erwarten:

```
---------------------------------------------------------------
Willkommen in der CSVExport-Shell
---------------------------------------------------------------
Wollen Sie den Export jetzt starten? (y/n)
[y] > y
Export gestartet, bitte warten...
Export wurde gespeichert unter webroot/jobs.csv
```

In Ihrem *webroot*-Ordner sollten Sie jetzt eine CSV-Datei mit den Jobangeboten finden.

## Console-Tasks

Der Export wurde implementiert, es findet aber alles in einer Methode statt. Den Teil, in dem wir das CSV zusammenstellen und in eine Datei schreiben, möchten wir jetzt auslagern. Da diese Funktionalität ja sehr generisch ist, wäre es praktisch, wenn wir diese wiederverwenden könnten.

Dazu bieten sich Console-Tasks an. Tasks sind Erweiterungen von Shells, die bestimmte Funktionalitäten kapseln. `Task`-Klassen werden unter */app/vendors/shells/*

*tasks* gespeichert. Legen Sie dort eine Datei namens *writeCSV.php* an, und lagern Sie die CSV-Funktionalität aus.

Auch die `Task`-Klassen erweitern die `Shell`-Klasse und haben das Suffix »Task« im Klassennamen. Das Pendant zur Methode `main()` der Shells ist hier die Methode `execute()`.

```
class WriteCsvTask extends Shell {
   function execute($entries, $path) {

      # CSV erstellen
      $rows = array();
      foreach($entries as $entry) {
         $fields = array();
         foreach($entry as $field) {
            $fields[] = $field;
         }
         $rows[] = implode(',', $fields);
      }
      $csv = implode("\n", $rows);

      # Datei schreiben
      App::import('Core', 'File');
      $file = new File($path, true);
      $file->write($csv);
      $file->close();
   }
}
```

Der *CSVExportShell* müssen Sie jetzt noch den *WriteCsvTask* zur Verfügung stellen. Definieren Sie diese einfach mit dem Klassenattribut `$tasks`:

```
var $tasks = array('WriteCsv');
```

Nun haben Sie in der Shell über `$this->WriteCsv` Zugang zu diesem Task. Die CSV-ExportShell sieht jetzt folgendermaßen aus:

```
class CsvExportShell extends Shell {
   var $uses = array('Job');
   var $tasks = array('WriteCsv');

   function main() {
      $this->out('Willkommen in der CSVExport-Shell');
      $this->hr();

      if(   (isset($this->args[0]) && $this->args[0] == 'start')
            || $this->in('Wollen Sie den Export jetzt starten?', array('y', 'n'),
                        'y') == 'y') {

         $this->out('Export gestartet, bitte warten...');

         # Daten abfragen
         $jobs = $this->Job->find('all');
         $rows = Set::extract($jobs, '{n}.Job');
```

```
            if(isset($this->args[1])) {
               $path = $this->args[1];
            } else {
               $path = APP . DS . 'webroot' . DS . 'jobs.csv';
            }
            $this->WriteCsv->execute($rows, $path);
            $this->out("Export wurde gespeichert unter: {$path}");

         } else {
            $this->out('Export wurde nicht gestartet, Abbruch.');
         }
      }
   }
```

Tasks können auch direkt ausgeführt werden, indem Sie den Namen der entsprechenden Task noch an den Shellnamen anfügen. Wenn Sie cake `bake model` aufrufen, wird die `main()`-Methode der *BakeShell* übersprungen und direkt die Methode `execute()` des *ModelTask* aufgerufen. In unserem Beispiel ist das nicht sinnvoll, da `execute()` im `WriteCsvTask` ja Argumente erwartet.

## Argumente übergeben

Argumente, die über die Kommandozeile übergeben werden, stehen Ihnen in Shells und auch in Tasks unter `$this->args` als nummeriertes Array zur Verfügung. Um unser Beispiel noch zu vervollständigen, implementieren wir jetzt noch Parameter, die es erstens möglich machen, die User-Interaktion zu überspringen (zur Ausführung per Cronjob), und zweitens optional einen Pfad mit Dateinamen zu übergeben.

```
class CsvExportShell extends Shell {
   var $uses = array('Job');
   var $tasks = array('WriteCsv');

   function main() {
      $this->out('Willkommen in der CSVExport-Shell');
      $this->hr();

      if(   (isset($this->args[0]) && $this->args[0] == 'start')
            || $this->in('Wollen Sie den Export jetzt starten?', array('y', 'n'),
                     'y') == 'y') {

         $this->out('Export gestartet, bitte warten...');

         # Daten abfragen
         $jobs = $this->Job->find('all');
         $rows = Set::extract($jobs, '{n}.Job');

         if(isset($this->args[1])) {
            $path = $this->args[1];
         } else {
```

```
            $path = APP . DS . 'webroot' . DS . 'jobs.csv';
        }
        $this->WriteCsv->execute($rows, $path);
        $this->out("Export wurde gespeichert unter: {$path}");

    } else {
        $this->out('Export wurde nicht gestartet, Abbruch.');
    }
  }
}
```

Wenn Sie jetzt folgenden Befehl in der Shell ausführen, wird die CSV-Datei ohne weitere Rückfragen in den gewünschten Pfad geschrieben:

```
cake csv_export start ~/Desktop/jobangebote.csv

---------------------------------------------------------------
App : app
Path: /{pfad}/cakejobs/app
---------------------------------------------------------------
Willkommen in der CSVExport-Shell
---------------------------------------------------------------
Export gestartet, bitte warten...
Export wurde gespeichert unter: ~/Desktop/jobangebote.csv
```

Fertig ist unsere CsvExport-Shell, die vielleicht an mancher Stelle noch etwas überarbeitet werden müsste, ansonsten aber elegant implementiert wurde und auch einfach aufgerufen werden kann.

Sie haben in diesem Kapitel gelernt, die CakePHP-Console zu benutzen. Das wichtigste Feature ist wohl das Baking von Code, das Sie in allen möglichen Variationen, schrittweise und mit Kurzbefehlen sowie mit verschiedenen Parametern, ausprobiert haben. Sie haben eine eigene Shell geschrieben und einen Teil der Logik in eine Console-Task ausgelagert, auf die von allen Shells zugegriffen werden kann. Sie haben auch einen Einblick in die eigentliche CakePHP-Console bekommen, die Ihnen unter anderem direkten Zugriff auf Model-Funktionen gibt.

Wir möchten Sie ermutigen, die Console so oft wie möglich zu benutzen, da Sie damit viele Aufgaben elegant und schnell erledigen können.

Jetzt geht es mit dem Controller weiter. Diesen haben Sie schon in Kapitel 4, *Der Controller*, kennengelernt. Im folgenden Kapitel 10, *Der Controller reloaded – Callbacks, Routes & Co.*, möchten wir Ihnen die nicht so offensichtlichen Features und Möglichkeiten im Controller näherbringen.

KAPITEL 10

# Der Controller reloaded – Callbacks, Routes & Co.

Was heißt hier »reloaded«? Genau, wir möchten uns in diesem Kapitel noch einmal den Controller vornehmen, um »ans Eingemachte« zu gehen. Sie haben bisher die elementaren Konzepte und Funktionalitäten der CakePHP-Controller kennengelernt, das war aber noch lange nicht alles. In diesem Kapitel sprechen wir darüber, wie Sie das Standardverhalten von CakePHP beeinflussen oder gar umgehen können. Hierzu ist etwas Theorie nötig, was heißt, dass Sie in diesem Kapitel *CakeJobs* nicht signifikant weiterentwickeln werden.

Sie werden hier lernen, wie Sie in einem Controller ein anderes Model verwenden können, als die Namenskonvention des Controllers vorgibt, und auch, wie Sie mehrere Models im Controller ansprechen können, ohne dass diese per Model-Association verbunden sein müssen. Sie lernen auch die Controller-Callbacks kennen, die Sie selbst implementieren, um in den Ablauf einer Anfrage an CakePHP eingreifen zu können, beispielsweise wenn Sie vor dem Aufruf einer Action noch Logik einbauen möchten.

Gegen Ende des Kapitels lernen Sie das URL- bzw. Routes-System von CakePHP kennen. Dieses ist für die Gestaltung der Adressen zuständig, über die die Actions aufgerufen werden. Routes sind ein leistungsfähiges Werkzeug für die Suchmaschinenoptimierung, da Sie damit nichts an Ihrer Applikation ändern müssen, sondern die URLs einfach konfigurieren. Sie werden eine Route für den Zugriff auf die Detailansichten in CakeJobs definieren, die vom Standard */jobs/view/{id}* abweicht. Zum Schluss zeigen wir Ihnen noch ein Feature von CakePHP, nach dem häufig gefragt wird: wie Sie statische Seiten anlegen.

## Die Controller-Funktionalität erweitern

Die Controller in CakePHP enthalten schon ohne spezielle Konfiguration die wichtigsten Bestandteile, die Sie bei der Entwicklung von Webanwendungen benötigen. Doch CakePHP bietet außerdem einige Möglichkeiten, Controller zu erweitern.

## Models laden

Ein Controller muss nicht immer zwangsläufig mit dem von der Konvention her passenden Model zusammenhängen. Standardmäßig wird automatisch das zum Namen des Controllers passende Model geladen. Beim *JobsController* brauchten Sie das Model *Job* nicht eigens nachladen. Doch es gibt auch andere Verwendungszwecke für einen Controller, als nur mit den Daten seines Models zu arbeiten. Ein Beispiel könnten hier das Backend und das Frontend des JobsControllers sein. Diese möchten Sie vielleicht bei fortschreitender Größe der Applikation aus Gründen der Übersichtlichkeit und der Sicherheit in verschiedene Controller trennen.

Andererseits ist es auch möglich, ein anderes Model als das standardmäßig zugewiesene oder auch mehrere Models gleichzeitig in einem Controller zu verwenden. Dazu reicht es, die Namen der Models in einem Array dem `$uses`-Attribut zuzuweisen:

```
var $uses = array('Job', 'BewerbungsModel');
```

Somit hätten Sie in dem Controller das *Job*- und das *BewerbungsModel* per `$this->Job` oder `$this->AnderesModel` zur Verfügung. Das simple Setzen dieses Attributs nimmt Ihnen die Arbeit und den zusätzlichen Code ab, um die Model-Klassen zu inkludieren, mit den benötigten Daten zu instanziieren und im Controller bereitzustellen.

Sie können auch einen Controller ohne Model definieren. Dazu setzen Sie das Attribut `$uses` auf `null`. Ein Anwendungsfall dafür wäre zum Beispiel ein Kontaktformular, das Kontaktanfragen nur per E-Mail sendet, aber keine Datenbanktabelle besitzt.

## protected und private – den Zugriff auf Methoden einschränken

An dieser Stelle fragen Sie sich vielleicht, ob jede Methode, die den Namenskonventionen von CakePHP entspricht, auch ohne Weiteres über die URL vom User aufrufbar ist. Im Sinne einer vernünftigen Strukturierung in der Applikation kann es durchaus Methoden geben, die Teile der Applikation auslagern, aber trotzdem nicht direkt aufgerufen werden sollen (schon gar nicht über die URL bzw. den Dispatcher von CakePHP).

Wenn Sie schon Erfahrung mit objektorientierter Programmierung haben, wird Ihnen das Konzept der Sichtbarkeit von Methoden in Klassen ein Begriff sein. Methoden können über verschiedene Schlüsselwörter so definiert werden, dass der Zugriff nur eingeschränkt oder gar nicht von außerhalb möglich ist. PHP 5 unterstützt dieses Konzept der Objektorientierung und erlaubt es, Methoden als *public*, *private* oder *protected* zu definieren. In PHP 4 war das leider noch nicht möglich: Dort verhalten sich alle Methoden als public.

CakePHP hat dieses Konzept übernommen, aber im Sinne der Abwärtskompatibilität zu PHP 4 erweitert. Es werden also nicht die oben genannten Schlüsselwörter verwendet, sondern die folgenden Konventionen:

- Controller-Methoden, die als *protected* definiert sein sollen, beginnen mit einem Unterstrich: `_meine_geschuetzte_methode()`
- Controller-Methoden, die als *private* definiert sein sollen, beginnen mit zwei Unterstrichen: `__meine_private_methode()`

Wenn sie auf diese Weise markiert worden ist, kann eine Methode nicht mehr von außen über die URL oder auch innerhalb der Applikation aufgerufen werden.

## Controller-Callbacks

CakePHP bietet Ihnen in allen Hauptteilen des Frameworks Möglichkeiten, um den Ablauf der normalen Reihenfolge der Actions zu beeinflussen. Im Controller verfügt CakePHP über einige nützliche Callbacks, die wir Ihnen hier vorstellen wollen.

### beforeFilter()

CakePHP ruft `beforeFilter()` vor jeder Action Ihres Controllers auf. Das heißt, Sie können in Ihrem Controller die Methode `beforeFilter()` implementieren. Damit überschreiben Sie die im Controller »darüberliegende«, aber leere Methode der Controller-Basisklasse. `beforeFilter()` bietet sich sehr für diverse Sicherheitsmechanismen an, da Sie in `beforeFilter()`, sollte eine Voraussetzung nicht erfüllt werden, den Aufruf der darauffolgenden Action unterbinden können.

Das folgende Beispiel prüft beispielsweise, ob der Benutzer eingeloggt ist, sprich, ob seine Daten in der Session stehen. Ist das nicht der Fall, wird er mit einer Meldung auf der Login-Seite begrüßt.

```
function beforeFilter(){
   if(!$this->Session->check('User.loginData')) {
      $this->Session->setFlash('Bitte loggen Sie sich ein.');
      $this->redirect('/login');
   }
}
```

### afterFilter()

`afterFilter()` wird nach dem Ende einer Action, aber vor dem Rendern des entsprechenden Views ausgeführt. Diese Methode könnte nützlich sein, wenn Sie unter bestimmten Bedingungen außerhalb der Actions-Methode die `render()`-Action selbst starten möchten.

## beforeRender()

`beforeRender()` wird nach dem Ende einer Action und nach dem Callback `afterFilter()` ausgeführt. Der Aufruf dieser Methode geschieht am Anfang der `render()`-Methode, wird also auch ausgeführt, wenn Sie `render()` aus dem Controller manuell starten.

# URLs und Routes

CakePHP arbeitet mit einem Dispatcher, der URLs auf die entsprechenden Controller und Actions mit den übergebenen Parametern übergibt. Die grundsätzliche Struktur sieht folgendermaßen aus:

> */controller/action/parameter1/parameter2/*

Wenn Sie also im Browser */jobs/edit/1* aufrufen, wird die Methode `edit()` im JobsController mit dem Parameter `1` aufgerufen. Diesen Parameter erreichen Sie entweder, indem Sie ihn als Parameter Ihrer Methode deklarieren und ihn so lokal zur Verfügung haben, oder aber im Controller unter `$this->params['pass']` als nummeriertes Array.

Auf diese Weise können Sie beliebig viele Parameter, durch Schrägstriche getrennt, per URL übergeben. Das reicht für die meisten Anwendungen, doch ist das System so etwas unflexibel, weil Sie an die Reihenfolge der Parameter gebunden sind. Sollte in einem Fall ein Parameter fehlen, können Sie das nur schwer feststellen.

## Named Parameters

Um dieses Problem zu umgehen, unterstützt CakePHP sogenannte *Named Parameters*. *Named Parameters* werden auch durch Schrägstriche getrennt, aber mit dem Namen des Parameters übergeben. Das können Sie an unserem *CompaniesController* sehen. Diesen haben Sie in Kapitel 9, *Die CakePHP-Console und die Bake-Shell*, gebakt, und gebakte Controller bzw. Views verwenden schon standardmäßig die CakePHP-Paginierung. Rufen Sie also das Listing unserer Unternehmen im Browser unter *http://localhost/cakejobs/companies* auf und klicken Sie auf einen Spaltenbezeichner, um die Tabelle zu sortieren. Sehen Sie sich dann die daraus resultierende URL an:

> *http://www.cakejobs.dev/companies/index/page:1/sort:name/direction:asc*

Hier wurden drei Named Parameters übergeben: `page`, `sort` und `direction`. Wenn Sie sich jetzt in der `index()`-Action im *CompaniesController* das `Params`-Array ausgeben lassen, sehen Sie, dass die Named Parameters als assoziatives Array unter dem Schlüssel `named` zu finden sind:

```
[pass] => Array
    (
    )
```

```
[named] => Array
    (
        [page] => 1
        [sort] => name
        [direction] => asc
    )
[controller] => companies
[action] => index
[plugin] =>
[form] => Array
    (
    )
[url] => Array
    (
        [url] => companies/index/page:1/sort:name/direction:asc
    )
```

So haben Sie eine sehr komfortable Möglichkeit, um Ihre Parameter zu übergeben. Sie müssen diese Parameter in Links nicht umständlich über Strings, Trennzeichen und Variablen zusammenstellen. Sie können beispielsweise der `link()`-Methode des HTML-Helpers ein Array mit Ihren Parametern übergeben:

```
echo $html->link('Nach Unternehmen sortieren',
            array('page' => 1, 'sort' => 'name', 'direction' => 'asc'));
```

Aus diesem Code erstellt CakePHP dann automatisch den gewünschten Link: *http://www.cakejobs.dev/companies/index/page:1/sort:name/direction:asc*

## Die Rolle des Dispatchers

Für die Arbeit, die zwischen dem Auslösen eines Requests und dem Ausführen der Controller-Action passiert, sind der Dispatcher und der Router von CakePHP verantwortlich. Der Dispatcher übernimmt die URL, teilt sie in Controller/Action/Parameter auf, instanziiert die benötigten Models und Objekte, startet den Controller, setzt die Parameter (darunter auch das Array `$this->params`) und rendert die Resultate des Controllers. Sollte ein Fehler auftreten, ist der Dispatcher auch für die Fehlermeldungen zuständig, in denen CakePHP uns zum Beispiel mitteilt, dass eine View oder eine Methode fehlt.

Der Dispatcher bekommt die Informationen, was mit der URL gewollt ist, vom CakePHP-Router. Der Router ist ein sehr mächtiges Werkzeug, um URLs zu gestalten. Warum sollte man URLs aber »gestalten«? Um möglichst schöne, semantische, sinnvolle und nicht zuletzt suchmaschinenfreundliche Adressen zu haben statt einen unübersichtlichen Querystring.

## Routes definieren

Routes werden in */app/config/routes.php* definiert. Dort »verbinden« Sie Routes mit den zugehörigen Actions. Sehen wir uns ein simples Beispiel an: die erste Zeile Code in der *routes.php*.

```
Router::connect('/',
      array('controller' => 'pages', 'action' => 'display', 'home'));
```

Wir legen über die Methode `connect()` der Router-Klasse, die immer statisch angesprochen wird, fest, dass die URL »/« (also die Startseite unserer Anwendung) die Action `display()` des PagesControllers mit dem Parameter »home« aufrufen soll.

Als zweites Beispiel bietet sich die zweite Standardroute in CakePHP an. Denn diese sorgt dafür, dass unsere statischen Seiten über den PagesController über URLs wie */pages/seitenname* ausgeliefert werden können.

```
Router::connect('/pages/*',
      array('controller' => 'pages', 'action' => 'display'));
```

Der Stern fungiert hier als Platzhalter. Dieses Routing greift für alle URLs, die mit */pages/* beginnen. Alle Parameter nach */pages/* werden exakt so an den Zielcontroller weitergegeben. Wenn Sie beispielsweise eine schönere URL als */jobs/view/3* haben möchten, reicht es, in der Route den Actions-Namen zu überspringen:

```
Router::connect('/jobangebote/*',
      array('controller' => 'jobs', 'action' => 'view'));
```

Hiermit würden Sie die Detailansicht des Jobangebots mit der ID 3 auch über */jobangebote/3* erreichen.

## Dynamische Routes einrichten

Nehmen wir an, Sie möchten, wenn die Jobangebote auf der CakeJobs-Plattform einmal zahlreicher sind, diese nach Datum filtern, und zwar über die URL. Hierzu könnten Sie die oben erwähnten Named Parameters verwenden und eine URL so gestalten:

*http://localhost/cakejobs/jobs/index/year:2008/month:03/day:15/*

Diese URL erfüllt zwar Ihren Zweck, ist aber nicht sehr elegant gestaltet. Wir möchten hier eine URL haben, wie wir sie aus vielen Blog-Systemen kennen, so dass das Datum, durch Schrägstriche getrennt, direkt an die URL gehängt wird: */jobs/2008/03/15/*. Die Definition dieser Route sieht folgendermaßen aus:

```
Router::connect('/jobs/:year/:month/:day', array('controller' => 'jobs', 'action'
=> 'index'));
```

Einfach, oder? Wenn Sie sich jetzt das `$this->params`-Array in der `index()`-Action des JobsControllers ausgeben lassen und *http://localhost/cakejobs/jobs/2008/03/15/* aufrufen, finden Sie die definierten Parameter direkt im `Params`-Array:

```
[pass] => Array
    ()

[named] => Array
    ()
```

```
[year] => 2008
[month] => 01
[day] => 19
```

Mit dieser Route könnte es aber noch passieren, dass beispielsweise */jobs/edit/24/param* aufgerufen wird, aber die URL, die eigentlich zum Bearbeiten eines Jobangebots führen sollte, mit falschen Parametern auf die `index()`-Action führt. Deshalb sollten wir überprüfen, ob mit den drei Parametern in Folge wirklich ein Datum gemeint ist. Auch dafür bietet der Router eine komfortable Möglichkeit.

Als dritten Parameter der `connect()`-Methode können Sie ein assoziatives Array mit den Namen der Parameter sowie reguläre Ausdrücke übergeben, auf die die Parameter geprüft werden. Bei unserer Datums-URL würde das so aussehen:

```
Router::connect('/jobs/:year/:month/:day',
            array('controller' => 'jobs', 'action' => 'index'),
            array('year' => '\d{4}', 'month' => '\d{2}', 'day' => '\d{2}'));
```

Jetzt wird jeder der drei Parameter daraufhin geprüft, ob er eine Zahl mit der entsprechenden Länge ist. Wenn jetzt ein falsches Datum eingegeben wird, dann greift diese Routing-Regel nicht und gefährdet so das »normale« URL-Routing nicht mehr.

Sie können die dynamischen Routes auch mit der *-Wildcard kombinieren. Wenn Sie zum Beispiel anstatt */jobs/* einen anderen Namen für den `JobsController` in der URL verwenden, aber die Action-Namen nicht von Hand umdefinieren möchten, definieren Sie `action` als dynamischen Parameter und lassen `action` im `$default`-Array weg:

```
Router::connect('/jobangebote/:action/*', array('controller' => 'jobs'));
```

## Reverse Routing nutzen

Sie haben sich sicher schon gefragt, was der Vorteil daran sein soll, Links mit der `link()`-Methode des HTML-Helpers zu erstellen: Dynamische Links zusammenzustellen ist durch die flexible Übergabe per Array komfortabler, als Strings zusammenzuschustern. Doch wie ist es mit einfachen Links, wie zum Beispiel */jobs/view/5*? Hier ist die Übergabe per String übersichtlicher und einfacher zu tippen. Um Sie zu überzeugen, die Array-Syntax zu verwenden, kommt hier das Reverse Routing ins Spiel:

```
echo $html->link('Jobangebot ansehen', array('controller' => 'jobs',
                'action' => 'view', '5'));
```

Wenn Sie in Ihrem View mit diesem Code einen Link erstellen, sieht dieser wie erwartet so aus:

```
<a href="/jobs/view/5">Jobangebot ansehen</a>
```

Definieren Sie jetzt in der *routes.php* die vorher erwähnte Route, um Links zu der Detailansicht von Jobangeboten schöner zu gestalten:

```
Router::connect('/jobangebote/*', array('controller' => 'jobs', 'action' => 'view'));
```

Gut, jetzt erreichen Sie die Detailansicht auch per */jobangebote/5*. Aktualisieren Sie jetzt die Ansicht, in der Sie den Beispiellink per `$html->link()` ausgegeben haben. Der Link – immer noch mit denselben Parametern – sieht jetzt folgendermaßen aus:

```
<a href="/jobangebote/5">Jobangebot ansehen</a>
```

Der HTML-Helper hat hier erkannt, dass eine Route definiert wurde, die auf die übergebenen Parameter passt, und den Link entsprechend umgeformt.

Was heißt das jetzt? Wenn Sie sich einmal entscheiden sollten, Ihre URLs anders zu gestalten, müssen Sie die ganzen Views Ihrer Applikation, die Links enthalten, nicht einmal anfassen, um das neue URL-Schema zu implementieren – es reicht nur die Definition der Route, um alle Links Ihrer Applikation umzuformen.

Nicht nur der HTML-Helper akzeptiert Links in der Array-Syntax, alle URL-relevanten CakePHP-Methoden akzeptieren im Normalfall beides – und auch das Reverse Routing. Dazu gehört auch `Controller::redirect()`.

```
$this->redirect(array('controller' => 'jobs', 'action' => 'view', '5'));
```

Diese Weiterleitung würde den Benutzer ebenfalls zur URL */jobangebote/5* weiterleiten.

Zusammenfassend kann man sagen, dass Routes ein sehr flexibles Werkzeug sind, um URLs schöner zu gestalten, ohne von den Benennungen in Ihrem Code abhängig zu sein. Durch Reverse Routing, dem »rückwirkenden« Erstellen von Links, beispielsweise per HTML-Helper, müssen Sie Änderungen am URL-Schema nur an einem einzigen Ort Ihrer Anwendung erledigen: in der *routes.php*.

## Admin-Routing nutzen

Mit Admin-Routing können Sie eine simple Administratorfunktionalität einschalten, die es Ihnen ermöglicht, beim Aufruf eines *controller/action*-Paares in der URL ausgehend von einem Präfix eine andere Methode aufzurufen. Das sehen Sie am besten anhand eines Beispiels. In der Konfigurationsdatei */app/config/core.php* finden Sie eine auskommentierte Einstellung namens `Routing.admin`. Bitte entfernen Sie die Kommentarzeichen.

```
//Configure::write('Routing.admin', 'admin');
```

Ein Aufruf von *http://localhost/cakejobs/admin/jobs/view/5* ruft jetzt nicht die Methode `view()` im JobsController auf, sondern die Methode `admin_view()`. So haben Sie in der URL einen abgetrennten */admin/*-Bereich, müssen aber keine eigenen Controller für den Administrationsbereich erstellen. Die Einstellung `Routing.admin` bestimmt schlicht das Admin-Präfix der URL und der Methode.

Bitte beachten Sie, dass Sie für `admin`-Actions auch eigene Views benötigen. Für das obige Beispiel müssten Sie unter */views/jobs/* das View *admin_view.ctp* anlegen, um eine Fehlermeldung zu vermeiden.

Um in Ihrem Controller kontrollieren zu können, ob der Aufruf der Admin-Routes überhaupt berechtigt ist, haben Sie im Array `$this->params` den Schlüssel `admin`, der auf 1 gesetzt ist, wenn der Aufruf über eine Admin-Route stattfand. Ansonsten ist der Wert 0.

## Die Methode requestAction()

In allen Klassen, die von *Object* ableiten, haben Sie die Methode `requestAction()` zur Verfügung. Mit dieser Methode können Sie in Ihrem Code eine Anfrage an Ihre Applikation starten. Sie übergeben dafür einfach die gewünschte URL. Es wird hier kein HTTP-Request gestartet, sondern einfach der Dispatcher direkt angesprochen.

Sie könnten zum Beispiel von einer beliebigen Stelle aus Ihrem Code die `view()`-Action des JobsControllers starten. Der Aufruf würde dann so aussehen:

```
$this->requestAction('/jobs/view/2');
```

Wenn Sie diesen Code aufrufen, wird im Hintergrund der Dispatcher gestartet, und alles, was auch bei einer Anfrage über den Browser geschehen würde, wird genau so ausgeführt. Wenn Sie die Rückgabe der Action, also das ausgegebene HTML benötigen, übergeben Sie noch den Schlüssel `render` im `$extra`-Array:

```
$dump = $this->requestAction('/jobs/view/2', array('return'));
```

# Statische Seiten in CakePHP

Fast jede Anwendung benötigt auch statische Seiten. Diese Funktionalität ist in CakePHP schon vorgesehen. Unter */app/views* befindet sich ein Ordner namens *pages*, in den Sie statische Seiten abgespeichern können. Speichern Sie beispielsweise eine Datei namens *impressum.ctp* dort ab, erreichen Sie die Seite über die URL */pages/impressum*. Sie können Ihre statischen Seiten auch in Unterordnern organisieren. Die Verzeichnisstruktur von */app/pages* spiegelt sich dann in der URL wider.

Für die Auslieferung der statischen Seiten ist der PagesController zuständig. Diesen finden Sie nicht im Ordner */app/controllers*, da er ein Core-Controller von CakePHP ist. Wenn Sie diesen Controller erweitern oder anpassen möchten, kopieren Sie die Datei */cake/libs/controller/pages_controller.php* nach */app/controllers*. Wenn CakePHP den Controller im Controller-Verzeichnis unter *app/* findet, wird auch auf diesen zugegriffen.

Dasselbe gilt für Ihre Startseite: Legen Sie unter */app/pages/* das View *home.ctp* an, um Ihre eigene statische Startseite zu haben. Diese erreichen Sie dann unter *http://localhost/cakejobs/* und unter *http://localhost/cakejobs/pages/home*.

KAPITEL 11

# Components nutzen

Components sind in sich geschlossene Bereiche innerhalb einer Applikation, die eine bestimmte Funktionalität kapseln und über die Grenzen eines Controllers hinaus verfügbar machen. Wenn also bestimmte logische Prozesse in verschiedenen Bereichen der Anwendung, speziell in verschiedenen Controllern, zur Verfügung stehen sollen, ist es sinnvoll, diese in einer Component zusammenzufassen.

Ein typisches Beispiel für die Verwendung einer Component ist der Umgang mit Sessions. Eine solche Component muss Controller-übergreifend der gesamten Applikation zur Verfügung stehen. In Kapitel 8, *Session-Handling mit CakePHP*, wird dies an verschiedenen Beispielen ausführlich erläutert. Weitere Möglichkeiten sind Anwendungen wie das Versenden von E-Mails oder Sicherheitsmethoden, deren Logik in verschiedenen Controllern verwendet wird. Anstatt den Quelltext zu duplizieren, wird dieser in eine Component ausgelagert und an den Stellen referenziert, wo er benötigt wird. Dieses Vorgehen garantiert eine maximale Wiederverwendbarkeit von Quelltexten innerhalb Ihrer Anwendung.

In gewisser Weise kann man Controller mit Helpern vergleichen, wobei der Bezugspunkt unterschiedlich ist. Wo das View vom Helper unterstützt wird, wird der Controller von der Component unterstützt. In diesem Zusammenhang wird auch gern von »kleinen« Controllern gesprochen, die immer wieder zum Einsatz kommen. Der Einsatz von Components hält den Code Ihres Controllers übersichtlich und macht ihn darüber hinaus leichter zu warten.

CakePHP stellt eine Reihe von Core-Components zur Verfügung, die verschiedene immer wieder auftretende Anwendungen kapseln und Ihnen zur Verfügung stellen. Darüber hinaus haben Sie die Möglichkeit, eigene Controller zu erstellen und den Funktionsumfang Ihrer Applikation zu erweitern.

Nach einer kleinen Einführung in die Grundlagen der Components werden Sie die bestehende Beispielapplikation um die Email-Component von CakePHP erweitern und so den Versand von Empfehlungs-E-Mails realisieren – frei nach dem Motto:

»Hey, ist dieser Job vielleicht interessant für dich?« Alle notwendigen Daten werden dabei automatisch in eine E-Mail geschrieben und an einen ausgewählten Empfänger verschickt.

## Die Core-Components von CakePHP

CakePHP bietet eine ganze Reihe von Components, die Ihnen das Leben sehr erleichtern können. Tabelle 11-1 zeigt, was das Framework alles für Sie tun kann:

*Tabelle 11-1: Core-Components von CakePHP*

| Component | Beschreibung |
|---|---|
| Sessions | Steuert das Session-Handling innerhalb Ihrer Applikation |
| Cookies | Setzt Cookies und liest diese aus |
| ACL | Access Control List: Steuert User-Berechtigungen |
| Authentication | Component für einfache Authentifizierung |
| Email | Kapselt das Versenden von Text- und HTML-E-Mails |
| Security | Fasst verschiedene sicherheitsrelevante Funktionen zusammen |
| RequestHandling | Gibt Informationen über den Request und den Client zurück |

Die meisten dieser Components sind recht komplex und werden deshalb jeweils in einem eigenen Kapitel besprochen. Im Folgenden sollen zwei kleine Core-Components besprochen werden, damit Sie ein Gefühl für den Einsatz von Components entwickeln. Zum einen werden Sie die RequestHandling-Component beleuchten, zum anderen werden Sie das Versenden von E-Mail über die *Email-Component* anschauen. Das Beispiel der CakeJobs wird so zu einigen neuen und sinnvollen Features kommen.

Im zweiten Teil werden Sie eine eigene Component entwickeln und dabei lernen, wie Sie mithilfe des Frameworks Logik aus dem Controller auslagern können, um sie auf diese Weise in der ganzen Applikation verfügbar zu machen. Nach diesem Kapitel werden Sie Components und die Möglichkeiten, die sie bieten, sehr zu schätzen wissen.

### Die RequestHandling-Component

Die RequestHandler-Component dient dazu, Informationen über den gegenwärtigen HTTP-Request an das Framework auszulesen und in der Anwendung verfügbar zu machen. Diese Aufgabe ist ein typisches Szenario für eine Component, da die Informationen, unabhängig von der eigentlichen Aufgabe des Controllers, immer und überall interessant sein könnten.

Die Daten, die der RequestHandler zur Verfügung stellt, dienen beispielsweise dazu, mehr über den anfragenden Client zu erfahren oder den Request korrekt einzuordnen (im Sinne eines Ajax-Requests). Gleichzeitig kann diese Component auch die Reaktion auf einen Request beeinflussen, indem der Output an den User vor dem Abschicken manipuliert wird. Diese Component greift also an verschiedenen Stellen des Workflows ein und liest Informationen aus oder manipuliert diese im Sinne des Entwicklers.

Voraussetzung für den Umgang mit der Component ist, dass diese in der Controller-Klassen-Variable `$components` bekannt gemacht wird:

```
class EinController extends AppController
{
    var $components = array('RequestHandler');

    // ...
}
```

Sie werden an dieser Stelle nicht alle Methoden und Möglichkeiten dieser Component kennenlernen, sondern nur einige wesentliche herauspicken, um den Sinn und Zweck dieser Component zu verstehen. An dieser Stelle muss auf die aktuelle API von CakePHP verwiesen werden, die immer einen nützlichen Überblick über den kompletten Methoden-Umfang einer Klasse bietet:

*http://api.cakephp.org/1.2/*

Die in Tabelle 11-2 aufgeführten Methoden dienen dazu, Informationen über den User und den Request auszulesen.

*Tabelle 11-2: Methoden zum Auslesen von Informationen über User und Request*

| Methode | Beschreibung |
|---|---|
| `mixed accepts($type=null)` | Gibt ein Array mit Datentypen zurück, die der Client-Browser akzeptiert, bzw. überprüft anhand des Parameters, ob ein bestimmter Typ akzeptiert wird |
| `String getClientIP()` | Gibt die IP-Adresse des Clients zurück |
| `String getReferrer()` | Gibt den Referrer-Server zurück |
| `Bool isAjax()` | Überprüft, ob es sich um einen Ajax-Request handelt oder nicht |
| `Bool isGet()` | Überprüft, ob es sich um einen GET-Request handelt |
| `Bool isMobile()` | Überprüft, ob es sich um einen mobilen Webclient handelt |
| `Bool isPost()` | Überprüft, ob es sich um einen POST-Request handelt |
| `Bool isPut()` | Überprüft, ob es sich um einen PUT-Request handelt |
| `Bool isRss()` | Überprüft, ob der Client RSS akzeptiert |
| `Bool isSSL()` | Überprüft, ob es sich um eine sichere SSL-Verbindung handelt |
| `Bool isWap()` | Überprüft, ob der Client einen WAP-Response akzeptiert |
| `Bool isXml()` | Überprüft, ob der Client XML akzeptiert |
| `setContent($name, $type)` | Ordnet einen MIME-Content-Type einem Kürzel zu, das in der Mapping-Tabelle von CakePHP für die Methode `accepts()` verwendet wird, z.B. `'xml' => 'text/xml'` |

Die Methoden und ihre Funktion sind für sich genommen eigentlich selbsterklärend. Die folgenden Beispiele zeigen einige Möglichkeiten des RequestHandlers:

- `pr($this->RequestHandler->getReferrer());`

  Ausgabe: *localhost*
- `r($this->RequestHandler->getClientIp());`

  Ausgabe: *127.0.0.1*
- `pr($this->RequestHandler->accepts());`

  Ausgabe:

  ```
  Array
  (
      [0] => xml
      [1] => xml
      [2] => xhtml
      [3] => html
      [4] => text
      [5] => image/png
      [6] => html
  )
  ```

Die Rückgabe der Methode `accepts()` zeigt eine Reihe von Datentypen, die vom Client interpretiert werden können. Fast alle Typen in diesem Array sind in Kurzform dargestellt, da das interne Mapping-Array der Component die oft sehr langen MIME-Bezeichnungen in ein einfacher lesbares Format umsetzt. So wird aus *text/html* beispielsweise nur *html* in diesem Array. Dieser Wert kann entsprechend als Parameter auch so genutzt werden:

```
$this->RequestHandler->accepts('html'); // Rückgabe true
```

Wenn Sie das Mapping-Array erweitern wollen, kann das ganz einfach über `setContent()` geschehen:

```
$this->RequestHandler->setContent('png', 'image/png');
pr($this->RequestHandler->accepts());
```

Der MIME-Type *image/png* wurde jetzt dem Kürzel PNG zugewiesen, wie die Ausgabe von `accepts()` zeigt:

```
Array
(
    [0] => xml
    [1] => xml
    [2] => xhtml
    [3] => html
    [4] => text
    [5] => png
    [6] => html
)
```

Im Array steht nun nicht mehr *image/png*, sondern nur noch *png*.

### Den Datentyp der Rückgabe festlegen

Die RequestHandler-Component kann nicht nur Daten vom anfragenden Client auslesen, sondern auch die Rückgabe der Daten an diesen beeinflussen. Im Blickfeld hier ist der Datentyp der Rückgabe, der standardmäßig auf HTML steht. Sollten Sie einen anderen Datentyp festlegen wollen, geschieht dies über die Methode `respondAs()`:

```
RequestHandlerComponent::respondAs ($type, $options = array())
```

Diese Methode legt im Header des HTTP-Response fest, um welchen Datentyp es sich handelt. Diese Methode muss also vor der ersten Ausgabe an den Browser aufgerufen werden, damit der Header entsprechend gesendet werden kann. Der erste Parameter, `$type`, übergibt den gewünschten Datentyp, der sowohl als MIME-Type als auch als Kurzform übergeben werden kann, die über `setContent()` definiert wurde.

```
$this->RequestHandler->respondAs('png');
```

Dieser einfache Aufruf im Controller legt fest, dass es sich um ein PNG-Bild handelt, das von diesem Skript an den Browser zurückgeschickt wird. Die Daten werden also nicht mehr als HTML, sondern als Bild interpretiert.

Der folgende Aufruf führt dazu, dass die Rückgabe an den Browser als einfacher Text ausgegeben wird:

```
$this->RequestHandler->respondAs('text');
```

Ihre Webseite wird nun als Plain-Text ausgegeben, ohne das HTML zu interpretieren. Das Gegenstück zu `responseAs()` ist die Methode `responseType()`, die den aktuellen Response-Typ ausliest und zurückgibt. Wenn dieser nicht explizit festgelegt wurde, gibt die Methode `null` zurück.

## Die Email-Component

Ein neues Feature in der Version 1.2 von CakePHP ist die Email-Component, die es ermöglicht, aus der CakePHP-Welt E-Mails zu erstellen und zu versenden. Diese Component ist relativ komplex aufgebaut und bietet einen sehr umfangreichen Baukasten, um mit E-Mails in den unterschiedlichsten Varianten zu arbeiten.

Wichtig ist an dieser Stelle festzustellen, dass diese Component nicht einfach die `mail()`-Methode von PHP kapselt, sondern wesentlich mehr bietet. Ein paar Highlights im Überblick:

- Versand von Text- und HTML-Mails
- Versand von Multipart-Mails
- E-Mails mit Anhang

- Versand per `mail()` oder SMTP
- Verwendung des CakePHP-Template-Systems

Im folgenden Abschnitt besprechen wir Schritt für Schritt den Aufbau und den Versand einer E-Mail über diese Component. Auch hier ist es so, dass nicht alle Aspekte der Component genannt werden können. Aber auf Basis der folgenden Seiten und der Online-API werden Sie sich sicher den kompletten Funktionsumfang dieser Component erarbeiten können.

## Templates und Layouts festlegen

Die Email-Component arbeitet auf Basis eigener Views und Layouts, die für die Erstellung der E-Mail verwendet werden. Mit anderen Worten haben Sie die Möglichkeit, ein Rahmenlayout festzulegen und dieses dynamisch zu befüllen, so wie Sie es vom Umgang mit »normalen« Webseiten unter CakePHP gewohnt sind. Dabei ist es unerheblich, ob es sich um eine Text-, eine HTML- oder eine Multipart-E-Mail handelt.

Da die E-Mail nicht die normalen Seitenlayouts und Templates verwendet, müssen Sie als Erstes vier neue Verzeichnisse anlegen, jeweils zwei für Text-Mails:

| Ordner | Beschreibung |
|---|---|
| views/layouts/email/text/ | Ordner für die Rahmenlayouts der Text-Mails |
| views/element/email/text/ | Order für die Templates der Text-Mails |

Und jeweils zwei für HTML-Mails:

| Ordner | Beschreibung |
|---|---|
| views/layouts/email/html/ | Ordner für die Rahmenlayouts der HTML-E-Mails |
| views/element/email/html/ | Order für die Templates der HTML-E-Mails |

Der Aufbau von E-Mails ist praktisch identisch zu dem von Webseiten. Das Layout wird als Rahmen festgelegt und wird durch ein View mit dem eigentlichen Inhalt befüllt. Dementsprechend ist der Aufbau einer E-Mail-Ausgabe nichts großartig Neues.

Darum überrascht der nächste Schritt auch nicht besonders, wenn es darum geht, die Default-Layouts der Mails zu definieren. Legen Sie in den Layout-Ordnern (*views/layouts/email/html/* und *views/layouts/email/text/*) jeweils eine Datei mit dem Namen *default.ctp* an. Beide Dateien dienen als Standardlayout für jede Mail, die verschickt wird, sofern nicht explizit ein anderes Layout angegeben wird.

Der Aufbau der Dateien ist im Prinzip Ihnen überlassen und kann frei gestaltet werden. Für Text-Mails erfolgt er eben in reinem Text und für HTML-Mails in HTML-Code, der allerdings auf externe Stylesheets und Skript-Code verzichten sollte.

Wichtig ist allerdings diese Zeile, die in keinem der beiden Layouts fehlen darf:

```
<?php echo $content_for_layout; ?>
```

An diese Stelle wird der eigentliche Inhalt der E-Mail geschrieben. Er ist damit für die Funktion unabdingbar. Die Parallelen zum Seitenaufbau der Webseite selbst sind spätestens an dieser Stelle nicht mehr zu übersehen.

## Einfache Text-Mails versenden

Im ersten Schritt ist die oben geschaffene Ordnerstruktur nicht wirklich notwendig, weil es durchaus möglich ist, E-Mails ohne den kompletten Overhead der Layouts und Templates zu verwenden. Für eine kurze Nachricht, die per E-Mail verschickt werden soll, reicht es, den Nachrichten-Text direkt herauszuschreiben, ohne eine Vorlage befüllen zu müssen.

Im ersten Schritt müssen Sie dem Controller mitteilen, dass Sie die Email-Component verwenden wollen:

```
var $components = array('Email');
```

Danach steht Ihnen ein neues Objekt im Controller zur Verfügung, das über `$this->Email` angesprochen werden kann. Dieses Objekt steht immer für eine E-Mail, die verschickt werden soll, und kann dementsprechend konfiguriert werden. Das Vorgehen ist dabei immer gleich:

1. Das Objekt wird über verschiedene Objektvariablen konfiguriert.
2. Die E-Mail wird mit der Methode `send()` verschickt.
3. Das Objekt wird per `reset()` zurückgesetzt und kann eine neue E-Mail verschicken.

Das folgende Beispiel zeigt, wie einfach es geht:

```
$this->Email->to = 'email@example.com';
$this->Email->subject = 'TestMail Subject';
$this->Email->replyTo = 'noreply@example.com';
$this->Email->from = 'CakePHP Mailer <noreply@example.com>';

if ($this->Email->send('Das ist eine Nachricht!') ) {
   $this->Session->setFlash('Die E-Mail wurde erfolgreich verschickt!');
} else {
   $this->Session->setFlash('Es ist ein Fehler aufgetreten!');
}
```

Das kurze Beispiel konfiguriert den Mailer so, dass eine E-Mail an die Adresse *email@example.com* vom Absender *CakePHP Mailer <noreply@example.com>* verschickt wird. Der Betreff lautet »TestMail Subject«. Der eigentliche Inhalt wird schlicht über die Methode `send()` als String an die Component übergeben. Alternativ könnte auch ein Array übergeben werden, das die einzelnen Zeilen der E-Mail definiert.

Wesentlich hierbei ist die Tatsache, dass CakePHP alle Layouts und Templates ignoriert, die in den oben angelegten Ordnern definiert wurden. Es wird tatsächlich nur der Text verschickt, der der Methode `send()` als Parameter übergeben wurde.

Wie Sie sehen, ist der Umgang mit der Email-Component recht einfach gestrickt und basiert zum größten Teil auf der richtigen Konfiguration des E-Mail-Objekts im Controller. Wie Sie Tabelle 11-3 entnehmen können, gibt es neben den im Beispiel genannten Variablen noch eine ganze Reihe weiterer Möglichkeiten, die das Verhalten der Component beim Aufruf von `send()` beeinflussen.

*Tabelle 11-3: Konfiguration der Email-Component*

| Variable | Beschreibung |
|---|---|
| `$to = null` | Empfänger der E-Mail |
| `$cc = array()` | Eines oder mehrere CC-Empfänger der E-Mail als Array |
| `$bcc = array()` | Eines oder mehrere BCC-Empfänger der E-Mail als Array |
| `$charset = 'utf-8'` | Zeichensatz, der in der Mail verwendet wird |
| `$delivery = 'mail'` | Legt fest, wie die Mail verschickt werden soll. Mögliche Werte sind `mail` und `smtp`. Die Option `mail` verwendet die PHP-Funktion `mail()`, während `smtp` versucht, über einem SMTP-Server zu gehen (siehe dazu `$smtpOptions` und `$smtpError`) |
| `$from = null` | Absender der E-Mail |
| `$replyTo = null` | E-Mail-Adresse, an die eine Antwort geschickt werden soll |
| `$return = null` | E-Mail-Adresse, an die Fehler während der Zustellung gemeldet werden sollen |
| `$sendAs = 'text'` | Legt fest, in welchem Format die E-Mail versendet wird. Mögliche Werte: `text` und `html` |
| `$subject = null` | Betreff der E-Mail |
| `$template = null` | Das zu verwendende Template der E-Mail |
| `$layout = 'default'` | Legt fest, welches Layout verwendet werden soll |
| `$attachments = array()` | Gibt den Pfad zu einer oder mehreren Dateien an, die als Attachment angehängt werden sollen. Die Pfade können relativ oder absolut angegeben werden (siehe auch `$filePaths`). |
| `$headers = array()` | Header-Optionen in der E-Mail |
| `$filePaths = array()` | Definiert Pfade, unter denen relative Dateiangaben für Attachments gesucht werden sollen. |
| `$smtpOptions = array()` | SMTP-Optionen für den Versand über einen SMTP-Server. Default-Einstellungen:<br>`array(`<br>`'port'=> 25,`<br>`'host' => 'localhost',`<br>`'timeout' => 30)` |
| `$smtpError = null` | Speichert Fehlermeldungen des SMTP-Servers nach dem Aufruf von `send()` |
| `$xMailer = 'CakePHP Email Component'` | Legt fest, wie sich der Mailer nach außen hin indentifizieren soll. |

Mit diesen Objektvariablen steuern Sie das komplette Verhalten der Email-Component in Bezug auf das Versenden einer einzelnen E-Mail. Wenn Sie mehrere E-Mails verschicken wollen, müssen Sie nach dem Aufruf von `send()` die Methode `reset()` aufrufen. Diese setzt alle Werte auf den Ursprungswert, und das Objekt kann neu konfiguriert werden.

## Verwendung von Templates

Wenn die Nachricht, die Sie versenden möchten, über einen einfachen Text hinausgeht, dann können Sie, wie oben schon angedeutet wurde, auf das bekannte Template-System von CakePHP zurückgreifen, um die Nachricht zu erstellen.

Zu diesem Zweck müssen Sie eigentlich nur den Wert für `$this->Email->template` setzen und so festlegen, welches Template aus dem Ordner */views/elements/email/text* bzw. */views/elements/email/html* verwendet werden soll. Für dieses Beispiel bleiben Sie erst einmal bei einer Text-Mail und legen ein entsprechendes Template mit dem Namen *test.ctp* im *text*-Ordner an. Der Inhalt ist wie folgt:

```
Hallo <?=$salutation?> <?=$name?>,

das ist eine Nachricht für Sie:

<?=$msg?>

Beste Grüße von CakePHP
```

Auch hier wird mit PHP-Platzhaltern gearbeitet, um die dynamischen Bereiche des Templates festzulegen. Diese können ganz einfach über die bekannte Methode `set()` befüllt werden, so wie Sie es kennen. Erweitern Sie das Beispiel von oben einfach um ein paar Zeilen:

```
//Konfiguration
$this->Email->to = 'email@example.com';
$this->Email->subject = 'TestMail Subject';
$this->Email->replyTo = 'noreply@example.com';
$this->Email->from = 'CakePHP Mailer <noreply@example.com>';
$this->Email->template = 'test';

//Template
$this->set('salutation', 'Herr');
$this->set('name', 'Tester');
$this->set('msg', 'Wenn der Kuchen spricht, haben die Krümel zu schweigen.');

//Senden
if ($this->Email->send() ) {
   $this->Session->setFlash('Die E-Mail wurde erfolgreich verschickt!');
} else {
   $this->Session->setFlash('Es ist ein Fehler aufgetreten!');
}
```

Die Änderungen sind im Quelltext hervorgehoben. Wie Sie sehen, wurde über den Wert von `$template` das Ziel-Template festgelegt. Falls Sie Ihre Templates in Unterordnern organisieren wollen, können Sie hier auch den entsprechenden Ordner mit der Datei angeben. Die Zuweisung `$this->Email->template = 'subfolder/test'` würde beispielsweise die Datei *test.ctp* im Ordner */views/elements/email/text/subfolder/* suchen.

Die Methode `set()` wird direkt über den Controller aufgerufen und verteilt die Werte an alle Templates, die über diesen Controller angesprochen werden: dementsprechend auch in die Templates der Email-Component, die auf diese Weise bequem befüllt wird. Der Ergebnis dieses Skripts ist eine E-Mail mit folgendem Inhalt:

```
Hallo Herr Kuchen,

das ist eine Nachricht für Sie:

Wenn der Kuchen spricht, haben die Krümel zu schweigen.

Beste Grüße von CakePHP
```

Nicht zu vergessen: Diese E-Mail wurde auch aus dem Layout *default.ctp* erstellt. Da diese Datei bis auf den Aufruf von `$content_for_layout` leer ist, wurde natürlich nichts weiter hinzugefügt. Auf diese Weise können Sie allen E-Mails einen gemeinsamen Rahmen geben.

## Beispiel: Ein Jobangebot weiterempfehlen

Im Folgenden werden Sie das Beispiel der CakeJobs ein wenig erweitern und die Möglichkeit einbauen, einen Job per E-Mail an den Mitmenschen Ihrer Wahl weiterzuempfehlen.

Ein entsprechendes Formular soll aus der Detailsicht der Jobs verlinkt werden und wird als eigene Action im JobsController hinterlegt. Damit die E-Mail auch ein wenig nach etwas aussieht, soll sie im HTML-Format verschickt werden und als Fallback den gleichen Inhalt als Text im Sinne einer Multipart-E-Mail bereitstellen.

Der Aufbau ist so weit eigentlich klar: Sie brauchen im ersten Schritt ein weiteres View-Template und darüber hinaus eine Action in dem Job-Controller, der dieses View bedient. Beginnen Sie mit dem View-Template, das recht schnell aufgebaut ist. Legen Sie dazu eine neue Datei im Ordner *app/views/jobs/* an, die den Namen *recommend_job.ctp* trägt. Öffnen Sie diese Datei, und tragen Sie folgenden Quelltext ein:

```
<h2>Diesen Job weiterempfehlen</h2>
<b>Firma:</b> <?php echo $job['Job']['company']; ?><br>
<b>Bezeichnung:</b> <?php echo $job['Job']['title']; ?>
<br /><br />
```

```
<?php
  echo $form->create('Job', array('action'=>'recommendJob'));

  echo $form->input('id', array('type'=>'hidden', 'value'=>$job['Job']['id']));
  echo $form->input('email', array('label'=>'eMail-Adresse:'));
  echo $form->input('msg', array('type'=>'textarea', 'label'=>'Ihre Nachricht:'));

  echo $form->end('Jetzt empfehlen!');
?>
```

An der Stelle ist noch nicht viel passiert. Im View erstellen Sie über den Form-Helper ein kleines Formular, das eine E-Mail-Adresse und eine Nachricht vom User abfragt. Darüber hinaus ist die Job-ID als *hidden field* Teil des Formulars und wird an die Action *recommendJob* übergeben.

Im zweiten Schritt brauchen Sie die entsprechende Action-Methode im Controller, die für dieses View verantwortlich ist. Auch hier halten Sie sich an das Gelernte und bauen eine Methode, die im Prinzip auf den Dingen basiert, die schon in den letzten Kapiteln besprochen worden sind:

```
function recommendJob($id = null) {
   //Abbruch, falls keine ID angegeben wurde
   if(isset($this->data['Job']['id'])) $id = $this->data['Job']['id'];
   if($id==null) $this->redirect('/jobs');

   //Wurde das Formular abgeschickt?
   if(!empty($this->data)) {
      if(Validation::email($this->data['Job']['email'])) {
           $this->__sendJobRecommendation($id, $this->data['Job']['email'], $msg);
           $this->redirect(array('controller'=>'jobs', 'action'=>'view', $id));
      } else {
          $this->Session->setFlash(
                     'Bitte geben Sie eine gültige E-Mail-Adresse ein!');
        }
  }
  //Jobdaten einfügen
  $job = $this->Job->read(array('id', 'company', 'title'), $id);
  $this->set('job', $job);
}
```

So weit, so gut. Vereinfacht kann man sagen, dass sich die Methode am generellen Aufbau der `add()`- und `edit()`-Methode orientiert, weil es zwei Zustände gibt, die abgebildet werden: einmal das Anzeigen des Views, wenn der User auf diese Seite kommt, und zum anderen die Verarbeitung der eingegebenen Daten aus dem Formular. Getriggert wird diese Unterscheidung über das Daten-Array `$this->data`, das entweder durch das Formular gesetzt worden ist oder nicht.

Im ersten Schritt wird überprüft, ob eine Job-ID vorhanden ist. Diese kann entweder im Daten-Array liegen oder als Parameter übergeben worden sein. Ist dies nicht der Fall, dann wird diese Action abgebrochen. Dann erfolgt die eigentliche Abfrage auf das Array `$this->data`, was darüber entscheidet, was passieren soll. Gesetzt den

Fall, es sind keine Daten vorhanden, wird der `if`-Block übersprungen und werden lediglich per `read()` alle Daten zum dazugehörigen Job ausgelesen und ins View geschrieben. Entsprechend der dynamischen Bereiche des Templates wird die Ausgabe gestaltet. Das sieht dann wie in Abbildung 11-1 aus.

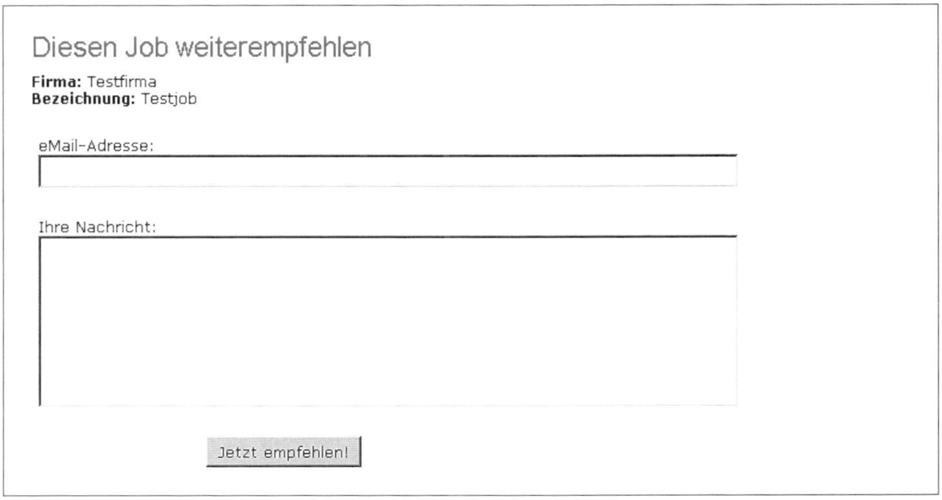


*Abbildung 11-1: Das Formular für eine Empfehlung*

Wenn das Formular ausgefüllt und abgeschickt wird, passieren wie immer die Dinge im Controller: Als Erstes wird über die statische Klasse `Validation` die übergebene E-Mail-Adresse geprüft. Ist diese nicht gültig, wird die weitere Verarbeitung abgebrochen. Andernfalls ruft das Skript die private Methode `__sendJobRecommendation()` auf, in die der E-Mail-Versand ausgelagert wurde. Danach folgt die Weiterleitung auf die View-Seite.

Der eigentliche spannende Teil passiert also in der `__sendJobRecommendation()`-Methode. Bevor Sie sich aber dieser Methode widmen, müssen zuvor noch ein paar Dinge erledigt werden: zum einen die Entwicklung der Layouts und zum anderen die Entwicklung der Templates, jeweils in HTML und in Text. Mit den Layouts gehen Sie an dieser Stelle einfach recht sparsam um und setzen für das HTML-Layout in der Datei */views/layouts/email/html/default.ctp* folgenden Inhalt:

```
<!DOCTYPE HTML PUBLIC "-//W3C//DTD HTML 4.0 Transitional//EN">
<html>
<body>
<?php echo $content_for_layout; ?>
</body>
</html>
```

Das Layout für die Text-Mail bleibt einfach gleich. Im zweiten Schritt werden die beiden Templates definiert, die für die Gestaltung der E-Mail genutzt werden. Legen Sie zwei Dateien jeweils im Ordner *text* und im Ordner *html* an, so wie weiter oben in diesem Kapitel beschrieben wurde. Da Sie für diese Mail beide Varianten verwenden, müssen Sie auch ein Text-Template und ein HTML-Template erstellen.

```
Hallo, folgendes Jobangebot wurde Ihnen empfohlen:
<br /><br />
<table border="0">
<tr>
        <td><b>Firma:</b></td><td><?=$job['Job']['company']?></td>
</tr>
<tr>
        <td><b>Titel:</b></td><td><?=$job['Job']['title']?></td>
</tr>
<tr>
        <td><b>Beschreibung:</b></td><td><?=$job['Job']['description']?></td>
</tr>
<tr>
        <td><b>Link:</b></td><td><?=$link?></td>
</tr>
<tr>
        <td colspan="2">
                <b>Nachricht an Sie:</b><br />
                <?=$msg?>
        </td>
</tr>
</table>
<br /><br />
Die besten Grüße von der CakeJob-Jobbörse
```

Für das Text-Template erstellen Sie eine abgespeckte Variante:

```
Hallo, folgendes Jobangebot wurde Ihnen empfohlen:
Firma: <?=$job['Job']['company']?>
Titel: <?=$job['Job']['title']?>
Beschreibung: <?=$job['Job']['description']?>
Link: <?=$link?>

Nachricht an Sie:
<?=$msg?>

Die besten Grüße von der CakeJob-Jobbörse
```

Wenden Sie sich nun dem Herzstück dieser CakeJobs-Erweiterung zu, der `__sendJobRecommendation()`-Methode. Der Aufbau der folgenden Zeilen sollte an dieser Stelle schon hinreichend bekannt sein. Die Änderungen sind entprechend hervorgehoben:

```
function __sendJobRecommendation($id, $email, $msg) {

    //Konfiguration
    $this->Email->to = $email;
    $this->Email->subject = 'Jobempfehlung für Sie';
    $this->Email->replyTo = 'noreply@example.com';
    $this->Email->from = 'CakePHP Mailer <noreply@example.com>';
    $this->Email->template = 'job';
    $this->Email->sendAs = 'both';
    $this->Email->delivery = 'mail';

    //Jobdaten
    $job = $this->Job->read(array('id', 'company', 'title', 'description'), $id);

    //Link
    $link = 'http://example.com/cakejobs/jobs/view/' . $id;

    //Template
    $this->set('job', $job);
    $this->set('link', $link);
    $this->set('msg', $msg);

    //Senden
    if ($this->Email->send() ) {
           $this->Session->setFlash(
               'Ihre Empfehlung wurde erfolgreich an '.$email.' verschickt!');
    } else {
           $this->Session->setFlash('Beim Versand ist ein Fehler aufgetreten!');
    }
}
```

Die wesentliche Änderung ist die Angabe für den Wert von `$sendAs`. Statt `text` steht an dieser Stelle nun `both` und gibt damit an, dass die E-Mail im HTML-Format versendet werden, gleichzeitig aber eine Textvariante als Fallback verwendet werden soll. Dieses Format, das auch nach dem MIME-Type als Multipart-Message bezeichnet wird, erlaubt es, eine formatierte E-Mail zu versenden, aber gleichzeitig auch alle Clients zu bedienen, die Probleme mit der Darstellung von HTML haben. Der Text-Teil wird von vielen Clients auch gern für den Vorschaumodus einzelner Mails verwendet.

## Components selbst entwickeln

Neben den Core-Components von CakePHP steht Ihnen auch immer die Möglichkeit zur Verfügung, den Funktionsumfang des Frameworks durch eigene Components zu erweitern. Wie schon am Anfang dieses Kapitels angedeutet wurde, macht dieses Vorgehen immer dann Sinn, wenn ein bestimmter Teil der Logik in verschiedenen Teilen der Applikation verwendet werden soll. Darüber hinaus macht das

Auslagern in Components Sinn, um den Quelltext eines Controllers aufzuräumen und einen übersichtlichen Aufbau der Applikation zu erhalten.

Die Entwicklung eigener Components ist wie fast alles in CakePHP recht einfach gestaltet: Jede Component wird als eigene Datei im Ordner */app/controllers/components/* angelegt. Der Dateiname ist der Name der Component, und zwar komplett kleingeschrieben in der Underscore-Syntax. Legen Sie für unsere ersten Tests eine Testdatei *test.php* an.

Um die Konventionen von CakePHP einzuhalten, wird diese Component entsprechend dem Dateinamen benannt. Die Klasse heißt dementsprechend `TestComponent`:

```
class TestComponent extends Object {
        //...
}
```

Components werden direkt aus der `Object`-Klasse abgeleitet und werden automatisch einem Controller hinzugefügt, wenn sie in der Klassenvariable `$components` hinzugefügt werden. Ihre Test-Component wird also neben den anderen Core-Components einfach in das Array eingefügt:

```
var $components = array('Cookie', 'RequestHandler', 'Email', 'Test');
```

CakePHP findet die entsprechende Klasse in der neuen Datei automatisch und bindet sie als instanziiertes Objekt im Controller ein. Sie können also ab sofort auf die Test-Component so zugreifen:

```
$this->Test->methoden_name()
```

Wenn Sie nun die Components-Klasse um einige Methoden erweitern, ist das Beispiel eigentlich fast schon komplett:

```
class TestComponent extends Object {

    var $value = null;

    function calculate($value1, $value2) {
        return $value1 + $value2;
    }

    function read($value) {
        $this->value = $value;
    }

    function write() {
        return $this->value;
    }

}
```

Ihre Component kann jetzt nicht nur lesen und schreiben, sondern auch rechnen und ist damit fast intelligenter als so manches Haustier. Der Beweis wird auch gleich angetreten, indem Sie im Controller der Component auf den Zahn fühlen:

```
$this->Test->read('Hello World!');
pr($this->Test->write());
pr($this->Test->calculate(1, 5));
```

Ausgabe:

```
Hello World!
6
```

So wie es aussieht, funktioniert die Test-Component so, wie sie soll.

## Callbacks und Zugriff auf das Model

Components haben standardmäßig zwei Callback-Methoden, die automatisch vom Framework aufgerufen werden, wenn die Component dem Controller als Objekt hinzugefügt wird. Das geschieht aus zwei Gründen: zum einem, um Zugriff auf die Component während der Initialisierung zu erhalten, und zum anderen, um Zugriff auf den Controller zu bekommen und damit auf alle assoziierten Datenmodelle.

Die beiden Callbacks werden entsprechend des Workflows von CakePHP der Reihe nach ausgeführt und richten sich nach der Initialisierung des zugehörigen Controllers: Die Methode `initialize()` wird vor der Controller-Methode `beforeFilter()` aufgerufen und die Methode `startup()` nach der `beforeFilter()`-Methode.

```
//Wird vor Controller::beforeFilter() ausgeführt
function initialize() {

}

//Wird nach Controller::beforeFilter() ausgeführt
function startup(&$controller) {

}
```

Wenn Sie also, aus welchen Gründen auch immer, Dinge tun müssen, bevor etwas anderes im Controller oder in der Component geschieht, dann haben Sie die Möglichkeit, das in der Methode `initialize()` anzustoßen.

Die Methode `startup()` hat eine andere Aufgabe, wie der Parameter zeigt. Er übernimmt eine Referenz auf den Controller, dem diese Component zur Laufzeit hinzugefügt wurde. Auf diese Weise bekommen Sie also unkompliziert Zugriff auf das Model. Das folgende Beispiel zeigt, wie Sie über diese Referenz auf die Jobs-Tabelle in der Datenbank zugreifen können:

```
class TestComponent extends Object {

        var $controller = null;
```

```
        //Wird nach Controller::beforeFilter() ausgeführt
        function startup(&$controller) {
                $this->controller = $controller;
        }

            function getJobs() {

                $jobs = $this->controller->Job->find('all');

                pr($jobs);

            }
    }
```

Im ersten Schritt wird über das Callback `startup()` die Referenz auf den Controller als Objektvariable gespeichert. Der Aufruf der Methode `getJobs()` verwendet diese Referenz, um alle Jobs aus dem Model zu ziehen und per pr() als Debug-Ausgabe auszugeben. Der Aufruf der Methode `$this->Test->getJobs()` im Controller wird also eine entsprechende Ausgabe im Browser erstellen.

Zum Schluss noch ein Hinweis: Wenn Sie andere Components in einer Component verwenden wollen, können Sie genau wie im Controller über die Klassenvariable `$components` ein Array zuweisen, das die Namen der gewünschten Components übergibt. Der Zugriff erfolgt wie gewohnt über den Namen der Component.

KAPITEL 12

# Das Model reloaded – Bindings, Behaviors & Co.

In diesem Kapitel möchten wir noch auf weitere Aspekte der CakePHP-Models eingehen und Ihnen einige fortgeschrittene Funktionalitäten erläutern. Wir beginnen gleich mit der Art von Model-Relation, die wir im Abschnitt über Relations ausgespart haben: *hasAndBelongsToMany*-Associations. Mit dieser Art von Association werden Sie in diesem Kapitel *CakeJobs* um eine sehr häufig verwendete Funktion erweitern: Sie werden Tags vergeben, im Fall von CakeJobs für Jobangebote.

Dann lernen Sie, wie Sie Model-Associations flexibler handhaben und diese dynamisch erstellen und entfernen können. Im darauffolgenden Abschnitt zeigen wir noch die Callback-Methoden des Models und erklären kurz das AppModel, um dann zu den Model-Behaviors zu kommen. Mit Behaviors erweitern Sie Models um ein bestimmtes Verhalten oder um Methoden und Funktionalitäten. Man könnte sagen, dass das Behavior zum Model wie die Component zum Controller steht, wenngleich sich die Verhaltensweisen doch unterscheiden.

Auch in diesem Kapitel lernen Sie neben den Erweiterungen für CakeJobs noch weitere theoretische Grundlagen dazu, damit Sie ein Gefühl für die Möglichkeiten in CakePHP-Models bekommen.

## HABTM – hasAndBelongsToMany-Associations

In Kapitel 5, *Das Model*, haben Sie bereits drei Arten von Model-Relations kennengelernt: *belongsTo, hasOne* und *hasMany. belongsTo* bedeutet, dass ein Datensatz zu einem Datensatz eines anderen Models gehört. Die Verknüpfung geschieht durch einen Fremdschlüssel in dem Model, in dem die *belongsTo*-Association definiert ist. Wenn ein Job zu einer Company gehört, dann ist in der *Jobs*-Tabelle ein Feld namens *company_id* zu finden.

*hasOne* ist das Gegenstück zu *belongsTo. hasOne* bedeutet, dass das »Mutter«-Model maximal einen zugehörigen Datensatz haben kann. Der Fremdschlüssel ist auch hier im untergeordneten Model zu finden. Wenn ein Unternehmen zum Beispiel ein Profil hat, dann würden Sie *Company hasOne Profile* definieren: Der Fremdschlüssel wäre hier *company_id* in der *profiles*-Tabelle. Bei *hasMany* hat das Model wiederum mehrere untergeordnete Datensätze eines anderen Models. *hasOne* und *hasMany* lassen sich auch mit *belongsTo* kombinieren. Wenn *Company hasMany Job* gilt, dann gilt auch *Job belongsTo Company*.

Die vierte Art von Model-Relations in CakePHP, *hasAndBelongsToMany*, möchten wir im Folgenden anhand eines Beispiels erklären. Wozu verwendet man *hasAndBelongsToMany*? Der Unterschied zu *hasMany* ist, dass HABTM-Relations bei beiden Models gelten. Bei *hasMany*-Relationships gibt es immer ein Hauptmodel, das viele andere Datensätze des anderen Models hat. Bei HABTM-Relations sind beide Models Hauptmodels. Das mag jetzt verwirrend klingen, deshalb legen wir gleich mit unserem Beispiel los.

Nehmen wir an, Sie möchten den Jobangeboten Tags zuordnen, die dann in einer Tag-Wolke auf der Startseite erscheinen sollen und über die Sie dem Tag entsprechende Jobangebote finden können. Mit einer *hasMany*-Relation würden Sie in der Datenbanktabelle *tags* ein Feld namens *job_id* definieren, das jedes Tag eindeutig einem Jobangebot zuordnet (Tabelle 12-1).

*Tabelle 12-1: Die tags-Tabelle*

| **Feldname** | **Beschreibung** |
|---|---|
| *id* | Die ID des Tag-Datensatzes |
| *tag* | Der Name des Tags als String |
| *job_id* | Die ID des Jobangebotes, zu dem das Tag gehört |

Mit dieser Tabelle und der hasMany-Relation würde die Tag-Funktion Ihrer Anwendung funktionieren – allerdings müssten Sie wiederkehrende Tags für jeden passenden Job immer wieder neu anlegen, da ja ein Tag nur einem Jobangebot angehören kann. Hier wären wir wieder bei der redundaten Datenhaltung – und die ist der Entwickler-Ehre bekanntermaßen nicht zuzumuten.

Legen Sie erst einmal die Datenbanktabelle *tags* an (Abbildung 12-1).

Wie Sie sehen, benötigen wir hier nur zwei Felder – die ID und das Tag selbst. Um mit den Tags arbeiten zu können, legen wir ein Model und einen »gescaffoldeten« Controller an. In einem zweiten Schritt können Sie, wenn Sie möchten, die Tag-Verwaltung auch in der Console baken. Für dieses Beispiel begnügen wir uns aber mit dem Scaffolding im Controller. Hiermit legen wir das Model an:

```
class Tag extends AppModel {
   var $name = 'Tag';
}
```

... und hiermit den Controller:

```
class TagsController extends AppController {
   var $name = 'Tags';
   var $scaffold;
}
```

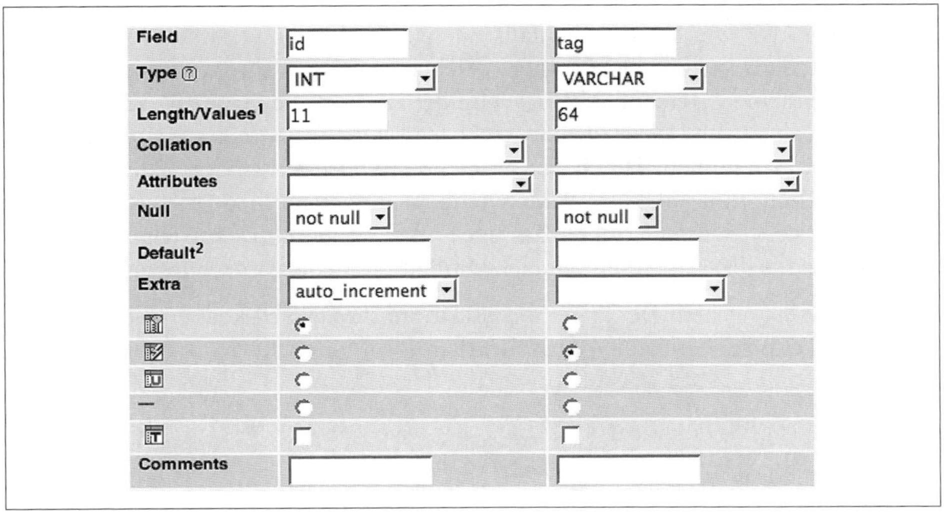


*Abbildung 12-1: Anlegen der Datenbanktabelle tags*

Jetzt sollten Sie unter *http://localhost/tags* eine funktionsfähige Verwaltung für Ihre Tags finden. Bevor wir weitermachen, legen Sie bitte noch einige Beispiel-Tags an (Abbildung 12-2).

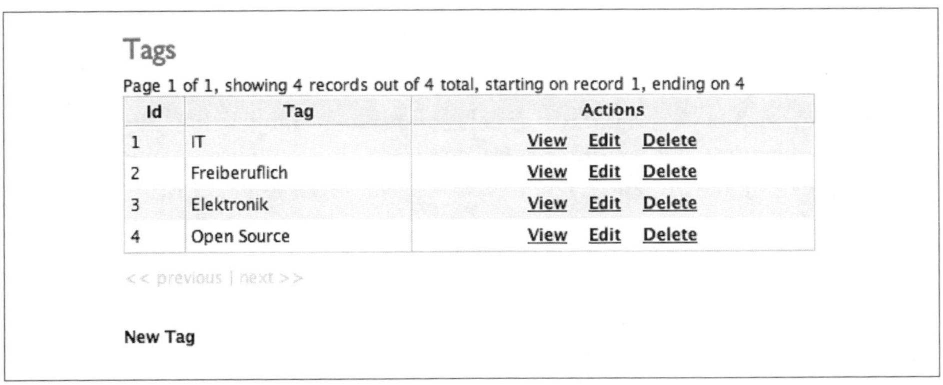


*Abbildung 12-2: Die Verwaltung für die Tags*

Doch wie wird die Verbindung zwischen Job und Tag hergestellt? Damit beide Tabellen unabhängig voneinander bleiben können, bietet sich eine Verknüpfungstabelle an, in der die zusammengehörenden Datensätze mittels ihrer ID referenziert werden. Führen Sie folgendes SQL-Statement aus, um die Tabelle zu erstellen:

```
CREATE TABLE `jobs_tags` (
  `job_id` int(11) NOT NULL,
  `tag_id` int(11) NOT NULL,
  UNIQUE KEY `job_id` (`job_id`,`tag_id`)
) ENGINE=MyISAM DEFAULT CHARSET=utf8;
```

Die Tabelle *jobs_tags* enthält ebenfalls nur zwei Felder, und zwar genau die, die benötigt werden, um eine Verbindung zwischen zwei Datensätzen herzustellen, und der Tabellenname bezeichnet auch gleich noch, um welche beiden Tabellen es sich handelt. Doch warum *jobs_tags* und nicht *tags_jobs*? Auch hier greifen wieder die CakePHP-Konventionen: Die in der Bezeichnung vorkommenden Tabellennamen solcher Verknüpfungstabellen werden schlicht alphabetisch geordnet und durch einen Unterstrich getrennt. Sollten Sie eine andere Benennungskonvention bevorzugen, können Sie diese auch sehr einfach konfigurieren, dazu gleich mehr.

Weiter geht es mit dem Definieren der Relation; diesen Teil kennen Sie ja bereits. Fügen Sie die folgenden beiden Attribute dem Job-Model:

```
var $hasAndBelongsToMany = array('Tag');
```

... und dem Tag-Model hinzu:

```
var $hasAndBelongsToMany = array('Job');
var $displayField = 'tag';
```

Damit CakePHP erkennen, welches Feld das bezeichnendste für einen Datensatz dieses Models ist, fügen Sie dem Model zusätzlich noch das `$displayField`-Attribut hinzu.

In der `add()`-und der `edit()`-Action des *JobsControllers* benötigen wir jetzt noch die Abfrage der vorhandenen Tags. Das erreichen wir mit einer einfachen `find(list)`-Abfrage:

```
$this->set('tags', $this->Job->Tag->find('list'));
```

Da Sie ja einem Job Tags zuordnen möchten und nicht umgekehrt, fügen Sie dem `add()`- und dem `edit()`-View Ihres *JobsControllers* in gewohnter Manier ein Input für Tags hinzu. In diesem Fall reicht der Model-Name des *related* Model aus:

```
echo $form->input('Tag');
```

Wenn Sie jetzt ein Jobangebot bearbeiten, sollte sich Ihnen eine Ansicht wie in Abbildung 12-3 präsentieren.

Das CakePHP-Model hat in Zusammenarbeit mit dem Form-Helper ein Mehrfachauswahl-Select mit den verfügbaren Tags erstellt. Jetzt können Sie in diesem Feld nach Belieben mehrere Tags definieren, die CakePHP dann über die Verknüpfungstabelle dem Job zuordnet. Wählen Sie ein oder mehrere Tags aus, und speichern Sie das Jobangebot ab. In der Datenbanktabelle sollte es jetzt ungefähr so aussehen wie in Abbildung 12-4.

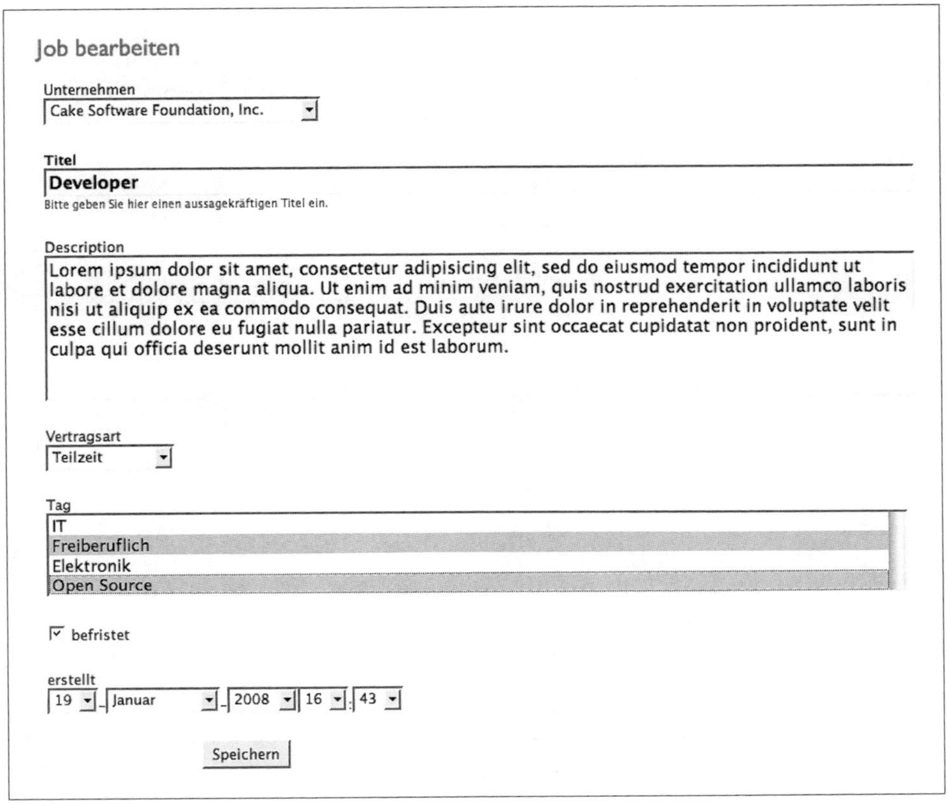


*Abbildung 12-3: Das Jobangebot bearbeiten*

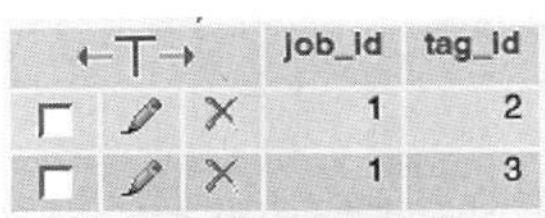


*Abbildung 12-4: Die Einträge in der Verknüpfungstabelle*

Wie versprochen gehen wir jetzt noch die möglichen Optionen bei der Definition von Relations durch. Im Normalfall reicht nur die Angabe des betreffenden Models als einziger Array-Eintrag, doch CakePHP bietet Ihnen hier umfangreiche Eingriffsmöglichkeiten, die vor allem dann hilfreich sind, wenn Sie Ihre Applikation auf eine bestehende Datenstruktur aufbauen, die nicht den CakePHP-Konventionen entspricht, oder wenn Sie es schlicht anders als vorgegeben handhaben möchten.

Die unterschiedlichen Definitionsmöglichkeiten sehen Sie hier anhand des *Company*-Models. Dort ist eine *hasMany*-Association zum *Job*-Model in der Kurzform definiert. Der hier angegebene Wert bestimmt den Namen der Association und den Namen der zu verbindenden Models.

```
var $hasMany = array('Job');
```

Wenn Sie die Association weiter konfigurieren möchten, geben Sie den Namen der Association als Array-Schlüssel an, und im enthaltenen Array definieren Sie die einzelnen Einstellungen. Sie müssen nicht alle Optionen definieren, sondern nur die, deren Wert Sie verändern möchten:

```
var $hasMany = array(
      'Job' => array('className' => 'Job',
                     'foreignKey' => 'company_id',
                     'dependent' => false,
                     'conditions' => '',
                     'fields' => '',
                     'order' => '',
                     'limit' => '',
                     'offset' => '',
                     'exclusive' => '',
                     'finderQuery' => '',
                     'counterQuery' => ''
      )
);
```

Hier gilt es zu beachten, dass Sie den Schlüssel `'Job'` im `$hasMany`-Array beliebig benennen können, da dieser in der ausführlichen Konfigurationsform nur den Namen der Association bestimmt und nicht das zu verwendende Model, denn dieses wird über den Parameter `className` definiert.

Das heißt: Wenn Sie eine Read-Operation im *Company*-Model ausführen, bekommen Sie im resultierenden Array ein Array mit den zugehörigen Jobangeboten unter dem Schlüssel `'Job'`:

```
Array
(
    [Company] => Array
        (
            [id] => 2
            [name] => Cake Software Foundation, Inc.
                  (...gekürzt...)
                  [email] => jobs@cakefoundation.org
        )

    [Job] => Array
        (
            [0] => Array
                (
                    [id] => 2
                    [company_id] => 2
                    [title] => cakePHP-Entwickler
                              (...gekürzt...)
                         )
        )
)
```

Wenn Sie aber Ihre Association folgendermaßen definieren:

```
var $hasMany = array(
      'Jobangebot' => array('className' => 'Job',
                            'foreignKey' => 'company_id',
                            'dependent' => false,
                            'conditions' => '',
                            'fields' => '',
                            'order' => '',
                            'limit' => '',
                            'offset' => '',
                            'exclusive' => '',
                            'finderQuery' => '',
                            'counterQuery' => ''
      )
);
```

dann sind die Jobangebote in den Resulaten auch unter dem definierten Schlüssel zu finden:

```
Array
(
    [Company] => Array
        (
            [id] => 2
            [name] => Cake Software Foundation, Inc.
                  (...gekürzt...)
                  [email] => jobs@cakefoundation.org
        )

    [Jobangebot] => Array
        (
            [0] => Array
                (
                    [id] => 2
                    [company_id] => 2
                    [title] => cakePHP-Entwickler
                               (...gekürzt...)
                        )
       )
)
```

In Tabelle 12-2 ist die Bedeutung der einzelnen Konfigurationsschlüssel aufgelistet.

*Tabelle 12-2: Die Parameter der Association-Arrays*

| Schlüssel | Bedeutung |
|---|---|
| className | Hiermit definieren Sie das Model, das für die Association verwendet werden soll. |
| foreignKey | Hiermit definieren Sie den Fremdschlüssel, über den die Zuordnung erfolgen soll. Im Falle der *hasMany*-Association von *Company* zu *Job* geben Sie hier `company_id` an, aber auch bei der *belongsTo*-Association von *Job* zu *Company* ist `company_id` der Fremdschlüssel. |
| joinTable | Dieser Parameter definiert den Namen der Verknüpfungstabelle bei *hasAndBelongsToMany*-Associations, beispielsweise *jobs_tags*. |

*Tabelle 12-2: Die Parameter der Association-Arrays (Fortsetzung)*

| Schlüssel | Bedeutung |
|---|---|
| associationForeignKey | Diesen Schlüssel gibt es nur bei *hasAndBelongsToMany*-Associations. Er steht für den Fremdschlüssel des verwandten Models in der Verknüpfungstabelle. Am Beispiel von *Job hasAndBelongsToMany Tag* steht in `foreignKey` der Fremdschlüssel `job_id` und in `associationForeignKey` der Fremdschlüssel `tag_id`. |
| dependent | Dieser boolesche Wert bestimmt bei *hasOne*- und *hasMany*-Associations, ob die abhängigen Datensätze beim Aufruf von `Model::delete()` des Hauptmodels ebenfalls gelöscht werden soll. |
| conditions | In diesem Parameter geben Sie Filter-Bedingungen für die Abfrage der assoziierten Datensätze an. Beispiel: `'conditions' => 'Job.temporary = 1'` |
| limit | Dieser Parameter bestimmt die maximale Anzahl der zu holenden assoziierten Datensätze. |
| order | Definiert die Sortierung der assoziierten Datensätze. |
| fields | Hier können Sie ein Array mit den zu selektierenden Feldern übergeben. Möchten Sie beispielsweise nur ID und Titel der zugehörigen Jobangebote im resultierenden Array haben, definieren Sie den `fields`-Parameter so: `'fields' => array('id', 'title')` |
| finderQuery | Für ganz spezielle Fälle können Sie hier ein komplettes SQL-Statement übergeben, das verwendet werden soll, um die assoziierten Datensätze zu selektieren. |
| offset | Die Anzahl der zu überspringenden Datensätze im Resultat, entsprechend der Limit-Einstellung. Wenn Sie das Limit beispielsweise auf 5 setzen und *offset* auf 2, dann entspricht das in einem SQL-Statement `LIMIT 2, 5`. |

# Model-Bindings

In manchen Situationen kann es hilfreich sein, Model-Relations im laufenden Betrieb zu verändern. Mit `bindModel()` und `unbindModel()` können Sie während der Laufzeit Relations entfernen oder neue hinzufügen. Wenn Sie beispielsweise möchten, dass über das Job-Model in einer Action keine Daten des Company-Models mehr abgefragt werden, können Sie folgenden Code vor die Aktion setzen:

```
$this->Job->unbindModel(array('belongsTo' => array('Company')));
$this->Job->find('first');
```

Die Rückgabe der `find()`-Abfrage enthält jetzt keine Daten des *Company*-Models mehr, da die *belongsTo*-Association aufgehoben wurde und das *Job*-Model über keinen Bezug mehr zum *Company*-Model verfügt.

```
Array
(
    [Job] => Array
        (
            [id] => 1
            [company_id] => 2
            [title] => Developer
            [description] => Beschreibung
            [contract_type] => part-time
            [temporary] => 1
```

```
                [created] => 2008-01-19 16:43:00
                [modified] => 2008-02-18 20:13:26
            )

        [Tag] => Array
            (
                [0] => Array
                    (
                        [id] => 2
                        [tag] => Freiberuflich
                    )
            )
    )
```

Dasselbe Ergebnis würden Sie auch erzielen, wenn Sie den Parameter `$recursive` in der Model-Klasse auf `0` setzen – mit einem Unterschied: Dieser Parameter würde für alle *related* Models gelten. Das heißt, es würden auch keine Tag-Daten mehr in den `find()`-Ergebnissen vorkommen. Mit `unbindModel()` können Sie Relations gezielter steuern.

Hier möchten wir Sie noch auf eine wichtige Verhaltensweise aufmerksam machen: Der einfache Aufruf von `unbindModel` gilt nur für die darauffolgende Abfrage – alle folgenden Abfragen liefern die Ergebnisse wieder nach Definition. Um die Einstellung auch für alle folgenden Abfragen im aktuellen Request zu erhalten, übergeben Sie der Methode *true* als zweiten Parameter.

Mit `bindModel()` können Sie Models im laufenden Betrieb neue Relations zuweisen oder bestehende verändern. Sie übergeben der Methode für jede Art von Relation ein Array im gewohnten Format. Mit folgendem Code würden Sie die *belongsTo*-Relation des Job-Models überschreiben:

```
$this->Job->bindModel(array('belongsTo' => array(
      'Company' => array('className' => 'Company',
                        'foreignKey' => 'company_id',
                        'fields' => array('name', 'email'),
      )
)));
```

Die darauffolgende `find()`-Abfrage würde Ihnen nur die Felder *name* und *email* des *Company*-Models in das Rückgabe-Array schreiben. Das kann nützlich sein, wenn Sie zum Beispiel nur eine kurze Auflistung der teilnehmenden Unternehmen mit ihren E-Mail-Adressen auf der Startseite in einem Modul anbieten möchten. So sparen Sie sich das Laden unnötiger Daten aus der Datenbank.

Auch für `bindModel()` ist zu beachten, dass – sofern nicht als zweiter Parameter *true* übergeben wurde – die neu definierten Relations nur temporär für die nächste Abfrage gelten.

Mit `bindModel()` und `unbindModel()` können Sie spezielle Anforderungen lösen. Wenn Sie beispielsweise mehrere Models haben, die auf dieselbe Datenbanktabelle zugreifen, aber unterschiedliche Zwecke erfüllen sollen, geben Ihnen `bindModel()` und `unbindModel()` die Flexibilität, die in solchen Situationen sehr hilfreich sein kann.

# Model-Callbacks

Wie die Controller bieten auch CakePHP-Models mehrere Callbacks an, um in den Standardablauf einzugreifen. Das ist nötig, wenn Sie vor oder nach verschiedenen Actions im Model Logik hinzufügen möchten.

## beforeFind($queryData)

Wie der Name schon sagt, wird `beforeFind()` unmittelbar vor jeder `find()`-Abfrage ausgeführt. Diese Methode bietet sich an, um bestimmte Vorbereitungen für die folgende Abfrage zu treffen oder auch die Ausführung zu verweigern.

Wenn die Methode `false` zurückgibt, wird die `find()`-Abfrage nicht ausgeführt. Wenn Sie die Methode so implementieren, dass sie entweder nichts oder `true` zurückgibt, wird die Abfrage ausgeführt.

Eine mögliche Implementierung der Methode könnte die folgende sein – sie würde `find()`-Abfragen am 1. des Monats verweigern:

```
function beforeFind() {
   if(date('j') == 1) {
      return false;
   }
}
```

`beforeFind` ist so schon nützlich, aber im gerade gezeigten Fall würden Sie »blind« entwickeln. Sie wissen nicht, was für eine `find()`-Abfrage nach dem Callback stattfindet. Vielleicht möchten Sie aber Logik nur in gewissen Fällen vor `find()`-Aufrufen ausführen. Dazu gibt es ein Argument für dieses Callback: `$queryData`, das die relevanten Parameter der auszuführenden `find()`-Abfrage enthält.

```
Array
(
    [conditions] => Job.id < 10
    [fields] =>
    [joins] => Array
        (
        )

    [limit] => 5
    [offset] =>
    [order] => Array
        (
            [0] => Array
                (
```

```
                        [0] => Company.name ASC
                        [1] => Job.id ASC
                    )

            )

        [page] => 1
    )
```

Anhand dieser Daten könnten Sie beispielsweise `find()`-Anfragen loggen oder die Abfrage bestimmter Felder verhindern.

## afterFind($results, $primary)

`afterFind()` wird unmittelbar nach `find()`-Abfragen ausgeführt. Als ersten Parameter bekommt diese Methode das Array mit den Ergebnissen der `find()`-Abfrage übergeben. Sie bietet sich dadurch an, um Daten nach einer `find()`-Abfrage zu modifizieren oder Daten hinzuzufügen. Wenn Sie beispielsweise im View keine Datumsformatierung machen möchten und direkt ein passendes Datum zur Hand haben wollen, könnten Sie afterFind() folgendermaßen implementieren:

```
function afterFind($results) {
   foreach($results as $n => $data) {
      $results[$n]['Job']['formatted_created'] = date('d.m.Y',
                             strtotime($data['Job']['created']));
   }
   return $results;
}
```

Die Rückgabe der `find()`-Abfrage würde jetzt zusätzlich zum `created`-Datum ein bereits formatiertes Erstellungsdatum beinhalten:

```
[Job] => Array
    (
        [id] => 3
        [company_id] => 0
        [title] => Kundenberater
        [description] => Beschreibung
        [contract_type] =>
        [temporary] =>
        [created] => 2008-01-19 16:57:18
        [modified] => 2008-02-04 22:19:44
        [created_formatted] => 19.01.2008
    )
```

Hier ist zu beachten, dass `afterFind()` das Array mit den Resultaten zurückgeben muss, denn das sind die Daten, die `find()` zurückgibt.

Der zweite übergebene, boolesche Parameter `$primary` sagt Ihnen, ob die Abfrage direkt auf das aktuelle Model ausgeführt wurde oder über eine Model-Relation zu diesem Model.

## beforeValidate()

`beforeValidate()` wird vor einer Datenvalidierung ausgeführt. Geben Sie hier `false` zurück, um die Validierung abzubrechen, oder `true`, um sie fortzusetzen. Auf die zu validierenden Daten haben Sie hier mittels `$this->data` Zugriff.

## beforeSave() und afterSave($created)

Diese Callback-Methoden bieten sich an, um vor einem Speichervorgang Daten zu modifizieren oder das Speichern der Daten zu verweigern. Beachten Sie, dass Sie hier `true` zurückgeben müssen, wenn die Operation fortgeführt werden soll, ansonsten `false` für einen Abbruch. In diesem Fall würde auch die `save()`-Methode `false` zurückgeben. Auch hier können Sie per `$this->data` auf die zu speichernden Daten zugreifen.

`afterSave()` bekommt als ersten Parameter ein Flag übergeben, das Ihnen mitteilt, ob hier ein neuer Datensatz angelegt oder – bei der Rückgabe von `false` – ein bestehender Datensatz aktualisiert wurde.

## beforeDelete($cascade) und afterDelete()

`beforeDelete()` dient dazu, um vor einem Löschvorgang nötige Operationen auszuführen oder den Löschvorgang nicht stattfinden zu lassen. Der `$cascade`-Parameter teilt Ihnen mit, ob in dieser `delete()`-Action auch alle abhängigen Datensätze gelöscht werden sollen.

`afterDelete()` wird nach der erfolgten `delete()`-Abfrage ausgeführt und ist der richtige Ort für eventuell nötige Aufräumarbeiten nach dem Löschen aus der Datenbank, auch *Garbage Control* genannt. Ein möglicher Anwendungsfall sind hier Daten auf dem Filesystem, die mit den Datensätzen zusammenhängen, etwa Bilder – hier können Sie diese Dateien löschen und bewahren damit Ihre Applikation vor überflüssigen Dateien.

## onError()

Diese Methode wird ausgeführt, wenn bei der gewünschten Aktion etwas schiefgeht. Das kann ein SQL-Fehler sein oder ein Zugriffsfehler zum Datenbankserver. Diese Methode wird häufig dazu eingesetzt, um Benachrichtigungen an den Administrator zu schicken oder auch Log-Einträge zu schreiben. Sie haben mit dieser Methode leider keine Information darüber, was genau schiefgegangen ist, oder Fehler-Levels.

# Die AppModel-Klasse

Wie Sie bei der Erstellung von Model-Klassen sicher schon bemerkt haben, leiten alle Model-Klassen von der Klasse `AppModel` ab. Wozu ist die `AppModel`-Klasse gut? Wie auch der *AppController* dient diese Klasse dazu, Methoden zu implementieren, die Sie in mehreren Models benötigen. Das können zum Beispiel Methoden für die Datenmanipulation sein oder auch Methoden zur Datenvalidierung.

Im Werkszustand von CakePHP liegt diese Klasse im *Core*-Verzeichnis von Cake. Sie können sie aber überschreiben, indem Sie die Datei *app_model.php* in Ihrem *app/*-Verzeichnis anlegen. Die `AppModel`-Klasse muss von der `Model`-Klasse ableiten, damit Ihre Models auch tatsächlich Model-Funktionalitäten haben. Erstellen Sie die Klasse in der soeben angelegten Datei.

```
class AppModel extends Model {
}
```

Im *AppModel* selbst können Sie die Methoden des aktuellen Models über `$this` erreichen, und wenn Sie herausfinden möchten, um welches Model es sich handelt, gibt Ihnen `$this->name` darüber Aufschluss.

Das *AppModel* bietet sich ganz besonders dazu an, generische Model-Methoden zu schreiben, die sich auf alle Models anwenden lassen. Schreiben Sie die folgende Methode in Ihr *AppModel*:

```
function getNewest($limit = 10) {
   $data = $this->find('all',
         array('order' => $this->name . '.id DESC', 'limit' => $limit));
   return $data;
}
```

Jetzt können Sie diese Methode aus jedem Model heraus aufrufen, und entsprechend wird auch dieses verwendet. Wenn Sie `$this->Job->getNewest()` aus dem JobsController heraus aufrufen, erhalten Sie die zehn neuesten Jobangebote. Die zehn neuesten Unternehmen erhalten Sie mit `$this->Job->Company->getNewest()`. Im obigen Beispiel sortieren wir nach ID absteigend. Um bei SQL-JOIN-Abfragen Fehler wegen mehrdeutiger Feldnamen zu vermeiden, platzieren wir den entsprechenden Model-Namen vor den Feldnamen, indem wir einfach das Attribut `$this->name` einsetzen und Model und Feldnamen durch einen Punkt trennen.

Auch die oben erklärten Model-Callbacks können im *AppModel* implementiert werden. Diese gelten dann für alle Models, sofern sie nicht in den Model-Klassen überschrieben wurden.

## Models durch Behaviors erweitern

Behaviors geben Ihnen die Möglichkeit, die Funktionalität Ihrer Models zu erweitern. Diese Möglichkeit haben Sie bereits, indem Sie beispielsweise Methoden im Model selbst implementieren oder diese Methoden im AppModel zur Verfügung stellen. Behaviors gehen aber noch ein Stück weiter. Sie können einem Model ein bestimmtes »Verhalten« zuweisen, was beispielsweise das Finden und Speichern von Datensätzen angeht, und Sie stellen dem Model damit noch weitere Methoden zur Verfügung. Dabei handelt es sich um Logik, die nicht direkt ins Model gehört oder zu groß für das AppModel ist und die wiederverwendet werden soll.

Zusammengefasst kann man sagen, dass Behaviors Models erweitern, aufwerten, wiederverwendbare Funktionalität kapseln und Callbacks bieten, um Abläufe zu automatisieren.

Die Zuweisung eines Behaviors zu einem Model geschieht über die Klassenvariable `$actsAs`. Wie auch bei den anderen Klassenvariablen der Models können Sie hier entweder nur ein Array mit dem Namen des Behaviors übergeben oder zusätzlich zum Namen eine Reihe von Parametern für das Behavior.

```
var $actsAs = array('Beispiel' => array('schlüssel' => 'wert'));
```

Behaviors müssen Sie unter */app/models/behaviors* platzieren, wobei ihre Namen in Kleinbuchstaben geschrieben sein müssen. Das *BeispielBehavior* würde in */app/models/behaviors/beispiel.php* implementiert werden und muss die Klasse `ModelBehavior` erweitern.

```
class BeispielBehavior extends ModelBehavior {
   var $settings;

   function setup(&$Model, $settings = array()) {
         $this->settings[$Model->alias] = $settings;
   }

   function cleanup(&$Model) {

   }
}
```

Mit diesem Code steht das Grundgerüst eines Behaviors. `setup()` und `cleanup()` sorgen dafür, dass Sie Kontrolle darüber haben, was passiert, wenn ein Behavior für ein Model gesetzt oder entfernt wird. In `startup()` setzen Sie die Konfiguration, die in der Variable `$actsAs` im Model dem Behavior übergeben wurde, und erledigen die Vorarbeit, die für Ihr Behavior nötig ist. In `cleanup()` verrichten Sie eventuell nötige Aufräumarbeiten nach dem Einsatz des Behaviors.

Um Ihr Model zu erweitern, bieten Behaviors die Ihnen schon bekannten Model-Callbacks. Diese Callbacks erhalten als ersten Parameter immer eine Referenz auf das entsprechende Model.

- `beforeFind(&$Model, $query)`
- `afterFind(&$Model, $results, $primary)`
- `beforeValidate(&$Model)`
- `beforeSave(&$Model)`
- `afterSave(&$Model, $created)`
- `beforeDelete(&$Model, $cascade)`
- `afterDelete(&$Model)`
- `onError(&$Model, $error)`

Zusätzlich zu den Callbacks stehen dem Model, das das Behavior verwendet, auch alle anderen Methoden des Behaviors zur Verfügung. Diese erhalten wie von Zauberhand immer das Model-Objekt als ersten Parameter. Alle anderen Parameter werden der Reihe nach an die Methoden übergeben – ohne dass Sie sich darum kümmern müssen.

## Behaviors dynamisch verwalten

Ähnlich wie bei Model-Bindings können Sie Behaviors auch im laufenden Betrieb einem Model hinzufügen oder aus ihm entfernen. Das kann sinnvoll sein, wenn Sie ein Behavior nur unter bestimmten Umständen nutzen möchten oder andere Settings als ursprünglich geplant setzen müssen. Die Syntax ist hier sehr einfach: der Behaviors-Methode `attach()` übergeben Sie den Namen des Behaviors und ein Array mit den Settings.

```
$this->Job->Behaviors->attach('Beispiel', array('andere' => 'settings'));
```

Das Entfernen von Behaviors geschieht mit dem Pendant zu `attach()`: mit `detach()`.

```
$this->Job->Behaviors->detach('Beispiel');
```

Nach dem Aufruf von `detach()` steht die durch das Behavior hinzugefügte Funktionalität nicht mehr zur Verfügung. Um das zu kontrollieren, gibt es die Behaviors-Methode `attached()`: Diese gibt *true* zurück, wenn das Model zum Zeitpunkt des Aufrufs über das Behavior verfügt, ansonsten *false*:

```
if(!$this->Job->Behaviors->attached('Beispiel')) {
   $this->Job->Behaviors->attach('Beispiel', array('diverse' => 'parameter'));
}
```

Möchten Sie ein Behavior nicht ganz entfernen, sondern nur die Behavior-Callbacks kurzzeitig deaktivieren, erreichen Sie das mit den Methoden `enable()` und `disable()`. Diesen Methoden können Sie entweder den Namen eines Behaviors oder ein Array mit mehreren Behavior-Namen übergeben. Auch hier haben Sie wieder eine Kontrollmöglichkeit mit der Behaviors-Methode `enabled()`:

```
if($this->Job->Behaviors->enabled('Beispiel')) {
   $this->Job->Behaviors->disable('Beispiel');
}
```

Das Model-Attribut `$Behaviors` enthält alle zurzeit geladenen Behavior-Objekte und deren Einstellungen. Wenn Sie also ein Behavior einmal von »außerhalb« des Behaviors selbst debuggen möchten, finden Sie das im Model verwendete Objekt unter *Model→Behaviors→NameDesBehaviors*.

## Magische Methoden selbst gemacht: $mapMethods

Behaviors bringen noch ein Extra mit, das vorher nur dem CakePHP-Core vorbehalten war: magische Methoden. Die magischen `find()`-Methoden haben Sie bereits in Kapitel 5, *Das Model*, kennengelernt. Mit »magisch« ist gemeint, dass Sie Anfragen wie `findByTitle` an das Model stellen können, und obwohl diese Methoden nicht definiert wurden, bleiben Ihnen Fatal Errors erspart. Mit Behaviors können Sie auch selbst zaubern: in `$mapMethods` definieren Sie die magischen Methoden. Lassen Sie uns gleich mit einem Beispiel beginnen. Unsere magischen Methoden sollen Jobs aus der Datenbank nach verschiedenen Kriterien holen, der Feldname soll im Methodennamen stehen, beispielsweise `getJobsByTitle('entwickler')`. Definieren Sie dazu in unserem Beispiel-Behavior das Attribut `$mapMethods`:

```
var $mapMethods = array(
   '/getJobsBy\D{1,}/i' => 'getJobs'
);
```

Wie Sie sehen, ist die Definition denkbar einfach. Als Schlüssel des Arrays setzen Sie einen regulären Ausdruck, auf den die Methode passen muss, und als Wert die Methode, die effektiv aufgerufen werden soll. Die Methode `getJobs()` sieht folgendermaßen aus:

```
function getJobs(&$Model, $method, $criteria) {
   $field = low(str_replace('getJobsBy', '', $method));
   if($Model->hasField($field)) {
      if(is_string($criteria)) {
         $criteria = "LIKE %{$criteria}%";
      }
      $conditions = array($field => $criteria);
      return $Model->find('all', array('conditions' => $conditions));
   }
   return false;
}
```

Diese Methode bekommt wie alle Behavior-Methoden eine Referenz auf das Model übergeben. Als zweiten Parameter erhalten Sie den Namen der aufgerufenen »virtuellen« Methode und nachfolgend alle übergebenen Parameter. In der Methode filtern wir hier den Namen des Kriteriums, im Endeffekt also den Feldnamen, aus dem Methodennamen, kontrollieren, ob das Model ein Feld mit diesem Namen hat, und führen dann eine simple `find()`-Abfrage aus. Führen Sie jetzt unsere magische Methode aus:

```
$jobs = $this->Job->getJobsByTitle('entwickler');
```

Die Zauberei funktioniert.

Um die Wiederverwendbarkeit von Model- beziehungsweise Behavior-Code zu perfektionieren, können Sie in Behaviors auch andere Behaviors verwenden. Nutzen Sie dazu `App::import('Behavior', 'AnderesBehavior')`. Um das Behavior dann auch anwenden zu können, rufen Sie im Behavior `attach()` auf.

In der CakePHP-Community gibt es bereits einige sehr praktische Behaviors, die Ihnen viel Arbeit ersparen und Ihrem Model mit einer simplen `$actsAs`-Zuweisung Funktionalitäten ermöglichen, die nur mit viel Aufwand zu implementieren gewesen wären.

## Das TreeBehavior

CakePHP liefert drei Standard-Behaviors mit, das *TreeBehavior*, das *AclBehavior* und das *TranslateBehavior*. Ein gutes Beispiel, um den Sinn von Behaviors aufzuzeigen, ist das *TreeBehavior*.

Nehmen wir an, Sie arbeiten mit einer Tabelle, die eine Baumstruktur nach dem klassischen Nested Set-Muster hat. Das heißt, dass jeder Datensatz einen linken und einen rechten Knoten hat und beliebig viele weitere Datensätze oder beliebig tiefe Bäume umschließen kann (Abbildung 12-5).

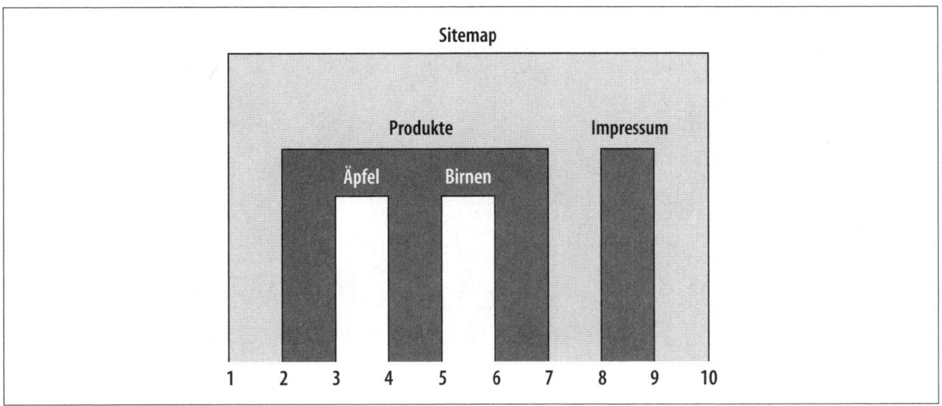


*Abbildung 12-5: Eine Sitemap als Nested Set*

In diesem simplen Beispiel sehen Sie oben die Datensätze und unten die Knoten. In einer Datenbanktabelle würde dieser Baum so dargestellt werden wie in Tabelle 12-3.

*Tabelle 12-3: Nested Set in einer Datenbanktabelle*

| Linker Knoten | Rechter Knoten | Datensatz |
|---|---|---|
| 1 | 10 | Sitemap |
| 2 | 7 | Produkte |
| 3 | 4 | Äpfel |
| 5 | 6 | Birnen |
| 8 | 9 | Impressum |

Nach diesem kurzen Exkurs in die Datenbanktheorie kommen wir wieder zurück zur Erklärung der Behaviors: Sie können sich sicher vorstellen, dass das Arbeiten mit einem Nested Set nicht wirklich trivial ist. Wenn beispielsweise eine weitere Seite unter dem *Produkte*-Baum hinzukommen würde, müssten die Knoten des *Produkte*-Baums, der *Impressum*-Seite und der ganzen Seite geändert werden. Das *Tree-Behavior* nimmt Ihnen diese Arbeit ab. Als Parameter können Sie hier die Feldnamen der linken und rechten Knoten setzen, sofern diese nicht »lft« und »rght« lauten, und noch den Feldnamen der *parent_id* setzen.

```
var $actsAs = array('Tree' => array('parent_id' => 'p_id', 'left' =>
                                    'linker_knoten', 'right' => 'rechter_knoten'));
```

Ab jetzt berücksichtigen alle relevanten Model-Funktionen das Nested Set in der Datenbank, ohne dass Sie sich um die komplexen Abfragen kümmern müssen. Zusätzlich stellt das TreeBehavior noch einige Funktionen zur Verfügung, um mit dem Baum zu arbeiten:

- `children()`: gibt Ihnen alle untergeordneten Datensätze und Bäume des aktuellen Datensatzes im ActiveRecord zurück.
- `getparentnode()`: gibt Ihnen den übergeordneten Knoten zurück.
- `childcount()`: gibt die Anzahl der untergeordneten Knoten zurück.

Weitere Methoden des *TreeBehaviors* finden Sie in der CakePHP-API.

## Schlussbemerkung

Sie haben sich in diesem Kapitel tiefergehend mit dem Model beschäftigt und Behaviors kennengelernt. Ihr Wissen über Associations wurde mit der Behandlung der *hasAndBelongsToMany*-Association weiter vertieft, und Sie haben die verschiedenen Callbacks kennengelernt. So sind Sie für die Implementierung von Models gewappnet, die über die Standard-Conventions hinausgehen. Im nächsten Kapitel widmen wir uns einem vollkommen anderen Thema: Ajax mit CakePHP.

KAPITEL 13

# Ajax und DHTML mit CakePHP

In den letzten Kapiteln haben wir an verschiedenen Stellen schon auf ein kleines Highlight von CakePHP hingewiesen: auf den Einsatz von Ajax mit all seinen Möglichkeiten in der Welt von CakePHP. Ajax hat sich in den letzten Jahren stark verbreitet. Die Technik, per JavaScript asynchron Anfragen an Server abzusetzen und deren Ergebnisse per DHTML wieder anzuzeigen, war schon lange vorher möglich, aber nur sehr schwer umzusetzen. Durch stark simplifizierende Bibliotheken, die den Einsatz von Ajax für Entwickler sehr einfach gestalten, kam die mittlerweile sehr große Verbreitung erst zustande. Kaum eine moderne Website verzichtet auf diese zugegeben manchmal überflüssigen, oft sehr hilfreichen, aber immer charmanten »Web 2.0-Features«.

Sie werden sich an dieser Stelle vielleicht fragen, was Ajax, das ja bekanntlich clientseitig mit JavaScript ausgeführt wird, eigentlich mit CakePHP zu tun hat. Außer bei den Schnittstellen auf dem Server, auf die ein Client per Ajax zugreifen kann, ist für den Einsatz von Ajax kein PHP notwendig. Das Ziel des Frameworks ist es aber, eine Möglichkeit zu schaffen, über die Sie möglichst bequem die Ajax-Technologie einsetzen können, ohne die Welt von CakePHP verlassen zu müssen. Da der eigentliche Ajax-Aufruf immer clientseitig im Browser geschieht, werden Sie sich auf den folgenden Seiten viel mit der Programmierung im View auseinandersetzen müssen – genauer gesagt mit der Anwendung des Ajax-Helpers, der Teil des Frameworks ist.

Dieses Kapitel gliedert sich in drei Abschnitte, die speziell das Thema Ajax behandeln, und einen vierten Abschnitt, der sich dem JavaScript-Event-Handling widmet. Im ersten Abschnitt werden wir zunächst das JavaScript-Framework *Prototype* zusammen mit der Erweiterung *script.aculo.us* in CakePHP einbinden. Ist das geschehen, sind die Grundlagen für alle weiteren Schritte im Prinzip schon geschaffen, und Sie können sofort beginnen, in Abschnitt zwei die wichtigsten Methoden des Ajax-Helpers einzusetzen und mit sehr wenig Aufwand beeindruckende DHTML-Effekte, wie beispielsweise einen In-Place-Editor, zu erstellen.

Unser Ziel ist es immer, die bestehenden Features der Beispielapplikation zu erweitern, so dass anstatt der bisherigen »einfachen« HTTP-Requests nun Ajax-Requests verwendet werden. Das gilt sowohl für die Änderung von Daten aus einem Formular heraus als auch für die Ansicht von Detail-Seiten, die dynamisch nachgeladen und in der bestehenden Seite angezeigt werden.

## Was ist Ajax?

Das Akronym Ajax steht für Asynchronous *JavaScript and XML* und bezeichnet den asynchronen Datenaustausch zwischen dem Browser und einem Server, unabhängig vom eigentlichen Laden einer Webseite über eine URL in der Adresszeile des Browsers. Eine bereits geladene Webseite kann also Informationen vom Server nachträglich anfordern, ohne dass die komplette Seite neu geladen werden muss. Der wesentliche Vorteil dieser Technologie besteht darin, dass es auf diese Weise möglich ist, Teile einer Webseite nachträglich und abhängig von Nutzerverhalten nachzuladen und gegen bestehende Teile der Seite auszutauschen.

Die Grundlage für diese Technologie ist der Einsatz von JavaScript und des *XMLHttpRequest*-Objekts, das Bestand vieler moderner Browser ist. Diese Schnittstelle ermöglicht es, scriptbasiert Anfragen per HTTP an den Server zu schicken und die Rückgabe dieser Anfrage zu verarbeiten. Der Request des Browsers und der Response des Servers laufen asynchron zueinander, so dass während des Ladens der nachträglich angeforderten Daten die Funktionalität der Seite gewahrt bleibt. Erst wenn der Request komplett abgeschlossen ist, wird über Callback-Methoden die Antwort des Servers ausgewertet. Dieses Vorgehen unterscheidet sich also vom herkömmlichen Request des Browsers an einen Server, der quasi synchron erfolgt.

Das gängige Vorgehen im Umgang mit Ajax-Requests ist recht einfach: Über das *XMLHttpRequest*-Objekt wird ein Request an eine serverseitige URL geschickt, die in der Regel über ein Skript eine dynamische Antwort generiert. Die Rückgabe kann in HTML, XML, JSON oder einem anderen Format erfolgen, wobei das clientseitige Skript mit dem entsprechenden Format umgehen können muss. Das Ergebnis dieses Requests wird dann über JavaScript im Dokument dargestellt, indem nachträglich Bereiche der Seite dynamisch geändert werden. Basis dieser Manipulationen am HTML-Dokument ist der korrekte Aufbau des DOM-Baums im HTML-Code. Gängige Praxis ist es, Container-DIV-Elemente mit eindeutigen IDs zu definieren, über die die Daten ausgegeben werden.

Es existiert inzwischen eine Reihe von Bibliotheken, die den Umgang mit dem Ajax-Interface elegant kapseln und die Aktualisierungen im DOM-Baum des HTML-Dokuments parallel unterstützen. Die bekanntesten Vertreter sind aktuell sicherlich *Prototype*, *jquery* und *YUI* von Yahoo. CakePHP unterstützt mit dem Ajax-Helper Prototype und kann auf diese Weise sehr einfach um grundlegende Ajax-Funktionalitäten erweitert werden.

Abschnitt drei widmet sich einem besonderen Leckerbissen – dem Ajax-Paginator. Auf Basis des Paginator-Helpers, den Sie bereits kennengelernt haben, werden wir mittels der neuen Möglichkeiten des Ajax-Helpers einige sehr smarte Features hinzufügen. Anstatt wie bisher beim Blättern durch die Job-Anzeigen die komplette Seite nachzuladen, wird nun nur noch der Teil nachgeladen, der tatsächlich für die Darstellung der Job-Anzeigen verantwortlich ist.

Im daran anschließenden vierten Abschnitt zum JavaScript-Event-Handling besprechen wir einige weiterführende Möglichkeiten des JavaScript- und Ajax-Helpers, die es ermöglichen, mit dem JavaScript-Framework *Prototype* die User-Interaktion im Browser zu gestalten.

Da die Entwickler von CakePHP, wie so viele Entwickler, kein Interesse daran haben, das Rad ein zweites Mal zu erfinden, wurde keine eigene JavaScript-Bibliothek entwickelt, die in diesem Framework zum Einsatz kommt. CakePHP baut standardmäßig auf die eine erprobte und stabile Ajax-Bibliothek *Prototype* und die darauf basierende Bibliothek *script.aculo.us*. Da die dazu notwendigen JavaScript-Dateien nicht im Lieferumfang von CakePHP enthalten sind, müssen Sie noch einige Kleinigkeiten tun, bevor wir in das Thema Ajax richtig einsteigen können.

## Prototype und script.aculo.us installieren

Die Ajax-Unterstützung von CakePHP basiert auf dem Ajax-Helper, der – wie schon erwähnt – mit den JavaScript-Bibliotheken von *Prototype* und *script.aculo.us* zusammenarbeitet. Diese Bibliotheken sind nicht bei der CakePHP-Installation mit dabei, sondern müssen nachträglich hinzugefügt werden. Auf diese Weise können Sie sicher sein, dass Sie immer die aktuellste Version zur Verfügung haben.

Laden Sie also die letzten Versionen von *http://www.prototypejs.org* und *http://script.aculo.us/* herunter, und speichern Sie die entpackten Files im Ordner *app/webroot/js/*. Die Bibliotheken von *script.aculo.us* enthalten in der Regel schon eine Version von *Prototype* im Ordner *lib*. Es steht Ihnen frei, diese Version durch die jeweils aktuellste zu ersetzen, die auf *prototypejs.org* zu finden ist. Wichtig ist, dass die bestehende Ordnerstruktur nicht verändert wird.

Für die folgenden Beispiele haben wir im Ordner *app/webroot/js/* folgende Ordnerstruktur definiert:

| Ordner | Beschreibung |
|---|---|
| \app\webroot\js\scriptaculous-js-1.8.1\ | Grundordner |
| \app\webroot\js\scriptaculous-js-1.8.1\lib\ | Enthält prototype.js |
| \app\webroot\js\scriptaculous-js-1.8.1\src\ | Enthält alle script.aculo.us js-Dateien |

Diese Dateien müssen Sie nun nur noch über den Javascript-Helper zu den Layouts oder den Views hinzufügen, die den Ajax-Helper verwenden sollen:

```
echo $javascript->link('scriptaculous-js-1.8.1/lib/prototype');
echo $javascript->link('scriptaculous-js-1.8.1/src/scriptaculous');
```

Dieser Aufruf erstellt zwei JavaScript-Referenzen in Ihrem Quelltext, die auf die benötigten JavaScript-Dateien verweisen. Alle anderen Files werden automatisch nachgeladen, falls diese benötigt werden. Dafür sorgt Prototype selbst, und Sie müssen sich nicht weiter darum kümmern.

Falls Sie nicht auf der kompletten Seite Ajax verwenden, ist es durchaus sinnvoll, diese Bibliotheken nicht global in das Layout einzubinden, da Sie aufgrund ihrer Größe durchaus ein paar Kilobyte bei der Datenübertragung einsparen.

# Den Ajax-Helper einsetzen

Die Ajax-Unterstützung von CakePHP basiert auf dem Ajax-Helper, der grundsätzlich genauso funktioniert wie alle anderen Helper. Der Ajax-Helper ist ein Werkzeug, mit dem Sie Ajax-Links erstellen und im View ausgeben können. Im Gegensatz zu normalen Links werden auf diese Weise nicht nur die Ziel-URL, sondern einige weitere Parameter übergeben, wie beispielsweise das Ziel-DIV auf der Seite oder eventuelle Callbacks.

Die Schnittstelle auf der Serverseite wird in der Regel über normale Actions eines Controllers realisiert, wobei es durchaus üblich ist, bestehende Actions so anzupassen, dass sie sowohl für normale Requests als auch für Ajax-Requests genutzt werden können.

Bevor wir nun mit den ersten Beispielen in die Materie einsteigen, möchten wir noch Folgendes vorweg sagen: Es ist prinzipiell egal, ob Sie schon einmal mit Prototype oder einer anderen Ajax-Bibliothek gearbeitet haben oder nicht. Der Ajax-Helper von CakePHP kapselt die Verwendung der einzelnen Funktionen so weit, dass Sie sich um die Dinge im Hintergrund fast überhaupt nicht kümmern müssen. Das hat zwar den Vorteil, dass Sie mit JavaScript kaum in Berührung kommen, schränkt aber die Möglichkeiten natürlich auf die Punkte ein, die von CakePHP unterstützt werden. *Prototype* kann, gerade in Kombination mit *script.aculo.us*, natürlich viel mehr, wird ab einem gewissen Punkt aber nicht mehr von CakePHP gekapselt, und Sie müssen direkt JavaScript schreiben.

Wenn Sie also tiefer in die Materie Ajax, JavaScript und DOM-Baum-Manipulationen einsteigen wollen, ist die Verwendung des Ajax-Helpers nicht unbedingt der beste Weg. Auf der anderen Seite können Sie durch den Ajax-Helper sehr schnell die gängigsten Ajax-Methoden nutzen und schaffen ohne Probleme aus dem Framework heraus eine interaktive Seite, die browserübergreifend den Einsatz von »Web 2.0«-Techniken ermöglicht. Die Entscheidung liegt also bei Ihnen.

Auf den folgenden Seiten werden Sie die verschiedenen Möglichkeiten des Ajax-Helpers kennenlernen und alles über den Aufbau der Client-Server-Kommunikation auf Basis von CakePHP erfahren. Dabei werden wir uns nicht auf das JavaScript konzentrieren, das im Hintergrund generiert wird, sondern nur auf die Punkte, die Sie als Entwickler wirklich berühren: also auf die Schnittstellen im Controller und auf den Umgang mit Ajax-Requests im Vergleich zu »normalen« HTTP-Requests.

Bevor Sie aber starten, denken Sie bitte daran, den Ajax-Helper in den betroffenen Controller-Klassen über das Klassen-Array `$helpers` bekannt zu machen:

```
var $helpers = array('Cache', 'Paginator', 'Time', 'Ajax');
```

Auf diese Weise steht der Helper auch in allen Views zur Verfügung und kann entsprechend über `$ajax->MethodenName()` angesprochen werden.

Der folgende Abschnitt wird anhand verschiedener Beispiele die typischen Anwendungsfälle der Ajax-Schnittstelle beschreiben und mit den Mitteln des Ajax-Helpers lösen. Für jede dieser Möglichkeiten stellt der Ajax-Helper eine oder auch mehrere Methoden zur Verfügung, die speziell für diese Aufgabe entwickelt wurden. Diese »wichtigen Methoden« spiegeln den Aufbau des Ajax-Helpers wider und geben damit auch die Struktur der folgenden Seiten vor.

Im ersten Schritt werden Sie das Setzen von einfachen Ajax-Links kennenlernen, über die es möglich ist, Teile der Seite – in der Regel durch ein DIV-Element definiert – zu aktualisieren, ohne die komplette Seite neu laden zu müssen. Im weiteren Verlauf werden die Beispiele dann komplexer, um fortgeschrittenere Anwendungen zu realisieren, wie beispielsweise die Verwendung eines Formulars oder Eventgesteuerte Ajax-Requests an den Server.

## Wichtige Methoden

Der Ajax-Helper bietet eine ganze Reihe von Methoden, die auf die eine oder andere Weise eine bestimmte Ajax-Funktionalität aus der *Prototype-* oder *script.aculo.us-*Bibliothek kapseln. Der Aufbau der Methoden ist relativ ähnlich und auf eine gewisse Weise standardisiert, da die erwarteten Parameter für einen Ajax-Request prinzipiell gleich sind. Tabelle 13-1 listet die wichtigsten Methoden des Helpers auf und beschreibt kurz die damit verbundenen Möglichkeiten.

*Tabelle 13-1: Die wichtigsten Methoden des Ajax-Helpers*

| Methode | Beschreibung |
|---|---|
| `link( $title, $href=null, $options=array(), $confirm=null, $escapeTitle=true )` | Erstellt einen Ajax-Link, der bei Aktivierung einen Ajax-Request an die angegebene URL ausführt. |

*Tabelle 13-1: Die wichtigsten Methoden des Ajax-Helpers (Fortsetzung)*

| Methode | Beschreibung |
|---|---|
| `div($id, $options=array())` | Erstellt ein DIV-Element mit einer festgelegten ID. Dieses Element kann von Ajax-Methoden angesprochen und aktualisiert werden. |
| `form(`<br>`   $params=null,`<br>`   $type= 'post',`<br>`   $options=array()`<br>`)` | Erstellt ein Form-Tag, das die Daten des Formulars per Ajax verschickt. |
| `isAjax()` | Gibt *true* zurück, falls der aktuelle Request über das Prototype-Ajax-Modul kam. |
| `remoteFunction($options=null)` | Ruft eine entfernte URL per Ajax auf. |
| `remoteTimer($options=null)` | Ruft wiederholt eine entfernte URL per Ajax auf. |
| `editor($id, $url, $options=array())` | Erstellt für ein definiertes DIV einen Ajax-Editor: Wird der Inhalt in diesem DIV angeklickt, wandelt es sich in ein Formularfeld, das Änderungen am Text erlaubt. |
| `observeField($field, $options=array())` | Beobachtet das definierte Formularfeld und ruft bei einer Änderung eine URL per Ajax auf. |
| `observeForm($form, $options=array())` | Beobachtet ein komplettes Formular und ruft bei einer Änderung eine URL per Ajax auf. |

Neben diesen Methoden gibt es noch einige mehr, und der Helper wird auch regelmäßig aktualisiert. Im Zweifel empfehlen wir einen Blick in die API von CakePHP und in die korrespondierende API von *script.aculo.us*, um mehr über weiterführende Methoden des Ajax-Helpers zu erfahren.

Im Wesentlichen ist der Aufbau der Methoden und vor allem das dahinterstehende Prinzip von Ajax identisch. Wenn Sie dieses Kapitel durchgearbeitet haben, werden Sie mit allem Methoden arbeiten können, die von diesem Helper zur Verfügung gestellt werden.

Wie die Tabelle 13-1 zeigt, erwarten fast alle diese Methoden den Parameter `$options`. Über diesen Parameter werden alle Angaben zum Ajax-Request gemacht, den diese Helper-Methode auslösen soll. `$options` kapselt also die Ajax-Konfiguration.

Die Werte, die dieses Array übergibt, sind standardisiert und gelten für alle Methoden gleichermaßen. Je nachdem, welche Methode verwendet wird, ist die Anzahl der möglichen Schlüsselwerte variabel, da nicht jede Angabe für jede Methode sinnvoll ist. Tabelle 13-2 zeigt, welche Optionen gesetzt werden können:

*Tabelle 13-2: Schlüsselwerte des Parameters $options*

| Schlüssel | Beschreibung |
|---|---|
| `$options['url']` | Ziel-URL des Ajax-Requests |
| `$options['update']` | ID des HTML-Elements, das mit der Rückgabe des Ajax-Requests aktualisiert werden soll. Wird der Schlüssel nicht gesetzt, erfolgt keine Rückgabe. |

*Tabelle 13-2: Schlüsselwerte des Parameters $options (Fortsetzung)*

| Schlüssel | Beschreibung |
|---|---|
| `$options['type']` | Legt fest, ob der Request synchron oder asynchron erfolgen soll. Mögliche Werte sind 'synchronous' oder 'asynchronous' (Default). |
| `$options['condition']` | JavaScript-Code: Muss *true* zurückgeben, bevor der Ajax-Request ausgeführt wird. |
| `$options['confirm']` | Gibt eine JavaScript-`Confim()`-Nachricht aus. Der Request wird nur ausgeführt, wenn der User diese Meldung bestätigt (OK klicken). |

Neben diesen Angaben haben Sie die Möglichkeit, über das `$options`-Array Callbacks zu definieren, die an bestimmten Punkten des Ajax-Requests aufgerufen werden sollen. Das Ziel dieser Callbacks ist es, den Workflow des Ajax-Requests zu verfolgen und auf bestimmte Ereignisse (z.B. Fehler oder Erfolgsmeldungen) und Zustände reagieren zu können. Wenn Sie schon Erfahrung mit *Prototype* haben, werden Sie die Callbacks, die in Tabelle 13-3 aufgeführt sind, sicherlich bereits kennen:

*Tabelle 13-3: Callbacks im $options-Array*

| Callback | Beschreibung |
|---|---|
| `$options['before']` | Wird ausgeführt, bevor der Request gesendet wird. |
| `$options['after']` | Wird direkt ausgeführt, nachdem der Request gesendet wurde. |
| `$options['loading']` | Wird ausgeführt, während die Daten vom Server geladen werden. |
| `$options['loaded']` | Wird ausgeführt, wenn die Daten komplett geladen wurden. |
| `$options['interactive']` | Wird ausgeführt, sobald der User mit den Daten arbeiten kann. Das kann vor dem Abschluss des Ladevorgangs sein. |
| `$options['complete']` | Wird als Letztes ausgeführt, wenn der Ajax-Request komplett abgeschlossen ist. |
| `$options['failure']` | Wird aufgerufen, wenn ein Fehler auftritt und der Ajax-Request nicht durchgeführt werden kann. |

Diese Callbacks werden als Schlüssel direkt im `$options`-Array angegeben und verweisen auf JavaScript-Funktionen oder führen direkt JavaScript aus.

## Ajax-Verlinkungen auf DIV-Elemente

Eine der häufigsten Anwendung des Ajax-Helpers ist das Laden von zusätzlichen Daten, abhängig von der User-Interaktion mit der Webseite. Im simpelsten Fall ist das ein Klick auf einen Link, der den Request zum Server auslöst und die zurückgegebenen Daten in irgendeiner Form im bestehenden Dokument einfügt.

Basierend auf dieser Grundlage möchten wir im folgenden Beispiel die CakeJobs-Applikation ein wenig aufwerten und mit einigen Ajax-Features verschönern. Im ersten Schritt sollen von der Übersichtsseite aller Jobs direkt die Job-Details nachgeladen werden, wenn ein User den entsprechenden Detail-Link anklickt. Die Daten werden dann direkt unterhalb der Liste dargestellt.

Um zu demonstrieren, wie schnell und einfach Sie mit dem Ajax-Helper Applikationen Ajax-fähig machen, werden wir diese Aufgabenstellung lösen, ohne den Jobs-Controller oder eine andere Datei außer der *index.ctp* zu verändern. Dieses File wird durch den Ajax-Helper so modifiziert, dass alle nötigen Schritte automatisch erfolgen.

Im Prinzip muss nur an zwei Stellen der Datei etwas geändert werden: zum einem der Link zur Detailseite, und zum anderen muss ein DIV-Element erstellt werden, das den Inhalt dynamisch aufnehmen und anzeigen kann. Das geschieht recht unkompliziert, so dass das neue Template nun so aussieht:

```
<?php
   echo $javascript->link('scriptaculous-js-1.8.1/lib/prototype');
   echo $javascript->link('scriptaculous-js-1.8.1/src/scriptaculous');

?>

<h2>Jobs</h2>

<table>
   <tr>
      <th>ID</th>
      <th>Firma</th>
      <th>Titel</th>
      <th>Angebot vom</th>
      <th>zuletzt aktualisiert</th>
      <th>Actions</th>
   </tr>

<?php foreach($jobs as $job): ?>
   <tr>
      <td><?php echo $job['Job']['id'] ?></td>
      <td><?php echo $job['Company']['name'] ?></td>
      <td><?php echo $job['Job']['title'] ?></td>
      <td><?php echo $job['Job']['created'] ?></td>
      <td><?php echo $job['Job']['modified'] ?></td>
      <td>
<? php
   $options = array(
      'url' => array(
         'controller'   => 'jobs',
         'action'       => 'view',
         $job['Job']['id']
         ),
      'update' => 'job_details'
   );

   echo $ajax->link(
      'Details',
```

```
        '/jobs/view/' . $job['Job']['id'],
        $options
    );

?>

            <?php echo $html->link('bearbeiten', '/jobs/edit/' . $job['Job']['id']) ?>
            <?php echo $html->link('löschen', '/jobs/delete/' . $job['Job']['id']) ?>
        </td>
    </tr>
<?php endforeach; ?>
</table>
<br>
<?php
    echo $ajax->div('job_details');
?>
```

Die Änderungen wurden im Quelltext hervorgehoben. Neben den schon besprochenen Verlinkungen zu den Ajax-Bibliotheken von *Prototype* und *script.aculo.us* im Kopf der Datei wurde der Detail-Link durch die Ajax-Helper Methode `link()` ersetzt. Im ersten Schritt wird das Array `$options` so definiert, dass die Ziel-URL über den Schlüssel `url` angegeben ist. Als Zweites wird das Ziel-DIV (Schlüssel `update`) angegeben, in das später der Inhalt der Server-Response geschrieben werden soll. Mehr Angaben sind an dieser Stelle aktuell nicht notwendig.

Im zweiten Schritt wird über die Methode `link()` der Link erstellt, über den der Ajax-Call ausgelöst wird. Neben dem Array `$options` und der eigentlichen Link-Bezeichnung *Details* wird an dieser Stelle noch einmal der Link zur Detail-Seite übergeben, wie Sie es schon im Array `$options` gemacht haben. Das mag auf den ersten Blick verwundern, da die Daten anscheinend doppelt übergeben werden. Dieses Vorgehen macht allerdings Sinn, da der zweite Parameter der Methode `link()` nicht die Ziel-URL des Ajax-Requests übernimmt, sondern einen Fallback-Wert, falls der Browser kein Ajax unterstützt.

Falls also kein JavaScript aktiviert ist oder der Browser zu alt für Ajax ist, wird der User nach einem Klick auf den Link nicht allein gelassen – weil einfach nichts passiert –, sondern er wird direkt auf die schon existierende Detailseite geschickt. Alternativ können Sie an dieser Stelle auch einen Link auf eine Seite setzen, die den User darauf hinweist, dass JavaScript und Ajax notwendig sind, um die Seite komplett genießen zu können.

Testen Sie diese Möglichkeit, indem Sie JavaScript einfach in Ihrem Browser deaktivieren. Denken Sie allerdings daran, für die folgenden Beispiele die JavaScript-Unterstützung wieder zu aktivieren.

Die letzte Änderung in der Datei *index.ctp* betrifft die Zeile, wo über `div()` ein DIV-Element erstellt wird, das die eindeutige ID *job_details* erhält. Damit ist das Ziel-DIV für den Ajax-Request auch vorhanden, und das Beispiel ist komplett.

Wenn Sie nun das Beispiel im Browser testen, wird auf den ersten Blick kein Unterschied zu erkennen sein. Die Übersichtsseite sieht aus wie immer. Die Magie von Ajax kommt erst ins Spiel, wenn Sie auf den Link *Details* klicken. In dem Augenblick setzt der Browser einen Request an den Jobs-Controller ab und lädt die empfangenen Daten direkt in das neu erstellte DIV. Die Daten erscheinen direkt unterhalb der Tabelle (Abbildung 13-1) und werden bei jedem Mausklick auf *Details* automatisch aktualisiert.

*Abbildung 13-1: CakeJobs mit Ajax*

Da wir auf eine bestehende Action zugreifen, für die ein gültiges View existiert, werden automatisch die Daten wie bisher aufbereitet und zurückgeschickt. Das bedeutet, dass alle Änderungen im View *view.ctp* automatisch sowohl für die Ajax-Rückgabe gelten als auch für den normalen Aufruf der Action über die Browser-URL.

Der einzige Unterschied im Umgang mit diesen beiden Request-Typen besteht darin, dass unterschiedliche Layouts geladen werden. Während bei einem normalen Request das Default-Layout geladen wird, sucht bei einem Ajax-Request das Framework nach einer Datei *ajax.ctp* im Ordner *views/layouts*. Wenn diese Datei nicht gefunden wird, wird das Default-Layout für den Ajax-Request verwendet, der dann einfach leer ist.

Aus diesem Grund wird im Beispiel auch nicht die komplette Seite in das DIV geladen, sondern nur der Teil, der im View definiert ist.

Falls Sie bei diesem Beispiel über JavaScript-Fehler stolpern, dann überprüfen Sie, ob die JavaScript-Bibliotheken von *Prototype* und *script.aculo.us* korrekt eingebunden wurden und auch im *webroot*-Ordner vorhanden sind.

## Mit Callbacks arbeiten

Im vorhergehenden Beispiel haben Sie gesehen, wie schnell und einfach Sie mit dem Ajax-Helper bestehende, aber auch neue Applikationen über Ajax ansprechen können. Im Gegensatz zu regulären Browser-Requests ist ein Request über Ajax allerdings nicht immer so transparent, dass der Prozess für den User nachvollziehbar ist. Aus diesem Grund haben Sie die Möglichkeit, mit Callbacks den Weg einer Ajax-Anfrage zu begleiten und den aktuellen Status mehr oder weniger detailliert auszugeben.

Der bekannteste Anwendungsfall ist sicherlich die animierte Grafik, die während eines Ajax-Requests anzeigt, dass gerade Daten nachgeladen werden. Um die Arbeit mit Callbacks zu demonstrieren, möchten wir genau diese Möglichkeit in das obige Beispiel einfügen und das Laden der Job-Details ein wenig eleganter gestalten.

Unser Ziel ist es, die Ladeanimation genau so lange zu zeigen, bis der Ajax-Request abgeschlossen ist. Die Grafik soll aber auch erst dann eingeblendet werden, wenn tatsächlich ein Ajax-Request abgeschickt wurde. Zu diesem Zweck werden wir auf die beiden Callbacks *before* und *complete* zurückgreifen, die den Anfang und das Ende des Requests kennzeichnen. Darüber hinaus wird auch das Callback `failure` eingesetzt, um eventuelle Fehler abzufangen.

Die beiden Callbacks werden direkt im `$options`-Array angelegt:

```
$options = array(
   'url' => array(
      'controller'   => 'jobs',
      'action'       => 'view',
      $job['Job']['id']
      ),
   'update' => 'job_details',
   'before'   => 'startLoading()',
   'complete' => 'endLoading()',
   'failure' => 'failure()'
);
```

Die Zeilen, die hinzugefügt wurden, sind im Quelltext markiert. Alle drei Callbacks verweisen auf JavaScript-Methoden, die wie folgt definiert sind:

```
var error = false;

function startLoading() {
   error=false;
   Element.hide('job_details');
   Element.show('loading');
}

function endLoading() {
   Element.hide('loading');
   if(!error) Element.show('job_details');
}
```

```
function failure() {
   alert('Es ist ein Fehler aufgetreten!');
   error=true;
}
```

Die Methoden `startLoading()` und `endLoading()` verwenden zwei JavaScript-Methoden, die von *Prototype* zur Verfügung gestellt werden. Die beiden Methoden `Element.show()` und `Element.hide()` ermöglichen es, HTML-Elemente mithilfe von Stylesheets auf unkomplizierte Weise im DOM-Baum sichtbar beziehungsweise unsichtbar zu machen. Intern wird dafür das CSS-Attribut *display* dynamisch gesetzt.

Beide Methoden erwarten als Parameter die eindeutige ID des HTML-Elements, die über das ID-Attribut in einem HTML-Element gesetzt wurde. An dieser Stelle können Sie natürlich jeden beliebigen anderen JavaScript-Quelltext verwenden. Es ist aber durchaus sinnvoll, auf die Möglichkeiten von *Prototype* zurückzugreifen, da diese Bibliotheken sehr viele praktische Features zu bieten haben.

Was passiert an dieser Stelle also genau? Wenn der Ajax-Request initiiert wurde, wird das DIV-Element *job_detail* über `Element.hide()` in der Methode `startLoading()` ausgeblendet. Damit wird der Inhalt, der schon in diesem DIV enthalten ist, unsichtbar gemacht. Gleich danach wird ein DIV-Element mit der ID *loading* eingeblendet. Dieses Element enthält eine Ladeanimation und war bisher unsichtbar.

Erstellen Sie ein solches Element am besten direkt überhalb des Elements mit der ID *job_detail* im View:

```
<div id='loading' style="display:none;">
   <?=$html->image('ajax-loader.gif')?>
</div>
```

Durch die Angabe des Inline-Styles wird dafür gesorgt, dass das Element beim Laden des Dokuments nicht sichtbar ist. Erst durch den Aufruf über das Callback wird das Element angezeigt, und die Ladeanimation signalisiert dem User, dass etwas passiert.

Über das Callback *complete* wird nach dem Abschluss des Ajax-Requests, wenn die Daten ins *job_detail*-DIV geladen worden sind, der umgekehrte Prozess eingeleitet. Die Ladeanimation wird ausgeblendet, und der neue Inhalt wird wieder eingeblendet. Beides passiert in der Methode `stopLoading()`. Abbildung 13-2 zeigt den Zustand der Applikation während des Ladens neuer Daten.

Falls der Ajax-Request nicht durchgeführt werden kann, sei es wegen einer Netzwerkstörung oder weil der Server ausgefallen ist, wird das Callback `failure` aufgerufen, das auf die gleichnamige Methode `failure()` verweist. An dieser Stelle wird dann eine Fehlermeldung ausgegeben und der Fehlerstatus auf *true* gesetzt. Über diesen Fehlerstatus wird verhindert, dass in der Methode `stopLoading()`sich das DIV ohne Inhalt bzw. mit einer Fehlermeldung öffnet.

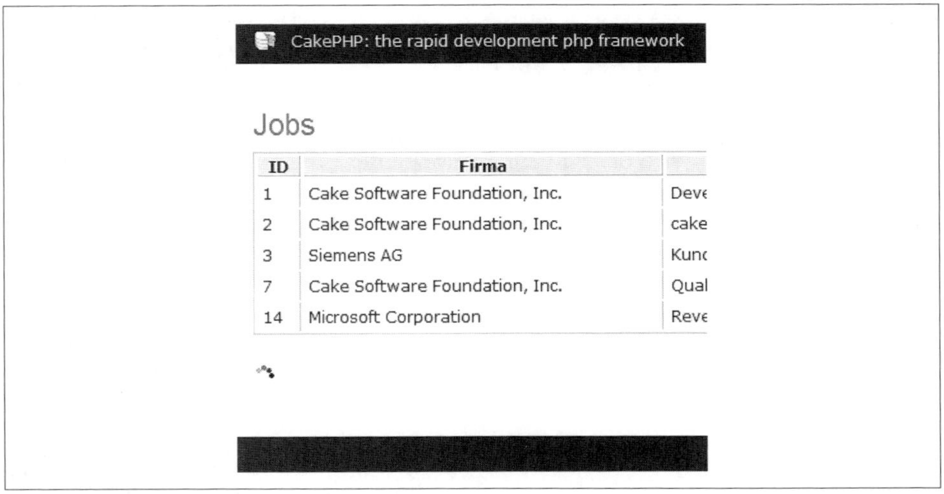


*Abbildung 13-2: Die Ajax-Ladeanimation*

## Ajax-Formulare erstellen

Die Verwendung von Formularen mit CakePHP haben Sie im Zusammenhang mit dem Form-Helper schon ausführlich kennengelernt. Bisher war jedes Abschicken eines Formulars mit einem neuen Request an den Server verbunden, der dafür gesorgt hat, dass die Seite neu aufgebaut werden muss. Mit dem Ajax-Helper und *Prototype* muss dies nun nicht mehr zwangsläufig der Fall sein, da Sie den kompletten Request nun auch über Ajax an den Server schicken können. Der Request findet so komplett im Hintergrund statt, und der User kann die Seite weiter verwenden.

Die Voraussetzung dafür ist die Methode `form()`. Diese Methode wird ähnlich angewandt wie die Methode `create()` des Form-Helpers, die prinzipiell dieselbe Aufgabe hat. Beide Methoden erstellen ein Formular-Tag, das ein HTML-Formular anlegt. Die Methode `form()` unterscheidet sich von `create()` dadurch, dass anstelle eines normalen Formulars über eine Reihe von JavaScript-Funktionen der Inhalt des Formulars über Ajax an die angegebene Action geschickt wird.

```
form (
   $params=null,
   $type= 'post',
   $options=array()
)
```

Die Methode erwartet drei Parameter. Als Erstes erwartet sie, ähnlich wie bei der Ajax-Methode `link()`, eine Fallback-URL, die festlegt, wohin die Daten geschickt werden sollen, falls kein JavaScript verfügbar ist. So ist sichergestellt, dass das Formular auch nutzbar ist, wenn der User nicht die Voraussetzungen mitbringt, um einen Ajax-Request an den Server zu schicken. Der zweite Parameter gibt an, ob ein

GET- oder POST-Request verwendet werden soll. Der Parameter heißt dementsprechend `get` oder `post` (Default-Wert). Der letzte Parameter ist das schon bekannte Array `$options`, das (wie schon oben erläutert) die Parameter für den Ajax-Request bestimmt. Die Parameter sind hier identisch.

Im folgenden Beispiel wird das *edit.ctp*-Template der *CakeJobs*-Applikation überarbeitet, so dass das Formular in Zukunft alle Requests per Ajax an die `edit`-Action des JobsControllers schickt. Das Beispiel ist recht kurz gehalten und auf die wesentlichen Punkte beschränkt:

```
<h2>Job bearbeiten</h2>
<?php

   echo $javascript->link('scriptaculous-js-1.8.1/lib/prototype');
   echo $javascript->link('scriptaculous-js-1.8.1/src/scriptaculous');

   $options = array(
         'url'        => array('controller'=>'jobs', 'action'=>'edit'),
         'complete'   => 'alert(\'Das hat geklappt!\')',
         'failure'      => 'alert(\'Es ist ein Fehler aufgetreten\')'
      );


   echo $ajax->form(array('controller'=>'jobs', 'action'=>'edit'), 'post',
                    $options);
   echo $form->input('Job.id');
   echo $form->input('Job.company');
   echo $form->input('Job.title');
   echo $form->input('Job.description');
   echo $form->end('Speichern');
?>
```

Das Formular selbst wurde im Prinzip nicht verändert, außer dass die Methode `input()` des Form-Helpers nun explizit für jedes Feld auch das dazugehörige Model in der Punktnotation übergeben bekommt (`Job.title`). So wird sichergestellt, dass die Daten im richtigen Format im Array `$data` innerhalb der `edit`-Action ankommen.

Der wesentliche Punkt ist in der ersten Zeile zu finden. Die Methode `create()` des Form-Helpers ist durch die Methode `form()` des Ajax-Helpers ersetzt worden. Die entsprechenden Parameter wurden zuvor im Array `$options` gesetzt. Über zwei Ausgaben mit `alert()` wird der Status der Ajax-Anfrage dokumentiert.

Wenn Sie nun in der CakeJobs-Applikation Daten im Edit-View bearbeiten und abschicken, wird die Seite nicht mehr neu geladen, sondern bleibt bestehen. Nur über eine `alert()`-Ausgabe wird das Speichern der Daten bestätigt. In der Action-Methode muss nichts weiter verändert werden, da das Formular die Daten weiterhin in der folgenden Form übergibt:

```
Array
(
    [Job] => Array
        (
            [id] => 22
            [company] => 'name'
            [title] => 'title'
            [description] => 'description'
        )
)
```

So bekommt die Methode die Daten wie bisher und schreibt sie in die Datenbank. Das heißt: Ab dieser Stelle können Sie alles Weitere dem Controller überlassen, der die Daten wie gewohnt verarbeitet.

## In-Place-Editor: Eingabefelder »on the fly« erstellen

Der In-Place-Editor, der über die Ajax-Helper-Methode `editor()` erstellt wird, ist eine sehr elegante Möglichkeit, einzelne Datenfelder zu editieren, ohne ein komplettes Formular erstellen und abschicken zu müssen. Die Lösung, die auf diese Weise möglich ist, ist sehr elegant und sorgt bei vielen Usern selbst heute noch für einen Aha-Effekt. Das Prinzip ist dabei so simpel wie genial: Der User bekommt eine Seite präsentiert, die strukturierte Daten darstellt, so wie es beispielsweise im View-Template der gleichnamigen Action passiert.

Auf den ersten Blick ist kein Formular oder eine ähnlich geartete Editiermöglichkeit zu erkennen. Erst wenn eine Zeile oder ein bestimmter Textbereich mit der Maus aktiviert wird, wandelt sich der normale Text in ein Input-Element und erlaubt so die Änderung des dargestellten Textes. Ist das geschehen, wird der Inhalt per Ajax an den Server geschickt, der die Daten verarbeitet. Für den User ändert sich die Darstellung wieder in die normale Textansicht.

Wie funktioniert die Sache nun? Selbstverständlich ist hier viel JavaScript im Spiel, das aber zum größten Teil durch *Prototype* und *script.aculo.us* gekapselt wird. Sie müssen im ersten Schritt nur die Methode `editor()` des Ajax-Helpers bemühen, um im Template den entsprechenden Effekt zu erhalten.

```
AjaxHelper::editor (
     $id,
    $url,
    $options = array()
    )
```

Die Methode erwartet drei Parameter. Als ersten erwartet sie eine ID eines DOM-Elements, die in ein Editor-Feld umgewandelt werden soll, so wie es oben beschrieben wurde. An dieser Stelle kommt wieder ein DIV-Element zum Einsatz, das über das Attribut `ID` erreichbar gemacht wird. Alles, was innerhalb dieses DIV-Elements steht, wird editierbar gemacht. Der zweite Parameter ist die URL (Action-Controller), an die die editierten Daten geschickt werden sollen. Hier sollte eine entsprechende Action in Ihrem Controller stehen, die die Daten entgegennimmt und als Response den neuen Wert für den Editor zurückgibt.

Der letzte Parameter erlaubt es, über ein Array eine Reihe von Werte zu übergeben, mit denen das Verhalten und vor allem das Layout des Editors bestimmt werden kann. Die Möglichkeiten sind recht zahlreich und werden auch regelmäßig erweitert. Eine komplette Übersicht aller Parameter finden Sie online unter der folgenden URL:

*http://wiki.script.aculo.us/scriptaculous/show/Ajax.InPlaceEditor*

Auf Basis dieser Informationen können Sie nun recht einfach das View-Template mit ein paar Änderungen in einen Ajax-Editor umwandeln, mit dem Sie die Daten recht elegant direkt editieren können. Das folgende Beispiel zeigt einen recht einfachen Ansatz:

```
<?php
   echo $javascript->link('scriptaculous-js-1.8.1/lib/prototype');
   echo $javascript->link('scriptaculous-js-1.8.1/src/scriptaculous');
?>

<h2>Job-Details</h2>

<br>

<dl>

   <dt>Firma</dt>
   <dd><div id="company"><?php echo $job['Job']['company']; ?></div></dd>

   <dt>Titel</dt>
   <dd><div id="title"><?php echo $job['Job']['title']; ?></div></dd>

   <dt>Beschreibung</dt>
   <dd><div id="description"><?php echo $job['Job']['description']; ?></div></dd>

   <dt>Angebot vom</dt>
   <dd><?php echo $job['Job']['created']; ?></dd>

   <dt>zuletzt aktualisiert</dt>
   <dd><?php echo $job['Job']['modified']; ?></dd>
</dl>


<?php

   $options = array(
         'okText'       => 'speichern',
         'cancelText'   => 'abbrechen',
      );
```

```
    $url = array('controller'=>'jobs', 'action'=>'save_field', $job['Job']['id']);

    echo $ajax->editor('company', $url, $options);
    echo $ajax->editor('title', $url, $options);
    echo $ajax->editor('description', $url, $options);

?>
```

Der wesentliche Teil dieses Templates ist durch die vorhergehenden Beispiele bekannt. Wesentlich sind die hervorgehobenen Zeilen, in denen die neue Methode zum Einsatz kommt. Grundlage sind die drei DIV-Elemente, die im View die editierbaren Bereiche umschließen. Jedes DIV ist mit einer eigenen ID gekennzeichnet, die dem Feldnamen im Model entspricht. Diese DIVs werden durch die drei Aufrufe der Methode `editor()` direkt angesprochen und durch *Prototype* bzw. *script.aculo.us* mit der Editor-Funktionalität versehen.

Alle drei Aufrufe von `editor()` werden mit den Parametern `$url` und `$options` realisiert, die ein paar Zeilen weiter oben definiert wurden. Das Array `$options` legt dabei schlicht zwei Parameter fest, über die das Erscheinungsbild des Editors verändert wird. In diesem Fall wird der Text für den *Okay*-Button und für den Link für den Abbruch angegeben.

Wichtiger ist der Parameter `$url`, der ein Ziel-URL-Array übergibt. Wird die Eingabe im Editor-Feld bestätigt, dann wird die darin aufgerufene URL als Ziel der Ajax-Anfrage verwendet. Im Beispiel bezieht sich dies auf die Action-Methode `save_field()` im Jobs-Controller. Als weiterer Parameter wird die ID des aktuell bearbeiteten Jobs übergeben.

Mit diesen wenigen Angaben haben Sie die Oberfläche des View-Templates komplett interaktiv gestaltet. Wenn Sie die Änderungen testen, sollten Sie eine Ausgabe wie in Abbildung 13-3 im Browser sehen.

*Abbildung 13-3: Der Ajax-Editor*

Was fehlt, ist die Action-Methode `save_field()`, die alle Anfragen entgegennimmt und in der Datenbank speichert. Die Methode ist erstaunlich einfach und sieht in der kürzesten Variante so aus:

```
function save_field() {

   $this->Job->saveField($this->params['form']['editorId'],
                         $this->params['form']['value']);

   $this->set('value', $this->params['form']['value']);

}
```

Auf den ersten Blick fällt auf, dass die Werte des Formulars über die recht ungewohnte Syntax
`$this->params['form']['value']` und `$this->params['form']['editorId']` ausgelesen werden. Das ist leider notwendig, da die Methode `editor()` und die damit verbundenen JavaScripts sich nicht an die gängige Syntax von CakePHP halten, so dass die Daten nicht im Array `$this->data` landen. Sie sind gezwungen, sie direkt aus dem `$params`-Array zu lesen, das im Controller immer verfügbar ist.

Das Editor-Feld übergibt die Daten immer mit den Werten `editorId` und `value`, wobei `editorId` die ID des Feldes ist und `value` dem eingegebenen Wert entspricht. Hier wird auch deutlich, warum es sinnvoll ist, die ID am Feldnamen der Datenbanktabelle zu orientieren, denn auf diese Weise wird das Schlüssel-Wert-Paar über die Methode `saveField()` der Model-Klasse gespeichert. Dank der übergebenen ID in der URL im View ist der Model-Klasse schon die richtige ID übergeben worden, so dass Sie sich keine Gedanken über die korrekte Zuordnung machen müssen.

Bleibt nur noch eins zu tun: die Rückgabe des neuen Wertes für die Ajax-Ausgabe. Dafür erstellen Sie einfach ein korrespondierendes View für diese Action, das einfach nur einen Wert ausgibt:

```
<?php
   echo $value;
?>
```

Dieser Wert wird mit `set()` in das View-Template geschrieben und entsprechend an den Browser als Ajax-Rückgabe gerendert. Falls Sie im Debug-Modus sind, kann es passieren, dass CakePHP die Standard-Debug-Ausgaben wie ausgeführte SQL-Queries ausgibt und damit die Ajax-Rückgabe mit überflüssigen Daten aufbläst. Das verhindern Sie mit der folgenden Zeile. So wird die Debug-Ausgabe für dieses spezielle View komplett ausgeschaltet.

```
Configure::write('debug', 0);
```

Damit wären Sie auch schon fertig. Dank der neuen Action werden die Daten nun korrekt angenommen, gespeichert und als sinnvolle Antwort wieder zurückgegeben.

## Ajax-Observer: Benutzeraktionen überwachen

Die Observer-Methoden des Ajax-Helpers haben die einfache Aufgabe, Formularelemente oder ein komplettes Formular zu überwachen und bei Änderungen eine bestimmte URL per Ajax aufzurufen. Sie haben so die Möglichkeit, bei Änderungen der Daten direkt reagieren zu können, ohne warten zu müssen, bis der User die Daten explizit abgeschickt hat. Die URL, die über Ajax aufgerufen wird, bekommt automatisch die geänderten Daten des Feldes oder des kompletten Formulars im richtigen Format übergeben.

Für diese Aufgaben können Sie auf zwei Methoden zurückgreifen:

```
observeField($field, $options=array())
observeForm($form, $options=array())
```

Ihre Verwendung ist relativ einfach und wird in den folgenden Beispielen gezeigt. Im ersten Schritt soll ein einfaches Formularfeld im Edit-View auf Änderungen hin überwacht werden. Dazu wird dem Formularfeld eine eindeutige ID zugewiesen, über die der Ajax-Helper dieses Formular im DOM-Baum identifizieren kann. Der Aufruf der Helper-Methode geschieht mit zwei Parametern: zum einen mit der eben vergebenen ID des Formularfeldes und zum anderen mit dem `$options`-Array für den Ajax-Request.

Das Ziel unserer Änderungen ist wieder das Edit-View:

```
<h2>Job bearbeiten</h2>
<?php
   echo $javascript->link('scriptaculous-js-1.8.1/lib/prototype');
   echo $javascript->link('scriptaculous-js-1.8.1/src/scriptaculous');

   $options = array(
         'url'        => array('controller'=>'jobs', 'action'=>'edit_field'),
         'complete'   => 'alert(\'Feld wurde gespeichert!\')',
         'failure'    => 'alert(\'Es ist ein Fehler aufgetreten!\')',
         'frequency'  => '10'
   );
   echo $form->create('Job');
   echo $form->input('Job.id');
   echo $form->input('Job.company', array('id'=>'observeMe'));
   echo $form->input('Job.title');
   echo $form->input('Job.description');
   echo $form->end('Speichern');
   echo $ajax->observeField('observeMe', $options);
?>
```

Wie Sie sehen, ist das Ziel unserer Überwachung das Feld `Job.company`, das die ID `observeMe` bekommen hat. Der Aufruf der Methode `observeField()` erfolgt mit dieser ID und den oben definierten Optionen, die dafür sorgen, dass bei einer Änderung die Action `edit_field()` des Jobs-Controllers aufgerufen wird. Neu ist hier die Option *frequency*, über die in Sekunden festgelegt wird, wie oft das angegebene Feld geprüft werden soll. Im Beispiel sind es alle 10 Sekunden.

Wenn nach Ablauf dieser 10 Sekunden eine Änderung im Feld festgestellt wurde, wird ein Ajax-Request an den Jobs-Controller geschickt, der letztendlich in der Methode `edit_field()` mit folgenden Daten im Array `$this->data` landet:

```
Array
(
    [Job] => Array
        (
            [company] => Company-Name
        )
)
```

Mit der entsprechenden Funktionalität in dieser Methode könnten dank des Ajax-Helpers die Requests direkt in Updates für die Datenbank umgewandelt werden, indem bei Änderungen die neuen Daten direkt an einen verantwortlichen Controller geschickt werden. `observeField()` funktioniert übrigens nicht nur bei Input-Feldern, sondern bei allen Feldtypen, die es erlauben, Daten einzugeben oder zu ändern.

Die Methode `observeForm()` arbeitet im Prinzip genauso, nur dass die übergebene ID auf ein komplettes Formular zeigen muss anstatt auf ein einzelnes Feld wie in unserem Beispiel.

```
echo $form->create('Job', array('id'=>'observeMe'));
echo $form->input('Job.id');
echo $form->input('Job.company');
echo $form->input('Job.title');
echo $form->input('Job.description');
echo $form->end('Speichern');
echo $ajax->observeForm('observeMe', $options);
//Hier fehlt der Rest des Formulars...
```

Der Ausschnitt zeigt das gleiche Formular, diesmal mit der `observeForm()`-Methode. Das Verhalten ist identisch, wobei aber diesmal alle Felder des Formulars auf Änderungen überwacht werden. Wenn ein Feld geändert wurde, wird der Inhalt des kompletten Formulars an die Action `Edit` übergeben:

```
Array
(
    [Job] => Array
        (
            [id] => 27
            [company] => Company Name
            [title] => Titel
            [description] => Text
        )
)
```

Dank der Funktionalität der Methode `edit()` im Jobs-Controller wird der Inhalt des Formulars direkt in die Datenbank gespeichert.

## Manuell Ajax-Requests absetzen

Die Methode `remoteFunction()` wird erfahrungsgemäß selten direkt verwendet, da sie von allen bisher besprochenen Methoden gekapselt und auf diese Weise verwendet wird. Immer, wenn Sie mit beispielsweise mit link() einen Ajax-Request ausführen, wird vom Ajax-Helper intern die Methode remoteFunction() verwendet, um den entsprechenden JavaScript-Code zu erstellen.

Im Gegensatz zu den meisten anderen Methoden erstellt remoteFunction() einen JavaScript-String, der innerhalb des Script-Elements stehen muss. Das folgende Beispiel zeigt, wie die Methode eingesetzt werden kann:

```
$options = array(
   'url' => array(
      'controller'   => 'jobs',
      'action'      => 'view',
   1
   ),
'update' => 'job_details'
);
echo $javascript->codeBlock($ajax->remoteFunction($options));
```

Diese Zeilen erzeugen die folgende Ausgabe in Ihrem Template:

```
<script type="text/javascript">
//<![CDATA[
new Ajax.Updater('job_details','/cakejobs/jobs/view/1', {asynchronous:true,
                 evalScripts:true, requestHeaders:['X-Update', 'job_details']})
//]]>
</script>
```

Die Methode erzeugt also JavaScript-Code, der ein Ajax.Updater-Objekt aus der *Prototype*-Library erzeugt. Durch den JavaScript-Helper wird das Ganze innerhalb von <script>-Tags gesetzt und ausgeführt.

Im Unterschied zu link() oder anderen Methoden wird der Ajax-Request sofort initiiert und ausgeführt. Wenn die Seite komplett geladen worden ist, wird in diesem Fall ein Request an den Jobs-Controller gestellt und der Inhalt in das DIV *job_details* geschrieben. Der User muss dazu nichts weiter tun.

Die Methode remoteTimer() funktioniert im Prinzip genauso wie remoteFunction() – mit dem kleinen Unterschied, dass der Request nicht einmal, sondern regelmäßig in einem bestimmten Intervall ausgeführt wird. Zu diesem Zweck wird neben den schon bekannten Optionen ein weiterer Schlüssel im $options-Array verwendet, der das genaue Interval definiert: *frequency*.

Der Wert wird in Sekunden angegeben und steht per Default auf 10. Wenn Sie also keinen eigenen Wert definieren, dann wird durch den Aufruf der Methode remoteTimer() alle 10 Sekunden die definierte URL im $options-Array per Ajax-Request aufgerufen.

```
$options = array(
      'url' => array(
      'controller'   => 'jobs',
      'action'      => 'view',
      1
```

```
    ),
    'update'    => 'job_details',
    'frequency' => 1
);

echo $ajax->remoteTimer($options);
```

Dieses Beispiel schickt jede Sekunde einen Request an den Jobs-Controller und aktualisiert auf diese Weise jede Sekunde die Jobdaten im DIV *job_details*. Eine Anwendung, die in dieser Form sicherlich nicht sehr sinnvoll ist, aber das Prinzip sollte klar sein. Man denke an dieser Stelle nur an das Beispiel eines einfachen Chat-Systems, das auf diese Weise realisiert werden kann.

Das Beispiel zeigt einen weiteren Unterschied zu `remoteFunction()`: Die Ausgabe von `remoteTimer()` enthält bereits das Script-Element und kann so direkt an den Browser ausgegeben werden.

## Paginierung mit Ajax

Sie erinnern sich sicher noch an den Paginierungs-Helper aus in Kapitel 7, *Helper – Lassen Sie CakePHP für sich arbeiten*, mit dem Sie Inhalte einfach seitenweise darstellen können, ohne sich Gedanken über die Logik des Ganzen machen zu müssen. Wir möchten dieses Thema hier noch einmal aufnehmen, um die Möglichkeiten des Helpers noch einen Schritt weiter auszuloten. Der Paginator-Helper kann das seiteweise Blättern nicht nur über normale HTTP-Requests realisieren, sondern auch über Ajax-Requests.

Die Grundlage des Ganzen ist natürlich wieder die Prototype-Bibliothek, die uns seit Beginn dieses Kapitels begleitet. Allerdings wird sie diesmal nicht vom Ajax-Helper verwendet, sondern direkt vom Paginator-Helper. Die Konfiguration stellt sich erstaunlich einfach dar, da Sie eigentlich nur das `$options`-Array des Paginator-Helpers um einige Punkte erweitern müssen, die festlegen, dass nun mit Ajax gearbeitet werden soll.

```
echo $javascript->link('scriptaculous-js-1.8.1/lib/prototype');
echo $javascript->link('scriptaculous-js-1.8.1/src/scriptaculous');
$options = array(
    'url'       => array('controller'=>'jobs', 'action'=>'index'),
    'indicator' => 'loading',
    'update'    => 'paging'
);

$paginator->options($options);
```

Nachdem die bekannten Bibliotheken von *Prototype* und *script.aculo.us* eingebunden worden sind, wird über `$options` die URL festgelegt, die beim Blättern verwendet werden soll. Wie Sie sehen, greifen wir nach wie vor auf die Action `index` zu, die uns die Übersichtseite aller Jobs im CakeJobs-Projekt zeigt. Neu sind die Angaben der Schlüssel `indicator` und `update`.

Der Schlüssel `update` wird ähnlich verwendet wie im `$options`-Array des Ajax-Helpers. Wenn dieser gesetzt wird, dann wird festgelegt, dass der Request zum Blättern der Seiten über Ajax geschehen soll. Die Rückgabe wird dann in einem DIV mit der angegebenen ID ausgegeben, in unserem Fall ist das schlicht `paging`.

Der zweite Schlüssel, `indicator`, übernimmt die ID eines weiteren DIVs, das für die Darstellung des Ladezustandes verwendet wird. Der Paginator-Helper blendet dieses DIV automatisch ein und aus, während er den neuen Inhalt in das `update`-DIV lädt. Bequemer geht es nicht.

Im Prinzip war es das schon, zumindest was die Anpassungen für die Ajax-Requests angeht. Der Rest ist ein wenig Kosmetik, damit die Ausgabe korrekt erscheint und die Updates an den richtigen Stellen erfolgen. Da wir nun mit zwei Möglichkeiten arbeiten, die Action `index` aufzurufen – einmal wie gehabt und einmal per Ajax – ist es sinnvoll, die Ausgabe der Views je nach Request-Typ zu modifizieren. Bisher war das nicht wirklich nötig, da die vorherigen Beispiele mit recht simplen Views gearbeitet haben. Die Paginierung braucht ein wenig mehr Aufmerksamkeit, um sicherzustellen, dass alle Angaben korrekt aktualisiert werden.

Es empfiehlt sich, Bereiche auszulagern, die in der gleichen Funktionalität wiederverwendet werden. Da wir die Ausgabe des Pagings sowohl für einen normalen Request als auch für den Ajax-Request verwenden, ist es sinnvoll, diesen Bereich aus der Datei *index.ctp* zu entfernen und in ein Element zu stecken. Das eigentliche View wird dadurch recht schlank und definiert im Prinzip nur noch die Ausgabebereiche.

```
<div id="loading" style="display:none;">
   <?php echo html->image('ajax-loader.gif')?>
</div>

<h2>Jobs</h2>

<div id="paging">

   <?php echo $this->element('paging'); ?>

</div>
```

Es wurden zwei Ausgabe-DIVs definiert: einmal der Loading-Indikator und zum anderen die eigentliche Ausgabe der zu paginierenden Inhalte. Der Inhalt wird über die View-Methode `renderElement()` geladen und ausgegeben. Offensichtlich wurde der größte Teil des Views nun in ein Element mit dem Namen *paging.ctp* ausgelagert. Diese Datei wird von CakePHP standardmäßig im Ordner */app/views/elements/* gesucht.

```
<?php
   echo $javascript->link('scriptaculous-js-1.8.1/lib/prototype');
   echo $javascript->link('scriptaculous-js-1.8.1/src/scriptaculous');

   $options = array(
      'url'       => array('controller'=>'jobs', 'action'=>'index', $param),
      'indicator' => 'loading',
      'update'    => 'paging'
   );

   $paginator->options($options);

?>

<?php echo $paginator->counter(array('format'=>'Seite %page% von %pages%:')) ?>

<table>
   <tr>
      <th>ID</th>
      <th><?php echo $paginator->sort('Firma', 'company'); ?></th>
      <th><?php echo $paginator->sort('Titel', 'title'); ?></th>
      <th><?php echo $paginator->sort('Angebot vom', 'created'); ?></th>
      <th><?php echo $paginator->sort('zuletzt aktualisiert', 'modified'); ?></th>
      <th>Actions</th>
   </tr>

<?php foreach($jobs as $job): ?>
   <tr>
      <td><?php echo $job['Job']['id'] ?></td>
      <td><?php echo $job['Job']['company'] ?></td>
      <td><?php echo $job['Job']['title'] ?></td>
      <td><?php echo $job['Job']['created'] ?></td>
      <td><?php echo $job['Job']['modified'] ?></td>
      <td>
         <?php echo $html->link('Details', '/jobs/view/' . $job['Job']['id']) ?>
         <?php echo $html->link('bearbeiten', '/jobs/edit/' . $job['Job']['id']) ?>
         <?php echo $html->link('löschen', '/jobs/delete/' . $job['Job']['id']) ?>
      </td>
   </tr>
<?php endforeach; ?>
</table>

<?php echo $paginator->numbers(array('seperator' => '|')); ?>
```

Der komplette Quelltext dieses Elements dürfte so weit bekannt sein, da nichts Neues passiert: Durch den Aufruf von `renderElement()` wird dieser einfach nun in die Datei *index.ctp* geladen und wie gewohnt ausgegeben. Auf den ersten Blick findet also keine nennenswerte Veränderung statt, darum stellt sicht die Frage: Warum das Ganze? Werfen Sie nun einen Blick in die Action `index()` des Jobs-Controllers, die auch ein paar Änderungen erfahren hat:

```
function index() {

   $jobs = $this->paginate('Job');

   $this->set('jobs', $jobs);

   if($this->RequestHandler->isAjax()) {
      $this->viewPath = 'elements';
      $this->render('paging');
   }
}
```

Neu sind die hervorgehobenen Zeilen, die nun abhängig von der Art des Requests sind. Über den `RequestHandler` wird dank der Methode `isAjax()` nun ausgelesen, ob der Request über Ajax erfolgt oder nicht. Wenn das der Fall ist, wird nicht das Default-View geladen, sondern nur das Element *paging.ctp*. Dementsprechend wird auch nur der Inhalt zurückgegeben, der für das Update des `paging`-DIVs notwendig ist. Durch die Aufteilung des Views in zwei Bereiche ist es also möglich, entweder das komplette View zu laden – in der Regel beim ersten Aufruf der Seite – oder nur den Teil, der für die Ausgabe der paginierten Daten zuständig ist.

# JavaScript-Event-Handling

In Kombination mit *Prototype* unterstützt der JavaScript-Helper von CakePHP die Möglichkeit des einfachen Event-Handlings innerhalb Ihrer Views, also den Umgang mit User-Interaktionen im Browser. Die Voraussetzung dafür ist, dass die *Prototype*-Bibliothek in Ihr Projekt eingebunden ist. Aus diesem Grund ist dieses Thema auch in dieses Kapitel über Ajax gerutscht und wurde nicht schon vorher in Kapitel 7, *Helper – Lassen Sie CakePHP für sich arbeiten*, beleuchtet, da der Ajax-Helper und die Unterstützung von Events auf denselben Voraussetzungen basieren.

Das Prinzip des JavaScript-Helpers im Umgang mit Prototype ist mit dem Ajax-Helper vergleichbar, da die Möglichkeiten von *Prototype* im Event-Handling einfach durch PHP-Methoden gekapselt werden. Wenn Sie also eine der folgenden Methoden aufrufen, dann wird im View oder Layout einfach JavaScript erzeugt, um die entsprechende Funktionalität zu ermöglichen. Da Sie auf diese Weise fast gar nicht mit JavaScript in Berührung kommen, reduziert sich die Entwicklung in der Regel auf die Callback-Methoden, die das Event bearbeiten.

Jeder, der schon mal versucht hat, ohne eine Library Event-Handling browserübergreifend zu implementieren, wird mir zustimmen, dass diese Arbeit ziemlich ekelhaft werden kann. Darum ist es sinnvoll, eine Library wie *Prototype* zu verwenden, die diese Probleme bereits gelöst hat und entsprechend gekapselte Schnittstellen bietet. Der JavaScript-Helper spricht diese Schnittstelle zu *Prototype* über die Methode `event()` an. Mit der Methode `event()` ist es möglich, auf Ereignisse zu reagieren, die im DOM-Baum des HTML-Dokuments auftreten.

```
JavascriptHelper::event (
     $object,
     $event,
     $observer = null,
     $options = array()
  )
```

Zu den Events zählen dabei alle Ereignisse, die vom User durch Zugriff auf ein spezielles Element oder einen Element-Bereiche ausgelöst werden können. In der Regel handelt es sich dabei um Aktionen mit der Maus oder um Eingaben mit der Tastatur. Tabelle 13-4 zeigt die wichtigsten Events mit dem jeweiligen Schlüsselwort und einer kurzen Beschreibung:

*Tabelle 13-4: Die wichtigsten Events*

| Event | Schlüsselwort | Beschreibung |
|---|---|---|
| Mausklick auf ein Element | click | Ein Klick mit der Maus auf ein beliebiges Element im DOM-Baum |
| Bewegung mit der Maus | mousemove | Bewegung mit der Maus im Dokument oder über einem bestimmten Element |
| Tastendruck | keypress | Tastendruck auf der Tastatur |

## Events definieren

Was genau heißt nun aber Event? Wie oben schon gesagt wurde, ist ein Event ein Ereignis im Browser, das vom User ausgelöst wurde. Jedes Ereignis hat dabei eine Reihe von Eigenschaften, die bei der Reaktion auf dieses Ereignis ausgewertet werden müssen. Dieser Punkt ist sehr wichtig, da Sie zu keinem Augenblick selbst ein Event »erstellen«, sondern vielmehr über die oben genannte Methode Callbacks definieren, über die ein Ereignis abgefangen wird.

Um diesen Punkt noch etwas deutlicher zu machen, müssen Sie sich bewusst machen, dass im Browser und auch auf jeder anderen Oberfläche ständig Ereignisse ausgelöst werden. Um eine sinnvolle Interaktion mit dem Benutzer zu gewährleisten, ist es Ihre Aufgabe als Entwickler, die richtigen Ereignisse zu erkennen und eine sinnvolle Reaktion darauf festzulegen.

Genau das geschieht mit der Methode `event()`. Immer wenn Sie diese Methode aufrufen, wird über die übergebenen Parameter ein Ereignis für ein bestimmtes Objekt bestimmt und eine Callback-Methode festgelegt, die eine entsprechende Reaktion implementiert.

Zu diesem Zweck erwartet `event()` drei Parameter: Der erste Parameter legt über eine ID ein Element im Objektbaum fest, für das das Event abgefangen werden soll. Der zweite Parameter ist der Typ des Events, sprich das Schlüsselwort aus der Tabelle oben, das als String übergeben wird. Der dritte Parameter übergibt letztendlich das Callback, das beim Auslösen dieses Events aufgerufen werden soll. Hierbei handelt es sich auch um einen String, der direkt auf eine JavaScript-Methode verweist.

Im Folgenden sehen Sie einige Beispiele für sinnvolle Event-Deklarationen:

```
echo $javascript->event('myDiv', 'click', 'divClick(event)');
echo $javascript->event('text', 'keypress', 'enterText(event)');
```

Falls Sie das Event nicht nur für ein bestimmtes Element im DOM-Baum definieren wollen, sondern gleich für das komplette Dokument, dann geben Sie als Ziel im ersten Parameter `document` an.

```
echo $javascript->event('document', 'mousemove', 'showPos(event)');
```

Die drei Beispiele zeigen drei verschiedene Möglichkeiten, wie verschiedene Typen von Events abgefangen werden können. Bei allen drei Aufrufen wird das fertige JavaScript per echo ausgegeben. So weit, so gut, leider ist das nur die halbe Miete, da Sie die entsprechenden Callback-Methoden nun noch schreiben müssen. Das geschieht natürlich nicht in PHP, sondern in JavaScript. Der besseren Übersicht halber folgt hier nun das komplette Beispiel-View:

```
<h2>Event-Beispiele</h2>

<?php
   echo $javascript->link('scriptaculous-js-1.8.1/lib/prototype');
   echo $javascript->link('scriptaculous-js-1.8.1/src/scriptaculous');
?>


<script>

function divClick(event) {

   var element = event.element();
   element.addClassName('hl');

}

function enterText(event) {

   key = event.keyCode || event.which;
   if(key < 48 || key > 58) event.stop();
}

function showPos(event) {

   text = event.pointerX() + " / " + event.pointerY();
   $('pos').value = text;
}

</script>
```

```
<p>
<div id="myDiv">Das ist ein Text, der geklickt werden will!</div>
<br>
</p>
<p>
Bitte geben Sie nur Zahlen ein:<br>
<textarea id="numbers"></textarea>
</p>
<p>
Aktuelle Mausposition:
<input id="pos" />
</p>

<?php
   $options = array(
   );
//Events an Methoden binden
   echo $javascript->event('myDiv', 'click', 'divClick(event)');
   echo $javascript->event('numbers', 'keypress', 'enterText(event)');
   echo $javascript->event('document', 'mousemove', 'showPos(event)');
?>
```

Unser Hauptaugenmerk liegt auf den drei JavaScript-Methoden im Kopf der Seite. Hier wird für jedes der unten definierten Events ein entsprechendes Callback definiert, das eine einfache Reaktion auf das eingetretene Ereignis ausführt. Diese drei Methoden haben natürlich nur Beispiel-Charakter und sollen zeigen, wie der Aufbau und vor allem die Umsetzung dieser Event-Callsback geschieht.

Allen drei Methoden ist gemeinsam, dass sie als Parameter das Objekt `event` übergeben bekommen. Dieses Objekt hat je nach Event-Typ unterschiedliche Eigenschaften, mit denen Sie Informationen über dieses Event auslesen können. Die drei Callback-Methoden zeigen, welche typischen Wege es da gibt.

Die erste Callback-Methode reagiert auf einen Klick auf das DIV mit der ID *myDiv*. Wenn der User innerhalb dieses DIVs eine Klickaktion ausführt, wird über das `event`-Objekt das betroffene Element ausgelesen und über eine Methode der Prototype-Bibliothek mit einer neuen Klasse versehen. In diesem Fall ist das Ergebnis, dass der Text mit dem Style `font-weight: bold` ausgezeichnet wird.

Die zweite Methode, `enterText()`, überwacht die Textarea `numbers` und sorgt dafür, dass keine anderen Zeichen außer Ziffern zwischen 0 und 9 zugelassen sind. Der Effekt ist dabei recht einfach zu bewerkstelligen, da über die Eigenschaft `which` bzw. `keyCode` der aktuelle Tasten-Code zurückgegeben wird. Die Unterscheidung an dieser Stelle muss leider geschehen, weil in unterschiedlichen Browsern diese Rückgabe unterschiedlich funktioniert. Wenn der zurückgegebene Code nicht innerhalb des definierten Bereiches liegt, dann wird die Bearbeitung des Events mit `stop()` abgebrochen. Dadurch wird das Default-Verhalten (die Ausgabe des Zeichens im Textfeld) abgebrochen.

Die letzte Methode dient ganz einfach dazu, die aktuelle Mausposition auszugeben. Dabei werden die X- und die Y-Koordinate über die entsprechende Methoden `pointerX()` und `pointerY()` vom Event-Objekt ausgelesen und dann in einem eigenen `input`-Feld ausgegeben. Abbildung 13-4 zeigt das Beispiel in der Anwendung im Browser.

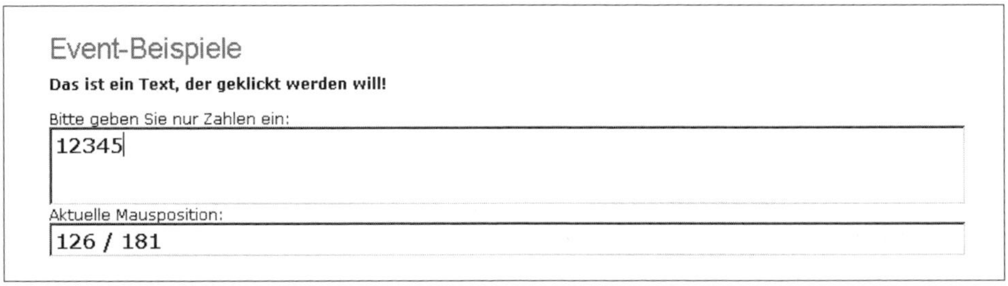


*Abbildung 13-4: Events im Browser*

Mehr dazu finden Sie auf der Seite von *Prototype* im Abschnitt über das Event-Handling dieser Bibliothek:

*http://www.prototypejs.org/api/event*

So weit waren das die Grundlagen für das Event-Handling und die Möglichkeiten, in JavaScript damit umzugehen. Wie schon gesagt: Dieses Buch ist keine Einführung in *Prototype*, darum werden wir nicht ausführlicher auf die Möglichkeiten dieser Bibliothek eingehen.

## Caching von JavaScript

Die Möglichkeit, JavaScripts vor der Ausgabe zu cachen, besteht nicht nur für die `event()`-Methoden, sondern auch für die Ajax-Methoden, die wir oben besprochen haben. Das Prinzip ist dabei sehr simpel, denn es geht schlicht darum, die Ausgabe des JavaScript-Quellcodes nicht sofort per echo zu machen (so wie es bisher geschehen ist), sondern gesammelt an einer festgelegten Stelle im Quelltext. Für die Event-Methoden stellt CakePHP zwei Methoden im JavaScript-Helper zur Verfügung, mit denen Sie die Ausgabe entsprechend steuern können.

```
JavascriptHelper::cacheEvents (
      $file = false,
      $all = false
  )

JavascriptHelper::writeEvents   (
      $inline = true,
      $options = array()
  )
```

Die Methode cacheEvents() hat eine Art Konfigurationscharakter. Sobald diese Methode aufgerufen wird, weiß der JavaScript-Helper, dass sämtliche Ausgaben der Methode event() gecacht werden sollen. Über die beiden Parameter wird festgelegt, auf welche Weise das geschieht und für welche JavaScripts das gelten soll.

Der erste Parameter sorgt dafür, dass der komplette Code in ein dynamisch erstelltes externes JS-File ausgelagert wird. Setzen Sie diesen Wert also auf *true*, dann wird der Quellcode nicht direkt in die Ausgabe geschrieben, sondern in ein JavaScript-File, das dann aus dem Dokument referenziert wird. Wenn Sie den zweiten Parameter auf *true* setzen, dann gilt das Caching nicht nur für die Event-Methoden des JavaScript-Helpers, sondern für alle Ausgaben, die darüber gemacht werden.

Die zweite Methode, writeCache(), gibt die gecachten JavaScripts wieder aus, und zwar entweder direkt an der Stelle, wo diese Methode im View aufgerufen wird, oder, falls der erste Parameter auf *false* steht, an der Stelle von $scripts_for_layout.

```
$javascript->cacheEvents(true);

$javascript->event('myDiv', 'click', 'divClick(event)');
$javascript->event('numbers', 'keypress', 'enterText(event)');
$javascript->event('document', 'mousemove', 'showPos(event)');

$javascript->writeEvents(false);
```

Das Beispiel zeigt, wie das Caching der Scripts genutzt werden kann. Dank dieser Methoden werden nun alle JavaScripts nicht mehr direkt ausgegeben – beachten Sie die fehlenden echo-Anweisungen vor den event()-Methoden –, sondern werden als externe Datei geschrieben und dann verlinkt. Die Ausgabe im Quelltext ist wie folgt:

```
<script type="text/javascript" src="/cakejobs/js/
            54554cf8dfb33c681ec05878779e6bfb.js"></script>
```

Falls Sie die gecachte Ausgabe inline, also direkt ausgeben wollen, können Sie über den zweiten Parameter $options Optionen für die Ausgabe angeben. Die Werte entsprechen denen von codeBlock().

KAPITEL 14

# Sicherheit, Authentifizierung und Autorisierung

So gut wie jede Anwendung muss, wenn auch nur in Teilen, irgendeine Form von Schutz gegen unautorisierte Nutzung enthalten. Dies reicht von einem einfachen *.htaccess*-Schutz bis hin zu mehrstufiger Rechteverwaltung mit verschiedenen Gruppen und Rechten. In diesem Kapitel möchten wir Ihnen mit der *Security-Component* zeigen, wie Sie Ihre Anwendung sicherer machen können, und auch ein simples Authentifizierungssystem damit umsetzen. Dann gehen wir einen Schritt weiter und setzen mit der *Auth-Component* ein vollständiges Login-System für *CakeJobs* um. Nach der Authentifizierung von Benutzern mit der *Auth-Component* zeigen wir Ihnen die verschiedenen Möglichkeiten, Zugriffe auf Controller und Actions zu autorisieren.

Der letzte Abschnitt befasst sich mit der Königsdisziplin der Zugriffskontrolle und -beschränkung, den *Access Control Lists*, die wir anhand eines Beispiels erstellen, wobei wir mehrere Teile von CakePHP dafür einsetzen: *Auth-Component*, *AclBehavior* und die *AclShell*.

## Zugriffsschutz mit der Security-Component

Durch den Aufbau und das Daten-Handling von CakePHP haben Sie schon sehr große Kontrolle über das, was wann und auf welche Weise passiert. Durch die Kontrolle von Parametern und anderen Umgebungsvariablen besteht immer die Möglichkeit, den Zugriff von außen auf das Minimum zu reduzieren, das notwendig ist. Die *Security-Component* kapselt genau diese Aufgaben für Sie und erweitert jeden Controller, der diese Component nutzt, um einige Stellhebel, die den Zugriff von außen einschränken.

Darüber hinaus bietet die Security-Component einige Methoden, mit denen Sie einfache Authentifizierungen über das HTTP-Protokoll realisieren können. Anstatt also den Zugriff über *.htaccess*-Files zu beschränken, können Sie direkt aus dem Controller heraus eine entsprechende Eingabemaske mit den dazugehörigen Login-Daten erstellen.

Bevor wir nun aber mit diesen Details einsteigen, möchten wir kurz die Tabelle 14-1 mit zur Verfügung stehenden Methoden dieses Helpers vorwegschicken. Das sind nicht alle Methoden, sondern nur solche, die wir im Folgenden auch besprechen werden und die dementsprechend für einen ersten Eindruck von dieser Component ein gutes Bild vermitteln können. Einen kompletten Überblick über alle Methoden finden Sie in der API von CakePHP:

*http://api.cakephp.org/1.2/class_security_component.html*

*Tabelle 14-1: Die wichtigsten Methoden der Security-Component*

| Methode | Beschreibung |
|---|---|
| `requireLogin()` | Definiert die Actions, für die ein Login nötig ist |
| `requirePost()` | Definiert die Actions, für die ein POST-Request nötig ist |
| `requireAuth()` | Definiert die Actions, für die eine Authentifizierung nötig ist |
| `requireSecure()` | Definiert die Actions, für die eine SSL-Verbindung nötig ist |
| `loginRequest($options=array())` | Erzeugt eine Login-Maske |
| `blackHole(&$controller, $error= '')` | Callback für ungültige Anfragen |

Neben diesen Methoden sind die in Tabelle 14-2 aufgeführten Klassen-Variablen der Security-Component sehr wichtig:

*Tabelle 14-2: Wichtige Klassen-Variablen der Security-Component*

| Variable | Beschreibung |
|---|---|
| `$disabledFields = array()` | Definiert Felder in der Datenbank, die nicht verwendet werden dürfen |
| `$loginOptions = array(`<br>`'type' => '',`<br>`'prompt' => null`<br>`)` | Legt die Optionen für einen Login fest |
| `$loginUsers = array()` | Definiert User für den Login |
| `$allowedActions = array()` | Definiert erlaubte Actions in diesem Controller |

## Die Security-Component einbinden

Schon beim Einbinden der Security-Component laufen sicherheitsrelevante Vorgänge im Hintergrund ab: Es wird ein sogenannter *Authentication Key* in die Session und als Klassenvariable im Controller gespeichert. Er dient dazu, bestimmte Vorgänge zu prüfen. Zusätzlich wird dieser Authentication Key in jedes Formular, das per `$form->create()` erstellt wurde, in ein verstecktes Feld namens *_Token[key]* geschrieben. Öffnen Sie die Ansicht zum Anlegen eines Jobangebots, und sehen Sie sich das Formular im Quelltext an. Sie sollten dort das Token-Feld finden, wobei sich dessen Wert bei Ihnen mit Sicherheit unterscheidet.

```
<input type="hidden" name="data[__Token][key]"
value="4c8af4f782d386ba538056b1dea27b52f083bad4" id="Token1688660892" />
```

Doch wozu ist diese Maßnahme gut? Ganz einfach: Nach dem Absenden eines Formulars wird der Wert dieses Formularfelds mit dem Authentication Key aus der Session verglichen. Sollten die Keys nicht übereinstimmen, ist es offensichtlich, dass es nicht mit rechten Dingen zugehen kann, und die Benutzereingabe wird als ungültig gekennzeichnet. Vielleicht ist es ein Spambot, der versucht, POST-Daten an unser Formular zu schicken, oder auch ein böswilliger Benutzer, der Formulardaten manipulieren möchte.

Nach jeder Validierung wird der Authentication Key neu generiert, um es dem Angreifer noch schwerer zu machen. Doch was passiert jetzt genau, wenn die Keys nicht übereinstimmen? Das können Sie steuern. Um der Component mitzuteilen, dass Sie eine erfolgreiche Validierung des Authentication Key voraussetzen, um eine Anfrage zu verantworten, rufen Sie die Methode `requireAuth()` auf. Wenn Sie diese Methode ohne Parameter aufrufen, gilt die Validierung für alle Actions im aktuellen Controller. Sie können aber auch eine Liste mit den zu schützenden Actions übergeben, was wir jetzt für unsere `add()`- und `edit()`-Actions machen.

Einstellungen für die Security-Component sind am besten im Controller-Callback `beforeFilter()` aufgehoben, das vor dem Starten jeglicher Action im Controller aufgerufen wird.

```
function beforeFilter() {
   $this->Security->requireAuth('add', 'edit');
}
```

Ab jetzt wird, sollten die Keys nicht übereinstimmen, dem Benutzer eine 404-Seite präsentiert und die entsprechende Action gar nicht erst ausgeführt. Um das zu testen, können Sie sich für kurze Zeit in die Rolle eines Hackers versetzen und den Authentication Key im *add*-Formular verändern. Das erreichen Sie am einfachsten in Ihrem Browser mit einem Plugin wie Firebug (für Firefox), mit dem Sie den Quellcode einer Seite nach dem Rendern der Seite verändern können (Abbildung 14-1).

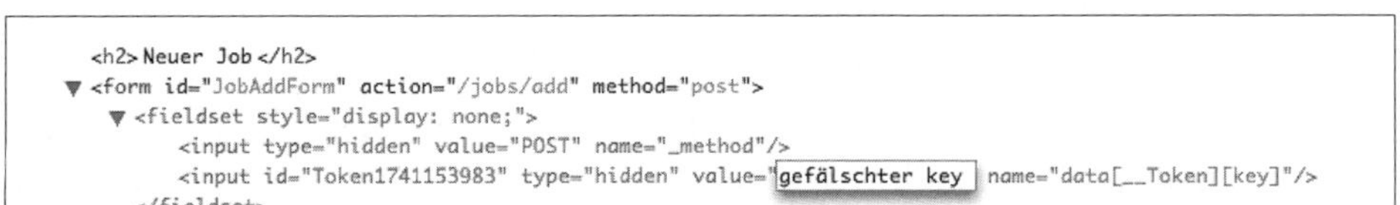


*Abbildung 14-1: Fälschen des Authentication Key in Firebug*

Wenn Sie jetzt das Formular absenden, begrüßt Sie ein weißer Screen mit dem Error-Code 404 im Header der Response. Sollten Sie dieses Verhalten ändern wollen, können Sie ein Controller-Callback definieren, das aufgerufen wird, wenn eine

Anfrage als ungültig erkannt wird. Die Einstellung für dieses Callback nennt sich bezeichnenderweise *blackHoleCallback*.

## Das schwarze Loch: blackHole( )

Bevor wir uns ein paar Beispiele zur Beschränkung und Sicherung Ihrer Applikation anschauen, möchten wir vorweg kurz das »schwarze Loch« vorstellen, das fester Bestandteil der Security-Component ist. Dieses Black Hole, oder vielmehr die Methode `blackHole()`, kommt immer dann ins Spiel, wenn die Security-Component auf einen nicht zulässigen Zugriff stößt. Das ist immer dann der Fall, wenn eine der Einschränkungen, die Sie definiert haben, von einem User-Request verletzt wird. Ist das der Fall, dann ruft das Framework automatisch die Methode `blackHole()` auf.

```
SecurityComponent::blackHole    (
   &$controller,
   $error = ''
)
```

Die Methode erwartet neben einer Referenz auf den Controller, für den diese Zugriffsverletzung gilt, einen Error-String, der den Fehler bzw. die Sicherheitsverletzung beschreibt. Wie gesagt, das Framework ruft diese Methode automatisch auf, so dass Sie sich im Normalfall nicht darum kümmern müssen. Es besteht immer die Möglichkeit, bestimmte Zugriffe selbst ins Nichts zu schicken, indem Sie manuell `blackHole()` aufrufen:

```
$this->Security->Blackhole($this, "Nicht zugelassener Zugriff!");
```

Das ist jederzeit und in jeder Action möglich, sobald die Security-Component in der Controller-Klasse eingebunden ist. Das Standardverhalten von `blackHole()` sieht vor, dass ein 404-HTTP-Fehler (Seite nicht gefunden) an den Browser geschickt und so die Verarbeitung abgebrochen wird.

Sie haben die Möglichkeit, dieses Standardverhalten zu überschreiben, indem Sie ein eigenes schwarzes Loch definieren und in einer Callback-Methode implementieren. Diese Methode weisen Sie der Security-Component über die Objektvariable `$blackHoleCallback` zu:

```
$this->Security->blackHoleCallback = 'securityError';
```

Diese Zuweisung setzt voraus, dass eine Methode mit dem Namen `securityError()` vorhanden ist. Diese Methode bekommt einen Parameter übergeben, der die Fehlermeldung übernimmt, die für den Aufruf `blackHole()` verantwortlich ist.

```
function securityError($error) {
        pr($error);

        //Fehler-Handling...

}
```

Ist dies gegeben, dann ist Ihr persönliches schwarzes Loch fertig. Wird nun die Methode `blackHole()` aufgerufen, sei es automatisch durch das Framework oder manuell wie oben gezeigt, dann wird das Callback `securityError()` gestartet und der Fehler entsprechend der Angaben in dieser Methode behandelt. An dieser Stelle wird auch klar, warum `blackHole()` als ersten Parameter die Referenz auf einen Controller braucht. Das Callback wird auf diese Weise im angegebenen Controller gesucht und aufgerufen, wobei die Fehlermeldung `$error` einfach weitergereicht wird. Der Aufruf

```
$this->Security->Blackhole($this, "Nicht zugelassener Zugriff!");
```

wird über das Callback `securityError()` einfach die folgende Meldung ausgeben:

```
Nicht zugelassener Zugriff!
```

Anhand des Fehlers ist es möglich, unterschiedliche Reaktionen zu implementieren. Wichtig ist allerdings, den Prozess in irgendeiner Form umzuleiten oder abzubrechen, weil sonst nach dem Aufruf von `blackHole()` die angeforderte Action normal ausgeführt wird.

## Actions im Controller schützen

Nachdem Sie nun das Verhalten im Falle einer Zugriffsverletzung über `blackHole()` frei steuern können, kommen wir zu einigen Möglichkeiten, wie Sie den Zugriff über die Security-Component beschränken können. Im ersten Schritt handelt es sich hierbei um zwei Methoden:

| Methode | BlackHole-Fehler |
| --- | --- |
| `requirePost ()` | `post` |
| `requireSecure ()` | `secure` |

Beide arbeiten identisch und übernehmen als Parameter den Namen einer oder mehrerer Action-Methoden, die entsprechend beschränkt werden sollen. Wird kein Parameter angegeben, dann gilt diese Einschränkung automatisch für alle Actions dieses Controllers. Ein paar Beispiele:

```
$this->Security->requireSecure('index');
$this->Security->requirePost('delete', '__sendJobRecommendation');
```

Wichtig: Falls Sie mehrere Parameter angeben, dann darf das nicht als Array geschehen, sondern einfach in getrennter Parameter-Form wie oben gezeigt. Der Effekt dieser Methoden ist entsprechend einfach: `requireSecure()` prüft vor der Ausführung der Action-Methode, ob eine sichere Verbindung über SSL besteht. Ist das nicht der Fall, wird der Request mit der Fehlermeldung *secure* in das schwarze Loch geschickt. Die Methode `requirePost()` prüft, ob der Request ein POST-Request ist. Wenn ja, wird er zugelassen, wenn nicht, wird über `blackHole()` der Fehler *post* gemeldet.

## Formularfelder schützen

Neben der Möglichkeit, komplette Actions in einem Controller zu beschränken, bietet die Security-Component auch den Weg, einzelne Felder einer Datenbanktabelle zu schützen. Das ist immer dann sinnvoll, wenn bestimmte Datenbereiche von außen nicht manipuliert werden dürfen. Selbst wenn Sie das Feld nicht im Formular anbieten, kann der Zugriff durch einen manipulierten POST-Request von außen verändert werden. Wenn CakePHP Daten im richtigen Format empfängt, dann werden diese über `save()` direkt in die Datenbank geschrieben.

Diese Lücke können Sie über die Security-Component schließen, indem Sie über den Wert von `$disabledFields` bestimmte Felder komplett vom Schreibzugriff ausschließen:

```
$disabledFields = array()
```

In der Praxis würden Sie die Werte auf diese Weise setzen:

```
$this->Security->disabledFields = array('email', 'id', 'username');
```

Die Zuweisung sollte am besten in `beforeFilter()` gesetzt werden, damit sie vor jedem anderen Aufruf stattfindet. Wenn nun Daten an eine Controller-Action übergeben werden, die Felder aus diesem Array betreffen, dann wird der Request direkt an `blackHole()` weitergeleitet und entsprechend behandelt. Die Fehlermeldung in diesem Fall ist *auth*.

## Den Zugriff mit HTTP-Authentication beschränken

Als letztes Beispiel möchten wir Ihnen zeigen, wie Sie mit der Security-Component sehr einfach bestimmte Actions eines Controllers mit einem Passwortschutz versehen können. Dazu verwenden Sie die HTTP-Authentifizierung.

Zunächst müssen Sie im Controller definieren, welche Actions geschützt werden sollen. Das geschieht einfach über die Methode `requireLogin()`, die einen oder mehrere Parameter mit Actions übernimmt. Wenn kein Parameter angegeben wird, dann gilt der Zugriffsschutz für alle Actions im Controller.

```
$this->Security->requireLogin('edit');
```

In diesem Beispiel wird die Edit-Methode mit einem Login-Schutz versehen. Wie gehabt ist diese Angabe in der `beforeFilter()`-Methode sinnvoll, wie auch alle anderen Einstellungen zur Security-Component.

Wenn die Actions durch `requireLogin()` definiert wurden, kommen zwei weitere Konfigurationsvariablen ins Spiel. Über das Array `$loginUsers` können Sie User-Passwort-Kombinationen definieren, mit denen sich ein User einloggen darf.

```
$this->Security->loginUsers = array(
  'admin' => 'password',
  'guest' => 'test',
);
```

Die Art der Authentifizierung wird neben einigen anderen Angaben über das Array `$loginOptions` festgelegt. In unserem Fall wählen wir als Typ basic:

```
$this->Security->loginOptions = array('type' => 'basic');
```

Alternativ kann auch als Typ `digest` angegeben werden, wenn der Austausch der User-Daten verschlüsselt erfolgen soll. Die entsprechenden Hilfsfunktionen stellt die Security-Component auch zur Verfügung. Mehr dazu finden Sie im CakePHP-Handbuch unter:

*http://book.cakephp.org/view/175/security-component*

Im Prinzip ist der Login-Schutz für die *edit*-Action schon fertig. Wenn Sie nun diese Action aufrufen wollen, präsentiert Ihnen der Browser das Eingabefenster aus Abbildung 14-2.

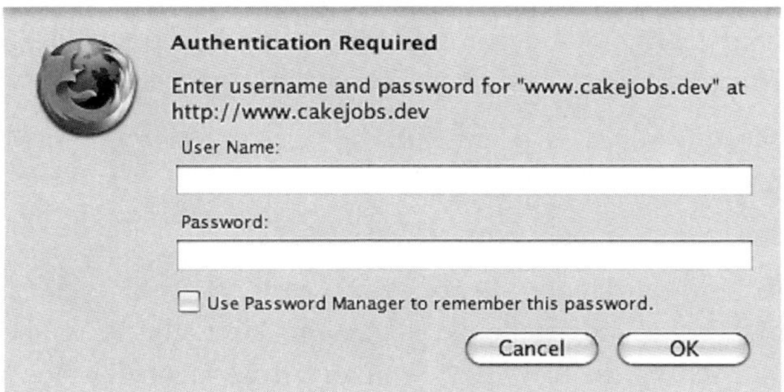


*Abbildung 14-2: http-Authentifizierung*

Je nach Browser oder Betriebssystem kann dieses Fenster natürlich unterschiedlich ausfallen. Gemeinsam ist ihnen allen aber, dass sie nach einem Benutzernamen und einem Passwort fragen. Wenn Sie auf *Abbrechen* klicken oder falsche Daten eingeben, wird der Request auf dem bekannten Wege über `blackHole()` und ein eventuell folgendes Callback abgearbeitet. Werden die richtigen Daten angegeben, dann wird die Action wie gewohnt ausgeführt.

## Ein Login-Callback definieren

Wenn Sie mehr Einfluss auf den Prozess der Userdaten-Validierung haben wollen, besteht die Möglichkeit, über die Option `login` der `$loginOptions` ein Callback zu definieren, über das die eingegebenen Daten kontrolliert werden sollen:

```
$this->Security->loginOptions = array('type' => 'basic', 'login'=>'check_login');
```

Wenn nun Daten eingegeben werden, wird das Framework sie nicht mehr mit dem Array `$loginUsers` abgleichen, sondern an die Methode `check_login()` übergeben.

Die Methode bekommt dabei ein Array mit den eingegebenen Daten als Parameter mit auf den Weg.

```
function check_login($data) {
   //Daten kontrollieren...
}
```

Das Array `$data` hat dabei folgenden Aufbau:

```
Array
(
    [username] => admin
    [password] => password
)
```

Was Sie nun genau in der Callback-Methode machen, bleibt natürlich Ihnen überlassen. Sie können die Daten mit einer User-Tabelle in der Datenbank abgleichen oder in einer Session speichern oder sonst etwas damit tun. Wichtig ist nur, dass Sie bei einer fehlerhaften Eingabe den Request manuell per `blackHole()` stoppen oder umleiten, da ansonsten die Action ohne Einschränkung ausgeführt wird.

Ein Punkt noch zum Schluss: Wenn Sie die Ausgabe der Login-Maske forcieren wollen, dann genügt folgender Aufruf:

```
header($this->Security->loginRequest());
```

Auf diese Weise wird der Header der Seite so geschrieben, dass der Browser erneut einen Login abfragt, obwohl vielleicht schon ein User übergeben wurde. So kann auch das Login-Caching des Browsers umgangen werden, der sich normalerweise merkt, ob innerhalb einer Browser-Session die Daten schon einmal eingegeben wurden.

# Authentifizierung mit der Auth-Component

Ein simpler HTTP-Auth-Schutz, wie er in diesem Kapitel im Abschnitt »Den Zugriff mit HTTP-Authentication beschränken« beschrieben wurde, reicht in vielen Fällen aus. Doch bietet CakePHP mit der *Auth-Component* eine Möglichkeit, einfach einen datenbankgeschützten Zugriffsschutz zu implementieren. Im Folgenden werden wir eine simple Benutzerverwaltung erstellen und die Auth-Component einbinden.

## Eine Benutzerverwaltung einrichten

Als Allererstes benötigen wir eine simple Benutzerverwaltung. Wir verzichten hier auf Gruppenzugehörigkeiten mit verschiedenen Berechtigungen. Hierfür gibt es in CakePHP noch andere Möglichkeiten, auf die wir noch in diesem Kapitel im Abschnitt »ACL – Access Control Lists« eingehen werden.

Legen Sie erst einmal mit folgendem SQL-Statement eine Datenbanktabelle *users* an:

```
CREATE TABLE `cakejobs`.`users` (
`id` INT( 11 ) NOT NULL AUTO_INCREMENT PRIMARY KEY ,
`name` VARCHAR( 64 ) NOT NULL ,
`username` VARCHAR( 64 ) NOT NULL ,
`password` VARCHAR( 64 ) NOT NULL ,
`created` DATETIME NULL ,
`modified` DATETIME NULL ,
`lastlogin` DATETIME NULL ,
`group` VARCHAR(16) NOT NULL ,
UNIQUE (
`username`
)
)
```

Die Voraussetzungen, um die User-Verwaltung zu baken, sind jetzt geschaffen. Baken Sie die ganzen Bestandteile jetzt in der Console mit dem folgenden Kommando:

```
cake bake all User
```

Im Browser sollten Sie die User-Verwaltung jetzt unter *http://localhost/cakejobs/users* erreichen.

Erstellen Sie nun den ersten Benutzer wie in Abbildung 14-3.

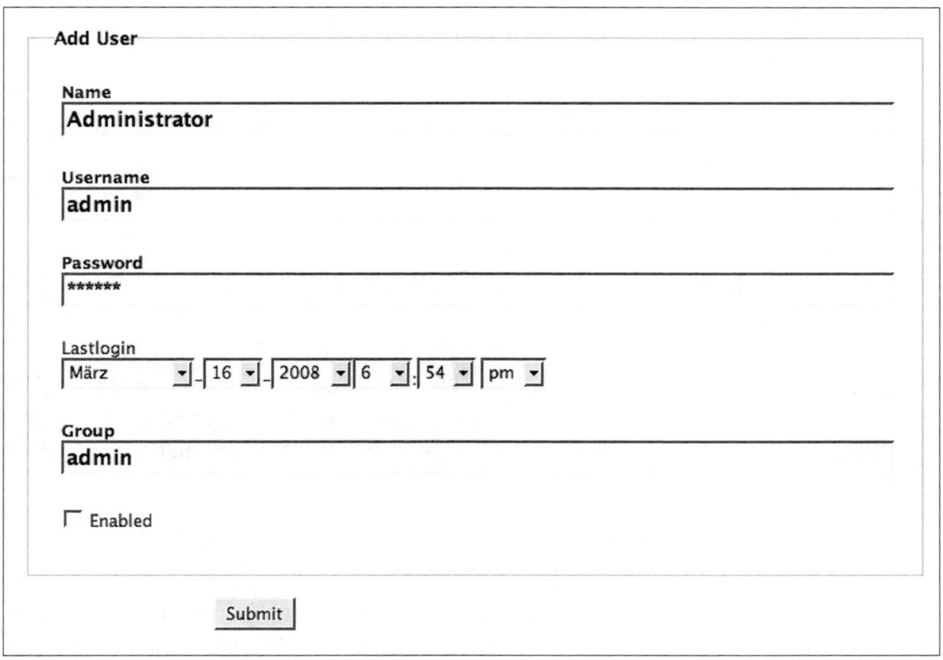


*Abbildung 14-3: Erstellen des admin-Users*

Das Feld *Lastlogin* ist nicht dazu gedacht, bearbeitet zu werden – bitte nehmen Sie es aus den *add*- und *edit*-Formularen heraus.

Die Auth-Component holt sich in jedem Controller, in dem sie verwendet wird, bei jedem Aufruf einer Action die Inhalte von `$this->data` und kontrolliert, ob es Felder gibt, die *password* oder ähnlich heißen, und hasht diese automatisch. Dazu wird erst der Wert der Core-Einstellung `Security.salt` vor den Passwort-String gesetzt und mit `sha1()` gehasht. Deshalb müssen wir, bevor wir die Auth-Component einsetzen können, das Passwort des ersten Benutzers von Hand in der Datenbank eintragen, damit wir uns einloggen können. Erstellen Sie dazu einfach in einer Action eines Controllers das gehashte Passwort, und geben Sie es aus:

```
App::import('Core', 'Security');
echo Security::hash('geheim', null, true);
```

Bearbeiten Sie jetzt wieder den erstellten User, tragen Sie die Ausgabe der `hash()`-Methode in das Passwort-Feld ein, und speichern Sie den User ab. Nach diesem kleinen Workaround für den ersten User können wir mit der Auth-Component loslegen. Definieren Sie die Auth-Component im `$components`-Attribut des *UsersControllers*:

```
var $components = array('Auth');
```

Dann brauchen wir eine leere (ja, leere) Methode im UsersController: `login()`.

```
function login() {
}
```

Legen Sie jetzt noch unter */app/views/users/login.ctp* ein View für die `login`-Action mit folgendem Inhalt an:

```
<?php
echo $form->create('User', array('action' => 'login'));
echo $form->input('username');
echo $form->input('password');
echo $form->end('Login');
?>
```

Sie mögen es kaum glauben, aber das war's schon: Rufen Sie in Ihrem Browser jetzt *http://localhost/cakejobs/users/add* auf. Sie sollten jetzt zur Login-Seite umgeleitet werden, da Sie ja noch nicht berechtigt sind, den UsersController zu benutzen (Abbildung 14-4).

Wenn Sie sich jetzt mit den vorhin definierten Zugangsdaten einloggen, werden Sie zu der Ansicht umgeleitet, in der Sie einen Benutzer anlegen können.

Alles, was zu einer Authentifizierung gehört, hat die Auth-Component im Hintergrund für Sie erledigt. Das Überprüfen, ob Sie berechtigt sind, einen Benutzer anzulegen, sowie die gesamte Logik der `login`-Action, wie das Hashen und Vergleichen der eingegebenen Zugangsdaten mit den in der Datenbank hinterlegten Informationen und das Umleiten, geschieht automatisch.

*Abbildung 14-4: Umleitung zur Login-Seite*

Doch warum wurden Sie gerade zur `add()`-Action des *UsersControllers* umgeleitet? Die Auth-Component hat sich gemerkt, wohin Sie wollten, bevor Ihnen der Zugriff darauf verwehrt wurde, und hat Sie nach dem erfolgten Login auch wieder an Ihren Ausgangspunkt zurückgeschickt.

Ab jetzt reicht es, die Auth-Component in den Controllern zu laden, die eine Zugriffskontrolle haben sollen. Wir haben jetzt mit den Defaults der Auth-Component gearbeitet, deshalb haben wir nur so wenig Code schreiben müssen. Sie können die Auth-Component entsprechend anpassen, und wie bei den anderen bisher verwendeten Components erledigen wir das im `beforeFilter()`-Callback.

Es bietet sich an, diese Einstellungen in die `beforeFilter()`-Methode des AppControllers auszulagern, damit Sie die Einstellungen nicht redundant in allen Controllern halten müssen. Sollten Sie in den Controllern bereits `beforeFilter()` einsetzen, sollten Sie nicht vergessen, dort `parent::beforeFilter()` aufzurufen, damit auch die überschriebene Methode des *AppControllers* immer ausgeführt wird.

Zusätzlich sollten Sie diese Einstellungen noch in ein `if`-Statement verlagern, das überprüft, ob die Auth-Component im aktuellen Controller überhaupt erwünscht ist.

```
function beforeFilter() {
   if(isset($this->Auth)) {
      // AuthComponent-Einstellungen
   }
}
```

Los geht es mit `loginAction`. Diese Variable sagt dem AuthController, welche Action in was für einem Controller die `login()`-Action darstellt. Standardmäßig ist diese auf */users/login* gesetzt, wie auch in diesem Beispiel, deshalb mussten wir sie nicht verändern. Möchten Sie eine andere Action verwenden, vielleicht auch das Login in einen eigenen Controller auslagern, setzen Sie die gewünschte Action in die Variable. Die URL dazu wird als String oder in der Ihnen schon bekannten Arraysyntax für URLs in CakePHP akzeptiert:

```
$this->Auth->loginAction = array('controller' => 'users', 'action' => 'login');
```

Es ist vielleicht nicht immer das gewünschte Verhalten, dem Benutzer als erste Seite nach dem Login die zuvor angefragte Seite anzuzeigen, deshalb können Sie das auch mit der Variable `$loginRedirect` ändern:

```
$this->Auth->loginRedirect = array('controller' => 'jobs', 'action' => 'index');
```

Dasselbe gilt für den Redirect nach dem Logout: Wenn ein Benutzer sich ausloggt, möchten Sie ihn vielleicht auf eine bestimmte Seite umleiten anstatt wieder zurück auf den Login.

```
$this->Auth->logoutRedirect = '/';
```

Wir haben bisher aber noch gar keine Möglichkeit zum Ausloggen implementiert. Legen Sie dazu im *UsersController* die folgende Methode an:

```
$this->redirect($this->Auth->logout());
```

Was geschieht hier? Mit `$this->Auth->logout()` loggen Sie den Benutzer aus. Als Rückgabewert erhalten Sie standardmäßig den Wert von `$loginAction` oder aber den des `$logoutRedirect`, sofern dieser gesetzt wurde.

Wir haben in unserer Datenbanktabelle das Feld *enabled* erstellt, um es Ihnen zu erlauben, einen Benutzer zu deaktivieren. Damit dieser Wert auch berücksichtigt wird, setzen wir `$userScope`.

```
$this->Auth->userScope = array('User.enabled' => 1);
```

In `userScope` definieren Sie die Bedingungen, die ein Benutzer erfüllen muss, um sich einloggen zu können. Das geschieht mit einem Array, in das Sie die Bedingungen eintragen, als wäre es ein `Model::find()`-Aufruf. In unserem Falle ist es eine ganz normale SQL-Bedingung, die besagt, dass `enabled` auf `1` stehen muss.

Wenn Sie Felder verwenden möchten, die nicht dem Standard *username/password* entsprechen, können Sie auch diese ohne Weiteres verändern:

```
$this->Auth->fields = array('username' => 'email', 'password' => 'pass');
```

Falls Sie einen Controller zwar per `Auth` schützen, aber bestimmte Actions trotzdem erlauben möchten, führen Sie die Methode `allow()` mit den zu erlaubenden Actions aus:

```
$this->Auth->allow('index', 'view');
```

Um alle Actions in einem Controller zu erlauben, übergeben Sie der Methode einen Stern:

```
$this->Auth->allow('*');
```

Umgekehrt können Sie mit `deny()` bestimmte Actions wieder verbieten:

```
$this->Auth->deny('add', 'edit');
```

Sie können auf die Daten eines eingeloggten Users zugreifen, indem Sie `$this->Auth->user()` aufrufen. Wenn Sie die Methode ohne Parameter aufrufen, erhalten Sie ein Array mit allen verfügbaren Benutzerdaten:

```
$this->Auth->user();
Array
(
    [User] => Array
        (
            [id] => 1
            [name] => Administrator
            [username] => admin
            [created] => 2008-03-16 19:05:57
            [modified] => 2008-03-16 19:05:57
            [lastlogin] => 2008-03-16 18:54:00
            [group] => admin
            [enabled] => 1
        )

)
```

Wenn Sie nur einen bestimmten Wert eines Users haben möchten, können Sie der Methode dazu den benötigten Key als Parameter übergeben:

```
echo $this->Auth->user('name');
```

## Die Authentifizierung anpassen

Sollten Sie einmal in eine Situation kommen, in der die Automatismen der Auth-Component-Component nicht passend sind oder nicht ausreichen, haben Sie die Möglichkeit, auch manuell über die Authentifizierung zu verfügen. Der Methode `login()` können Sie das Array mit den Daten des zu authentifizierenden Benutzers manuell übergeben, anstatt die Auth-Component die Daten automatisch aus `$this->data` nehmen zu lassen. Als Rückgabewert erhalten Sie *true*, wenn der Login erfolgreich war, ansonsten *false*. Sie sind auch nicht dazu gezwungen, die Authentifizierung über eine Datenbanktabelle mit den Benutzerdaten zu machen. Über das Attribut `userModel` können Sie ein anderes als das Model *User* zur Authentifizierung festlegen, und wer sagt denn, dass hinter einem Model unbedingt eine Datenbank stehen muss? Im Folgenden sehen Sie ein simples Beispiel dafür, wie Sie die Flexibilität von CakePHP-Models für Ihre Zwecke nutzen können.

Als Erstes teilen Sie der Auth-Component im `beforeFilter()`-Callback mit, dass Sie ein anderes Model, als das standardmäßig gesetzte Model *User* für die Authentifizierung verwenden möchten:

```
$this->Auth->userModel = 'LoginUser';
```

Erstellen Sie dann die Datei für das Model unter */app/models/login_user.php*, und fügen Sie folgenden Quellcode ein:

```
class LoginUser extends AppModel {
   var $name = 'LoginUser';
   var $useTable = false;
}
```

Sie haben jetzt im Model schon definiert, dass Sie keine Datenbanktabelle benutzen möchten. Wie geht es weiter? Es ist denkbar einfach: Die Auth-Component macht nichts anderes, als die `find()`-Methode des `userModel` mit einem Array an Bedingungen aufzurufen. Wenn das Resultat ein leeres Array ist, gilt der Login-Versuch als fehlgeschlagen, ansonsten wird das resultierende Array mit Benutzerdaten in der Auth-Component zwischengespeichert. Diesen Mechanismus können wir ohne Weiteres nachstellen, indem wir die `find()`-Methode in unserem `LoginUser`-Model überschreiben. Dort haben Sie dann freie Wahl, wie Sie die Benutzerdaten prüfen. Das kann eine Schnittstelle jeglicher Art sein oder vielleicht auch nur eine Textdatei mit den Benutzerdaten. Der Einfachheit halber verwenden wir in unserem Beispiel ein Array.

```
class LoginUser extends AppModel {
   var $name = 'LoginUser';
   var $useTable = false;
   var $users = array(
      'admin' => array(
         'name' => 'Administrator',
         'password' => '6702a27def78b5e8693c920a64903e643962896c',
         'email' => 'admin@cakejobs.com'
      ),
   );

   function find($conditions) {
      if(   isset($this->users[ $conditions['username'] ]) &&
         $this->users[ $conditions['username'] ]['password'] ==
                        $conditions['password']) {
         return array('LoginUser' => $this->users[ $conditions['username'] ]);
      }
      return array();
   }
}
```

Als letzte Anpassung auf das neue `userModel` müssen Sie noch im Login-Formular bei `$form->create()` das Model auf `LoginUser` setzen, da ansonsten das per POST empfangene Array nicht dem *LoginUser*-Model zugeordnet werden kann. Wenn Sie diese letzte Änderung erledigt haben, ist die Aufgabe abgeschlossen: Sie haben mit wenigen Zeilen Code das Backend der Authentifizierung an Ihre Bedürfnisse angepasst. So können Sie mit der leistungsfähigen Auth-Component arbeiten, auch wenn Sie Ihre Benutzerdaten nicht in einer Datenbank halten.

## Autorisierung mit der Auth-Component

Nachdem wir jetzt den Teil der Authentifizierung geschafft haben, geht es an die Autorisierung. Authentifizierung ist dazu da, die Identität des Benutzers zu verifizieren, um sicherzustellen, dass nur berechtigte Benutzer auch Zugang zu unserem

System bekommen. Mit Autorisierung ist das Erlauben oder Verbieten von bestimmten Aktionen im System gemeint. So viel zur Theorie.

Die Art der Autorisierung wird mit der Klassenvariable `authorize` der Auth-Component festgelegt. Diese ist standardmäßig auf *false* für »keine Autorisierung« gesetzt. Folgende Modi sind hier möglich:

| Modus | Beschreibung |
|---|---|
| `controller` | Prüft die Autorisierung anhand einer `isAuthorized()`-Methode im Controller. |
| `actions` | Benutzt die ACL-Component zur Überprüfung. |
| `crud` | Verifiziert ebenfalls gegen die ACL-Component, unterscheidet aber die Actions nach Create/Read/Update/Delete-Kriterien. |
| `array('model'=> 'name')` | Die Autorisierung findet im Model statt. |
| `object` | Benutzt ein beliebiges Objekt zur Autorisierung. |

## Autorisierung über den Controller

Beginnen wir mit der wohl simpelsten Variante, der Autorisierung über den Controller. Die Auth-Component ruft eine Methode namens `isAuthorized()` ohne Parameter in dem Controller auf, für den der Benutzer autorisiert werden soll. In dieser Methode haben Sie freie Hand, um festzulegen, ob dem Benutzer die Action erlaubt werden soll oder nicht. Legen wir mit unserem zu schützenden Controller los: dem *JobsController*. In diesem Controller möchten wir für nicht eingeloggte Benutzer nur die `view()`- und die `index()`-Action erlauben.

Binden Sie zuerst die Auth-Component in den *JobsController* ein. Hier wieder der Hinweis: Wenn Sie hier das `beforeFilter()`-Callback bereits verwenden, vergessen Sie nicht, in dieser Methode `parent::beforeFilter()` aufzurufen, um die Auth-Component aus dem *AppController* zu initialisieren.

```
var $components = array('Auth');
```

Wenn Sie jetzt im Browser den *JobsController* aufrufen, ohne eingeloggt zu sein, sollten Sie auf die Startseite umgeleitet werden. Die `index()`- und `view()`-Actions möchten wir jedem Benutzer gestatten, definieren Sie deshalb in `beforeFilter()` diese Actions als erlaubt:

```
function beforeFilter() {
   parent::beforeFilter();
   $this->Auth->allow('index', 'view');
}
```

Diese beiden Actions können Sie jetzt im Browser ohne einen gültigen Login aufrufen. Sie können jedoch keine Jobangebote anlegen, bearbeiten oder löschen. In unserer Jobbörse wollen wir im ersten Schritt zwischen drei Benutzergruppen unterscheiden:

- *der Interessent*: Er benötigt keinen Login, da er sich nur die aktuellen Jobangebote ansieht.
- *das Unternehmen*: Wir gewähren den Personalabteilungen der beteiligten Unternehmen die Möglichkeit, selbst ihre Stellenausschreibungen in unsere Jobbörse zu stellen und zu bearbeiten, sie jedoch nicht zu löschen.
- *der Administrator*: Diesem Benutzer ist jede Action erlaubt.

Die Zugriffsrechte der Interessenten haben wir mit `allow()` bereits festgelegt: Alles außer `add()` und `edit()` ist verboten. Kommen wir jetzt zu den Unternehmen: Um besser testen zu können, legen Sie am besten einen Benutzer der Gruppe *companies* in der Benutzerverwaltung an (Abbildung 14-5).

*Abbildung 14-5: Erstellen eines Unternehmens*

Jetzt geht es an die Implementierung der `isAuthorized`-Methode im JobsController. Diese Methode wird von `Auth` zwar ohne Parameter aufgerufen, Sie haben aber alle Informationen, die Sie brauchen: Sie haben in `$this` das Controller-Objekt, in dem der aktuelle Controller und die aufgerufene Action stehen, und die Informationen, die Ihnen `$this->Auth->user()` gibt. Anhand von diesen Daten ist es ein Leichtes festzustellen, ob der Benutzer für die Action berechtigt ist.

```
function isAuthorized() {
   $adminActions = array('add', 'edit');
   if(in_array($this->action, $adminActions) && $this->Auth->user('group') ==
            'admin') {
      return true;
   }
   return false;
}
```

Es bietet sich an, die isAuthorized-Methode etwas generischer zu gestalten und in den *AppController* auszulagern. So haben Sie die gesamte Konfiguration gesammelt und anwendungsübergreifend an einem Ort zur Verfügung.

```
function isAuthorized() {
   $allowedActions = array(
      'jobs' => array(
         'add' => array('admin', 'companies'),
         'edit' => array('admin')
      ),
      'users' => array(
         'index' => array('admin'),
         'add' => array('admin'),
         'edit' => array('admin'),
         'delete' => array('admin')
      )
   );

   if(isset($allowedActions[low($this->name)])) {
      $controllerActions = $allowedActions[low($this->name)];
      if(isset($controllerActions[$this->action]) &&
         in_array($this->Auth->user('group'), $controllerActions[$this->action])) {
         return true;
      }
   }
   return false;
}
```

Mit dieser Technik konfigurieren Sie die Zugriffsrechte der Gruppen auf die einzelnen Controller und deren Actions in einem simplen, assoziativen Array. Die isAuthorized-Methode macht Sie so sehr flexibel, und Sie können die Zugriffskontrolle so gestalten, wie Sie es für richtig halten. Es spricht auch nichts dagegen, in der isAuthorized-Methode auf die Datenbank zuzugreifen oder auf eine vielleicht unternehmensinterne Schnittstelle zuzugreifen, um Benutzer für Actions zu autorisieren.

## Autorisierung über ein Objekt

Wenn Sie die Autorisierung nicht mit CakePHP-Bordmitteln machen möchten – vielleicht haben Sie ja eine spezielle Schnittstelle oder Klasse dafür –, können Sie diese in ein Objekt auslagern und die Auth-Component Autorisierungsfragen mit Ihrem Objekt klären lassen. Dasselbe gilt, wenn die isAuthorized-Methode im Controller zu groß und unübersichtlich wird und Sie die gesamte Funktionalität kapseln möchten. In unserem Beispiel legen wir eine Authorize-Klasse als Vendor unter */app/vendors/authorize.php* mit an, die eine ACL-Klasse zur Autorisierung verwendet:

```
class Authorize extends Object {
   function isAuthorized($user, $controller, $action) {
      return $this->getAuthorization($user['User']['group'], low($controller),
                                     $action);
```

```
    }

    function getAuthorization($group, $controller, $action) {
       App::import('Vendor', 'ACLclass');
       $acl = new ACLclass();
       $acl->setLocation($controller, $action);
       $ret = $acl->authorizeByGroup($group);
       return $ret;
    }
}
```

Wir erweitern hier das CakePHP-`Object`, das diverse Funktionen der CakePHP-Objekte zur Verfügung stellt, unter anderem kompatibilitätsrelevante Anpassungen. Das ist nicht zwingend nötig. Die Methode, gegen die die *AuthComponent* autorisiert, heißt hier ebenfalls `isAuthorized`. Sie erhält mehrere Parameter: Diese sind hier nötig, da dies eine externe Klasse ist, die nicht wie der Controller schon alle nötigen Informationen über das eigene Objekt und über die Zugriffsmöglichkeit auf das `Auth`-Objekt erhält. Der erste Parameter ist das Array mit den Benutzerinformationen, wie Sie es im Controller mit `$this->Auth->user()` erhalten, der zweite ist der Controller-Name, und zu guter Letzt folgt noch der Name der Action, die ausgeführt werden soll. Beachten Sie hier, dass der Controller-Name immer großgeschrieben ist.

Jetzt müssen wir noch die `Authorize`-Klasse dem Auth-Controller vorstellen. Dazu importieren wir die Klasse erst per `App::import()`, am besten außerhalb des Controllers, in dem Sie `Auth` verwenden. Vergessen Sie nicht, den Autorisierungstyp über das Attribut `$this->Auth->authorize` erst auf `object` zu setzen. Die Referenz auf das Authorize-Objekt übergeben Sie mit `$this->Auth->object`.

```
App::import('Vendor', 'Authorize');
$this->Auth->authorize = 'object';
$this->Auth->object =& new Authorize;
```

Das war es schon: Bei jeder Anfrage eines Benutzers für eine Action, die nicht per `Auth->allow()` explizit als freigegeben definiert wurde, wird die Methode `isAuthorized` des `Authorize`-Objekts mit den oben besprochenen Parametern aufgerufen.

# ACL – Access Control Lists

Jetzt, wo Sie die Grundlagen der Authentifizierung und Autorisierung kennen und mit Leichtigkeit ein Login-System mithilfe der Auth-Component aufsetzen können, kommen wir zur Königsdisziplin: den Access Control Lists (ACL). ACL ist in CakePHP ein generisches System zur Zugriffskontrolle aller Art. Mit »generisch« meinen wir hier: *sehr* generisch. Das heißt, die ACL-Implementierung von CakePHP können Sie zu unterschiedlichsten Zwecken auf unterschiedlichste Arten einsetzen. Das mag jetzt sehr ungenau klingen, es ist aber so, und es macht ACL nicht unbedingt einfacher zu begreifen oder zu benutzen. Deshalb werden wir in diesem letzten Abschnitt dieses Kapitels ein Beispiel umsetzen, in dem Sie ACL für ein simples Gruppen-Benutzer-System einsetzen, was der häufigste Anwendungsbereich ist.

Sie könnten mit ACL aber genauso gut steuern, ob ein Model in Ihrer Anwendung Zugriff auf einen bestimmten Datensatz eines anderen Models hat.

Das ACL-System werden Sie wahrscheinlich nur bei größeren Projekten einsetzen, wo eine wirklich komplexe Rechte- und Rollenverwaltung vonnöten ist. Normalerweise kommen Sie mit der Auth-Component und den Möglichkeiten, die im Zusammenhang mit ihr vorgestellt wurden, sehr schnell sehr weit.

Mit ACL legen Sie fest, welche Benutzer oder welche Gruppen Zugriff auf bestimmte Bereiche bekommen – granuliert und sehr genau steuerbar. ACL verwaltet, vereinfacht gesagt, Objekte, die Dinge benötigen, und Dinge, die benötigt werden. Zurück zum professionellen Wortschatz: Wir arbeiten mit AROs (Access Request Objects), die Zugriff auf Bereiche oder Funktionen benötigen, und ACOs (Access Control Objects), die diese Bereiche oder Funktionen darstellen. Access Control Lists entscheiden also, ob AROs Zugriff auf ACOs bekommen sollen.

Als Allererstes sollten wir uns überlegen, was unsere ACOs sind:

- Unternehmen anlegen
- Unternehmen bearbeiten
- Unternehmen ansehen
- Unternehmen löschen
- Jobangebote anlegen
- Jobangebote bearbeiten
- Jobangebote ansehen
- Jobangebote löschen

Unsere ACOs sind noch sehr übersichtlich und homogen. Als Nächstes legen wir unsere AROs fest:

- Administratoren
- Jobagenturen
- Unternehmen
- Interessenten (Stellensuchende)

Zugriffsrechte werden traditionell in einer Matrix verwaltet und dargestellt, die Benutzern oder Benutzergruppen Rechte an Objekten zuordnet. Für *CakeJobs* würde diese Matrix folgendermaßen aussehen:

| | Unternehmen | | | | Jobs | | | |
|---|---|---|---|---|---|---|---|---|
| | anlegen | bearbeiten | ansehen | löschen | anlegen | bearbeiten | ansehen | löschen |
| Admin | X | X | X | X | X | X | X | X |
| Jobagentur | X | X | X | | X | X | X | |
| Siemens | | | X | | X | X | X | X |
| Cake Foundation | | | X | | X | X | X | X |
| VW | | | X | | X | X | X | X |
| Interessenten | | | X | | | | X | |

Dieses System ist übersichtlich und einfach zu verwalten. Doch Anwendungen werden weiterentwickelt und erweitert, und Anforderungen verändern sich. Wenn die Funktionen erweitert werden, müssen auch die Zugriffsrechte feiner granuliert verwaltet werden können – das würde bei solch einer Matrix sehr bald ausarten, und die vielleicht benötigte Flexibilität ist nicht gegeben, wenn Sie beispielsweise einzelnen Benutzern bestimmte Rechte gewähren möchten, diese aber trotzdem kaskadiert von Gruppen hinzukommen sollen.

ACL werden normalerweise in einer Baumstruktur gespeichert, so auch in der Standardeinstellung von CakePHP.

## Speicherung der ACL-Daten

Die Baumstruktur für ACL wird in der Datenbank über ein sogenanntes *Modified Preorder Tree Traversal* (MPTT) dargestellt, das auch ein *Nested Set* genannt wird. In dieser Struktur hat jeder Datensatz einen linken und einen rechten Knoten und kann beliebig viele Knoten umschließen. Eine Darstellung des MPTT finden Sie in Kapitel 12, *Das Model reloaded – Bindings, Behaviors & Co.*, bei der Erklärung des TreeBehavior. Warum verwenden wir dieses doch relativ komplexe System zur Speicherung der Access Control Lists? Wenn Ihre Anwendung etwas größer wird, dann kann das Auslesen der Berechtigungen relativ Performance-intensiv werden, und ein MPTT ist dazu ausgelegt, Leseoperationen sehr schnell ausführen zu können, wobei Schreiboperationen eher langsam sind. Für eine beliebige Anzahl an Bäumen und Knoten ist immer nur ein einziges SELECT-Statement notwendig. CakePHP nimmt Ihnen die ganze Arbeit ab, das MPTT zu verwalten.

Alternativ ist die Verwaltung der ACL auch über eine INI-Datei möglich. Auf diese Funktionalität gehen wir nicht genauer ein, da die Rechteverwaltung in der Datenbank der verbreitetere Weg ist. Eine Erklärung dazu finden Sie im CakePHP-Handbuch im Abschnitt über ACL unter *http://book.cakephp.org/view/171/access-control-lists*.

Der ACL-Baum für CakeJobs könnte folgendermaßen aussehen:

```
Gruppen
   Administratoren
   Jobagenturen
   Unternehmen
   Interessenten
```

Die Vorgehensweise bei ACL ist es normalerweise, erst einmal alle ACOs zu verbieten, dann den Baum hierarchisch nach Berechtigungen abzusuchen und die ACOs schrittweise zuzuordnen – das passiert in CakePHP automatisch.

Die Datenbankstruktur besteht aus drei Tabellen: dem ACO-Baum, dem ARO-Baum und einer Verknüpfungstabelle, die ACOs und AROs zusammenführt: *acos*, *aros* und *aros_acos*. Bevor wir also loslegen können, müssen wir die Datenbanktabellen anlegen. Das geht in CakePHP denkbar komfortabel: Die Console bietet eine eigene ACL-Shell, in der Sie alle relevanten Actions für ACL ausführen können. Die verfügbaren Befehle können Sie sich mit `cake acl` auflisten lassen:

```
Available ACL commands:
        - create
        - delete
        - setParent
        - getPath
        - check
        - grant
        - deny
        - inherit
        - view
        - initdb
        - help
```

Für genauere Informationen zu den Kommandos rufen Sie `cake acl help <kommando>` auf. Wir brauchen jetzt das Kommando `initdb`, um die für ACL nötigen Tabellen zu erstellen:

```
cake acl initdb
[...]
Creating tables.
acos updated.
aros updated.
aros_acos updated.
End create.
```

In Ihrer Datenbank finden Sie jetzt die Tabellen *aros*, *acos* und *aros_acos*. *aros* und *acos* sind von der Struktur her identisch (Abbildung 14-6).

## Access Control Objects (ACOs) definieren

Weiter geht es mit dem Anlegen der ACOs. Sie haben wie gesagt die Möglichkeit, ACOs über die ACL-Shell anzulegen oder diesen Vorgang in eine Controller-Action

| Field | Type |
|---|---|
| id | int(10) |
| parent_id | int(10) |
| model | varchar(255) |
| foreign_key | int(10) |
| alias | varchar(255) |
| lft | int(10) |
| rght | int(10) |

*Abbildung 14-6: Struktur der Tabellen acos und aros*

auszulagern. Da Sie diese Action wahrscheinlich nur ein einziges Mal benötigen, ist es wohl bequemer, die ACOs über die Shell anzulegen. Dem Kommando `cake acl create` übergeben Sie als ersten Parameter den Node-Typ, den Sie erstellen möchten, also `aro` oder `aco`. Die darauffolgenden Parameter sind einfach der Pfad. Die oberste Ebene ist */*. Unter dieser wird unser *ROOT*-Pfad angelegt:

```
cake acl create aco / ROOT
New Aco 'ROOT' created.
```

Bevor wir hier weitermachen, sollten wir uns überlegen, wie unsere ACOs aussehen. Wir können unsere Anwendung in mehrere Bereiche aufteilen:

- Bereiche, die für alle sichtbar sind (Jobangebote und Unternehmen ansehen)
- Bereiche, die nur für Benutzer zugänglich sind (Jobs und Unternehmen verwalten)
- Bereiche, die nur dem Administrator vorbehalten sind (wie die Benutzerverwaltung)

Der ACO-Baum von CakeJobs, nach Controllern und Actions gegliedert, sieht folgendermaßen aus:

```
ROOT
   Jobs
         index
         view
         add
         edit
         delete
   Companies
         index
         view
         add
         edit
         delete
   Users
         index
         view
         add
         edit
         delete
```

Wie Sie sehen, werden einfach Controller/Action-Paare gesetzt – so decken Sie wahrscheinlich alle ACO-Bedürfnisse einer CakePHP-Anwendung ab. Die `index`- und `view`-Actions des *Jobs*- und *Companies*-Controllers könnten Sie getrost weglassen, da wir diese im AuthController per `allow()` jedem Benutzer erlauben – unabhängig von ACL. Der Vollständigkeit halber nehmen wir diese Actions aber trotzdem mit. Um diesen ACO-Baum in der Datenbank abzubilden, starten Sie die folgenden Kommandos in der CakePHP-Console:

```
cake acl create aco ROOT Jobs
cake acl create aco Jobs index
cake acl create aco Jobs view
cake acl create aco Jobs add
cake acl create aco Jobs edit
cake acl create aco Jobs delete
cake acl create aco ROOT Companies
cake acl create aco Companies index
cake acl create aco Companies view
cake acl create aco Companies add
cake acl create aco Companies edit
cake acl create aco Companies delete
cake acl create aco ROOT Users
cake acl create aco Users index
cake acl create aco Users view
cake acl create aco Users add
cake acl create aco Users edit
cake acl create aco Users delete
```

Um Ihre angelegten ACOs zu kontrollieren, rufen Sie `cake acl view aco` auf. Daraufhin sollte sich Ihnen der folgende Baum präsentieren:

```
[1]ROOT
  [2]Jobs
    [3]index
    [4]view
    [5]add
    [6]edit
    [7]delete
  [8]Companies
    [9]index
    [10]view
    [11]add
    [12]edit
    [13]delete
  [14]Users
    [15]index
    [16]view
    [17]add
    [18]edit
    [19]delete
```

Das wäre jetzt geschafft. Immer, wenn Sie jetzt einen neuen Controller oder eine Action, der oder die schützenswert ist, in Ihre Anwendung integrieren, sollten Sie dafür einen Eintrag in die ACOs vornehmen.

## Access Request Objects (AROs)

Sie haben sich sicher schon gefragt, was diese AROs konkret sein sollen. Im Normalfall sind es schlicht Models – in unserem Fall ist das Model *User* das Access Request Object. Ein ARO kann aber auch eine Benutzergruppe oder sogar eine Benutzerrolle sein. In unserem Beispiel möchten wir unsere Benutzer in Gruppen einteilen. Bisher haben wir das mit einem simplen Textfeld in der Tabelle *users* gelöst, das den Namen der Gruppe enthält. Um hier flexibler zu sein, erstellen wir eine *groups*-Tabelle in der Datenbank und das zugehörige Model *Group*. Um es einfach zu halten, verwenden wir hier eine *Group hasMany User Association*. Eine andere Möglichkeit wäre es, eine *Group hasAndBelongsToMany User Association* zu verwenden, um Benutzer mehreren Gruppen gleichzeitig zuordnen zu können. Der Einfachheit halber lassen wir diese Möglichkeit aber weg.

### Gruppen- und Benutzersystem vorbereiten

Um unser ARO-System im Zusammenhang erklären zu können, ist es notwendig, dass Sie erst einige Vorbereitungen treffen. Sie werden eine neue Datenbanktabelle für die Benutzergruppen erstellen und die zugehörigen MVC-Komponenten für Gruppen und Benutzer. Wenn diese Voraussetzungen geschaffen sind, erklären wir sie Schritt für Schritt.

Erstellen Sie also die Tabelle *groups* mit dem folgenden SQL-Statement:

```
CREATE TABLE IF NOT EXISTS `groups` (
  `id` int(11) NOT NULL auto_increment,
  `name` varchar(100) NOT NULL,
  PRIMARY KEY  (`id`)
);
```

Jetzt ist noch eine Änderung an unserer *users*-Tabelle notwendig. Entfernen Sie das Feld *group,* und fügen Sie ein neues Integer-Feld namens *group_id* hinzu. Wenn das geschafft ist, erstellen Sie das Model *Group* in der Datei */app/models/group.php* mit folgendem Quellcode:

```
class Group extends AppModel {
   var $name = 'Group';
   var $hasMany = array('User');
   var $actsAs = array('Acl' => 'requester');

   function parentNode() {
         return 'Groups';
   }
}
```

Weiter geht es mit dem User-Model unter */app/models/user.php*:

```
class User extends AppModel {
   var $name = 'User';
   var $actsAs = array('Acl' => 'requester');
   var $belongsTo = array('Group');

   function bindNode($user) {
      if (empty($user['User']['group_id'])){
         return null;
      } else {
         return array(
               'model' => 'Group',
               'foreign_key' => $user['User']['group_id']
         );
      }
   }
}
```

Durch unsere Änderungen an der *users*-Tabelle und dem Model stimmen die per Bake erstellten Views und der `UsersController` nicht mehr mit unserer Datenstruktur überein. Dieses Problem lösen wir kurzerhand, indem wir den Controller und die Views einfach noch einmal baken. Starten Sie dazu die folgenden beiden Befehle in der Console, und bestätigen Sie alle Nachfragen, ob die Dateien auch wirklich überschrieben werden sollen, mit y:

```
cake bake controller Users scaffold
cake bake view Users
```

Da Sie das Baking im Schnelldurchlauf gemacht haben, hat die BakeShell Sie nicht gefragt, ob Sie Components in dem *UsersController* verwenden möchten. Wir benötigen für unsere Arbeit die Auth-Component und später die Acl-Component: Fügen Sie deshalb dem *UsersController* folgende Zeile Code hinzu:

```
var $components = array('Acl', 'Auth');
```

Nun fehlen nur noch unsere Methoden für die Login- und Logout-Funktionalität der Auth-Component. Fügen Sie dem *UsersController* noch die folgenden beiden Methoden hinzu:

```
function login() {
}

function logout() {
   $this->redirect($this->Auth->logout());
}
```

Damit wir auch die Gruppen komfortabel verwalten können, baken Sie dafür den Controller und die Views und fügen im Anschluss dem *GroupsController* die Acl- und die Auth-Component hinzu:

```
cake bake controller Groups scaffold
cake bake view Groups
```

Fügen Sie auch dem *GroupsController* unsere beiden Components *Acl* und *Auth* hinzu:

```
var $components = array('Acl', 'Auth');
```

Jetzt sollten Sie eine vollständig funktionsfähige Benutzer- und Gruppenverwaltung haben. Sollten Sie in der Methode `beforeFilter()` im *AppController* noch das `authorize`-Attribut der Auth-Component gesetzt haben, kommentieren Sie diese Zeile bitte aus, damit Sie in der Zwischenzeit, bis Sie die Autorisierung auf ACL umschalten, schon einmal Zugriff auf die Gruppen- und Benutzerverwaltung haben:

```
//$this->Auth->authorize = 'object';
```

## AROs erstellen

Fassen wir jetzt die Voraussetzungen zusammen: CakeJobs verfügt jetzt zusätzlich zu der bereits bestehenden Benutzerverwaltung über eine Gruppenverwaltung (Abbildung 14-7), die Sie über *http://localhost/cakejobs/groups* erreichen können.

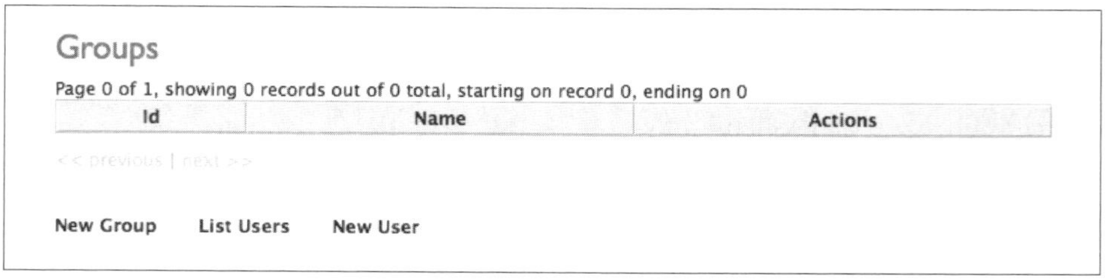


*Abbildung 14-7: Die Gruppenverwaltung*

Bevor Sie mit der Erstellung der AROs beginnen, sollten Sie planen, wie die ARO-Struktur aussehen kann. Dieser Schritt ist vor dem Implementieren eines Autorisierungssystems elementar – denn dieses System fundamental zu ändern ist in einem späteren Moment meist schwierig.

Für CakeJobs möchten wir ein ARO namens »Gruppen« erstellen, das allen unseren Gruppen übergeordnet ist. So können Sie die Access Control Objects, die allen Gruppen zugänglich sein sollen, gleichzeitig für alle Gruppen erlauben, indem Sie den Zugriff für das übergeordnete ARO erlauben. Der nächste Schritt ist es, für alle Gruppen ein ARO zu erstellen. Dafür setzen Sie das *AclBehavior* im *Group*-Model ein. Dieses sorgt dann dafür, dass beim Anlegen von Gruppen über Ihre Gruppenverwaltung automatisch ein ARO erstellt wird, das dem ARO »Gruppen« untergeordnet ist.

Beginnen wir mit der Erstellung des ARO »Gruppen«. Das erledigen wir in der Console mit dem folgenden Kommando:

```
cake acl create aro / Gruppen
```

Wie Sie sehen, ist die Erstellung von AROs dem Erstellen von ACOs sehr ähnlich. Um zu signalisieren, dass Sie das ARO »Gruppen« auf der höchsten Ebene platzieren möchten, geben Sie einen Schrägstrich an, auf den der Name des ARO folgt. Dasselbe haben Sie bei den ACOs mit dem ROOT gemacht, das allen Controller/ Action-Paaren übergeordnet ist.

Die erfolgreiche Erstellung dieses ARO sollte die AclShell durch die Meldung *»New Aro 'Gruppen' created«* bestätigen. Rufen Sie zur Kontrolle noch den Befehl zum Ausgeben des ARO-Baumes, `cake acl view aro`, auf. Die folgende Ansicht sollte sich Ihnen präsentieren:

```
Aro tree:
---------------------------------------------------------------
  [1]Gruppen

---------------------------------------------------------------
```

Jetzt geht es an die Erstellung der Gruppen im *Group*-Model und darum, was im Hintergrund dabei passieren soll – die automatische Erstellung von AROs. Sehen Sie sich dazu das vorhin im Abschnitt »Gruppen- und Benutzersystem vorbereiten« erstellte *Group*-Model an:

```
class Group extends AppModel {
   var $name = 'Group';
   var $hasMany = array('User');
   var $actsAs = array('Acl' => 'requester');

   function parentNode() {
         return 'Gruppen';
   }
}
```

Hier gilt es zwei Dinge zu beachten. Das erste ist die Zuweisung des AclBehaviors. Das geschieht über die Klassenvariable `$actsAs`. Hier ist es nötig, als Wert des ACL-Schlüssels den ACL-Typ anzugeben. Es sind zwei Werte möglich: *requester* und *controlled*. Wenn Sie *requester* als ACL-Typ angeben, gilt das Objekt als ARO. Das heißt, das ACL prüft, ob dieses Objekt Zugriff auf das angefragte ACO hat. In unserem Beispiel soll geprüft werden, ob ein Benutzer einer Gruppe des Group-Models Zugriff auf eine Action eines Controllers hat. Umgekehrt ist es möglich, ein Model als ACO zu definieren, was in unserem Beispiel nicht der Fall ist. Dann würde ACL prüfen, ob ein ARO Zugriff auf einen bestimmten Datensatz dieses Models hat. An dieser Stelle merken Sie wieder, wie flexibel ACL ist.

Das Einbinden des AclBehavior und das Setzen des ACL-Typs *requester* hat für das Group-Model den Effekt, dass beim Erstellen und Aktualisieren von Datensätzen gleichzeitig auch die Verwaltung der Einträge für diese Gruppen in der Tabelle AROs im Hintergrund passiert. Hier kommt die Methode `parentNode()` ins Spiel, die als Callback für das AclBehavior fungiert. Diese Methode teilt dem AclBehavior mit, welches ARO dem zu erstellenden ARO übergeordnet ist. In unserem Fall ist es das vorhin über die AclShell erstellte ARO »Gruppen«. Nach dem Aufruf von `parentNode()` weiß das AclBehavior also, wo die neu erstellte Gruppe im ARO-Baum zu platzieren ist: unterhalb des ARO »Gruppen«.

An dieser Stelle ist es wichtig, die zwei grundlegenden Möglichkeiten der Identifizierung bzw. Speicherung von AROs zu kennen. Einerseits können die Knoten durch ein sogenanntes Alias identifiziert werden, was Sie am Beispiel des ARO »Gruppen« gemacht haben. Unsere Benutzergruppen werden aber durch den Model-Namen und ihre ID referenziert werden, nicht durch ein Alias. Das hat den Vorteil, dass Sie die Gruppennamen ändern können, ohne dass das ACL-System durcheinanderkommt. Um diesen Zusammenhang besser darzustellen, legen Sie jetzt eine Gruppe in der Gruppenverwaltung an. Die erste Gruppe, die Sie erstellen, sind die Administratoren. Öffnen Sie dazu die Gruppenverwaltung unter *http://localhost/cakejobs/groups*, und klicken Sie auf *New Group* (Abbildung 14-8). Geben Sie dann den Namen der Gruppe ein, und klicken auf *Submit*.

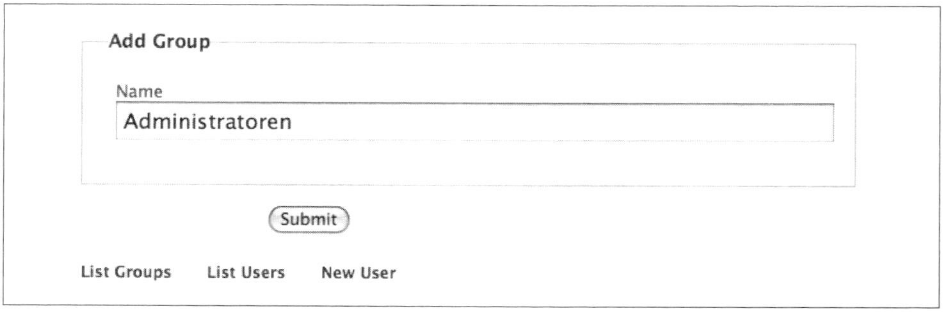


*Abbildung 14-8: Neue Gruppe anlegen*

Wenn die Gruppe angelegt ist, prüfen Sie, ob der ARO-Baum wie gewünscht durch das AclBehavior verändert wurde, indem Sie wieder `cake acl view aro` in der Console aufrufen. Die folgende Ansicht sollte sich Ihnen präsentieren:

```
Aro tree:
---------------------------------------------------------------
  [1]Gruppen
    [2]
---------------------------------------------------------------
```

Durch die Einrückung des Knotens `[2]` sehen Sie, dass die soeben erstellte Gruppe dem ARO »Gruppen« untergeordnet wurde. Doch warum steht hier nur die ID des Knotens und nicht auch der Name der Gruppe? Das liegt an dem soeben erklärten Zusammenhang: Die Benutzergruppen werden mit dem Namen des Models und der ID des Datensatzes in der *aros*-Tabelle referenziert und nicht wie »Gruppen« mit einem Alias. Um sich das vor Augen zu führen, sehen Sie sich am besten den Inhalt der *aros*-Tabelle in phpMyAdmin an (Abbildung 14-9).

| ←T→ | | | id | parent_id | model | foreign_key | alias | lft | rght |
|---|---|---|---|---|---|---|---|---|---|
| | | | 1 | NULL | NULL | NULL | Gruppen | 1 | 4 |
| | | | 2 | 1 | Group | 1 | NULL | 2 | 3 |

*Abbildung 14-9: Der Inhalt der aros-Tabelle nach dem Anlegen der Administratoren-Gruppe*

Der Datensatz mit der ID 1 ist das ARO »Gruppen«. Sie sehen, dass dieser Datensatz keine *parent_id* hat, was daran liegt, dass Sie ihn auf der höchsten Ebene angelegt haben. Auch die Felder *model* und *foreign_key* sind leer, da dieses ARO ausschließlich durch das Alias »Gruppen« referenziert wird.

Datensatz 2 referenziert die Benutzergruppe »Administratoren« durch die Werte von *model* und *foreign_key*: Es ist der Datensatz mit der ID (*foreign_key*) 1 aus dem Model *Group*. Die Hierarchie des Baumes wird einerseits durch das Feld *parent_id* erreicht. Die Benutzergruppe »Administratoren« gehört zum also zum ARO mit der ID 1 in der *aros*-Tabelle. Andererseits sind die *aros* und *acos*-Tabellen, wie schon erwähnt, Nested Sets. Die Bedeutung der Felder *lft* und *rght*, also den linken und rechten Knoten, können Sie sich in Kapitel 12 im Abschnitt »Das TreeBehavior« noch einmal genauer und bildlicher zu Gemüte führen.

Bevor Sie die ersten Benutzer erstellen, legen Sie noch die fehlenden Benutzergruppen in der Gruppenverwaltung an, bis die Listenansicht so wie in Abbildung 14-10 aussieht.

Groups

Page 1 of 1, showing 4 records out of 4 total, starting on record 1, ending on 4

| Id | Name | Actions |
|---|---|---|
| 1 | Administratoren | View Edit Delete |
| 2 | Jobagenturen | View Edit Delete |
| 3 | Unternehmen | View Edit Delete |
| 4 | Stellensuchende | View Edit Delete |

*Abbildung 14-10: Die Listenansicht nach dem Anlegen der benötigten Gruppen*

## Benutzer erstellen

Jetzt, wo die Benutzergruppen erstellt sind, sehen wir uns noch einmal unser Benutzersystem genauer an. Sie haben in Kapitel 14 im Abschnitt »Gruppen- und Benutzersystem vorbereiten« das Feld *group* in der *users*-Tabelle entfernt und dafür ein Feld für die *group_id* hinzugefügt, so dass Sie die Benutzer auch den Benutzergruppen zuweisen können. Zusätzlich dazu haben Sie noch das *User*-Model erstellt und Controller und Views neu gebakt. Bevor wir auf die Details der Implementierung des *User*-Models eingehen, öffnen Sie die Benutzerverwaltung unter *http://localhost/cakejobs/users* und bearbeiten den bereits vorhandenen Benutzer *Administrator*, den Sie im Abschnitt »Eine Benutzerverwaltung einrichten« bereits angelegt hatten.

Weisen ihn der Gruppe *Administratoren* zu, wie Sie es in Abbildung 14-11 sehen, und speichern Sie den Benutzer ab.

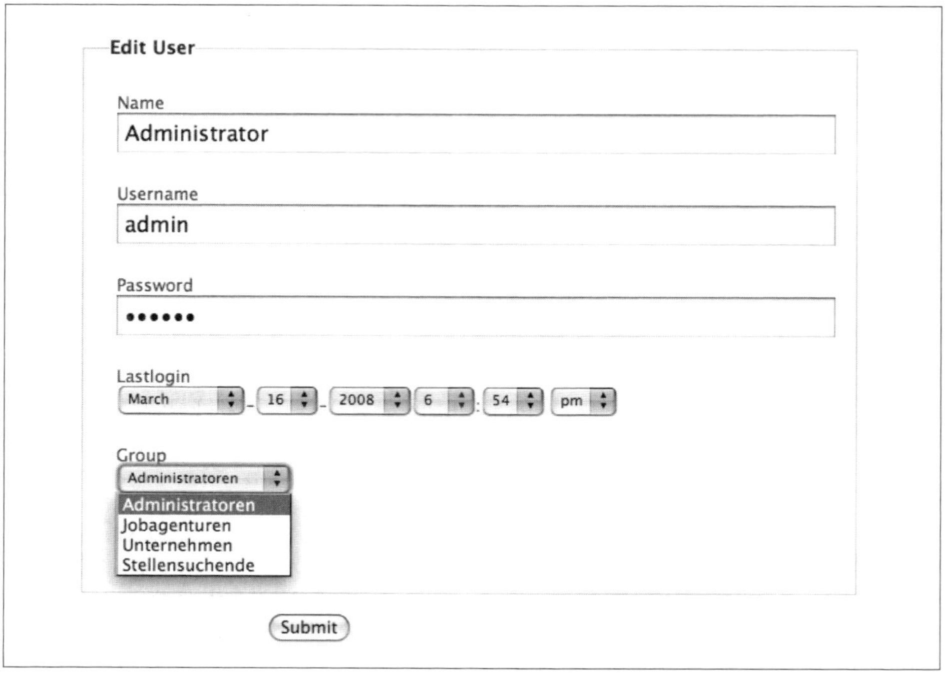


*Abbildung 14-11: Zuweisen des Benutzers admin zur Gruppe der Administratoren*

Jetzt legen Sie noch jeweils einen Benutzer für jede Gruppe an. Die Listenansicht der Benutzerverwaltung sollte nach dem Anlegen etwa so aussehen wie in Abbildung 14-12.

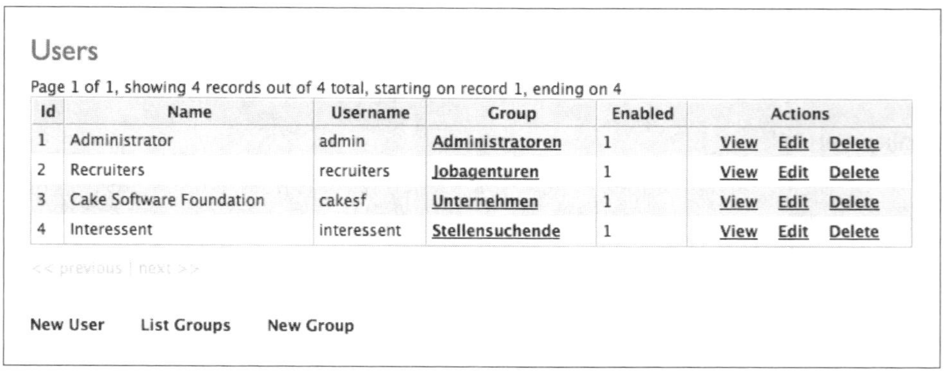


*Abbildung 14-12: Listenansicht nach dem Anlegen der benötigten Benutzer*

Die Spalte mit dem Passwort sowie die Datumsspalten haben wir an dieser Stelle der Übersicht halber aus der Tabelle im View */app/views/users/index.ctp* gelöscht. – Sehen Sie sich nun noch einmal den Code des *User*-Models an:

```
class User extends AppModel {
   var $name = 'User';
   var $belongsTo = array('Group');
   var $actsAs = array('Acl' => 'requester');

   function bindNode($user) {
      if (empty($user['User']['group_id'])){
         return null;
      } else {
         return array(
               'model' => 'Group',
               'foreign_key' => $user['User']['group_id']
            );
      }
   }
}
```

Ihnen fällt sicher auf, dass im User-Model das AclBehavior nicht verwendet wird. Das hat schlicht den Grund, dass *User* technisch gesehen kein ARO ist. Die Benutzer sind den Benutzergruppen auf Model-Ebene untergeordnet und nicht auf ACL-Ebene. Das heißt auch, dass Benutzer nicht im ACL-Baum vorkommen. Das wäre zwar möglich, wenn Sie dem *User*-Model ebenfalls das AclBehavior als Requester zuweisen würden und eine `parentNode()`-Methode implementieren würden. Das hätte den Vorteil, dass Sie die Zugriffsrechte nicht nur pro Gruppe zuteilen könnten, sondern auch einen einzelnen Benutzer adressieren könnten. Darauf verzichten wir aber, um das Beispiel nicht unnötig komplizierter zu machen. Es steht Ihnen natürlich frei, diesen Weg in einem späteren Moment selbst auszuprobieren, da Sie dann die Konzepte verinnerlicht haben.

Kommen wir aber nun zu dem für ACL wesentlichen Code im *User*-Model: zur Methode `bindNode()`. Diese ist ebenfalls ein Callback, das aber nicht von AclBehavior angesteuert wird, sondern direkt von der AclComponent. Diese übergibt beim Aufruf den Datensatz des anfragenden Users. Die Component weiß über das Model *User* Bescheid, da dieses in der Auth-Component über das Attribut `userModel` definiert ist. Dieses Attribut haben Sie in diesem Kapitel im Abschnitt »Die Authentifizierung anpassen« bereits verwendet. Das heißt, der komplette Datensatz des gerade eingeloggten Benutzers wird der Methode `bindNode()` übergeben. In dieser überprüfen Sie dann, ob der Benutzer einer Gruppe zugeordnet ist. Wenn dem so ist, gibt die Methode ein Array mit den Informationen über die Gruppe zurück: *model* und *foreign_key*. An dieser Stelle wird der Kreis wieder geschlossen, denn im ARO-Baum sind die Benutzergruppen mit genau diesen beiden Attributen referenziert. Zusammenfassend kann man also sagen, dass `bindNode()` im *User*-Model dazu da ist, um ACL Folgendes mitzuteilen: »Ich selbst bin kein ARO, aber ich gehöre zur Benutzergruppe X. Bitte dort um Autorisierung anfragen.« Es ist also ein Verweis auf die richtige Stelle zur Klärung der Autorisierung für das aktuell angefragte Access Control Object.

Implementieren Sie `bindNode()` also in Klassen, die technisch gesehen kein ARO sind, aber über eine andere Ebene (meist die Model-Ebene) zu einem ARO zugeordnet werden können. Wie diese Zuordnung erfolgt, können Sie selbst bestimmen. Wichtig ist nur, dass der Rückgabewert der Methode entweder ein Array mit *model* und *foreign_key* oder aber ein String mit dem Alias des ARO ist.

## Zugriffsrechte zuweisen

Sie haben jetzt alle Vorbereitungen getroffen, um endlich Zugriffsrechte geben und nehmen zu können, was ja der eigentliche Zweck von Access Control Lists ist. Als Erstes sollten Sie sich Gedanken machen, welche Aktionen dazu nötig sind. Im Ausgangszustand ist AROs jeglicher Zugang zu einem ACO verboten. Das heißt, dass Sie schritt- bzw. stufenweise die Berechtigungen zuweisen müssen. Die erste Stufe ist es, die ACOs zu definieren, auf die jede Benutzergruppe Zugriff hat. Diese Zugriffsrechte geben Sie dann dem übergeordneten ARO *Gruppen*, so sparen Sie sich den Mehraufwand, dieselben Rechte mehrfach den Benutzergruppen zuzuweisen.

Für jedermann zugänglich sollten also die folgenden ACOs sein:

- Jobangebote auflisten (`Jobs/index`)
- Jobangebote ansehen (`Jobs/view`)
- Unternehmen auflisten (`Companies/index`)
- Unternehmen ansehen (`Companies/view`)

Der Befehl in der AclShell für die Erteilung von Zugriffsrechten lautet `grant`. Dieser Befehl erwartet drei Parameter: das ARO, das die Erlaubnis bekommen soll, das betroffene ACO und die Art des Zugriffsrechts. Mit der Art sind hier die erlaubten CRUD-Actions gemeint, also *create*, *read*, *update* und *delete*. Um das gesamte CRUD zu erlauben, übergeben Sie *all*. In unserem Beispiel werden wir bei der Zuweisung von Rechten immer das gesamte CRUD vergeben, da die Funktionalität der detaillierten Definition von Rechten für den *authorize*-Modus *crud* gedacht ist. Zur Wiederholung finden Sie die mit der Auth-Component möglichen *authorize*-Modi in diesem Kapitel im Abschnitt »Autorisierung mit der Auth-Component«. Genaueres über den *crud*-Modus finden Sie im CakePHP-Handbuch unter *http://book.cakephp.org/view/171/access-control-lists*.

Führen Sie nun in der Console die folgenden Befehle aus:

```
cake acl grant Gruppen Jobs/index all
cake acl grant Gruppen Jobs/view all
cake acl grant Gruppen Companies/index all
cake acl grant Gruppen Companies/view all
```

Nach jedem Befehl wird die Meldung »*Permission granted.*« ausgegeben. Um die Zuweisungen zu testen, aktivieren Sie das Auth-System mit ACL, indem Sie in `beforeFilter()` im `AppController` die Zeile

```
// $this->Auth->authorize = 'object';
```

suchen und durch die folgende Zeile ersetzen:

```
$this->Auth->authorize = 'actions';
```

Somit haben Sie die Autorisierung eingeschaltet, und ab jetzt ist die AclComponent für die Autorisierung der Actions zuständig. Rufen Sie in Ihrem Browser *http://localhost/cakejobs/jobs/add* auf, und loggen Sie sich als Administrator ein. Die *add*-Action sollte Ihnen verwehrt bleiben, und Sie werden zum Login geleitet. Wenn Sie aber *http://localhost/cakejobs/jobs/index* oder eine der anderen drei oben erlaubten Actions aufrufen, sehen Sie, dass es funktioniert hat – die Seiten werden Ihnen ordnungsgemäß angezeigt.

Weiter geht es mit den Berechtigungen der Administratoren. Diese sollen Zugriff auf alle Bereiche bekommen. Wir weisen der Gruppe der Administratoren jetzt aber nicht jedes ACO einzeln zu, sondern gleich den *ROOT*-Knoten, der allen ACOs übergeordnet ist. Das spart uns einige Befehle und hat auch den Vorteil, dass Administratoren auch auf später angelegte ACOs sofort zugreifen können, ohne dass Sie die neuen ACOs eigens erlauben müssen.

Jetzt weisen Sie also zum ersten Mal einer einzelnen Gruppe Rechte zu. Durch *model* und *foreign_key* referenzierte AROs werden in der Console anhand der Punktsyntax *model.foreign_key* erkannt. In unserem Fall wird das ARO also am Namen des Models und an der ID im Model erkannt. Die Administratoren-Gruppe hat die ID 1, das Console-Kommando für die Zuweisung der Rechte sieht also folgendermaßen aus:

```
cake acl grant Group.1 ROOT all
```

Führen Sie dieses Kommando in der Console aus, und prüfen Sie zum Testen gleich, ob Sie in Ihrem Browser die Benutzerverwaltung unter *http://localhost/cakejobs/users* aufrufen können. Wenn dem so ist, dann haben Sie, wenn Sie als Benutzer *admin* eingeloggt sind, auch Zugriff auf alle anderen Controller und Actions von CakeJobs – auch auf solche, die im ARO-System neu hinzugekommen sind. Im Moment kommt die Gruppenverwaltung, also der GroupsController und seine Actions, noch nicht im ARO-Baum vor. Legen Sie diese also in der Shell mit den folgenden Kommandos an:

```
cake acl create aco ROOT Groups
cake acl create aco Groups index
cake acl create aco Groups view
cake acl create aco Groups add
cake acl create aco Groups edit
cake acl create aco Groups delete
```

Obwohl Sie den Administratoren den Zugriff auf die Gruppen nicht explizit erlaubt haben, sollten Sie jetzt die Gruppenverwaltung aufrufen und alle Actions ausführen können.

Weiter geht es mit den Rechten für die Gruppe *Jobagenturen*. Mitglieder dieser Gruppe sollen Unternehmen und Jobs auflisten, ansehen, anlegen, bearbeiten können, aber nur Jobs löschen können. Das Löschen von Unternehmen soll den Administratoren vorbehalten bleiben.

Ein Weg wäre es jetzt, der Gruppe die für den JobsController noch nötigen Actions *Jobs/add*, *Jobs/edit* und *Jobs/delete* noch einzeln zuzuweisen; *Jobs/index* und *Jobs/view* sind ja bereits für alle Gruppen erlaubt. Doch auch hier können Sie einen Vorteil aus der Kaskadierung in ACL ziehen. Zur Veranschaulichung folgt hier der ACO-Baum, den Sie sich in der Console per `cake acl view aco` anzeigen lassen können:

```
Aco tree:
---------------------------------------------------------------
  [1]ROOT
    [2]Jobs
      [3]index
      [4]view
      [5]add
      [6]edit
      [7]delete
    [8]Companies
      [9]index
      [10]view
      [11]add
      [12]edit
      [13]delete
    [14]Users
      [15]index
      [16]view
      [17]add
      [18]edit
      [19]delete
    [20]Groups
      [21]index
      [22]view
      [23]add
      [24]edit
      [25]delete
---------------------------------------------------------------
```

Alle hervorgehobenen ACOs möchten Sie der Gruppe *Jobagenturen* erlauben. Genau so, wie Sie es weiter oben bei den Rechten für die Administratoren gemacht haben, können Sie, anstatt die einzelnen Actions zuzuweisen, auch gleich den ganzen Jobs-Baum zuweisen. Das erledigen Sie in einem einzigen Kommando:

```
cake acl grant Group.2 Jobs all
```

Sie haben hier also der Benutzergruppe mit der ID 2, den Jobagenturen, das komplette Jobs-ACO mit dem Alias *Jobs* erlaubt. Dasselbe können Sie mit Companies eigentlich wiederholen, aber die Jobagenturen sollen keine Unternehmen löschen können. Auch hierfür bietet ACL die nötigen Mittel: Sie erlauben den Jobagenturen den gesamten Companies-ACO-Baum, verbieten aber im Nachhinein noch die einzelne Action *Companies/delete* mit dem Befehl `deny`:

```
cake acl grant Group.2 Companies all
cake acl deny Group.2 Companies/delete all
```

Testen Sie die Rechte jetzt, indem Sie sich mit dem Benutzernamen *recruiters* und dem beim Anlegen der Benutzer von Ihnen gewählten Passwort einloggen und die Unternehmensverwaltung unter *http://localhost/cakejobs/companies* aufrufen. Legen Sie dort testweise ein Unternehmen an, um es daraufhin wieder zu löschen – Sie werden merken, dass Sie das Unternehmen nicht löschen können.

Die letzte Gruppe, der noch Rechte fehlen, sind die Unternehmen. Diese sollen Jobs anlegen, bearbeiten und löschen können, also Zugriff auf alle Actions des JobsControllers haben. Führen Sie dazu das folgende Kommando aus:

```
cake acl grant Group.3 Jobs all
```

Das war es schon – Sie haben das geplante Zugriffssystem mit ACL komplett umgesetzt.

## Schlussbemerkung

In diesem Kapitel haben Sie die sicherheitsrelevanten Funktionen von CakePHP kennengelernt. Mit der Security-Component haben Sie Ihre Applikation im Hinblick auf Angriffe sicherer gemacht, indem Sie eine HTTP-Authentifizierung umgesetzt und Ihre Formulare gegen automatisierte Spam-Mechanismen gesichert haben.

Die Auth-Component haben Sie dazu verwendet, ein Login-System zu erstellen und damit die CakeJobs-Benutzer zu authentifizieren. Sie haben auch die verschiedenen Autorisierungsmethoden der Auth-Component ausprobiert, etwa die einfache Autorisierung von Controller-Actions mit dem Callback `isAuthorized()` und die Autorisierung über ein beliebiges Objekt.

Auch die Königsdisziplin der Zugriffskontrolle, Access Control Lists, haben Sie erfolgreich gemeistert, indem Sie ein kaskadiertes Rechtesystem mit Benutzergruppen implementiert haben. ACL hat seine Tücken. Es ist aber das flexibelste System für die Verwaltung von Zugriffsrechten und ist bei großen, komplexen Anwendungen eigentlich unverzichtbar.

Weiter geht es mit der Internationalisierung und Lokalisierung in CakePHP. Mit diesen Funktionen machen Sie CakeJobs bereit für den Einsatz in anderen Ländern und Regionen.

KAPITEL 15

# Lokalisierung und Internationalisierung

Ein neues Feature, das mit der Version 1.2 von CakePHP eingeführt wurde, ist die Möglichkeit, Ihre Applikation mehrsprachig anzulegen und über Translation-Files in fast jede Sprache zu übersetzen, ohne den Quelltext der Views oder Layouts zu ändern. Alle sprachlichen Ausgaben der Beispielapplikation werden ausgelagert und in einer Sprachdatei definiert, so dass die Anpassung außerhalb des Quelltextes geschieht. Auch das Hinzufügen von weiteren Sprachversionen ist kein Problem, da einfach neue Übersetzungsdateien erstellt werden können, auf die CakePHP dann zugreift, um die neuen Texte zu laden und auszugeben. Damit beschäftigt sich der erste Teil des Kapitels. Unser Ziel ist es dabei, die Jobbörse multilingual zu gestalten, so dass die Webseite verschiedene Sprachversionen anbieten kann. Der User wird wählen können, welche Sprache er verwenden möchte, um Anzeigen zu lesen und aufzugeben.

Im zweiten Teil dieses Kapitels werden wir Ihnen zeigen, wie Sie mit CakePHP alle dynamischen Daten lokalisieren können, indem die Datenstruktur der Applikation durch den Einsatz von neuen Components internationalisiert wird. Grundlage wird hier das *Translation-Behavior* bilden, das seit der Version 1.2 Teil von CakePHP ist.

Zu guter Letzt wird die Beispielapplikation so erweitert, dass die Sprachwahl des Users persistent gespeichert wird, so dass seine Auswahl bei jedem neuen Besuch der Seite gespeichert bleibt. Zuerst folgen aber einige grundlegende Informationen, die für das Verständnis der Lokalisierung und Internationalisierung notwendig sind.

## Grundlagen

Internationalisierung umfasst die Gestaltung der Applikation: Sämtliche Sprachausgaben werden ausgelagert, um Anpassungen an den Sprachraum ohne Änderungen am Quelltext zu ermöglichen. Die Lokalisierung erfolgt dann im zweiten Schritt und beschreibt die Anpassung der Anwendung an einen bestimmten Sprachraum, beispielsweise also für deutschsprachige Benutzer. Diese beiden Schritte werden auch als *i18n* und *l10n* bezeichnet. Die Abkürzung *i18n* steht dabei für das Wort *internationalization*, wobei die Zahl 18 die Anzahl der Buchstaben bezeichnet, die zwischen *i* und *n* ausgelassen wurden. Das Gleiche gilt dementsprechend für *l10n*, was für das Wort *localization* steht.

Auf den ersten Blick scheint die Trennung in diese beiden Schritte ein wenig kleinlich, da die Internationalisierung ohne die Lokalisierung keinen Sinn ergeben würde beziehungsweise umgekehrt überhaupt nicht möglich wäre. Allerdings sollten Sie bedenken, dass der erste Schritt in der Regel nur einmal ausgeführt wird. Eine Software so zu schreiben, dass sie international einsetzbar ist, ist die Grundvoraussetzung für alle weiteren Schritte.

Die Lokalisierung kann dann beliebig oft geschehen und wird für jeden Sprachraum erneut ausgeführt. Beide Schritte sind also durchaus voneinander abhängig, können aber sowohl zeitlich als auch personell komplett getrennt behandelt werden. Wenn Sie als Entwickler die Grundlagen für eine Mehrsprachigkeit geschaffen haben, dann ist Ihr Job im Prinzip getan. Danach können Übersetzer die bestehenden Sprachdateien unabhängig von Ihnen bearbeiten und neue Sprachversionen schaffen, die direkt von der Applikation übernommen werden.

Eine genaue Definition der beiden Begriffe finden Sie auch im Netz auf den Seiten des W3C unter der folgenden URL:

*http://www.w3.org/International/questions/qa-i18n*

## Internationalisierung mit gettext

Die Möglichkeiten der Internationalisierung und Lokalisierung von Applikationen mit CakePHP basieren auf den Standards von *GNU gettext*, einer Internationalisierungsbibliothek, die zur Entwicklung von mehrsprachigen Programmen genutzt wird und auf der folgenden Webseite ausführlich beschrieben ist:

*http://www.gnu.org/software/gettext/gettext.html*

Sie müssen nicht die komplette Dokumentation von *gettext* gelesen haben, um mehrsprachige Anwendungen mit CakePHP zu erstellen, denn die meisten Aspekte sind intuitiv aus den folgenden Beispielen nachvollziehbar. Nichtsdestotrotz sollten Sie sich über ein paar Aspekte Gedanken machen, um die Komplexität dieses Themas einschätzen zu können. Denn wenn man etwas genauer über die verschiedenen Sprach- und Kulturräume nachdenkt, wird schnell klar, dass zur Lokalisierung weit mehr gehört als nur die Anpassung der Sprache, zum Beispiel:

- die Formatierung von Zahlen,
- lokale Einheiten, wie Währungen oder Gewichts- und Größenmaße,
- die Darstellung von Daten, Uhrzeiten etc.,
- die Behandlung von Sonderzeichen und lokalen Codesets

Alle diese Aspekte und noch eine Reihe mehr sind in diversen Standards definiert worden und stehen so in einer mehr oder weniger strukturierten Weise zur Verfügung. Auf Basis dieser definierten Standards ist es möglich, Konfigurationsdateien zu erstellen, die durch ein Programm gelesen und ausgewertet werden können. Für jeden Sprachbereich, der unterstützt werden soll, werden eigene Konfigurationsdateien erstellt, die entsprechend der Sprachwahl geladen werden.

Im Wesentlichen orientiert sich *gettext* und damit auch CakePHP an der ISO-Norm 639, die eine Reihe von Kürzeln definiert, mit denen Sprachen und Sprachräume eindeutig festgelegt werden können. Die ISO-Norm 639 besteht aus verschiedenen Teilen, die im Laufe der Zeit nacheinander entstanden sind und zum Teil bestehende Teile des Standards ersetzt haben. CakePHP orientiert sich an der ISO-Norm 639-2: Die Sprachbereiche werden anhand von drei Buchstaben als Abkürzungen festlegt. Der deutsche Sprachraum wird beispielsweise mit *ger* abgekürzt, der englische Sprachraum mit *eng* und der italienische mit *ita*. Mehr Informationen zu diesem Standard und eine Tabelle mit allen gültigen Abkürzungen finden Sie hier:

*http://www.loc.gov/standards/iso639-2/php/code_list.php*

Der Standard 693-2 basiert auf dem älteren Standard 693-1 und erweitert diesen um eine ganze Reihe von Sprachcodes. Waren die Sprachabkürzungen vorher nur durch zwei Buchstaben festgelegt (*ge*, *en*, *it*), wurde nun ein Buchstabe hinzugefügt, der die Anzahl aller möglichen Kombinationen auf 26 hoch 3, also 17.576 Möglichkeiten, erhöht.

Beide Standards werden an dieser Stelle erwähnt, weil beide im Netz nebeneinander verwendet werden und entsprechend unterstützt werden sollten. Darüber hinaus wird neben der Definition der Sprache oft auch ein weiteres Code-Kürzel für die Definition der Region angegeben. Typische Beispiele sind *en-US* oder *ge-AT*, die neben der Sprache Englisch oder Deutsch noch festlegen, dass es sich um amerikanisches Englisch handelt beziehungsweise um den Sprachraum Österreich. Eine entsprechende Übersicht über alle gültigen Kürzel finden Sie hier:

*http://de.wikipedia.org/wiki/ISO-3166-1-Kodierliste*

Beide Standards werden kombiniert verwendet und ermöglichen es, sehr genau festzulegen, welche Sprache aus welchem Sprachraum verwendet wird. Auch wenn die Verwendung der zweibuchstabigen Abkürzungen noch häufiger zu finden ist, arbeitet CakePHP intern mit dem neuen Standard, um möglichst flexibel auch mit seltener anzutreffenden Sprachen umgehen zu können.

## Verwenden Sie UTF-8

Eigentlich ist es überflüssig zu erwähnen, dass Sie UTF-8 verwenden sollten, da CakePHP standardmäßig die Applikation und alle Layouts und Views UTF-8-kodiert. Wenn Sie eigene Layouts anlegen oder Views neu erstellen, sollten Sie auch darauf achten, dass die Zeichenkodierung in UTF-8 stattfindet, damit später keine Probleme bei der Darstellung der Seite im Browser auftauchen. Das Gleiche gilt für die Datenbank und alle Tabellen, in denen die Daten der Anwendung abgespeichert werden.

Probleme mit dem Zeichensatz fallen im Deutschen in der Regel nur bei der Verwendung von Umlauten oder anderen Sonderzeichen wie dem ß auf, da diese Zeichen im Browser dann nicht korrekt interpretiert werden. Jeder kennt sicher die ominösen Fragezeichen oder alle anderen seltsamen Ausgaben im Browser, die auf die fehlerhafte Interpretation von Bytefolgen im falschen Encoding zurückzuführen sind. Probleme wie diese würden man im Zweifelsfall noch durch den Einsatz von HTML-Entities wie `ü` in den Griff bekommen.

Interessanter wird es dann bei Sprachen, die auf einem gänzlich anderen Zeichensatz basieren, wie beispielsweise Chinesisch oder Russisch. Spätestens an dieser Stelle werden Sie für ein global gültiges Encoding, wie UTF-8 es bietet, sehr dankbar sein.

Wenn Sie diese Punkte beachtet haben, müssen Sie nur noch dafür sorgen, dass der Browser auch weiß, welchen Zeichensatz Sie verwenden. Dazu nutzen Sie die geeigneten Metatags:

```
<meta http-equiv="Content-Type" content="text/html; charset=utf-8" />
```

Im Standardlayout von CakePHP ist dieses Tag automatisch durch einen Helper gesetzt. Achten Sie darauf, dass dies auch in Ihren Layouts geschieht.

## Mehrsprachigkeit einrichten

Auf den folgenden Seiten werden Sie am Beispiel der *CakeJobs*-Applikation, die uns im Laufe dieses Buches begleitet hat, lernen, wie Sie eine Applikation mit CakePHP mehrsprachig gestalten. Das Ganze wird sehr praxisnah geschehen und direkt am schon bestehenden Quelltext umgesetzt werden. Es ist also nicht nötig, das Programm von Grund auf neu zu gestalten, um eine Mehrsprachigkeit zu ermöglichen. Es genügt, die bestehenden Dateien an einigen Stellen so anzupassen, dass das Framework die neue Funktionalität einhängen kann.

Unser Ziel ist es, im ersten Schritt die folgenden Punkte umzusetzen:

- Alle Ausgaben sollen mehrsprachig verfügbar sein und ausgegeben werden können.
- Die Wahl der Sprache soll automatisch erfolgen, aber auch vom User gewählt werden können.
- Die gewählte Sprache soll per Cookie gesetzt werden.
- Die Sprachinformationen sollen in Sprachfiles (wie von *gettext* vorgesehen) ausgelagert werden.

- Die Sprachfiles sollen unabhängig sein und so jederzeit erweitert werden können.
- In diesem Kapitel werden Sie drei Sprachen unterstützen: Deutsch, Englisch und Italienisch.

So weit unsere Ziele für die nächsten Seiten. Die Möglichkeiten von CakePHP gehen über diese Vorsätze hinaus und werden später auch noch Thema dieses Kapitels sein. Im ersten Schritt soll dies aber als Motivation genügen.

## Die nötige Ordnerstruktur anlegen

Wie schon gesagt wurde, ist es das Ziel, alle Sprachinformationen auszulagern, die bisher in den Views, in den Model-Klassen und auch in den Controller-Klassen hinterlegt sind. CakePHP erwartet dazu eine bestimmte Ordnerstruktur, die sich an den Vorgaben von *gettext* orientiert. In diesen Ordnern werden nach Sprachen sortiert die Files abgelegt, die den kompletten Inhalt in der jeweiligen Übersetzung bereithalten.

Standardmäßig erwartet das Framework diese Dateien im Ordner */app/locale/*, der aktuell noch leer sein sollte. Erstellen Sie in diesem Ordner für jede Sprache, die unterstützt werden soll, einen eigenen Unterordner. Im Zuge dieses Beispiels sind es drei neue Ordner:

- */app/locale/eng/*
- */app/locale/deu/*
- */app/locale/ita/*

Innerhalb der einzelnen Ordner wird nun ein weiterer Unterordner angelegt, der für alle drei gleich lautet: *LC_MESSAGES*. Dieser Name beruht auf der Definition von *gettext* und ist eine von sieben Kategorien, die festlegen, welche Art von Informationen das Sprachfile in diesem Ordner enthält. Neben LC_MESSAGES gibt es noch folgende weitere Kategorien:

| Kategorie | Beschreibung |
|---|---|
| LC_MESSAGES | Übersetzung von Ausgaben an den User |
| LC_CTYPE | Spezielle Sonderzeichen einer Region |
| LC_NUMERIC | Lokale Formatierung von Zahlen |
| LC_TIME | Lokale Formatierung von Zeitangaben |
| LC_COLLATE | Angaben für den Umgang mit Zeichenketten, z.B. Sortierung |
| LC_MONETARY | Lokale Währungsangaben |
| LC_ALL | Überschreibt alle Angaben aus den anderen Kategorien |

Die Unterscheidung dieser Kategorien hat neben der besseren Übersichtlichkeit der einzelnen Angaben und der sinnvollen Trennung der unterschiedlichen Angaben für die Lokalisierung vor allem den Sinn, dass es möglich ist, dem User die Wahl zu geben, welche Bereiche er aus welcher Region nutzen möchte. So kann man beispielsweise festlegen, dass die Sprache zwar Deutsch sein soll, aber alle Angaben zu Preisen in US-Dollar erfolgen sollen.

Im folgenden Beispiel werden Sie sich auf die Übersetzung der Texte unserer Applikation konzentrieren und nur *LC_MESSAGES* verwenden. Das bedeutet allerdings nicht, dass CakePHP die anderen Bereiche nicht unterstützt. Im Abschnitt »Die Klasse i18n einsetzen« weiter unten werden Sie sehen, wie Sie auch auf die anderen Kategorien zugreifen können, um Anwendungen über die Sprache hinaus zu lokalisieren. Das Vorgehen, wie es in diesem Kapitel beschrieben wird, ist dabei identisch.

## Was soll übersetzt werden?

Damit CakePHP auch weiß, was in der Applikation genau übersetzt werden soll, müssen Sie nun einige Dinge im Quelltext anpassen. Genauer gesagt, müssen Sie alle Ausgaben, die in irgendeiner Form an den User gerichtet sind, kapseln und dürfen diese nicht mehr direkt ausgeben. Das gilt nicht nur für sämtliche Angaben in den Views, sondern auch für eine Reihe von anderen Punkten. Die folgende Liste fasst die Bereiche zusammen, die in den folgenden Schritten von Ihnen modifiziert werden müssen:

- Alle statischen Ausgaben in den Views und Layouts
- Statusmeldungen in den Controllern, wie zum Beispiel Ausgaben über `setFlash()`
- Validierungsmeldungen in den Model-Klassen
- Metadaten
- Ausgaben in Elementen und Components

Da diese Punkte im Prinzip alle Bereiche Ihrer Applikation berühren, stellt CakePHP dafür eine globale Methode zur Verfügung, die überall eingesetzt werden kann. Falls Sie schon mit den Möglichkeiten der Console von CakePHP experimentiert haben, werden Sie sicher schon darüber gestolpert sein: `__()`. Auch wenn es auf den ersten Blick nicht wie ein klassischer Funktionsaufruf aussieht, hat diese kurze Schreibweise durchaus einen Sinn, nämlich schlicht den, Tipparbeit zu sparen, wenn Sie nun im Folgenden alle Ausgaben der Applikation damit kapseln werden.

Kapseln bedeutet in diesem Fall ganz konkret, jede Ausgabe über diese Methode laufen zu lassen. Anstatt also im View direkt einen String zu schreiben, müssen Sie Folgendes tun:

```
<?=__('Titel')?>
```

Das Prinzip ist simpel: Die Methode übernimmt den String als Parameter und überprüft, ob eine Übersetzung in der gewünschten Sprache vorliegt. Ist das der Fall, dann wird die Übersetzung ausgegeben. Als Fallback wird der eigentliche String ausgegben, was bei uns aktuell noch der Fall ist, da noch keine Übersetzungsdateien existieren.

Die Methode kann auf zwei Arten angewendet werden: Zum einen so wie oben beschrieben, was dazu führt, dass das Ergebnis der Übersetzung direkt ausgegeben wird. Dieses Vorgehen ist in der Regel für die Anwendung in allen Views der beste Weg. Im Controller oder in den Modelklassen, wo keine direkt Ausgabe stattfindet, kann über den optionalen zweiten Parameter festgelegt werden, dass die Übersetzung nicht ausgegeben, sondern über die Rückgabe der Methode erreicht wird:

```
$this->Session->setFlash(__('Der Job wurde gespeichert.', true));
```

Auf diese Weise können Sie nun alles, was Teil der Übersetzung werden soll, in den Dateien der Applikation kapseln. Die Aufgabe ist sicherlich der undankbarste Teil der Internationalisierung, aber dafür werden die nächsten Schritte um so einfacher von der Hand gehen. Im Folgenden sehen Sie die Anpassung des View-Templates für die Startseite der CakeJobs-Applikation:

```
<?php
  echo $javascript->link('scriptaculous-js-1.8.1/lib/prototype');
  echo $javascript->link('scriptaculous-js-1.8.1/src/scriptaculous');

?>

<script language="JavaScript">

var error = false;

function startLoading() {
  error=false;
  Element.hide('job_details');
  Element.show('loading');
}

function endLoading() {
  Element.hide('<?php -__('loading'); ?>');
  if(!error) Element.show('job_details');
}

function failure() {
  alert('<?php -__('Es ist ein Fehler aufgetreten!'); ?>');
  error=true;
}

</script>

<h2><?php -__('Jobs'); ?></h2>
```

```
<table>
  <tr>
    <th><?php__('ID')?></th>
    <th><?php__('Firma')?></th>
    <th><?php__('Titel')?></th>
    <th><?php__('Angebot vom')?></th>
    <th><?php__('zuletzt aktualisiert')?></th>
    <th><?php__('Aktionen')?></th>
  </tr>

<?php foreach($jobs as $job): ?>
  <tr>
    <td><?php echo $job['Job']['id'] ?></td>
    <td><?php echo $job['Company']['name'] ?></td>
    <td><?php echo $job['Job']['title'] ?></td>
    <td><?php echo $job['Job']['created'] ?></td>
    <td><?php echo $job['Job']['modified'] ?></td>
    <td>
<?
  $options = array(
    'url' => array(
      'controller'   => 'jobs',
      'action'      => 'view',
      $job['Job']['id']
      ),
    'update' => 'job_details',
    'before'   => 'startLoading()',
    'complete' => 'endLoading()',
    'failure' => 'failure()'
  );

  echo $ajax->link(
    __('Details', true),
    '/jobs/view/' . $job['Job']['id'],
    $options
  );

?>

      <?php echo $html->link(__('bearbeiten', true), '/jobs/edit/'
                             . $job['Job']['id']) ?>
      <?php echo $html->link(__('löschen', true), '/jobs/delete/'
                             . $job['Job']['id']) ?>
    </td>
  </tr>
<?php endforeach; ?>
</table>
<br>
<div id='loading' style="display:none;"><?=$html->image('ajax-loader.gif')?></div>
<?
  echo $ajax->div('job_details');
?>
```

Die Änderungen sind im Quellcode hervorgehoben. Wie Sie sehen, sind nicht nur die statischen Ausgaben im View angepasst worden, sondern auch die Parameter diverser Helper-Methoden, die für die Ajax-Funktionalität der Seite zuständig ist. Nach dieser Anpassung sollte die Darstellung der Seite im Browser unverändert sein, da die __()-Methode bisher einfach den übergebenen Parameter zurückgibt.

Verfahren Sie nun ähnlich mit der Ausgabe im Controller und im Model, sofern an diesen Stellen Übersetzungen notwendig sind. Falls Sie die Ausgaben nicht manuell erstellt haben, sondern sie über die Console mit dem Befehl `bake` haben erstellen lassen, dann können Sie sich freuen. Die Default-Views von CakePHP haben die Ausgabe aller Texte bereits mit __() realisiert.

## Sprachfiles automatisiert erstellen

Cake console

Damit sind die grundlegenden Arbeiten im Framework schon erledigt. Was jetzt noch fehlt, sind die eigentlichen Übersetzungsdateien, die als Basis für jede Sprache verwendet werden. Sie könnten diese Dateien jetzt natürlich manuell Stück für Stück erstellen und mit den entsprechenden Inhalten füllen. Das ist allerdings nicht nur anstrengend und äußerst fehleranfällig, sondern wird sicherlich auch einiges an Zeit in Anspruch nehmen, da die Syntax der Files sehr genau eingehalten werden muss.

CakePHP wäre nicht das Framework unserer Wahl, wenn dieser Vorgang nicht automatisiert stattfinden könnte. Nachdem Sie im letzten Abschnitt alle Ausgaben, die Teil der Übersetzung werden sollen, durch die Methode __() markiert haben, besteht nun die Möglichkeit, die so markierten Strings automatisch in ein Übersetzungsfile zu exportieren. Dazu verwenden Sie die CakePHP-Console, die Sie schon in Kapitel 9, *Die CakePHP-Console und die Bake-Shell*, kennengelernt haben. Starten Sie die Console mit dem folgenden Befehl:

```
Cake i18n
```

Wenn die Systempfade korrekt gesetzt sind, dann wird CakePHP Sie nun an der Hand nehmen und durch einige Eingaben führen, wo Sie unter anderen den Pfad zu Ihrer Applikation angeben müssen und festlegen müssen, wohin die Sprachdatei exportiert werden soll. In der Regel genügt es, die Default-Werte zu übernehmen. Wichtig ist, dass CakePHP die Applikation in Ihrer Ordnerstruktur findet und die Dateien parsen kann, um alle Strings in einem Sprachfile zusammenzufassen.

Ist das geschehen, sollten Sie eine Datei mit dem Namen *default.pot* – oder wie Sie die Datei benannt haben – im Ordner *locale* zur Verfügung haben. Diese Datei ist Ihr Template-File, auf dem die Übersetzung in die einzelnen Sprachen basiert. »Template« deshalb, weil Sie diese Datei als Vorlage behalten und nur Kopien davon in die *LC_MESSAGES*-Unterordner kopieren. Achten Sie darauf, dass die Dateien dann nicht mehr die Endung *.pot* haben, sondern nur noch die Endung *.po*.

Sie sollten also nun drei identische Files haben, die in den einzelnen Sprachordnern liegen:

*/app/locale/eng/default.po*

*/app/locale/deu/default.po*

*/app/locale/ita/default.po*

Der Inhalt aller drei Dateien ist aktuell noch identisch und sieht neben einigen Header-Informationen so aus:

```
#: \controllers\jobs_controller.php:144
msgid "Der Job wurde gespeichert."
msgstr ""

#: \views\jobs\index.ctp:18
msgid "loading"
msgstr ""

#: \views\jobs\index.ctp:23
msgid "Es ist ein Fehler aufgetreten!"
msgstr ""

#: \views\jobs\index.ctp:29
msgid "Jobs"
msgstr ""

#: \views\jobs\index.ctp:33
#: \views\jobs\view.ctp:3
msgid "ID"
msgstr ""

#: \views\jobs\index.ctp:34
#: \views\jobs\view.ctp:6
msgid "Firma"
msgstr ""

#: \views\jobs\index.ctp:35
#: \views\jobs\view.ctp:9
msgid "Titel"
msgstr ""
```

Der Inhalt ist gekürzt und bezieht sich auf die *CakeJob*-Applikation. Wie Sie sehen, finden Sie in dieser Datei alle Ausgaben wieder, die Sie mit __() markiert haben. CakePHP hat dank des Kommandos auf der Console sämtliche Quelltext-Dateien geparst und alle Übersetzungen in dieser Datei gesammelt.

Die Syntax ist einfach: Das #-Zeichen dient als Kommentar und zeigt an, in welchen Dateien und in welcher Zeile die zu übersetzende Ausgabe gefunden wurde. Darunter wird der eigentliche Schlüssel angezeigt, über den die Übersetzung identifiziert wird. Das ist die sogenannte *msgid*, wobei gleiche IDs bereits durch CakePHP zusammengefasst wurden. Darunter wird über die Angabe *msgstr* die Übersetzung dieser ID angegeben, die aktuell natürlich noch leer ist. Der Header in den *.po*-Files dient dazu, Meta-Information wie den Zeichensatz, den Autor oder Kontaktdaten zu hinterlegen.

Jetzt müssen nur noch alle Ausgaben in dieser Datei in die jeweilige Sprache übersetzt werden. Ob das nun Ihre Aufgabe ist oder in die Hände eines versierten und sprachgewandten Kollegen gelegt wird, bleibt natürlich Ihnen überlassen. Grundsätzlich gilt, dass für jede Sprache im entsprechenden Ordner eine eigene Datei angelegt werden muss.

## Die Sprachversion festlegen

Der größte Teil der Arbeit ist an dieser Stelle schon geschehen. Sie haben sämtliche Ausgaben Ihrer Applikation bereits mit der Methode __() gekapselt und Sprachdateien für jede der Sprachversionen angelegt. Die Ausgaben selbst liegen schon beim Übersetzer, so dass Sie sich jetzt um die letzten Kleinigkeiten der Internationalisierung kümmern können: Wie kommt die Sprache in die Anwendung?

Zunächst ist es so, dass CakePHP als Standardsprache Englisch definiert hat. Das Framework wird also automatisch auf die Sprachdatei im Ordner */app/locale/eng/LC_MESSAGES* zugreifen, sofern nichts anderes definiert worden ist oder die Sprache nicht automatisch über den Browser erkannt wurde. Wenn Sie also die *.po*-Files in den entsprechenden Übersetzungen in den Ordnern liegen haben und CakePHP keine anderen Sprachangaben findet, werden Sie ab sofort die englische Version zu sehen bekommen. Möchten Sie dieses Default-Verhalten ändern, genügt ein Eintrag in der Datei *bootstrap.php*, die Sie im Ordner *app/config/* finden.

```
define('DEFAULT_LANGUAGE', 'deu');
```

Durch diese Angabe wird die Ausgabe auf die deutsche Sprache umgestellt, und CakePHP präsentiert sich wieder wie zuvor. Was ist passiert? Eigentlich genau das, was geplant war: Durch die Kapselung aller Ausgaben über die Methode __() sucht CakePHP nun automatisch nach einer entsprechenden Sprachdatei im Ordner *app/locale*. Ist dort eine Datei im korrekten Format verfügbar, wird automatisch die jeweilige Übersetzung geladen und ausgeben.

Die Default-Sprache kann in der Datei *core.php* überschrieben werden, die ebenfalls im *config*-Ordner zu finden ist. Über die folgende Zeile können Sie festlegen, dass unabhängig von Browser-Angaben und der Default-Sprache eine bestimmte Sprache für die komplette Applikation gilt:

```
Configure::write('Config.language', 'ita');
```

So weit, so gut. Allerdings fehlt an dieser Stelle noch ein wenig die Dynamik, die es erlaubt, abhängig von Parametern die Sprache zur Laufzeit der Applikation zu ändern. Die Konstante `DEFAULT_LANGUAGE` erlaubt es zwar, in der Konfiguration die Sprache anzupassen, doch das hilft wenig, wenn das auf Basis von User-Eingaben oder Browser-Einstellungen geschehen soll. An dieser Stelle kommt die Klasse `L10n` ins Spiel, über die Sie direkt Einfluss auf die Sprachauswahl nehmen können.

Die Klasse `L10n` steht als Core-Klasse zur Verfügung und kann so jederzeit per `App::import()` in Ihren Quelltext eingebunden werden. Wann und wo das geschieht, bleibt letztendlich Ihnen überlassen, und hängt davon ab, an welcher Stelle die Sprache ausgewählt wird. Es sollte allerdings möglichst früh passieren, damit prinzipiell keine Logik ausgeführt wird, bevor feststeht, in welcher Sprache die Ausgabe geschehen soll. Klassischerweise ist das im Controller in der Methode `beforeFilter()` oder gleich in der `AppController`-Klasse der Fall.

```
App::import('Core', 'L10n');
$this->L10n = new L10n();
$this->L10n->get('deu');
```

Nach dem Importieren der Klasse `L10n` wird ein neues Objekt aus dieser Klasse erstellt. Im letzten Schritt wird über die Objektemethode `get()` die Sprache gewählt und geladen. Wenn Sie diese drei Zeilen Code im `AppController` in der Methode `beforeFilter()` einsetzen, wird die Einstellung zur Standardsprache überschrieben und die Ausgabe erfolgt in Deutsch.

CakePHP ist in der Lage, die Sprache automatisch aus den Browser-Einstellungen auszulesen, wenn diese beim Request an den Server mit übergeben werden. Die meisten modernen Browser bieten dazu eine Einstellungsmöglichkeit in den jeweiligen Optionen. CakePHP versucht automatisch, die Sprache zu erkennen, und legt diese als Default fest. Wenn keine Angabe in der *core.php* festgelegt ist, passiert diese automatische Erkennung von allein. Falls Sie diesen Automatismus forcieren wollen und eventuelle Konfigurationen dabei überschreiben möchten, genügt es, die Methode `get()` ohne Parameter aufzurufen:

```
$this->L10n->get();
```

Auf diese Weise wird die Variable `HTTP_ACCEPT_LANGUAGE` im Browser gesucht und die entsprechende Sprache gesetzt. Ist kein Sprachfile zu dieser Sprache vorhanden, dann fällt CakePHP automatisch auf die Default-Sprache in der Konfiguration zurück.

## Jetzt darf der Benutzer entscheiden

Zum Abschluss des ersten Teils dieses Kapitels werden Sie das Beispiel noch ein wenig erweitern und zeigen, wie die Sprachwahl letztendlich dem User überlassen werden kann. Wie am Anfang des Kapitels besprochen, soll an dieser Stelle nicht nur frei gewählt werden, welche Sprache verwendet wird, sondern die Wahl soll auch in einem Cookie angelegt werden, so dass der User, wenn er irgendwann auf die Seite zurückkehrt, seine Einstellungen wieder vorfindet.

Wenn Sie dieses Buch bis zu diesem Kapitel komplett durchgearbeitet haben, ist der Lösungsweg vermutlich recht offensichtlich. Neben den Möglichkeiten der Internationalisierung und der Lokalisierung werden Sie die Cookie-Component einsetzen, um die Einstellungen des Users über die Browser-Session hinaus zu speichern. Alles andere sind recht einfache Arbeitsgänge.

Im ersten Schritt definieren Sie im Job-Controller eine neue Action, über die eine Sprache ausgewählt werden kann:

```
function set_language($lang) {
   $this->Cookie->write('lang', $lang, false, '+365 day');
   $this->redirect(array('controller'=>'jobs', 'action'=>'index'));
}
```

Die Methode `set_language()` erwartet einen Parameter `$lang`, über den die gewählte Sprache angegeben wird. Der Parameter wird in der Methode einfach in einem Cookie abgelegt, der eine Gültigkeit von 365 Tage bekommt, um die Wahl des Users möglichst lange präsent zu haben. Danach leitet die Methode wieder auf die Übersichtsseite zurück. Das gesetzte Cookie wird in der Methode `beforeFilter()` ausgewertet, die Sie am besten im `AppController` implementieren.

```
function beforeFilter() {

   //L10n-Klasse
   App::import('Core', 'L10n');
   $this->L10n = new L10n();

   //Sprach-Cookie auslesen
   $lang=$this->Cookie->read('lang');

   //Sprache setzen
   if($lang!='') {
      $this->L10n->get($lang);
         Configure::write('Config.language', $lang);
   } else {
            $this->L10n->get();
   }
}
```

In `beforeFilter()` wird im ersten Schritt die Klasse `L10n` instanziiert, die Sie später für das Setzen der gewählten Sprache verwenden. Danach wird das gesetzte Cookie ausgelesen und der entsprechende Wert in der nächsten Zeile überprüft. Ist eine Sprache im Cookie hinterlegt worden, wird diese über `get()` gesetzt und gleichzeitig in die Konfiguration geschrieben. Ist kein Wert gesetzt, beispielsweise beim ersten Aufruf der Seite, wird die Default-Sprache des Browsers übernommen.

Nun müssen wir dem User im View noch einige Links anbieten, mit denen er die Sprache festlegen kann:

```
echo $html->link(
   'deutsch', array('controller'=>'jobs', 'action'=>'set_language', 'deu'));
echo $html->link(
   'english', array('controller'=>'jobs', 'action'=>'set_language', 'eng'));
echo $html->link(
   'italiano', array('controller'=>'jobs', 'action'=>'set_language', 'ita'));
```

Diese Links können in jedem beliebigen View erscheinen und rufen die neu erstellte Action `set_language()` auf, die einen Cookie in der gewählten Sprache setzt. Die Applikation kann nun also vom Anwender per Mausklick in die Sprache seiner Wahl umgestellt werden.

## Dynamische Daten internationalisieren

Auf den vorhergehenden Seiten haben Sie die Möglichkeit kennengelernt, wie die Texte in Templates und die Ausgaben des Controllers und des Models über die `__()`-Methode dynamisch lokalisiert werden können. Die Ausgaben wurden dabei nicht mehr direkt im Quelltext festgelegt, sondern über ein Sprachfile im Dateisystem ausgelagert, das für jede Sprache, die unterstützt werden soll, angepasst werden kann. Dieses Vorgehen ist sehr elegant und entspricht dem *Best-Practice*-Prinzip, das von CakePHP durchgängig befolgt wird.

Allerdings werden Sie feststellen, dass die Lokalisierung von Applikationen über Sprachfiles nur die halbe Miete ist, da nur »statische« Texte, die in der Applikation selbst definiert sind, übersetzt werden können. User-Eingaben und Inhalte, die von außen in das System kommen und in der Datenbank abgelegt werden, sind nach wie vor nur einsprachig möglich. Wenn Sie also eine internationale Seite haben und Inhalte in verschiedenen Sprachen anbieten, muss die Internationalisierung und Lokalisierung auch auf die Datenbankstruktur übertragen werden, so dass jeder Inhalt prinzipiell in jeder Sprache verfügbar sein kann.

Auf das Beispiel der *CakeJob*-Datenbank bezogen bedeutet dies, dass ein Job-Angebot ebenfalls in verschiedenen Sprachen hinterlegt werden kann. Auf diese Weise werden nur Anzeigen in der Sprache angezeigt, die gewählt wurde. Anzeigen, die ein internationales Publikum ansprechen, haben sicher weit mehr Erfolg, wenn die Anzeige in der jeweiligen Landessprache präsentiert wird. Ein Benutzer soll also die Möglichkeit haben, eine Anzeige in verschiedenen Sprachen einzugeben.

Die entsprechende Datenbankstruktur unterscheidet sich von dem bisher definierten Model, da wesentlich mehr Daten und Relationen abgebildet werden müssen. CakePHP bietet für diesen Anwendungsfall eine Lösung, die die Lücke zur kompletten Lokalisierung schließt. Der Ansatz ist sehr allgemein gehalten und ermöglicht für fast jede Datenstruktur eine adäquate Umsetzung, um eine Applikation mit dynamischen Daten sauber zu internationalisieren.

## Das Translation-Behavior

Die Grundlage dieser Lösung ist eine intelligente Anpassung der Model-Klasse, über die die betroffenen Daten verwaltet werden. Die Logik dazu ist im *Translation-Behavior* ausgelagert, das seit der Version 1.2 Teil von CakePHP ist. Das Translation-Behavior ist – so wie jedes andere Behavior – eine logische Erweiterung der Model-Klasse, die es erlaubt, die Datenstruktur, die das Model repräsentiert, um eine bestimmte Funktionalität zu erweitern.

In diesem Fall dient die Erweiterung dazu, die Datenbanktabelle, die von der Model-Klasse nach dem Prinzip des Active Records gekapselt wird, so auszubauen, dass die Datenstruktur Mehrsprachigkeit erlaubt. Wenn Sie die aktuelle Tabelle *jobs* anschauen, ist es recht offensichtlich, dass der Status quo es nicht erlaubt, Jobs in verschiedenen Sprachen abzulegen, ohne die Logik der Applikation zu verändern. Der Aufwand steigt natürlich, wenn nicht nur eine, sondern eine ganze Reihe von Tabellen von der Umstellung betroffen sind.

Die Idee hinter dem Translation-Behavior besteht darin, dass die Schnittstelle zwischen Controller, dem Model und der dahinterliegenden Tabelle im Zuge der Internationalisierung nicht verändert werden muss. Jeder Zugriff auf die Daten – sei es nun lesend oder schreibend – egal aus welchem Controller soll nicht modifiziert werden müssen. Die Abstraktionsebene zwischen Datenhaltung und der Logik der Applikation macht dies dank der strikten Trennung zwischen Model und Controller möglich.

Damit diese Idee auch funktioniert, sind einige Änderungen in der Datenstruktur notwendig. Der Aufwand, der hier nötig ist, steht allerdings in keinem Verhältnis zu dem, was erforderlich wäre, um eine ganze Applikation auf der Logik-Ebene umzuschreiben. Im folgenden Beispiel werden Sie die *CakeJobs*-Applikation so erweitern, dass Jobangebote lokalisiert abgelegt werden können. Das heißt, jede Jobanzeige ist einer bestimmte Sprache zugeordnet und wird nur angezeigt, wenn der User die entsprechende Sprache gewählt hat. Neue Jobangebote werden entweder der aktuellen Sprachauswahl zugeordnet, oder es wird eine alternative Sprache gewählt. Die Auswahl wird in der Eingabemaske in Form eines Dropdown-Menüs angeboten werden.

## Die Model-Klasse erweitern

Im ersten Schritt ist es notwendig, diejenigen Klassen aller Modelle zu erweitern, die Datenbanktabellen repräsentieren, die Inhalte lokalisiert speichern sollen. Im Fall von *CakeJobs* ist das für die *Job-Model*-Klasse nötig. Über die Klassenvariable `$actsAs` wird das Translation-Behavior in das Job-Model eingefügt. Dabei wird gleichzeitig die Konfiguration übergeben, die festlegt, welche Felder in der Datenbank ab jetzt lokalisiert werden sollen.

```
var $actsAs = array('Translate' => array('title', 'description'));
```

Das Array `$actsAs` übernimmt alle Behaviors, die für das entsprechende Model gelten sollen, in Form eines Arrays. In diesem Beispiel wird über den Schlüssel `Translate` – der das Translation-Behavior einbindet – ein weiteres Array definiert, in dem die Felder `title` und `description` angegeben sind. Wenn Sie sich den bisherigen Aufbau der *jobs*-Tabelle vor Augen führen, entspricht das den beiden Feldern, in denen Eingaben in unterschiedlichen Sprachen erwartet werden können. Das Translation-Behavior gilt also in diesem Model für diese beiden Felder.

## Die Datenstruktur anpassen

Der nächste Schritt wird Sie vielleicht überraschen, denn es ist notwendig, genau diese beiden Felder, für die das Translation-Behavior gilt, aus der Tabelle *jobs* zu entfernen. Genau genommen müssen Sie diese Spalten nicht unbedingt löschen, allerdings werden sie in Zukunft nicht mehr genutzt werden bzw. werden die darin enthaltenen Daten nicht mehr zur Verfügung stehen.

Durch die Einbindung des Translation-Behaviors mit der Angabe dieser beiden Felder haben Sie das Model angewiesen, diese Felder nun nicht mehr direkt aus der verknüpften Tabelle zu ziehen, sondern nur noch als virtuelle Felder anzubieten, die nach außen hin zwar wie gewohnt abgefragt werden können, intern aber in eine Internationalisierungstabelle ausgelagert sind. Auf diese Weise ist es möglich, für die betroffenen Felder beliebige Sprachversionen anzulegen.

Das Format der Internationalisierungstabelle ist von CakePHP genau vorgegeben und wird vom Translation-Behavior auch so erwartet. Der Aufbau ist in einem SQL-File mit dem Namen *i18n.sql* unter */app/config/sql/* hinterlegt. Führen Sie den darin enthalten Quelltext aus, und Sie erhalten eine neue Tabelle namens *i18n* in Ihrer Datenbank.

```
CREATE TABLE i18n (
   id int(10) NOT NULL auto_increment,
   locale varchar(6) NOT NULL,
   model varchar(255) NOT NULL,
   foreign_key int(10) NOT NULL,
   field varchar(255) NOT NULL,
   content mediumtext,
   PRIMARY KEY   (id),
#   UNIQUE INDEX I18N_LOCALE_FIELD(locale, model, foreign_key, field),
#   INDEX I18N_LOCALE_ROW(locale, model, foreign_key),
#   INDEX I18N_LOCALE_MODEL(locale, model),
#   INDEX I18N_FIELD(model, foreign_key, field),
#   INDEX I18N_ROW(model, foreign_key),
   INDEX locale (locale),
   INDEX model (model),
   INDEX row_id (foreign_key),
   INDEX field (field)
);
```

Über die auskommentierten Zeilen dieses SQL-Befehls haben Sie die Möglichkeit, einen Index oder mehrere Indizes so zu setzen, wie es für Ihre Anwendung optimal ist. Diese neue Tabelle ist das Kernstück des Translation-Behaviors und dient dazu, lokalisierte Daten aus anderen Tabellen auszulagern. Der Aufbau der Tabelle ist dabei erstaunlich einfach: Neben der eindeutigen ID pro Datensatz existieren fünf weitere Spalten.

| Spalte | Beschreibung |
|---|---|
| `locale` | Gibt an, in welcher Sprache dieser Datensatz gespeichert ist |
| `model` | Das Model, für das dieser Eintrag gilt |
| `foreign_key` | Fremdschlüssel zu diesem Model |
| `field` | Das konkrete Feld in der Tabelle, das übersetzt wird |
| `content` | Der lokalisierte Inhalt |

Wie Sie sehen, ist die Tabelle nicht nur für die Lokalisierung eines einzelnen Models ausgelegt, sondern vielmehr für eine beliebige Anzahl von Models, die Datenfelder in diese Tabelle auslagern. Die Zuordnung wird dabei für den eindeutigen Fremdschlüssel, das Feld und die Angabe des Ziel-Models in den einzelnen Spalten gewährleistet. Die Spalte `content` enthält letztendlich den eigentlichen Inhalt, der zuvor direkt in der Ursprungstabelle angelegt war.

## Automagic!

Wenn Sie die Schritte der letzten Seiten genau so durchgeführt haben, sind Sie im Prinzip schon fertig. CakePHP überrascht an dieser Stelle wieder einmal mit ein wenig Magie, denn wenn Sie nun die Applikation öffnen, haben Sie eine vollständig internationalisierte Anwendung vor sich. Nicht nur die statischen Inhalte stehen in verschiedenen Sprachen zur Verfügung, sondern auch die benutzergenerierten Inhalte können nun sprachbezogen abgelegt werden.

Auf den ersten Blick werden Sie feststellen, dass alle bisher gemachten Testeinträge verschwunden sind. Es scheint, dass die Tabelle *jobs* vollständig leer ist. Ein Blick auf die Debug-Ausgaben – sofern Sie diese aktiviert haben – zeigt auch den Grund dafür: Das Job-Model greift nun nicht mehr mittels einer einfachen SELECT-Anfrage auf die *jobs*-Tabelle zu, sondern macht eine erweiterte Anfrage über LEFT JOIN auf die neue Tabelle *i18n*. Die ursprünglichen Felder `title` und `description` werden aus der *jobs*-Tabelle nicht mehr abgefragt.

Die Ursache dieser Veränderung ist das Translation-Behavior, das nun dafür sorgt, dass die angegebenen Felder nicht mehr in der Original-Tabelle gesucht werden, sondern dass immer auf eine lokalisierte Variante in der *i18n*-Tabelle zurückgegriffen wird. Dank einer geschickt gewählten SQL-Anfrage werden die ausgelagerten Felder allerdings weiterhin mit den ursprünglichen Bezeichern zurückgegeben, so dass die Arbeit mit der Model-Klasse aus Sicht der Controller nicht verändert werden muss. Die Applikation funktioniert wie vorher, ohne dass ein Zeichen auf der Logik-Ebene geändert werden müsste.

Das Wirken des Translation-Behaviors geht allerdings noch weiter: Es werden konsequenterweise nicht nur lesende Zugriffe über die *i18n*-Tabelle umgeleitet, sondern auch alle neuen Einträge über das `jobs`-Model. Auch hier hat sich der Zugriff über die Schnittstellen des Models nach außen hin nicht geändert. Wenn nun ein neues Jobangebot angelegt wird, wird dieses über die Controller-Methode scheinbar genau wie zuvor gespeichert. Allerdings werden wie erwartet nun nicht mehr die Felder `title` und `description` der *jobs*-Tabelle verwendet, sondern alle Daten in die *i18n*-Tabelle ausgelagert. Dabei wird für jeden Datensatz die Sprache mit gespeichert, die für diesen Eintrag gültig ist.

Die jeweilige Sprachversion zieht CakePHP automatisch aus der aktuell gültigen Sprachkonfiguration, so wie Sie es im vorhergehenden Abschnitt kennengelernt haben. Wenn Sie das Beispiel mit der freien Sprachwahl durch den User entsprechend entwickelt haben, dann können Sie nun frei zwischen den Sprachen wählen und für jede Version Jobanzeigen aufgeben. Diese Anzeigen werden von CakePHP nur dann angezeigt, wenn Sie sich in der gleichen Sprachwahl befinden. Deutschsprachige Anzeigen werden also nur Usern mit deutscher Sprachwahl angeboten, englischsprachige Anzeigen nur Benutzern mit einer englischen Sprachwahl und so weiter.

Im aktuellen Stand der Applikation wird eine Anzeige automatisch immer in derjenigen Sprache in der Datenbank hinterlegt, die der User gerade selbst gewählt hat. Im nächsten Schritt werden Sie diesen Zustand noch ein wenig »aufbohren« und auch hier Wahlfreiheit zulassen.

## Die Sprache im Model setzen

Im letzten Schritt dieses Abschnitts möchten wir Ihnen zeigen, wie Sie im Model ganz explizit eine Sprachvariante setzen können, unabhängig davon, in welcher Sprachversion CakePHP gerade ist. Dazu soll der User beim Anlegen einer neuen Anzeige über ein Dropdown-Menü entscheiden können, für welchen Sprachbereich seine Anzeige gelten soll. Dieser Schritt ist mit dem Mitteln des Form-Helpers schnell umgesetzt:

```
<h2>Neuer Job</h2>
<?php
   echo $form->create('Job');

   echo $form->input('language',
      array(
         'type'=>'select',
         'selected' => $lang,
```

```
            'options'=>array('deu'=>'deutsch', 'eng'=>'english','ita'=>'italiano'),
            'label'=>__('Sprache', true),
        )
    );

    echo $form->input('company_id');
    echo $form->input('title');
    echo $form->input('description');
    echo $form->end('Speichern');
?>
```

Über den Befehl input() wird im View ein neues Dropdown-Menü erstellt, das die drei Sprachen *deutsch*, *english* und *italiano* mit dem jeweiligen Kürzel anbietet. Automatisch vorausgewählt ist die aktuell gültige Sprache der Applikation, die aus dem AppController mit $this->set('lang', $lang) gesetzt wurde. Wenn der Benutzer eine andere Sprache angeben will, hat er nun ohne Weiteres die Möglichkeit dazu. Das Label des neuen Dropdown-Menüs ist natürlich auch über die Methode __() in verschiedenen Sprachen verfügbar (Abbildung 15-1).

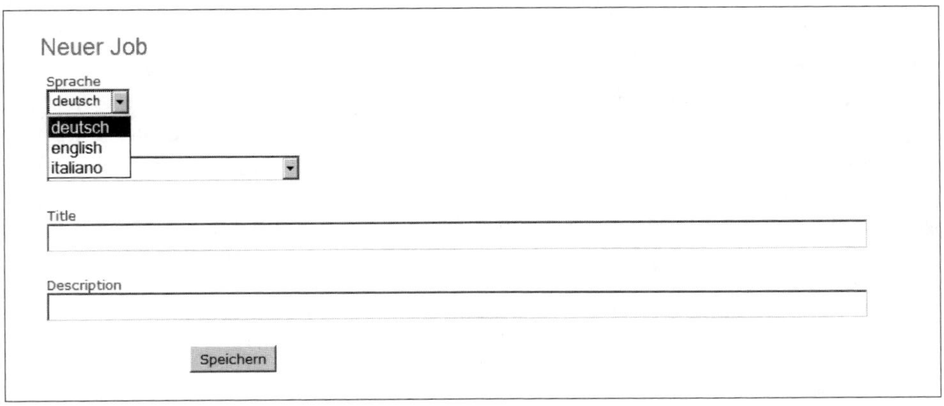


*Abbildung 15-1: Die Auswahl der Sprache*

Die Auswahl des Users steht nach dem Abschicken des Formulars in der Methode add() im Jobs-Controller im Array $this->data zur Verfügung. Die Sprachwahl muss nun nur noch dem Model mitgeteilt werden, und zwar vor dem Speichern. Das geschieht durch das Setzen der Variable $local direkt im Model:

```
function add() {

    if (!empty($this->data)) {
        $this->Job->locale = $this->data['Job']['language'];
        $this->Job->create();
        if ($this->Job->save($this->data)) {
            $this->Session->setFlash(__('Der Job wurde gespeichert.', true));
            $this->redirect(array('action'=>'index'));
        } else {
            $this->Session->setFlash('Der Job konnte nicht angelegt werden.');
```

```
        }
    }
}
```

Die Methode add() wurde einfach um eine Zeile erweitert, die die Auswahl des Users aus dem Array $this->data direkt an die Variable $locale im Model übergibt. Wenn nun Daten gespeichert werden, wird nicht mehr die gerade aktuell gültige Sprache übernommen, sondern konkret die gewählte aus dem Dropdown-Menü.

Auf diese Weise können Sie auch den Lese-Zugriff auf das Model beeinflussen. Wenn Sie unabhängig von der gültigen Sprache Jobs auslesen und anzeigen wollen, setzten Sie einfach $locale auf die entsprechende Sprache. Alle Jobs bekommen Sie, wenn $local auf einen Leer-String gesetzt wird. CakePHP verzichtet dann auf eine entsprechende Einschränkung in der WHERE-Klausel.

## Die Klasse i18n einsetzen

Im letzten Teil dieses Kapitels kommen Sie zu einer weiteren sehr wichtigen Klasse in CakePHP, die neben der Klasse l10n wesentlich für die Umsetzung der Mehrsprachigkeit in Ihrer Applikation ist: die Klasse i18n. Bisher haben Sie diese Klasse nicht näher betrachtet, was allerdings nicht bedeutet, dass Sie sie bisher nicht verwendet haben. Ganz im Gegenteil: Fast im kompletten ersten Teil dieses Kapitels, in dem Sie die Internationalisierung aller Ausgaben der Applikation betrieben haben, war die Klasse i18n im Einsatz, und zwar über die bekannte Methode __(). Intern verwendet diese Methode die Klasse i18n – genau genommen die Methode translate() –, um die Übersetzungen zu realisieren.

Grund genug, um an dieser Stelle noch einen genauen Blick auf diese Methode zu werfen:

```
I18n::translate (
   $singular,
   $plural = null,
   $domain = null,
   $category = 5,
   $count = null
)
```

Auf den ersten Blick ist nicht viel Ähnlichkeit mit der Methode __() zu erkennen, die im Prinzip nichts anderes macht, als translate() über die Klasse *i18n* aufzurufen. Das liegt daran, dass die meisten der verwendeten Parameter optional sind und bei einem Aufruf nicht zwangsläufig verwendet werden müssen. Der einfachste Aufruf von translate() hat also auch nur einen Parameter. Da die Klasse i18n statisch verwendet werden kann, ist folgender Aufruf also ohne Weiteres möglich:

```
App::import('Core', 'i18n');
$trans = i18n::translate('Sprache');
```

Als Core-Klasse kann `i18n` mit der Methode `App::import()` jederzeit im Controller eingebunden werden. Der Aufruf macht an dieser Stelle nichts anderes, als `__()` auch tun würde: schlicht eine Übersetzung für den übergebenen Parameter im aktuellen Sprachfile suchen und zurückgeben. In den seltensten Fällen ist der Aufruf in dieser Form über `translate()` wirklich sinnvoll, da die gleiche Funktionalität über `__()` gegeben ist. In den folgenden Beispielen soll er trotzdem so geschehen, um die einzelnen Parameter dieser Methode besser beschreiben zu können.

Neben dem ersten Parameter, der einen String an die Methode für die Übersetzung übergibt, erwartet `translate()` vier weitere optionale Parameter, die Ihnen sehr großen Einfluss auf das Verhalten der Methode geben. `translate()` kann nämlich mehr, als einfach nur Wörter oder Sätze über Sprachdateien zu übersetzen.

Die Parameter `$singular` und `$plural` lassen schon ahnen, in welche Richtung der folgende Abschnitt gehen wird. Es geht um die korrekte Erkennung und Zuordnung von Pluralformen innerhalb einer Übersetzung und um die anschließende Ausgabe. Was auf den ersten Blick recht trivial aussieht, wird spätestens bei dynamischen Ausgaben schwierig. Denken Sie beispielsweise an die Applikation *CakeJobs*. Nehmen Sie an, dass auf der Übersichtsseite die Anzahl der verfügbaren Jobs ausgegeben werden soll:

```
Es sind 3 Anzeigen aktuell online.
```

Problematisch wird es, wenn die Anzahl der Anzeigen auf 1 reduziert wird, da dann der Text grammatikalisch korrekt so lauten müsste:

```
Es ist 1 Anzeige aktuell online.
```

Da Sie allerdings erst zur Laufzeit wissen, wie hoch die Anzahl der Jobanzeigen wirklich ist, kann die Formulierung nicht statisch festgelegt werden, sondern muss dynamisch gewählt werden. Die aktuell bekannte Funktionalität von `translate()` bzw. `__()` kann das nicht bieten oder nur mit einem sehr umständlichen Overhead an Bedingungen, die in einer Ausgabe eigentlich nichts zu suchen haben. *gettext* kennt dieses Problem und hat eine entsprechend elegante Lösung dafür parat. Innerhalb der Sprachdateien können nicht nur einfache Übersetzungen angegeben werden, sondern auch – falls nötig – die dazugehörigen Plural-Versionen. Der Aufbau wird dadurch ein wenig erweitert:

```
msgid "job_online"
msgid_plural "jobs_online"
msgstr[0] "Es ist %d Anzeige aktuell online."
msgstr[1] "Es sind %d Anzeigen aktuell online."
```

Es wurde eine weitere Zeile eingefügt, die über das Schlüsselwort `msgid_plural` einen weiteren String übernimmt, über den die Plural-Version identifiziert wird. Da wir bei unserem Beispiel bleiben, kann man nun Übersetzungen für `job_online` und `jobs_online` in diesem *.po*-File hinterlegen. Das ist hier schon geschehen, wobei in einer Art Arraysyntax beide Übersetzungen dem Schlüssel `msgstr` zugewiesen werden. Hinter 0 steht die Variante für Singular, hinter 1 die für Plural. Der Platzhalter %d wird später über die Methode sprintf() durch die genaue Anzahl ersetzt werden.

Wie Sie sicherlich schon ahnen, sind beide Schlüssel als Parameter der translate()-Methode vorgesehen. Auf diese Weise kann der Methode die Wahl gelassen werden, welche Formulierung zur Laufzeit eingesetzt werden soll. Jetzt fehlt nur noch die Anzahl der Jobs, auf der diese Entscheidung basiert. An dieser Stelle kommt der Parameter $count von translate() in Spiel, der die exakte Anzahl der Jobs übernimmt.

```
$c = 3;

App::import('Core', 'i18n');
$trans = i18n::translate('job_online', 'jobs_online', 'default', 5, $c);

pr(sprintf($trans, $c));
//Ausgabe: Es sind 3 Anzeigen aktuell online.
```

Dieses Stück Quellcode zeigt recht plakativ, wie es funktioniert. Die Methode translate() bekommt neben der Singular-Variante auch noch den Schlüssel für den Plural mit übergeben. Parameter drei und vier ignorieren Sie erst einmal. Über den letzten Parameter wird der Wert 3 angegeben, der entscheidet, dass wir es mit einer Pluralsituation zu tun haben. Die Ausgabe ist dementsprechend. Würde $c zur Laufzeit den Wert 1 bekommen, kann translate() automatisch auf die Singularformulierung zurückgreifen.

*gettext* bietet darüber hinaus eine ganze Menge mehr an Funktionalitäten, gerade im Zusammenhang mit Pluralversionen und mit der automatischen Erkennung in unterschiedlichen Sprachen. CakePHP unterstützt diese Methoden. Mehr dazu und zur Syntax der *.po*-Files finden Sie in der Dokumentation von gettext unter der folgenden URL:

*http://www.gnu.org/software/gettext/manual/gettext.html*

Zuletzt noch einige Worte zu den Parametern $domain und $category, die an den Stellen drei und vier übergeben werden. Dabei handelt es sich um zwei Einflussgrößen, mit denen Sie festlegen, welche *.po*-Files bei der Übersetzung herangezogen werden sollen. Der Wert von $domain legt fest, wie die Datei konkret heißt, während $category festlegt, in welchem Ordner diese liegt. Generell gelten diese Angaben natürlich immer für die aktuell gewählte Sprache und damit für den entsprechenden Ordner unterhalb von */locale*.

Am Anfang dieses Kapitels haben wir darauf hingewiesen, dass es neben der Kategorie LC_MESSAGES noch eine Reihe anderer Kategorien gibt. Falls Sie explizit lokalisierte Daten aus einer anderen Kategorie ziehen wollen, können Sie dies über den Parameter $category festlegen. Voraussetzung ist, dass im entsprechenden Sprachordner auch ein Unterordner zu dieser Kategorie mit einem *.po*-File existiert.

Die Kategorie wird der Methode `translate()` in Form einer Nummer übergeben, wobei 5 der Default-Wert ist. Alle anderen Nummern finden Sie hier:

| Kategorie | Nummer |
|---|---|
| LC_MESSAGES | 5 |
| LC_CTYPE | 0 |
| LC_NUMERIC | 1 |
| LC_TIME | 2 |
| LC_COLLATE | 3 |
| LC_MONETARY | 4 |
| LC_ALL | 6 |

Anhand der Nummer findet CakePHP den entsprechenden Ordner und sucht darin die Datei *default.po*, um eine Übersetzungstabelle zu erstellen. Mit dem Parameter `$domain` können Sie dieses Verhalten dahingehend ändern, dass Sie den Dateinamen festlegen, der innerhalb der Kategorie verwendet wird. Statt *default* können Sie einen beliebigen String übergeben und so eine andere Datei auswählen, um so innerhalb einer Sprache verschiedene Übersetzungen zu verwenden. Denken Sie an dieser Stelle beispielsweise an die Unterscheidung zwischen »du« und »Sie«, wie sie im Deutschen zu finden ist.

## Die __*()-Methoden

Als Letztes möchten wir noch auf Schwestermethoden von `__()` hinweisen, die im tagtäglichen Entwicklerleben den Zugriff auf die `translate()`-Methode erleichtern. Für fast jede Kombination von Parametern, besteht eine eigene `__*()`-Methode. Tabelle 15-1 zeigt, welche es gibt:

*Tabelle 15-1: Die __*()-Methoden für den Zugriff auf die translate()-Methode*

| Methode | Beschreibung |
|---|---|
| `__( $singular, $return = false )` | Standardübersetzung der Singularvariante |
| `__n( $singular, $plural, $count, $return = false )` | Unterscheidung zwischen Singular und Plural anhand von `$count` |
| `__d( $domain, $msg, $return = false )` | Singular-Übersetzung aus einer bestimmten Domain (Datei) |

*Tabelle 15-1: Die __*()-Methoden für den Zugriff auf die translate()-Methode (Fortsetzung)*

| Methode | Beschreibung |
|---|---|
| `__dn( $domain, $singular, $plural, $count, $return = false )` | Singular- oder Plural-Übersetzung aus einer bestimmten Domain (Datei) |
| `__dc( $domain, $msg, $category, $return = false )` | Singular-Übersetzung aus einer bestimmten Kategorie und Domain (Datei) |
| `__dcn( $domain, $singular, $plural, $count, $category, $return = false )` | Singular- oder Plural-Übersetzung aus einer bestimmten Domain (Datei) und Kategorie |
| `__c( $msg, $category, $return = false )` | Singular-Übersetzung aus einer bestimmten Kategorie |

Die Parameter werden genauso übergeben, wie Sie sie `translate()` übergeben würden. Allen Methoden ist der letzten Parameter `$return` gemeinsam, der festlegt, ob das Ergebnis direkt ausgegeben werden soll oder als Rückgabe der Methode erreichbar ist.

# KAPITEL 16

# Testing

Sie kennen dieses Problem bestimmt: Man schreibt komplexen Code für eine bestimmte Aufgabe und findet den Code toll. Doch Wochen oder Monate später, wenn Änderungen gemacht werden müssen, sieht man den Code und hat Hemmungen, diesen zu verändern – schlicht aus der Befürchtung heraus, etwas »kaputt« zu machen, ohne es selbst zu bemerken. In solchen Situationen wünscht sich der Entwickler eine verlässliche Möglichkeit sicherzustellen, dass an der Funktionalität nicht unabsichtlich etwas verändert wurde. Hier kommen Tests ins Spiel: Wenn die Disziplin aufgebracht wurde, vor, während oder zumindest nach der Implementierung der Funktionalität aussagekräftige Tests zu schreiben, kann der Entwickler die Tests starten und sich von grünen Balken absichern lassen.

Die testgetriebene Entwicklung dreht den gewohnten Entwicklungsprozess um: Man schreibt Tests schon vor dem Implementieren der gewünschten Weiterentwicklung oder neuen Funktionalität. Ein zu lösendes Problem wird analysiert, und die erwarteten Ergebnisse werden im Test abgefragt. Wenn der Test jetzt ausgeführt wird, schlägt er natürlich fehl. Dann geht es an das Implementieren der Funktionalität an sich, und zwar so simpel wie möglich – so lange, bis der Test erfolgreich durchläuft. Diese einzelnen Schritte laufen in sehr kurzer Folge ab, um die Motivation hochzuhalten, schrittweise jeden Test in den grünen Bereich zu programmieren. Für Neulinge in diesem Bereich erscheint diese Art zu entwickeln wahrscheinlich abschreckend, aber der Spaß- und Motivationsfaktor des Test Driven Development, ist hoch, und die Vorteile sind nicht von der Hand zu weisen:

- Sie überlegen sich vor dem Implementieren und während des Schreibens der Tests sehr genau, was die spätere Funktionalität erreichen soll.
- Der später geschriebene Code wird in der Regel schlanker sein, als wenn Sie einfach drauflos schreiben – schlicht durch den Zwang, sich schon vorher Gedanken zu machen.

- Man vertraut seinem Code und ist deshalb sicherer bei Änderungen – deren vielleicht ungewollte Auswirkungen sich durch Tests schnell zeigen. Die Hürde, um Refactoring zu betreiben, wird ungleich niedriger, und Ihr Code wird noch schlanker, eleganter und stabiler.
- Tests sind zusätzliche Dokumentation für den Code.

Die Kehrseite davon ist, dass viel Disziplin vonnöten ist, um immer durchdachte und vollständige Tests zu schreiben. Es mag zeitaufwendig erscheinen, Sie können aber sicher sein, dass Ihnen Tests auf längere Sicht viel Zeit sparen: vor allem beim Debugging und beim Suchen von Fehlern. Code mit guter Testabdeckung ist abgesehen davon meistens schon von Grund auf stabiler und »hält« länger.

In diesem Zusammenhang gibt es mehrere Begriffe, die Sie kennen sollten: So gibt es das *Unit Testing*, das zum Testen von logischen Einheiten im Programm dient, das *Test Driven Development*, das das Schreiben von Tests in den normalen Entwicklungsprozess integriert, sowie das *Extreme Testing*, das dem Test Driven Development eine agile Komponente hinzufügt und es entsprechend adaptiert. Man muss sich nicht nach den Definitionen der verschiedenen Arten, seine Software zu testen, richten, aber das gezielte Testen von Software, also das Implementieren von spezifischen Tests, bietet viele Vorteile.

Der Grundgedanke ist es, nichts zu implementieren, wofür es keine Tests gibt. Das hat den Hintergrund, dass Test-Cases, die erst nach dem Programm selbst geschrieben werden, selbst Gefahr laufen, nicht vollständig korrekt zu sein. Diese Theorie geht Hand in Hand mit dem Extreme Testing. Bei dieser Programmierdisziplin steht die Entwicklung einer Testsammlung im Vordergrund, um auf dieser Basis den Entwicklungsprozess besser strukturieren zu können. Der Erfolg der Entwicklung wird hier am Erfolg der Tests gemessen.

Wie sieht nun aber so ein Test aus, und was wird getestet? Hier kommt das Unit Testing ins Spiel. Unit Tests stellen sicher, dass einzelne Teile (Units) des Codes richtig funktionieren. Eine Unit ist die kleinste testbare Einheit einer Applikation, in der objektorientierten Programmierung also im Endeffekt eine Methode. Das Ziel von Unit Testing ist es, einzelne Teile eines Programms isoliert zu testen und sicherzustellen, dass die Teile funktionieren. Unit Testing ist allerdings auch nur ein Teil der Testreihe, denn mit reinem Unit Testing können Sie nicht die gesamte Funktion und das Zusammenspiel der einzelnen Komponenten eines Programms testen. Hierfür kommen andere Techniken in Frage, die es ermöglichen, einen ganzen Programmablauf zu überprüfen. In der CakePHP-Testumgebung können Sie beispielsweise eine ganze CakePHP-Action starten und so das Zusammenspiel von Ihrer Konfiguration, Ihren Models, Ihren Controllern und was sonst sonst noch für den Ablauf relevant ist testen.

Sie beginnen in diesem Kapitel damit, die von CakePHP verwendete Test-Software *SimpleTest* zu installieren, um dann sofort Ihren ersten Test zu schreiben und gleichzeitig einen Überblick über die Struktur der Testumgebung zu bekommen. Daraufhin lernen Sie die Besonderheiten beim Testen der wichtigsten CakePHP-Komponenten kennen. Nachdem Sie Tests für Ihre Models, Controller, Components und Helper geschrieben haben, besprechen wir Testgruppen, mit denen Sie zusammengehörende Tests gruppieren und so in einem Durchgang ausführen können.

Zum Abschluss des Kapitels stellen wir noch das sogenannte *Web Testing* vor, mit dem Sie Ihre Anwendung über einen virtuellen Browser starten und über PHP-Befehle die Interaktion eines Benutzers mit der Anwendung simulieren können.

Nun genug der Theorie, wir möchten Sie keinesfalls vom Testen abschrecken. Sie werden sehen, wie schnell und einfach Sie eine Testumgebung aufsetzen und die ersten Tests schreiben können – der agile Ansatz soll auch hier nicht verloren gehen.

# Die Test-Suite installieren

CakePHP besitzt ein Test-Framework, das für den Betrieb mit der PHP-Unit-Testing-Umgebung *SimpleTest* ausgelegt ist. SimpleTest ist ein Unit-Testing-Framework für PHP, das dem *JUnit*-Framework für Java strukturell sehr ähnlich ist. Mit SimpleTest ist es möglich, Einheiten Ihres Codes zu testen, aber auch Tests direkt auf der generierten Website auszuführen. SimpleTest gibt es unter *http://simpletest.sourceforge.net/* zum Download. Laden Sie sich die aktuellste stabile Version herunter, und entpacken Sie das Archiv in den Ordner */app/vendors/simpletest*. Alternativ können Sie auch */vendors/simpletest* als Installationsort verwenden; die CakePHP-Testsuite sucht in diesen beiden Ordnern nach SimpleTest. Die CakePHP-Testsuite erreichen Sie unter *http://localhost/cakejobs/test.php*, jedoch nur, wenn CakePHP sich im Debug-Modus befindet. Wenn Sie diese URL aufrufen, sollte sich Ihnen die eine Ansicht wie in Abbildung 16-1 präsentieren.

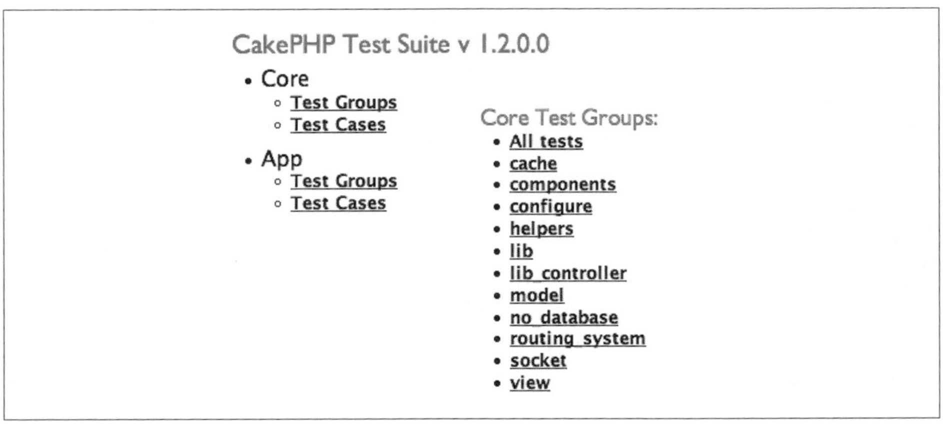


*Abbildung 16-1: Die CakePHP-Testsuite*

Die Aufteilung hier ist sehr simpel. In der linken Spalte finden Sie die Kategorien, in die die Tests unterteilt werden, rechts die zugehörigen Tests. Wie Sie sehen, gibt es hier *Test Cases* und *Test Groups*. Test-Cases sind einzelne Tests, Test-Groups sind in Gruppen zusammengefasste Test-Cases. Jede Testkategorie hat standardmäßig schon die Gruppe *All Tests*, die schlicht alle Tests der gewählten Kategorie nacheinander ausführt.

Es gibt Tests für alle wichtigen Teile des CakePHP-Kerns. Auch diese können Sie einfach in der TestSuite starten. Bevor wir unsere eigenen Tests schreiben, starten Sie zur Demonstration einen Test aus den *Core Test Cases* (Abbildung 16-2).

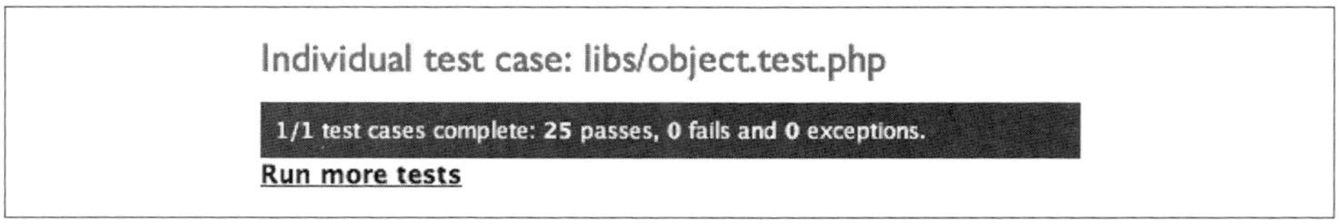


*Abbildung 16-2: Test der Core-Object-Klasse*

Das Test-Case wurde gestartet, und 25 Tests innerhalb dieses Test-Case wurden fehlerfrei erfolgreich abgeschlossen.

# Tests schreiben

Gehen wir nun an die Implementierung unserer eigenen Tests. In diesem Abschnitt möchten wir Ihnen ohne große Umschweife das System und den Aufbau von Tests in CakePHP näherbringen. Dazu gehen wir auf die Ordnerstruktur und die Benennung der Tests ein und zeigen dann anhand eines Test-Case für den UsersController, wie eine Test-Case-Klasse aussehen kann. Dieser Abschnitt ist als allgemeine Einführung in das Schreiben von Tests gedacht – auf die Besonderheiten beim Testen von Controllern gehen wir im Abschnitt »Controller testen« noch genauer ein. Wie bei Controllern gibt es auch beim Testen von Components, Helpern und vor allem von Models noch einige Besonderheiten, die Sie in den folgenden Abschnitten kennenlernen werden.

Test-Cases gehören in das Verzeichnis */app/tests/cases*. Sie sind dort in diverse Unterordner gegliedert. Hier ist nur ein CakePHP-typischer Dateiname nötig, der aber das Suffix *test* im Dateinamen haben muss, zum Beispiel *jobs_controller.test.php*. Wenn Sie in der CakePHP-Console Controller oder Models baken, bietet Ihnen Bake auch gleich die Erstellung der zugehörigen Tests an. Wenn Sie beim Baken des *JobsControllers* in den vorherigen Kapiteln die Nachfrage, ob ein Test gleich mit erstellt werden soll, bestätigt haben, sollte sich eine Datei namens *jobs_controller.test.php* im Verzeichnis */app/tests/cases/controllers* finden. Wenn nicht, baken Sie den *JobsController* einfach noch einmal. Vergessen Sie nicht, den *JobsController* vorher zu sichern und nach dem Baking wieder zu ersetzen, ansonsten wären Ihre hart erarbeiteten Anpassungen verloren. Sehen wir uns nun den Test für den *UsersController* genauer an:

```
App::import('Controller', 'Users');

class TestJobs extends JobsController {
   var $autoRender = false;
}

class JobsControllerTest extends CakeTestCase {
   var $Jobs = null;

   function setUp() {
      $this->Jobs = new TestJobs();
   }

   function testJobsControllerInstance() {
      $this->assertTrue(is_a($this->Jobs, 'JobsController'));
   }

   function tearDown() {
      unset($this->Jobs);
   }
}
```

Damit der Test-Suite der zu testende Controller auch zur Verfügung steht, wird dieser zuallererst per `App::import()` importiert. Dann wird die Klasse `TestUsers` erstellt, die den ursprünglich zu testenden *JobsController* erweitert. In Ihren Test-Cases arbeiten Sie dann mit der Klasse `TestUsers`, um die Controller-Funktionalitäten zu erreichen. Das hat schlicht den Hintergrund, Sie beim Schreiben von Tests flexibel zu halten, damit Sie für einen speziellen Testfall eventuelle Anpassungen am Controller vornehmen können, ohne den »echten« Controller anpassen zu müssen. Test-Cases müssen so unabhängig wie möglich von der Applikation laufen können.

Die Test-Klasse an sich, `UsersControllerTest`, erweitert die Klasse `CakeTestCase`. Diese stellt das CakePHP-Testing-Framework zur Verfügung und arbeitet wie ein Proxy zu den SimpleTest-Klassen, die Sie aber nicht direkt ansprechen müssen. Die CakePHP-Test-Suite bietet eine Reihe von Callback-Funktionen, die Sie in Ihren Test-Klassen überschreiben können. Eine Übersicht über die wichtigsten Callbacks von `CakeTestCase`-Klassen finden Sie im Kasten »Callbacks«. Kommen wir nun zu den Test-Methoden an sich. Diese können Sie benennen, wie Sie möchten, die einzige Voraussetzung ist, dass deren Name mit *test* beginnt. Die Test-Suite ruft dann alle diese Methoden der Reihe nach auf. Rückgabewerte sind hier nicht nötig. Die Kontrollen, die die Tests an sich durchführen, nennt man im Unit-Testing-Jargon *Assertions* (siehe dazu den Kasten »Assertions«). Die Test-Methode `testJobsControllerInstance()`, die standardmäßig von Bake erstellt wird, prüft beispielsweise, ob `$this->Jobs` wirklich ein Objekt des Typs `JobsController` ist. Dieser Check wird an `$this->assertTrue()` übergeben. Wie der Name schon sagt, muss das Argument für diese Methode *true* sein, ansonsten gilt der Test als fehlgeschlagen.

## Callbacks

Die Klasse `CakeTestCase` bietet eine Reihe an Callbacks, die vor und nach bestimmten Aktionen ausgeführt werden. Diese können Sie überschreiben, um einfach festzustellen, was passiert und vielleicht um diverse Vorbereitungen bei bestimmten oder allen Methoden auszuführen.

*startCase()*
: Dieses Callback wird aufgerufen, bevor das Test-Case, also eine `CakeTestCase`-Klasse mit Testmethoden, gestartet wird.

*endCase()*
: Wird aufgerufen, sobald das Test-Case durchgelaufen ist.

*before($method)*
: Diese Methode bekommt als Parameter den Namen der gestarteten Methode als String übergeben und wird vor jeder Methode in `CakeTestCase`-Klassen gestartet. Achtung: Hier sind nicht nur Test-Methoden (also Methoden mit dem Präfix *test*) enthalten, sondern auch andere Methoden der Klasse.

*after($method)*
: Hierfür gelten dieselben Bedingungen wie für `before()`, nur wird dieses Callback erst ausgeführt, nachdem die Methoden aufgerufen worden sind.

*startTest($method)*
: Dieses Callback wird vor dem Start jeder einzelnen Testmethode aufgerufen und bekommt den Namen der Testmethode übergeben.

*endTest($method)*
: Diese Methode wird immer nach Testmethoden aufgerufen und bekommt ebenfalls den Methodennamen übergeben.

Eine eigene Test-Methode zu schreiben ist denkbar simpel. Nehmen wir an, unser *UsersController* hat eine Methode, die eine bestimmte Berechnung durchführt und deren Funktionsfähigkeit wir testen möchten. Die Methode ist die folgende:

```
function __addMargin($amount, $rate = 0.3) {
   $newAmount = ($amount * $rate);
   return $newAmount;
}
```

Diese Methode soll einen Betrag mit unserem Aufschlag brauchen. Die Test-Methode in *jobs_controller.test.php* dafür sieht folgendermaßen aus:

```
function testAddMargin() {
   $expected = 160;
   $result = $this->Jobs->__addMargin(100, 0.6);

   $this->assertEqual($result, $expected);
}
```

Hier übergeben wir zwei Beispielwerte an die Methode und haben das zu erwartende Ergebnis in `$expected` gespeichert. Nach dem Ausführen der Methode `__addMargin()` prüfen wir mit einer Assertion, ob das Resultat das erwartete ist. Führen Sie jetzt unseren Test-Case, den Sie in der Test-Suite unter *App → Test Cases* finden, aus. Der Balken ist rot, die Angabe lautet »1 fails«: Der Test ist fehlgeschlagen (Abbildung 16-3).

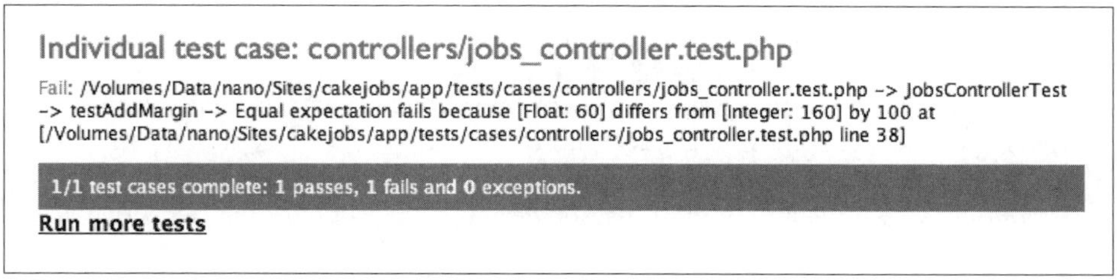


*Abbildung 16-3: Test des JobsControllers*

Die Test-Suite sagt uns auch, warum: *»Equal expectation fails because [Float: 60] differs from [Integer: 160] by 100«*. Das heißt, `__addMargin()` hat sich verrechnet. Diese Meldung ist eigentlich schon sehr aussagekräftig, trotzdem möchten wir eine eigene, passendere Fehlermeldung dazu ausgeben. Jeder Assertion-Methode können Sie als letzten Parameter eine Meldung übergeben, die in der Test-Suite ausgegeben wird, sollte die Assertion fehlschlagen.

```
$this->assertEqual($result, $expected, "Marge wurde nicht korrekt berechnet.\n
Resultat: {$result}\nKorrekt: {$expected}");
```

Ab jetzt bekommen wir unsere eigene Fehlermeldung angezeigt und zusätzlich dazu noch die Pfad- und Zeilenangaben zu dem Ort des Geschehens. Trotzdem könnte aber die Standardfehlermeldung nützlich sein, da dort oft noch Zusatzinformationen gegeben werden. Auf diese Meldung müssen Sie nicht verzichten, wenn Sie Ihre eigene Meldung definieren. Fügen Sie `%s` an jeder beliebigen Stelle in der Meldung ein, und in der Ausgabe wird dort die ursprüngliche Fehlermeldung eingefügt:

```
$this->assertEqual($result, $expected, "Marge wurde nicht korrekt berechnet.\n
Resultat: {$result}\nKorrekt: {$expected}. Assertion: %s");
```

Nun sollten wir den Bug in `__addMargin()` suchen und beheben, damit unser Kunde keine bösen Überraschungen in seiner Bilanz erleben muss:

```
function __addMargin($amount, $rate = 0.3) {
    $newAmount = ($amount * ($rate + 1));
        return $newAmount;
}
```

Nun sollte es aber stimmen: Aktualisieren Sie die Browser-Ansicht mit dem Test, und ein grüner Balken wird Ihr Entwickler-Herz und die Buchhalter Ihres Kunden erfreuen. Das Beispiel mag trivial erscheinen, Unit Tests sind aber in der Regel trivial und decken nur kleine Einheiten Code ab. Es sind sehr oft die kleinen, unscheinbaren Funktionen, die für große Bugs sorgen. Das Grundprinzip von Test Driven Development haben Sie jetzt angewendet: Beim Schreiben eines Tests machen Sie sich darüber Gedanken, was Sie mit der zu testenden Unit erreichen wollen, und legen das fest. Dann wird so lange implementiert oder angepasst, bis das gewünschte Ergebnis zustande kommt.

## Assertions

SimpleTest stellt eine ganze Reihe an Assertion-Methoden zur Verfügung, die wichtigsten stellen wir Ihnen in folgender Auflistung vor. Eine komplette Referenz finden Sie in der Dokumentation zu SimpleTest unter *http://simpletest.sourceforge.net/en/overview.html* beziehungsweise in der API unter *http://simpletest.org/api/*. Die Features-Liste von SimpleTest ist sehr umfangreich und bietet Testmöglichkeiten für fast jeden erdenklichen Testfall. Die Themen, die wir in diesem Kapitel nicht abdecken können, finden Sie ebenfalls in der Dokumentation von SimpleTest.

*assertTrue($expression) / assertFalse($expression)*
: Diese beiden Assertions erwarten einen Ausdruck, der entweder *true* oder *false* zurückgeben muss.

*assertNull($expression) / assertNotNull($expression)*
: `assertNull()` erwartet null, `assertNotNull()` benötigt alle Werte außer null, damit die Assertion erfolgreich sein kann.

*assertIsA($object, $type)*
: Diese Methode ist das Äquivalent zu `is_a($this->Users, 'UsersController')`.

*assertEqual($expression1, $expression2) / assertNotEqual($expression1, $expression2)*
: Die beiden übergebenen Ausdrücke oder Werte werden hier verglichen.

*assertIdentical($expression1, $expression2) / assertNotIdentical($expression1, $expression2)*
: Der Unterschied zu assertEqual() und assertNotEqual() ist hier, dass die Parameter mit dem Operator === und nicht nur mit == verglichen werden.

*assertReference($var1, $var2)*
: Setzt voraus, dass beide Parameter auf dasselbe Objekt referenzieren.

*assertPattern($pattern, $subject)*
: Prüft das übergebene Perl-Regex-Pattern auf den über `$subject` übergebenen String.

*expectError($expected = false)*
: Wenn Sie diese Methode aufrufen, schlägt der Test fehl, sollte nach dem Aufruf ein PHP-Fehler jedweder Art auftreten. Wenn Sie `$expected` jedoch auf *true* setzen, schlägt der Test fehl, wenn kein PHP-Fehler auftritt.

*expectException($expected = false)*
: Akzeptiert denselben Parameter wie `expectError()`, wartet jedoch darauf, dass eine Exceptions auftritt.

## Models testen

Models halten die Daten einer Applikation und beinhalten die Logik, um sie zu manipulieren. Sie zu testen ist essenziell, um sicherzustellen, dass eine Anwendung stabil läuft. In Tests müssen den Models echte Daten zur Verfügung stehen, um die Datenmanipulation unter realistischen Umständen testen zu können.

Beim Testen von Models spielen Fixtures eine wichtige Rolle. Mit Fixtures definieren Sie Testdaten, die während des Tests in das Model geladen werden, um die Anwendungsdaten nicht zu verändern oder gar zu beschädigen. CakePHP bietet die Möglichkeit, in der Test-Suite eine andere Datenbank als die Produktivdatenbank zu benutzen, um diese nicht zu beanspruchen bzw. um auf Nummer sicher zu gehen. In der Datenbankkonfiguration unter */app/config/database.php* ist bereits eine Testdatenbankverbindung in der Klassenvariable `$test` vordefiniert, die Sie ändern können. Wenn Sie keine eigene Datenbank für die Test-Suite verwenden können oder möchten, brauchen Sie sich hier auch keine Sorgen zu machen: Diese Eventualität ist in CakePHP vorgesehen. Wenn keine `$test`-Datenbankverbindung definiert ist, werden die Testtabellen mit dem Präfix `test_suite` noch zusätzlich zu Ihrem eigenen Tabellen-Präfix, sofern eines vorhanden ist, erstellt, um jegliche Konflikte mit den Produktivtabellen zu vermeiden.

Wie ist also der Ablauf beim Testen mit Fixtures?

1. Vor dem Starten der ersten Testmethode werden die benötigten Tabellen angelegt. Hier kommt es wie gesagt darauf an, ob Sie eine `$test`-Datenbankverbindung definiert haben oder nicht.
2. Vor dem Starten jeder Testmethode werden die Test-Tabellen mit Daten gefüllt, um dann ...
3. nach dem Starten jeder Testmethode wieder geleert zu werden.
4. Am Ende des Tests werden alle Test-Tabellen gelöscht.

Fixtures sind Klassen, die unter */app/tests/fixtures* gespeichert werden und als Suffix *_fixture.php* enthalten müssen. Beim Baken von Model-Tests werden Fixtures gleich mitgeneriert, Sie sollten also unter */app/tests/fixtures* die *job_fixture.php* finden. Sehen wir uns die gebakte Fixture einmal an:

```
class JobFixture extends CakeTestFixture {
   var $name = 'Job';
   var $fields = array(
         'id' => array('type'=>'integer', 'null' => false,
                       'default' => NULL, 'key' => 'primary'),
         'company_id' => array('type'=>'integer', 'null' => false),
         'title' => array('type'=>'string', 'null' => false, 'length' => 128),
         'description' => array('type'=>'text', 'null' => false),
         'contract_type' => array('type'=>'string', 'null' => true,
                                  'default' => NULL, 'length' => 64),
         'temporary' => array('type'=>'boolean', 'null' => true,
                              'default' => NULL),
```

```
            'created' => array('type'=>'datetime', 'null' => false),
            'modified' => array('type'=>'datetime', 'null' => false),
            'indexes' => array('PRIMARY' => array('column' => 'id', 'unique' => 1))
            );
      var $records = array(array(
            'id'  => 1,
            'company_id'  => 1,
            'title'  => 'Lorem ipsum dolor sit amet',
            'description'  => 'Lorem ipsum dolor sit amet, aliquet feugiat.
                               Convallis morbi fringilla gravida, [...]',
            'contract_type'  => 'Lorem ipsum dolor sit amet',
            'temporary'  => 1,
            'created'  => '2008-03-28 17:57:19',
            'modified'  => '2008-03-28 17:57:19'
            ));
}
```

Diese Fixture erweitert die Klasse `CakeTestFixture` und muss das Suffix *Fixture* im Klassennamen haben. Über die Klassenvariable `$fields` definieren Sie die Felder und deren Datentypen sowie weitere Attribute. Dieses Array wird beim Starten der Tests in eine Tabellendefinition umgewandelt. Die Datentypen, die hier verwendet werden, sind CakePHP-intern. Das heißt zum Beispiel, dass ein Feld des Typs *boolean* als *TINYINT* mit einer Länge von 1 in die Datenbank geschrieben wird.

Im Array `$records` definieren Sie die zu verwendenden Testdaten für die Fixture-Tabelle. Es erscheint Ihnen wahrscheinlich etwas unpraktisch, die Felder für die Datenbank in einem Array nachzubilden. So müssten Sie bei jeder Änderung an einer Datenbanktabelle die Änderung manuell in Ihren Fixtures nachtragen. Das widerspricht eindeutig dem DRY-Prinzip, deshalb gibt es auch einen anderen Weg. Das Datenbankschema in der Fixture zu generieren ist nur in Spezialfällen notwendig.

In CakePHP-Fixtures können Sie die Struktur Ihrer Datenbank auch einfach importieren, und zwar mit der Klassenvariable `Import`. In unserem Beispiel können wir auf `$fields` verzichten und stattdessen folgende Zeile Code in die Fixture schreiben:

```
var $import = array('model' => 'Job');
```

Ab jetzt wird bei jedem Durchlauf das Tabellenschema des *Job*-Models in den temporären Test-Tabellen verwendet. Es ist auch möglich, eine Datenbanktabelle zu importieren, ohne über ein Model zu gehen:

```
var $import = array('table' => 'jobs');
```

Auch die `$records` können importiert werden. Hier müssen Sie sich beim Schreiben der Tests darüber Gedanken machen, was Sie mit dem Test erreichen möchten. Manchmal ist es sinnvoll, Datensätze in Fixtures von Hand zu definieren, die genau die Kriterien erfüllen, die Sie zum Testen eines bestimmten Verhaltens Ihrer Model-relevanten Funktionalitäten benötigen. Im Normalfall aber arbeitet man lieber mit realen Daten. Diese holen Sie sich durch einen weiteren Eintrag im Parameter `$import` automatisch in Ihr Test-Model:

```
var $import = array('model' => 'Job', 'records' => true);
```

Möchten Sie für einen Import eine andere Datenbankverbindung verwenden, können Sie dem `$import`-Array noch den Schlüssel `connection` hinzufügen und als Wert den Namen einer in *database.php* definierten Datenbankverbindung mit übergeben.

Die `JobFixture` sieht nun folgendermaßen aus:

```
class JobFixture extends CakeTestFixture {
   var $name = 'Job';
   var $import = array('model' => 'Job', 'records' => true);
}
```

Weiter geht es mit dem Test-Case für unser Job-Model. Erstellen Sie eine Datei namens *job.test.php* unter */app/tests/cases/models/*, wenn diese nicht schon von Bake erstellt worden ist. Als Erstes erstellen wir unser Test-Model, indem wir das Model *Job* erweitern. Da die CakePHP-Testsuite nur so wenig Klassen wie nötig lädt, um die Tests schlank und isoliert zu halten, laden wir mit `App::import()` das *Job*-Model dazu:

```
App::import('Model', 'Job');
class TestJob extends Job {
    var $cacheSources = false;
}
```

Auch hier gilt wieder: Wenn für den Test spezifische Einstellungen vorgenommen werden müssen, ist das Test-Model der beste Platz dafür. Ein Beispiel dafür ist hier das Ausschalten des Cachings von Model-Daten. Als Nächstes implementieren wir die `JobTestCase`-Klasse selbst:

```
class JobTestCase extends CakeTestCase {
   var $Job = null;
   var $fixtures = array('job');

   function start() {
      parent::start();
      $this->Job = new TestJob();
   }
}
```

Wir erweitern hier die Klasse `CakeTestCase`. Interessant ist hier die Variable `$fixtures`: In dieser definieren Sie, welche Fixtures Sie für den Test-Case benötigen. Im Callback `start()`, das beim Starten des Test-Case aufgerufen wird, rufen wir auch noch das `start()`-Callback von `CakeTestCase` auf, damit die definierten `$fixtures` auch geladen werden. An dieser Stelle noch eine Warnung: Wenn Sie keine Datenbankverbindung namens `$test` für Ihre Test-Suite definiert haben und in einem Test-Case keine `$fixtures` für die verwendeten Models definiert haben, wird die `$default`-Datenbankverbindung mit den Standardtabellen für alle im Test stattfindenden Model-Aktionen verwendet. Ein Test der `Model::delete()`-Funktionalität könnte also fatale Auswirkungen haben. Eine weitere Möglichkeit, hier auf Nummer sicher zu gehen ist es, in der Klasse `TestJob` das Attribut `$useDbConfig` zu setzen.

In unserem ersten Test des Job-Models möchten wir sicherstellen, dass die Model-Validierung funktioniert. Es sollen keine Jobs gespeichert werden können, deren Titel-Länge nicht zwischen drei und 100 Zeichen beträgt. Ganz nach dem Prinzip des Test Driven Development schreiben wir zuerst unseren Test:

```
function testValidation() {
   $data = array(
      'title' => 'ab'
   );
   $result = $this->Job->save($data);
   $this->assertFalse($result);

   $data = array(
      'title' => 'Ich bin ein viel zu langer Job-Titel, der eigentlich nicht
gespeichert werden dürfte. Mal sehen, was passiert, wenn wir das testen.'
   );
   $result = $this->Job->save($data);
   $this->assertFalse($result);
}
```

Starten Sie unseren Test jetzt in der Test-Suite. Das Ergebnis ist wie erwartet ein roter Balken mit der Angabe »2 fails« (Abbildung 16-4).

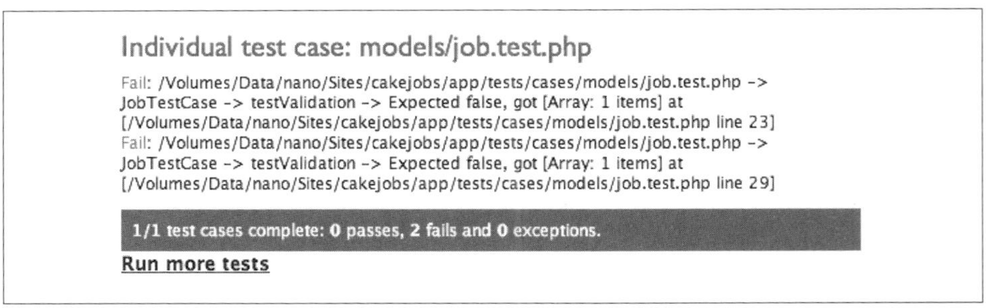


*Abbildung 16-4: Test des Job-Models*

Jetzt ist es an der Zeit, den Balken grün zu bekommen. Definieren Sie die gewünschte Validierung im Job-Model:

```
var $validate = array(
   'title' => array(
      'rule' => array('between', 3, 100)
   )
);
```

Beim erneuten Ausführen des Tests sollte ein grüner Balken und die Angabe »0 fails« das Entwickler-Herz höher schlagen lassen (Abbildung 16-5).

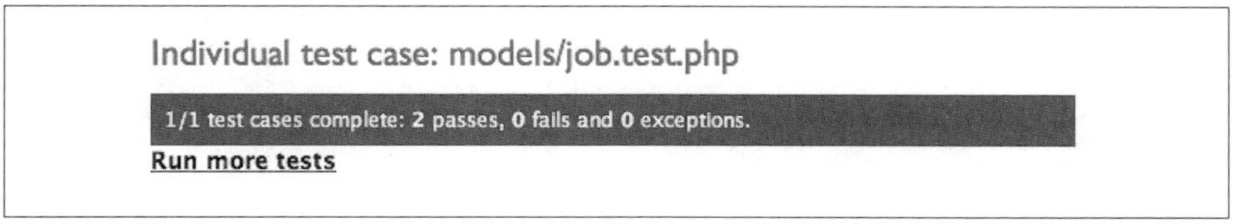


*Abbildung 16-5: Erfolgreicher Test des Job-Models*

Das eben genannte Beispiel könnten wir mit einer eigenen Fixture erweitern, da unsere Testdaten hier ganz bestimmte Kriterien erfüllen müssen: Sie haben zu lange oder zu kurze Titel. Erstellen Sie ein neues Fixture mit dem folgenden Inhalt:

```
class TestdataJobFixture extends CakeTestFixture {
   var $name = 'TestdataJob';
   var $import = array('model' => 'Job');

   var $records = array(
      array(
         'id' => 1,
         'title' => 'aa',
         'description' => 'Beschreibungstext'
      ),
      array(
         'id' => 2,
         'title' => 'Ich bin ein viel zu langer Job-Titel, der eigentlich nicht
gespeichert werden dürfte. Mal sehen, was passiert, wenn wir das testen.',
         'description' => 'Beschreibungstext'
      )
   );
}
```

Dann fügen Sie noch eine dedizierte Model-Klasse für diese Fixture oberhalb der `JobTestCase`-Klasse in unseren Test-Case ein:

```
class TestdataJob extends Job {
   var $cacheSources = false;
   var $useTable = 'test_suite_testdata_jobs';
}
```

Die Fixture müssen Sie noch im `$fixture`-Array unseres Test-Case hinzufügen:

```
var $fixtures = array('job', 'testdata_job');
```

Unser erweiterter Test könnte so aussehen:

```
   function testValidation() {
      $Job = new TestdataJob();
      $Job->recursive = -1;

      # Job 1 und 2 getrennt in Variablen speichern
      $job1 = $Job->find('first');
      $job2 = $Job->find('first', array('order' => 'id DESC'));

      # Längen prüfen
```

```
        $this->assertEqual(strlen($job1['Job']['title']), 2);
        $this->assertTrue(strlen($job2['Job']['title']) > 100);

        # Versuchen, die Jobs zu speichern
        $res1 = $Job->save($job1);
        $this->assertFalse($res1);
        $res2 = $Job->save($job2);
        $this->assertFalse($res2);

        $job1['Job']['title'] = 'Jobtitel';
        $this->assertTrue($Job->save($job1));
    }
```

Dieser Test sollte einwandfrei durchlaufen. Fixtures können Sie in allen Test-Cases verwenden, da es keinen Unterschied macht, ob Sie dediziert ein Model testen oder nicht. In diesem Abschnitt haben Sie einen kleinen Einblick bekommen, was mit Fixtures möglich ist. Es gibt noch viel fortgeschrittenere Arten von Model-Tests, auf die wir hier nicht eingehen können. Schreiben Sie Tests, die für Sie und Ihre Anwendung Sinn machen und die »echte« Funktionalität so realistisch wie möglich nachstellen.

## Controller testen

Im Beispiel am Anfang dieses Kapitels haben wir bereits den *JobsController* getestet. Das waren Unit-Tests, in denen wir eine bestimmte Methode auf das richtige, erwartete Ergebnis geprüft haben. Doch Unit Testing stellt nicht zwangsläufig sicher, dass Ihre Anwendung funktioniert. Beim Unit Testing werden nur einzelne, kleine Teile getestet, und Controller passen nicht in das Schema der kleinsten zu testenden Einheiten. In diesem Abschnitt möchten wir Ihnen einen Einblick geben, wie Sie das große Ganze Ihrer Anwendung testen können.

Um Controller richtig testen zu können, reicht es nicht, einfach einzelne Methoden aufzurufen und deren Ergebnis zu prüfen. Das wird bereits im Unit Testing erledigt. Der Aufruf einer Controller-Action beinhaltet viele Komponenten, die bereits vor der Instanziierung des Controllers abgearbeitet werden. Wird das gewünschte View ausgegeben? Werden die richtigen und nötigen Variablen dem View zugewiesen? Dazu bietet die CakePHP-Test-Suite die Methode `testAction()`. Beim Aufruf dieser Methode wird ein Browseraufruf so real wie möglich nachgestellt. Eine eigene Instanz des Dispatchers wird aufgerufen, wie es auch bei einem normalen Request passieren würde. An `testAction()` übergeben Sie einfach eine CakePHP-typische URL. Erweitern Sie unsere Datei *jobs_controller.test.php* um eine weitere Testmethode:

```
function testJobDetail() {
    $result = $this->testAction('/jobs/view/1');
}
```

Als ersten Parameter übergeben Sie die zu testende URL, als zweiten Parameter können Sie ein Array mit diversen Optionen übergeben:

```
function testJobDetail() {
      $viewVars = $this->testAction('/jobs/view/1', array('return' => 'vars'));
      $this->assertTrue(is_array($viewVars['job']['Job']));
}
```

In diesem Beispiel lassen wir uns die von der `view()`-Action unseres JobsControllers gesetzten View-Variablen zurückgeben und prüfen, ob die notwendigen Daten vorhanden sind. Mit der Option `return` im Parameter-Array legen Sie fest, was für Ergebnisse Sie von `testAction` erwarten. Wenn Sie `return` nicht gesetzt haben, dann ist das Resultat standardmäßig der von der Action per `return` zurückgegebene Wert. Eine weitere Möglichkeit für die `return`-Option ist `render`. Damit wird Ihnen die Ausgabe zurückgegeben, die auch der Browser erhalten würde, im Normalfall also HTML. Wenn Sie die Option `fixturize` als *true* dem Array mit übergeben, werden alle verwendeten Models als Fixtures simuliert.

Interessant ist auch die Möglichkeit, der Controller-Action Daten zu übergeben. Diese können Sie als Array unter dem Schlüssel `data` über die Parameter übergeben. Somit können Sie beispielsweise das Absenden eines Formulars simulieren. Sie können über die Option `method` auch einstellen, ob die simulierte Anfrage über GET oder POST geschehen soll. Entsprechend wird auch das `data`-Array übergeben. Ein Test für Ihre `add()`-Action könnte folgendermaßen aussehen:

```
function testJobAdd() {
   $result = $this->testAction(
      '/jobs/add', array(
         'method' => 'post',
         'data' => array('Job' => array('title' => 'Neuer Jobtitel')),
         'fixturize' => true,
         'return' => 'render'
   ));
   $this->assertTrue(preg_match("/wurde gespeichert/i", $result));
}
```

Hier rufen wir die Job-Action mit einem Array auf, wie es auch in `$this->data` im Controller aussehen würde, simulieren die Tabellen als Fixtures und lassen uns das HTML zurückgeben, woraufhin wir prüfen, ob eine Erfolgsmeldung ausgegeben wurde. Es gibt noch bessere und sicherere Varianten, den Erfolg der Action zu überprüfen, denken Sie nur an die Möglichkeiten mit den Fixtures. Sie könnten nach dem Aufruf von `testAction()` im Model überprüfen, welche Daten der zuletzt erstellte Datensatz beinhaltet.

## Components testen

Components enthalten für CakePHP-Anwendungen essenzielle Logik, die natürlich auch getestet werden muss. Erstellen Sie unter */app/controllers/components* die *CalculatorComponent*:

```
class CalculatorComponent extends Object {
   function startup(&$controller) {
      $this->controller = $controller;
   }

   function sum() {
      $numbers = func_get_args();
      if(empty($numbers)) return 0;

      $sum = 0;
      foreach($numbers as $number) {
         if(!is_numeric($number)) return false;
         $sum += $number;
      }
      return $sum;
   }
}
```

Um diese Component unter realistischen Umständen testen zu können, müssen wir sie über einen Controller instanziieren und in einem Controller verwenden. Deshalb erstellen wir in unserem Test-Case unter */app/tests/cases/components/calculator.test.php* einen Fake-Controller und definieren unsere benötigte Component in `$components`:

```
class TestController extends Controller {
   var $name = 'Test';
   var $uses = null;
   var $components = array('Calculator');
}
```

In der `setUp()`-Methode unseres Test-Case instanziieren wir den Controller. Damit die in `$components` definierten Components instanziiert werden, rufen wir die Controller-Methode `_initComponents()` gleich auch mit auf:

```
class CalculatorTest extends CakeTestCase {

   function setUp() {
      $this->Controller = new TestController;
      $this->Controller->_initComponents();
   }
}
```

Um sicherzustellen, dass das auch klappt, testen wir gleich, ob die Instanz der *CalculatorComponent* im Controller zu finden ist. Fügen Sie dem Test-Case diese erste Testmethode hinzu:

```
   function testInstance() {
      $this->assertIsA($this->Controller->Calculator, 'CalculatorComponent');
   }
```

Jetzt können wir unsere Component auf Herz und Nieren prüfen:

```
function testAddieren() {
      # sum() muss false zurückgeben, wenn einer der Werte nicht numerisch ist
      $this->assertFalse($this->Controller->Calculator->sum('eins', 2));

      # sum() muss 0 zurückgeben, wenn keine Argumente übergeben wurden
      $this->assertEqual($this->Controller->Calculator->sum(), 0);

      # Summe überprüfen
      $result = $this->Controller->Calculator->sum(4, 8, 15, 16, 23, 42);
      $expected = 108;
      $this->assertEqual($result, $expected);
}
```

## Helper testen

Das View ist, was dem Benutzer gezeigt wird – auch dort muss alles funktionieren. Helper können auch ohne Weiteres gestestet werden. In diesem Beispiel möchten wir Ihnen einen simplen Ansatz aufzeigen, es ist aber noch mehr möglich. Beispielsweise könnte man in bestimmten Fällen einen Fake-Controller und eine Fake-View-Instanz verwenden, um die Realität besser nachzustellen.

Erstellen Sie zuerst unseren zu testenden Helper:

```
class CommonHelper extends AppHelper {
   var $helpers = array('Html');

   function imageLink($image, $url) {
      return $this->Html->link($this->Html->image($image), $url, null, false,
                              false);
   }
}
```

Ein simpler Test-Case für diesen Helper könnte so aussehen:

```
App::import('Helper', array('Html', 'Common'));
class CommonTest extends CakeTestCase {

   function setUp() {
      $this->Common = new CommonHelper;
      $this->Common->Html = new HtmlHelper;
   }

   function testImageLink() {
      $imagelink = $this->Common->imageLink('bild.gif', '/jobs/index');
      $this->assertTrue(preg_match("/href=\"\/jobs\/index/i", $imagelink));
   }

}
```

# Tests zusammenfassen

Jetzt, wo Sie Tests aller Art schon mit links schreiben, können Sie sich schon einmal Gedanken darüber machen, wie Sie Ihre ganzen Tests verwenden möchten. In vielen Fällen ist es sinnvoll, Tests, die eine logische Einheit der Anwendung prüfen (zum Beispiel den Controller und das Model der Jobverwaltung), auch gleichzeitig ausführen zu können. Dafür gibt es *Test-Groups*, in denen Sie mehrere Tests sehr einfach zusammenfassen können. So bleibt es Ihnen erspart, immer gleich alle Ihre Tests nacheinander auszuführen, wenn Sie viele von diesen in dem Moment gar nicht benötigen. Test-Groups finden ihren Platz unter */app/tests/groups* und müssen das Suffix *group* im Dateinamen haben, wobei das Suffix vor der Dateierweiterung steht, also beispielsweise *jobverwaltung.group.php*.

In diesen Gruppen-Dateien definieren Sie eine Klasse, die den Namen der Datei trägt und das Suffix *GroupTest* aufweist. Diese Klassen müssen die Basisklasse der Test-Gruppe `GroupTest` erweitern. Sie können eine Klassenvariable namens `$label` definieren, in die Sie eine Bezeichnung für die Gruppe schreiben. Diese Bezeichnung wird dann als Überschrift beim Ausführen der Test-Gruppe angezeigt. Im Konstruktor fügen Sie dann mit dem *TestManager* Testdateien hinzu.

```
class JobverwaltungGroupTest extends GroupTest {

   var $label = 'Tests der Jobverwaltung';

   function JobverwaltungGroupTest() {
      TestManager::addTestFile($this, APP_TEST_CASES . DS . 'controllers' . DS .
                               'jobs_controller');
      TestManager::addTestFile($this, APP_TEST_CASES . DS . 'models' . DS . 'job');
      TestManager::addTestCasesFromDirectory($this, APP_TEST_CASES . DS .
                                             'helpers');
   }
}
```

Der Methode `addTestFile()` übergeben Sie die `GroupTest`-Instanz und als zweiten Parameter den Pfad zu den hinzuzufügenden Testdateien, jedoch ohne das Suffix *.test.php*. Um alle Dateien aus einem Ordner hinzuzufügen, verwenden Sie `addTestCasesFromDirectory()`. Jetzt finden Sie in der Test-Suite unter *App -> Test Groups* Ihre neu erstellte Gruppe (Abbildung 16-6).

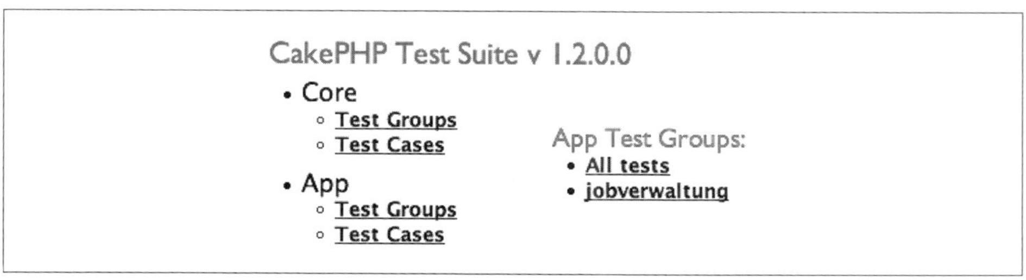


*Abbildung 16-6: Auflistung der Testgruppen*

Wenn Sie die Gruppe ausführen, bekommen Sie die gewohnte Ansicht und Auswertung mit dem `$label` als Überschrift (Abbildung 16-7).

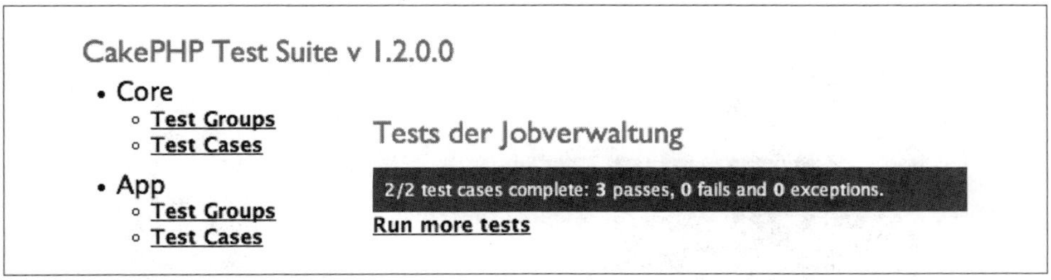


*Abbildung 16-7: Ausführung unserer Testgruppe*

# Browser-Simulation mit Web Testing

Zum Abschluss des Kapitels möchten wir Ihnen noch eine andere Testing-Technik demonstrieren: das Web Testing. Bisher haben Sie Unit Tests geschrieben, die ganz bestimmte Teile Ihres Codes testen. Mit klassischen Unit Tests ist es aber nicht möglich, das Zusammenspiel von mehreren Komponenten Ihrer Anwendung richtig zu testen. Sie haben im Abschnitt »Controller testen« bereits die Methode `testAction()` kennen gelernt, mit der Sie die Ausführung einer Controller-Action simulieren können. Damit ist es möglich, einen Großteil der zusammengehörenden Funktionalitäten zu testen, aber nicht eine komplette Anfrage an Ihre Webanwendung, vom ersten Browser-Request bis zum ausgelieferten HTML. Mit Web Testing können Sie hingegen einen Browser simulieren, eine URL Ihrer Anwendung aufrufen und die Ausgabe mit eigens dafür gedachten Assertions testen. Doch es geht noch weiter: Sie können Links »anklicken«, Formulare ausfüllen, diese absenden und wiederum die Ausgabe an den Browser kontrollieren.

Web Testing ist ein mächtiges Werkzeug zum Testen Ihrer Anwendungen, da Sie damit einer reallen Nutzung Ihrer Anwendung sehr nahe kommen. Doch hat auch Web Testing seine Grenzen, beispielsweise wird kein JavaScript ausgeführt. Im Folgenden zeigen wir Ihnen, wie ein simples Web-Test-Case aussehen könnte.

In der CakePHP-Test-Suite gibt es die Klasse `CakeWebTestCase`, die die SimpleTest-Funktion `WebTestCase` bereitstellt.

In diesem Beispiel möchten wir über das Web die Unternehmensverwaltung testen. Legen Sie die Datei */app/tests/cases/companies_web.test.php* an, und fügen Sie den folgenden Code ein:

```
class CompaniesWebTest extends CakeWebTestCase {

   function CompaniesWebTest() {
      $this->base = 'http://' . env('HTTP_HOST') . BASE;
   }
```

```
    function testAddCompany() {
        $url = $this->base . 'companies';
        $this->assertTrue($this->get($url), 'Seite konnte nicht aufgerufen werden');

        # Seitentitel checken
        $this->assertTitle('CakeJobs - Companies');

        # Check, ob Link zum Anlegen vorhanden, klicken
        $this->assertLink('New Company');
        $this->clickLink('New Company');

        # Formular ausfüllen und absenden
        $this->setField('data[Company][name]', 'Testunternehmen');
        $this->setField('data[Company][contact_person]', 'Herr John Test');
        $this->setField('data[Company][address]', 'Teststr. 24');
        $this->setField('data[Company][city]', 'Teststadt');
        $this->setField('data[Company][phone]', '123 456 789');
        $this->setField('data[Company][email]', 'info@cakejobs-testunternehmen.com');
        $this->click('Submit');

        # Prüfen, ob Nachricht da ist
        $this->assertPattern("/The Company has been saved/i");
    }

}
```

Dieses Beispiel zeigt eindrucksvoll, was mit Webtesting möglich ist. Ein `WebTestCase` simuliert schlicht einen Browser. Sie können so unter sehr realistischen Umständen testen, was die Benutzer angezeigt bekommen, und die Benutzeraktionen in einem Test-Case simulieren. Wir rufen in `testAddCompany()` also eine URL auf. Das geschieht mit `get()`. Diese Funktion setzt ein Request per GET ab. Als zweiten Parameter akzeptiert `get()` ein assoziatives Array mit Parametern, das zu einem Querystring zusammengesetzt wird:

```
$this->get($this->base.'jobs/add/', array('testsuite' => '1', 'track' => 'suite'));
```

Mit diesem Aufruf der `get()`-Methode würde die folgende URL vom `WebTestCase` abgefragt: *http://localhost/cakejobs/jobs/add/?testsuite=1&track=suite*.

Diesen `get()`-Aufruf prüfen wir mit `assertTrue()` darauf, ob der Request erfolgreich stattgefunden hat. Dann prüfen wir, ob die gelieferte Website den richtigen Seitentitel hat und ob der Link zum Anlegen eines Unternehmens vorhanden ist. Dieser wird dann »angeklickt«, und auf der Folgeseite wird das Formular ausgefüllt und per »Klick« auf den Submit-Button abgeschickt. Auf der folgenden Seite, die nach dem erfolgten Speichern und der Weiterleitung die `index()`-Action sein sollte, suchen wir nach der Nachricht für das erfolgte Anlegen des Unternehmens.

Das war noch lange nicht alles, was Sie mit Web Testing machen können. SimpleTest bietet beispielsweise Funktionen zum Kontrollieren von Cookies, zum Testen von Authentifizierungen, Headern, MIME-Types und was sonst noch zum Testen nützlich ist. Es ist beispielsweise denkbar, die Suite einen Login machen zu lassen und zu prüfen, welche Aktionen mit was für Resultaten der Testbenutzer ausführen kann, um beispielsweise das Authentifizierungs- und Autorisierungssystem der Website zu testen.

Wir können an dieser Stelle nicht alle Möglichkeiten beschreiben. In den folgenden beiden Tabellen zeigen wir einige wichtige Assertions und Methoden. Eine vollständige Auflistung finden Sie in der SimpleTest-Dokumentation unter *http://simpletest.sourceforge.net*.

*Tabelle 16-1: Web Testing-Funktionen*

| Funktion | Beschreibung |
|---|---|
| `getUrl()` | Gibt die aktuelle URL zurück. |
| `retry(), back(), forward()` | Lädt die Seite neu und simuliert das Betätigen der *Vor-* und *Zurück*-Buttons im Browser. |
| `restart()` | »Startet« den Browser neu, beginnt also eine neue Session. |
| `clickLinkById($id)` | Klickt einen Link mit einer bestimmten ID. |
| `showSource()` | Gibt den Inhalt der aktuellen Seite zurück, formatiert zur Ausgabe des Codes in der Test-Suite. |
| `addHeader($header)` | Nach dem Aufruf dieser Funktion wird der übergebene Header an jeden Request angehängt. |
| `setConnectionTimeout($timeout)` | Trennt die Verbindung nach dem in Sekunden übergebenen `$timeout`. |
| `useProxy($proxy, $name, $password)` | Mit diesem Befehl wird die Verwendung eines Proxy-Servers gesetzt. Alle darauffolgenden Requests laufen dann über diesen Proxy. |

*Tabelle 16-2: Web Testing-Assertions*

| Assertion | Beschreibung |
|---|---|
| `assertTitle($title)` | Überprüft, ob der Seitentitel dem Parameter `$title` entspricht. |
| `assertText($text) / assertNoText($text)` | Überprüft, ob der übergebene Text auf der Website vorkommt oder nicht vorkommt, auch als Alternativtext von Bildern o. Ä. |
| `assertPattern($pattern) / assertNoPattern($pattern)` | Prüft den übergebenen regulären Ausdruck in der Response des Requests. |
| `assertLink($label) / assertNoLink($label)` | Sucht einen Link mit dem übergebenen Text. |
| `assertField($name, $value)` | Überprüft, ob ein Input-Feld mit dem übergebenen Namen `$name` existiert und den Wert `$value` enthält. |
| `assertFieldById($id, $value)` | Analog zu `assertField()`, das Feld wird aber anhand einer ID statt eines Namens gesucht. |

*Tabelle 16-2: Web Testing-Assertions (Fortsetzung)*

| Assertion | Beschreibung |
|---|---|
| `assertResponse($codes)` | In `$codes` können Sie ein Array mit Response-Codes übergeben. Wenn die Response der letzten Anfrage in diesem Array enthalten ist, läuft der Test durch. |
| `assertMime($types)` | Gibt true zurück, wenn der MIME-Typ im Array $types zu finden ist. |
| `assertHeader($header, $content) / assertNoHeader($header)` | Überprüft, ob ein Header namens `$header` mit dem Inhalt `$content` in der Response der Anfrage vorhanden ist. |
| `assertCookie($name, $value)` | Kontrolliert, ob ein Cookie mit den übergebenen Kriterien existiert. |

## Schlussbemerkung

In diesem Kapitel haben Sie einen Einstieg in das Test Driven Development geschafft. Dessen Grundprinzipien sind nicht nur auf CakePHP in Verbindung mit SimpleTest anwendbar, sondern sind in vielen Test-Frameworks in verschiedenen Programmiersprachen immer sehr ähnlich. Test Driven Development ist einfach und hilfreich für den Betrieb, aber auch für die Entwicklung von Anwendungen. Gut geschriebene Test-Cases geben Ihnen Sicherheit bei Änderungen und ersparen Ihnen Probleme bei der Lokalisierung von Problemen in Ihrer Anwendung.

Im folgenden Kapitel befassen wir uns jetzt mit einigen Kernfunktionen und nützlichen Klassen des CakePHP-Frameworks.

KAPIT

# Weitere Kernfunktionalitä von CakeP

Sie sind jetzt schon ein CakePHP-MVC-Profi. Doch was bietet das Framework sonst noch? In diesem Kapitel werden wir auf die wichtigsten Komponenten von CakePHP eingehen, die nicht direkt in das MVC-Schema gehören, aber trotzdem nicht unerwähnt bleiben sollten.

Zunächst stellen wir Ihnen das Plugin-System von CakePHP vor, das es Ihnen ermöglicht, kleine Applikationen wiederverwendbar zu machen. Zur Demonstration werden Sie ein kleines Content-Management-System für CakeJobs entwickeln und als Plugin einbinden. Nachdem wir dann die Fehlerbehandlung und das Debugging in CakePHP-Anwendungen besprochen haben, lernen Sie noch einige nützliche Core-Klassen von CakePHP kennen.

## Plugins erstellen und einbinden

Plugins ermöglichen es Ihnen, einem CakePHP-Projekt eine eigenständige Applikation hinzuzufügen. Plugins haben eigene Controller, Models, Views, Helpers und was sonst noch zu einer CakePHP-Anwendung dazugehört, sie sind aber vollständig in die Haupanwendung integriert. Beispielsweise können Plugins dieselbe Datenbankkonfiguration wie die Hauptanwendung nutzen.

Plugins bieten sich vor allem für Anwendungsteile an, die immer wiederverwendet werden können – beispielsweise für ein Blog oder auch für ein Content-Management-System. Einen Ordner mit einem Plugin können Sie weitergeben. Es reicht, das Plugin in den Ordner */app/plugins* zu legen, und es ist sofort verfügbar. Bei der Benennung von Dateien und Klassen ist hier zu beachten, dass diese den Namen des Plugins als Präfix haben müssen.

### Ein Plugin erzeugen

Als Beispiel möchten wir hier ein kleines Content-Management-System (CMS) als Plugin erstellen. Legen Sie zuallererst für unsere Inhalte eine Datenbanktabelle namens *contents* an:

```
CREATE TABLE `cakejobs`.`contents` (
`id` INT( 11 ) NOT NULL ,
`title` VARCHAR( 255 ) NOT NULL ,
`content` TEXT NOT NULL ,
`created` DATETIME NOT NULL ,
`modified` DATETIME NOT NULL ,
PRIMARY KEY ( `id` )
)
```

Die Bake-Shell bietet Ihnen die Möglichkeit, die Struktur für ein Plugin automatisch zu generieren. Öffnen Sie Ihre Kommandozeile, navigieren Sie in den *app/*-Ordner von *cakejobs*, und legen Sie mit folgendem Kommando den Grundstein für unser CMS-Plugin:

```
cake bake plugin cms

---------------------------------------------------------------
Plugin Name: Cms
Plugin Directory: /{pfad}/cakejobs/app/plugins/cms
---------------------------------------------------------------
Look okay? (y/n/q)
[y] >
Do you want verbose output? (y/n)
[n] >

Creating file /{pfad}/cakejobs/app/plugins/cms/cms_app_controller.php
Wrote /{pfad}/cakejobs/app/plugins/cms/cms_app_controller.php

Creating file /{pfad}/cakejobs/app/plugins/cms/cms_app_model.php
Wrote /{pfad}/cakejobs/app/plugins/cms/cms_app_model.php
---------------------------------------------------------------
Created: Cms in /{pfad}/cakejobs/app/plugins/cms
---------------------------------------------------------------
```

CakePHP hat jetzt die gesamte Verzeichnisstruktur unseres Plugins angelegt und noch den *CmsAppController* und das *CmsAppModel* angelegt. Wenn wir schon dabei sind, sollten wir auch gleich die Content-Verwaltung baken:

```
cake bake plugin cms model Content
cake bake plugin cms controller contents
```

Wenn Sie sich die beiden generierten Klassen ansehen, merken Sie, dass diese nicht das *AppModel* oder den *AppController* erweitern, sondern die Plugin-spezifischen *CmsAppModel* und *CmsAppController*.

## Struktur und Verwendung von Plugins

Sehen wir uns jetzt einmal die generierte Verzeichnis- und Dateistruktur in Abbildung 17-1 an. Wie Sie sehen, ist die Verzeichnisstruktur eines Plugins fast dieselbe wie die einer CakePHP-Anwendung. Plugins erreichen Sie über die URL *{anwendung}/{pluginname}/{controller}/{action}*.

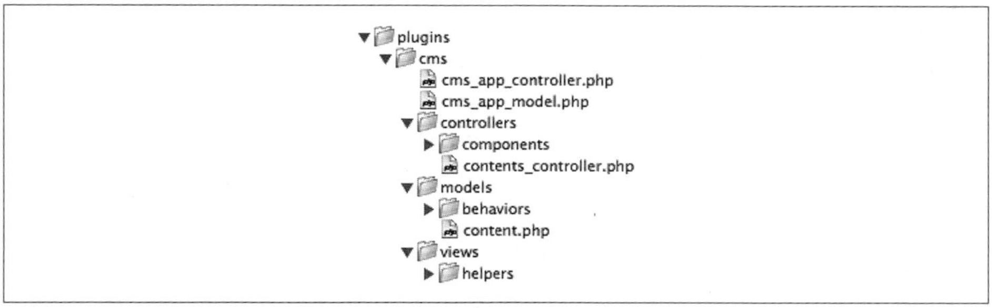


*Abbildung 17-1: Verzeichnisstruktur des CMS-Plugins*

Rufen Sie im Browser unsere Content-Verwaltung unter *http://localhost/cakejobs/cms/contents/index* auf (Abbildung 17-2).

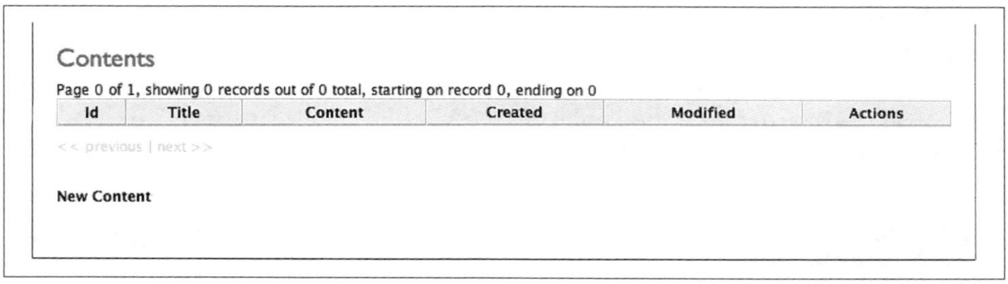


*Abbildung 17-2: CMS-Contents-Verwaltung*

Plugins greifen standardmäßig auf das Layout der darunterliegenden Anwendung zu, so ist eine schnelle Integration in ein bestehendes Design gewährleistet. Sollten Sie ein eigenes Layout für das Plugin bevorzugen, können Sie das im Controller über `$this->layout` festlegen.

Wenn Sie möchten, können Sie unabhängig von den definierten Routes einen »Default«-Controller für das Plugin erstellen, wenn Sie dem Controller den Namen des Plugins geben. Das heißt, wenn Sie in Ihrem Plugin einen Controller namens *CmsController* erstellen, ist dieser über *http://localhost/cakejobs/cms* zu erreichen – sofern Ihre Anwendung keinen Controller hat, der genauso heißt. In diesem Fall wäre die korrekte URL *http://localhost/cakejobs/cms/cms*.

# Fehlerbehandlung in CakePHP

In CakePHP sind sogar Fehlermeldungen komfortabel gestaltet. PHP-Notices und -Warnings sind farblich hervorgehoben und lassen sich durch einen Klick auf den Fehlertyp ausklappen. Im ausgeklappten Bereich wird Ihnen der Code gezeigt, in dem der Fehler aufgetreten ist, die fehlerhafte Zeile hervorgehoben und darunter noch das zu dem Fehler aktuelle Stacktrace aufgelistet, in dem Sie sehen können, was für Abläufe vor dem Auftreten des Fehlers vonstattengegangen sind (Abbildung 17-3).

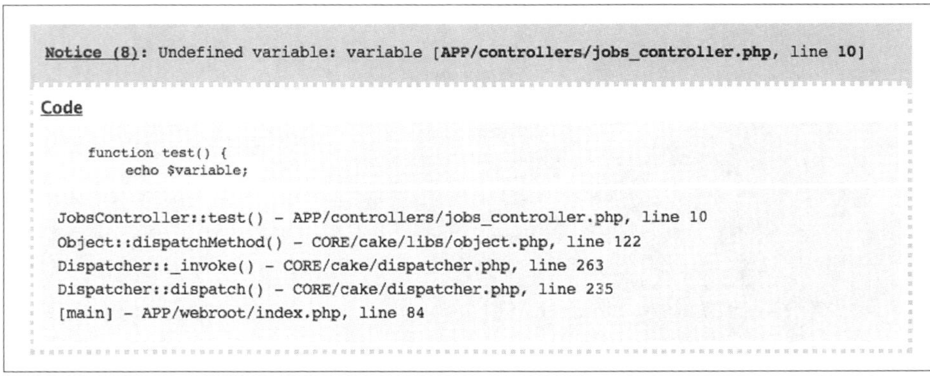


*Abbildung 17-3: Aufgeklappte CakePHP-Fehlermeldung*

Diese Fehlermeldungen sind nur sichtbar, wenn der Debug-Modus von CakePHP eingeschaltet ist. CakePHP macht diesbezüglich immer einen Unterschied: Beispielsweise werden die Ihnen ja schon bekannten »Missing Controller«-, »Missing View«- oder »Missing Action«-Fehler als 404-Fehler angezeigt, wenn der Debug-Modus ausgeschaltet ist (Abbildung 17-4).

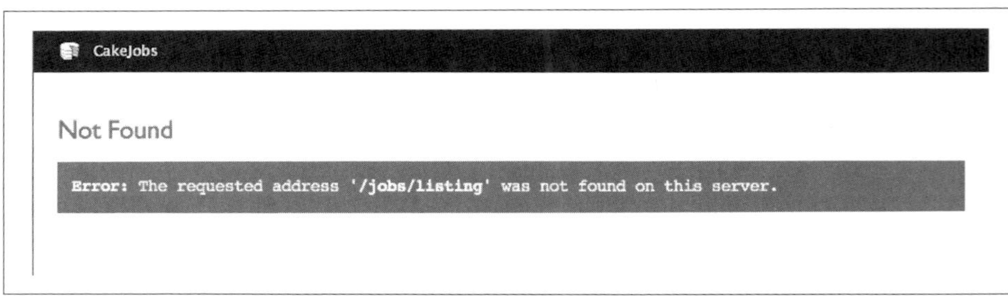


*Abbildung 17-4: Fehlerseite bei ausgeschaltetem Debug-Modus*

So eine Fehlerseite ist nicht sehr benutzerfreundlich: Hier könnten Sie dem Benutzer eine nettere Fehlermeldung anzeigen und ihm weiterführende Links anbieten. Die Fehlerseite können Sie ohne Weiteres anpassen, indem Sie ein Cake-Template namens *error404.ctp* unter */app/views/errors* anlegen (Abbildung 17-5).

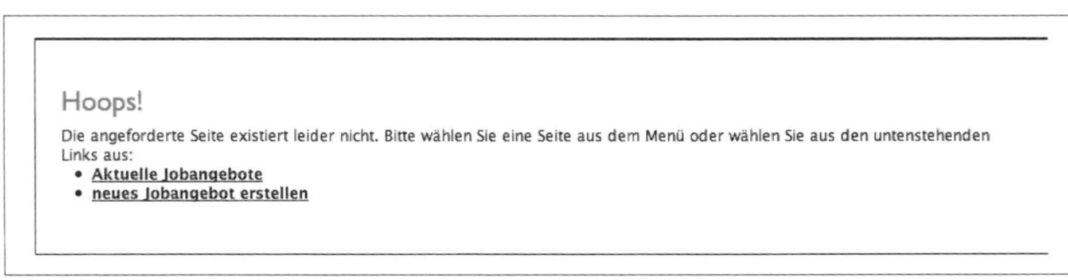


*Abbildung 17-5: 404-Fehlerseite nach Anpassung*

Wenn Sie im Debug-Modus sind, wird Ihnen beim Aufruf einer nicht existierenden Controller/Action-Kombination nach wie vor ein Hinweis darauf gegeben, was Sie falsch gemacht haben. Ansonsten wird die von Ihnen erstellte Fehlerseite angezeigt.

Sie können in Ihren Methoden selbst auf die Fehleranzeige von CakePHP zugreifen. Allen Objekten, die die `Object`-Klasse erweitern, steht die Methode `cakeError()` zur Verfügung. Möchten Sie beispielsweise, wenn die `view()`-Action des *JobsControllers* ohne oder mit einer falschen ID aufgerufen wird, statt einer leeren Übersicht eine »Nicht gefunden«-Fehlerseite anzeigen, reicht es, `cakeError()` mit dem Fehlertyp und eventuellen Parametern wie einer URL aufzurufen.

```
function view($id = null) {
   $job = $this->Job->read(null, $id);
      if(empty($job)) {
         $this->cakeError('error404', array('url' => $this->here));
      }
   $this->set('job', $job);
}
```

Sie können die Fehlerbehandlung auch selbst beeinflussen. Eine sehr einfache Variante davon ist es, die Methode `appError()` in Ihrem Controller oder, noch besser, in Ihrem *AppController* zu implementieren:

```
class AppController extends Controller {
   function appError($method, $messages) {
      switch($method) {
         case 'jobNotFound':
            $this->Session->setFlash('Das gesuchte Jobangebot existiert nicht.');
            $this->redirect('/jobs');
            break;

         default:
            $this->Session->setFlash('Die angeforderte Seite konnte nicht gefunden
                                     werden');
            $this->redirect('/');
      }
   }
}
```

Wenn jetzt `cakeError()` aufgerufen wird, gibt der ErrorHandler den Fehler und die Parameter an die `appError()`-Methode weiter und lässt Sie entscheiden, was nach einem Fehler gemacht wird. Mit dieser Methode können Sie ohne Weiteres simple Controller-spezifische Fehler abfangen.

Eine weitere Möglichkeit, Fehler zu verwalten, ist die `AppError`-Klasse, deren Einsatz wir Ihnen jetzt zeigen.

# Ein eigener ErrorHandler

CakePHP benutzt für interne Fehler wie »Missing Controller« eine Klasse namens `ErrorHandler`. Wenn Sie, wie Sie es schon im vorangegangenen Abschnitt gesehen haben, die Methode `cakeError()` aufrufen, wird im Hintergrund der ErrorHandler instanziiert.

Das erste Argument `$method` bestimmt hier einfach, welche Methode im ErrorHandler aufgerufen werden soll. Das heißt, jeder Fehler hat seine eigene Methode im ErrorHandler.

Das ist eigentlich ein sehr praktisches Prinzip: So kann Logik, die bei einem bestimmten Fehler ausgeführt werden soll, übersichtlich in einer Klasse gekapselt werden, anstatt die `appError()`-Methoden in den Controllern mit Logik vollzustopfen.

CakePHP bietet die Möglichkeit, eine eigene Klasse für das Fehlerhandling einzubinden: `AppError`. Diese erweitert den ErrorHandler und kann somit eigene Fehler-Methoden hinzufügen oder auch bestehende überschreiben. Das Problem ist hier, dass die `ErrorHandler`-Klasse die entsprechenden Fehler-Methoden nur ausführt, wenn die Applikation sich im Debug-Modus befindet. Tut sie das nicht, dann wird bei jedem auftretenden Fehler ein 404-Fehler angezeigt.

Hier möchten wir Ihnen zeigen, wie Sie dieses Verhalten ändern können. Dazu ist leider ein kleiner Workaround nötig, der unserer Ansicht nach aber den Aufwand wert ist – eine komfortable Art und Weise, eine simple Fehlerbehandlung zu erstellen.

Erstellen Sie erst einmal die Datei *app_error.php* in unserem *app/*-Verzeichnis mit folgendem Inhalt:

```
App::import('Core', 'ErrorHandler');
class AppError extends ErrorHandler {
   function meinFehler($params) {
      $this->controller->set(array('controller' => $params['className'],
                              'component' => $params['component'],
                              'file' => $params['file'],
                              'title' => 'Es ist Mein Fehler aufgetreten!'));
      $this->__outputMessage('meinFehler');
   }
}
```

Jetzt würde im Debug-Modus, wenn Sie beispielsweise im Controller mit `$this->cakeError('meinFehler', 'Fehler!')` triggern, die Methode `meinFehler()` aufgerufen und das View *meinFehler.ctp* gerendert.

Das ist ja schon einmal sehr komfortabel. Um diese Art der Fehlerbehandlung auch im Produktiv-Modus nutzen zu können, müssen Sie den Konstruktor der Fehler-

Klasse überschreiben. Kopieren Sie sich dafür den Konstruktor der Klasse `ErrorHandler`, die Sie unter */cake/libs/error.php* finden, in die `AppError`-Klasse.

Dort können Sie im letzten Block sehen, worin das Problem besteht:

```
if ($method == 'error') {
   $this->dispatchMethod($method, $messages);
   exit();
} elseif (Configure::read() == 0) {
   $this->dispatchMethod('error404', $messages);
   exit();
} else {
   $this->dispatchMethod($method, $messages);
   if (!defined('CAKEPHP_UNIT_TEST_EXECUTION')) {
      exit();
   }
}
```

Egal was passiert, wenn der Debug-Modus auf 0 steht, wird ein 404-Fehler ausgelöst. Ändern Sie den Code des Konstruktors daher folgendermaßen ab:

```
function __construct($method, $messages) {
   App::import('Controller', 'App');
   $this->controller =& new AppController();
   $this->controller->_set(Router::getPaths());
   $this->controller->params = Router::getParams();
   $this->controller->constructClasses();
   $this->controller->cacheAction = false;
   $this->controller->viewPath = 'errors';

   $allow = array('.', '/', '_', ' ', '-', '~');
   if (substr(PHP_OS,0,3) == "WIN") {
      $allow = array_merge($allow, array('\\', ':') );
   }

   App::import('Core', 'Sanitize');
   $messages = Sanitize::paranoid($messages, $allow);

   if (!isset($messages[0])) {
      $messages = array($messages);
   }

   if (method_exists($this->controller, 'apperror')) {
      return $this->controller->appError($method, $messages);
   }

   if (!in_array(low($method), get_class_methods($this))) {
      $method = 'error';
   }

   $this->dispatchMethod($method, $messages);
   if (!defined('CAKEPHP_UNIT_TEST_EXECUTION')) {
      exit();
   }
}
```

Jetzt wird in jedem Fall die Methode übergeben. Durch die Kontrolle, ob die Methode in der Klasse überhaupt existiert, sind Sie hier abgesichert: Sollte eine Fehlermethode nicht vorhanden sein, wird immer die Methode `error()` ausgeführt.

Jetzt haben Sie vollen Einfluss auf auftretende Fehler. Möchten Sie beispielsweise das Verhalten ändern, wenn ein »Missing Controller«-Fehler auftritt, reicht es, einfach die Methode `missingController()` aus der `ErrorHandler`-Klasse zu überschreiben.

Als kurzes Beispiel implementieren Sie den `jobNotFound()`-Fehler. Dieser soll auftreten, wenn der Action `jobs/view` keine oder eine nicht existente ID übergeben wurde. In `view()` wird, wenn keine Daten zum Job vorhanden sind, ein `cakeError` ausgelöst:

```
function view($id = null) {
   $job = $this->Job->read(null, $id);
   if(empty($job)) {
      $this->cakeError('jobNotFound', array('message' => 'Job wurde nicht
gefunden'));
   }
   $this->set('job', $job);
}
```

Wenn dieser Fehler auftritt, möchten Sie eine E-Mail an den Administrator senden, damit dieser dem Problem sofort nachgehen kann:

```
function jobNotFound($params) {
   App::import('Component', 'Email');
   $this->Email = new EmailComponent;
   $this->Email->to = 'admin@cakejobs.com';
   $this->Email->subject = 'Jobangebot nicht gefunden';
   $this->Email->send("URL: " . $this->controller->here);
   $this->__outputMessage('jobNotFound');
}
```

An diesem Beispiel sehen Sie, wie komfortabel das Fehlerbehandlung hier ist: über `$this->controller` haben Sie den Controller zur Verfügung, der den `cakeError` ausgelöst hat. Auch das Senden der E-Mail erledigen Sie einfach per `App::import()`.

Zu guter Letzt benötigen Sie noch eine View für diese Fehlermeldung. Entsprechend den Konventionen legen Sie dafür eine Datei namens *job_not_found.ctp* in */app/views/errors* an.

```
<h1>Das gesuchte Jobangebot ist nicht mehr aktiv oder nicht existent.</h1>
<p>
   Benutzen Sie unsere Suche, um das Angebot zu finden: <br />
   <?php echo $html->link('zur Suche', array('controller' => 'jobs', 'action' =>
'search')); ?>
</p>
```

# Debugging in CakePHP

CakePHP bietet zum Debuggen einige nützliche Funktionen wie beispielsweise die Ausgabe der ausgeführten SQL-Statements am Ende der Website im Debug-Modus. Im Folgenden stellen wir die wichtigsten Debugging-Funk vor.

Die beiden simplen Helfer-Funktionen `pr()` und `debug()` geben die übergebenen Daten in einer übersichtlichen Art und Weise aus. Während `pr()` einfach die Ausgabe von `print_r()`, ummantelt von <pre>-Tags, kapselt, gibt `debug()` Ihnen noch den genauen Ort zurück, an dem die Funktion aufgerufen wurde, und hebt die Ausgabe mit etwas Formatierung hervor (Abbildung 17-6):

```
debug($job);
```

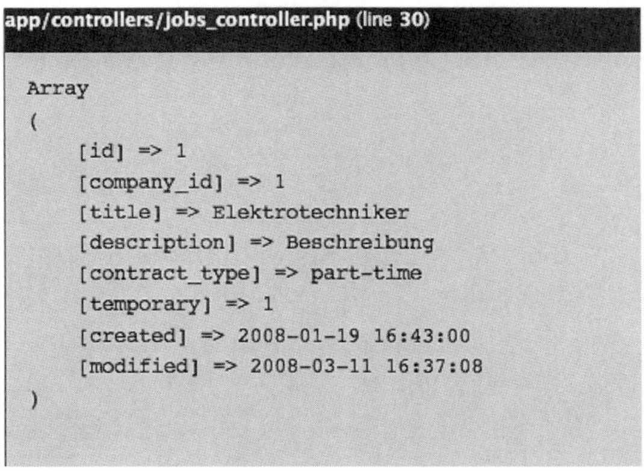


*Abbildung 17-6: Ausgabe von debug()*

Die Ausgaben von `pr()` und `debug()` sind nur sichtbar, wenn der Debug-Modus angeschaltet ist. So können Sie sicherstellen, dass dem Benutzer keine Debugging-Ausgaben präsentiert werden.

Weitere Erleichterungen für das Debugging bietet die Klasse `Debugger`. Auch diese Klasse ist statisch anzusprechen und steht in CakePHP in den Controllern, Models, Components und Helpern zur Verfügung. Sollte der Debugger in einer bestimmten Situation nicht verfügbar sein, können Sie ihn einfach per `App::import('Core', 'Debugger')` laden.

*Debugger::trace()*

Gibt ein formatiertes Backtrace zurück.

*Debugger::exportVar($var)*

Konvertiert eine Variable in einen String zur Ausgabe. Diese Methode ist eine Alternative zur print_r(), da die Ausgabe dieser Methode korrekte PHP-Syntax ist.

*$this->log("User a.dent eingeloggt.");*

Sie haben in allen Klassen, die die `Object`-Klasse erweitern, und auch über die `Debugger`-Klasse eine `log`-Funktion zur Verfügung, die entsprechend des Fehler-Levels Ihren Eintrag in die CakePHP-Logdateien schreibt. Diese finden Sie unter */app/tmp/logs*.

Als zweiten Parameter akzeptiert diese Methode den PHP-Fehler-Level des Eintrags. Standardmäßig wird hier `LOG_ERROR` verwendet.

# Die CakePHP-Core-Klassen

CakePHP benutzt viele leistungsfähige und einfach zu verwendende Klassen, um das Framework selbst zu implementieren. Der Zugriff auf diese internen Werkzeuge ist Ihnen nicht verwehrt. Im Folgenden stellen wir Ihnen einige Klassen vor, die auch für Sie nützlich sein können. Wir erläutern hier nur die wichtigsten Methoden, alle anderen finden Sie in der API von CakePHP.

## App::import()

Um Klassen zu laden, die nicht schon standardmäßig in Controller, Model oder View verfügbar sind, bietet CakePHP die Methode `App::import()`:

```
import($type = null, $name = null, $parent = true, $search = array(),
                        $file = null, $return = false);
```

Diese Methode sucht Klassen anhand des übergebenen Namens und Typs und bindet diese ein. Ein Beispiel dafür wäre das folgende:

```
App::import('Core', 'File');
$this->File = new File('.');
```

Mit diesem Aufruf sagen Sie CakePHP, dass Sie die File-Klasse, die eine Core-Klasse von CakePHP ist, laden möchten, und instanziieren diese. Akzeptierte Typen sind: Model, Behavior, Controller, Component, View, Helper und Vendor.

Als Name reicht der Dateiname ohne Dateierweiterung, `$name` kann auch ein Array mit mehreren zu ladenden Dateien sein. Der dritte Parameter, `$parent`, bestimmt, ob der Parent der gesuchten Klasse ebenfalls geladen werden soll, also beispielsweise die `AppController`-Klasse, wenn Sie einen Controller laden.

Wenn Sie nur in bestimmten Pfaden nach Klassen suchen möchten, können Sie diese in einem Array als vierten Parameter der Methode übergeben. Als `$file`-Parameter können Sie einen kompletten Dateinamen übergeben, nach dem Sie suchen möchten. Wenn Sie `$return` auf *true* setzen, wird die Ausgabe der Datei zurückgegeben, aber nur, wenn sie ein `return`-Statement enthält.

Die Rückgabe von `App::import()` ist *true*, wenn die Klasse entweder schon im Speicher war oder die Datei gefunden und eingebunden werden konnte, ansonsten ist der Rückgabewert *false*.

Klassen außerhalb des Frameworks werden in CakePHP »vendors« , Lieferanten, genannt. Dafür sind zwei Ordner vorgesehen: */vendors*, wenn Sie diese Klassen in mehr als einer Ihrer CakePHP-Anwendungen verwenden möchten, und */app/vendors* für Klassen, die Sie nur in der jeweiligen Anwendung benötigen. Laden können Sie diese mittels `App::import()`, indem Sie als `$type` »Vendor« übergeben. `App::import()` sucht automatisch in beiden *vendors/*-Verzeichnissen.

## Configure

Die `Configure`-Klasse haben Sie im Laufe der Arbeit mit CakePHP sicher schon einige Male gesehen. Diese Klasse ist jedoch nicht nur für die CakePHP-interne Konfiguration da, sondern steht auch für die Konfiguration Ihrer Anwendung zur Verfügung. Sie ist sehr komfortabel zum Laden von Konfigurationsdateien, zum Auslesen von Konfigurationswerten und auch zum persistenten oder temporären Speichern dieser Werte.

Konfigurationsdateien sind simple PHP-Dateien, die unter */app/config* liegen und bei Bedarf geladen werden. Legen Sie die Datei */app/config/cakejobs.php* an, und befüllen Sie diese schon einmal mit einer Konfigurationsvariable. Alle diese Dateien müssen ein Array namens `$config` enthalten, anders benannte Variablen werden übersprungen.

```
<?php
$config['app_name'] = 'CakeJobs';
$config['rssfeed']['items'] = 10;
?>
```

Konfigurationsdateien werden mit der Methode `load()` geladen, der Sie den Namen der Konfigurationsdatei übergeben. Wenn Sie eine bestimmte Konfigurationsdatei immer brauchen, bietet es sich an, diese in der Datei */app/config/bootstrap.php* zu laden, also der Datei, die immer vor dem Start von CakePHP eingebunden wird. Wenn Sie eine Konfigurationsdatei nur in bestimmten Teilen Ihrer Applikation benötigen, können Sie diese auch »on demand« laden. Für unsere Zwecke reicht erst einmal das Laden in der *bootstrap.php*.

```
Configure::load('cakejobs');
```

Jetzt sind die Konfigurationsdaten im `Configure`-Objekt verfügbar. Auslesen können Sie die Variablen per `read()`, indem Sie den Variablennamen übergeben:

```
echo Configure::read('app_name');
echo Configure::read('rssfeed.items');
```

Sie können auch zur Laufzeit Konfigurationsvariablen schreiben. Das geschieht mit der Methode `write()`:

```
Configure::write('rssfeed.items', 25);
```

Sobald eine Konfigurationsvariable geschrieben worden ist, ist dieser Wert anwendungsübergreifend über das Configure-Objekt zu erreichen. Um Konfigurationsvariablen wieder zu löschen, gibt es die Methode delete():

```
Configure::delete('rssfeed.items');
```

Wenn read() eine bestimmte Variable nicht finden kann, wird null zurückgegeben.

## File und Folder

Aufgaben im Dateisystem sind immer wiederkehrende Aufgaben, die viele Wiederholungen im Code erfordern – denken Sie nur an das Auslesen von Verzeichnisinhalten oder an das Auflisten von enthaltenen Dateien. Diese Funktionalitäten sind in CakePHP in den beiden Klassen File und Folder gekapselt.

### Folder

Folder akzeptiert drei Parameter für den Konstruktor: $path, $create und $mode. Mit $path legen Sie den Ordner fest, in oder mit dem Sie arbeiten möchten. Wenn Sie $create auf *true* setzen, wird der Ordner angelegt, sofern es ihn noch nicht gibt, und als $mode können Sie CHMOD-kompatible Berechtigungen setzen. Lassen Sie $mode auf *false*, werden diese Berechtigungen ignoriert.

Wenn Sie keinen $path übergeben, nimmt Folder als Ausgangspfad den temporären Ordner Ihrer Anwendung: */app/tmp*.

So starten Sie die Folder-Klasse für */app/webroot*:

```
App::import('Core', 'Folder');
$folder =& new Folder(APP . 'webroot');
```

Folder stellt Ihnen diverse Methoden für diesen Ordner zur Verfügung (Tabelle 17-1). Folder::ls() listet Ihnen die Ordner und Dateien im gewählten Verzeichnis auf. Sie erhalten ein Array, das ein Array mit den gefundenen Ordnern und ein Array mit den gefundenen Dateien beinhaltet:

```
pr($folder->ls());
Array
(
    [0] => Array
        (
            [0] => css
            [1] => files
            [2] => img
            [3] => js
        )
    [1] => Array
        (
            [0] => .htaccess
            [1] => css.php
```

```
            [2] => favicon.ico
            [3] => index.php
            [4] => jobs.csv
            [5] => test.php
        )
)
```

*Tabelle 17-1: Die wichtigsten Methoden der Folder-Klasse*

| Methode | Beschreibung |
|---|---|
| `pwd()` | Äquivalent zum UNIX-Kommando `pwd` (print working directory); gibt den aktuellen absoluten Pfad zu Ihrem Arbeitsverzeichnis zurück. |
| `cd($path)` | Wechselt das Arbeitsverzeichnis zum übergebenen Pfad. |
| `find($regexp)` | Findet Dateien, deren Dateiname dem übergebenen regulären Ausdruck entspricht, und gibt die Resultate als Array zurück.<br>Beispiel: `find('(.*)\.php');` |
| `findRecursive($regexp)` | Durchsucht alle untergeordneten Verzeichnisse des aktuellen Ordners nach Dateien, die dem übergebenen regulären Ausdruck entsprechen. Ergebnisse werden mit vollständigem Pfad in einem Array zurückgegeben. |
| `create($pathname, $mode)` | Erstellt einen Verzeichnisbaum anhand des übergebenen Pfades. Mit dem optionalen Parameter `$mode` können Sie CHMOD-Rechte für diese Ordner übergeben. |

## File

`File` akzeptiert dieselben Parameter wie `Folder` im Konstruktor: ein Pfad zur Datei, mit der Sie arbeiten möchten, das Flag `$create`, um die Datei zu erstellen, sollte sie noch nicht vorhanden sein, und den Parameter `$mode` zur Übergabe der CHMOD-Rechte für die erstellte Datei. Der Unterschied ist, dass Sie `File` eine Datei übergeben müssen, damit die Klasse starten kann. Im Folgenden sehen Sie ein Beispiel dafür, wie man mit der `File`-Klasse arbeiten kann:

```
App::import('Core', 'File');
$file =& new File(APP . 'tmp/temp.tmp', true, 0755);
$data = 'How many cows fit in a cadillac?';
$file->write($data, 'w');
$file->append("\n");
$file->append('Four. Period.');
$content = $file->read();
$file->delete();
$file->close();
```

Wie Sie sehen, akzeptiert die Methode `write()` als zweiten Parameter den Schreibmodus – dieser ist analog zu den PHP-Funktionen `fopen()` und `fwrite()`. Die `File`-Klasse bietet noch einige sehr nützliche Helfer-Methoden, die Sie in der API nachschlagen können.

## Sanitize

Die Klasse Sanitize stellt Methoden zur Verfügung, mit denen Sie Daten reinigen können, die vom User übergeben worden sind. Seien es nun Hack-Angriffe wie SQL-Injections oder schlicht unterwünschte Formate oder Daten wie HTML-Code, mit Sanitize bekommen Sie saubere Daten, um damit in Ihrer Applikation zu arbeiten.

Im Folgenden möchte ich Ihnen die wichtigsten Möglichkeiten von Sanitize vorstellen, damit in Zukunft Ihre Applikationen sicher vor Angriffen über manipulierte Daten sind. Sanitize wird, wie die anderen Core-Klassen auch, über `App::import()` geladen:

```
App::import('Core', 'Sanitize');
```

### Strings reinigen

Die Methode `paranoid()` hat die einfache wie wichtige Aufgabe, einen String von allem zu befreien, was kein Buchstabe oder keine Zahl ist. Damit ist die Methode sehr restriktiv und entfernt alle Zeichen, die nicht Teil des Alphabets zwischen A und Z sind oder eine Ziffer zwischen 0 und 9. Dabei bleiben auch Umlaute oder andere Sonderzeichen auf der Strecke, wie beispielsweise das ß.

```
paranoid($string, $allowed = array())
```

Der Aufruf der Methode erwartet zwei Parameter, wobei der zweite optional ist. Der erste Parameter ist der String, der paranoid beäugt werden soll, damit die Zeichen entfernt werden können, die nicht erlaubt sind. Der zweite Parameter ist ein Array, in dem Ausnahmen definiert werden können. Zeichen, die hier angegeben werden, sind für `paranoid()` zulässig und werden im String belassen. Das folgende Beispiel zeigt die Verwendung der Methode:

```
echo Sanitize::paranoid(
        '<a href="böse_url">Das ist ein Link zu einer "bösen" Seite</a>',
        array('ä', 'ö', 'ü', ' ')
);
```

Die Ausgabe der Methode zeigt deutlich, wie `paranoid()` arbeitet:

```
a hrefböseurlDas ist ein Link zu einer bösen Seitea
```

Es wurden alle Zeichen entfernt, die kein Buchstabe oder keine Ziffer sind. Die Umlaute und Leerzeichen wurden über den zweiten Parameter explizit erlaubt, darum wurden sie nicht entfernt.

Als Alternative zur Methode `paranoid()` existiert die Methode `html()`, die speziell für den Umgang mit HTML-Code entwickelt worden ist. Die Methode ist damit nicht so streng wie `paranoid()`, weil sie alle Zeichen durchlässt außer reservierte Zeichen des HTML-Markups.

```
html($string, $remove = false)
```

Neben dem eigentlichen String können Sie über das Flag `$remove` festlegen, wie die Methode mit den gefundenen Zeichen umgehen soll. Wenn `$remove` auf *true* steht, dann werden sie schlicht entfernt. Wenn der Default-Wert *false* übergeben wird, dann ersetzt CakePHP die Werte durch entsprechende Entities. Ein kleines Beispiel:

```
echo Sanitize::html('Das ist ein <<<b>formatierter</b>>> String mit HTML-Code. Und
noch ein paar Umlaute (üäö) und Entities &auml; &ouml; &euro; ...');
```

Das Ergebnis im Quelltext – nicht im Browser – spricht für sich:

```
Das ist ein &lt;&lt;&lt;b&gt;formatierter&lt;/b&gt;&gt;&gt; String mit
HTML&#45;Code. Und noch ein paar Umlaute &#40;üäö&#41; und Entities &amp;auml;
&amp;ouml; &amp;euro; ...
```

Der HTML-Code wird in dieser Form nicht mehr interpretiert, sondern ausgegeben, so dass er klar leserlich auf der Seite erscheint. Alternativ stellt Sanitize noch einige spezielle Methoden zur Verfügung, die nur auf bestimmte HTML-Tags reagieren. Zu nennen wären hier vor allem `stripImages()` und `stripScripts()`, denen Sie einfach einen String übergeben, um diesen ohne <img>- oder <script>-Tags zurückzubekommen. `stripWhitespace()` filtert alle Newlines, Carriage Returns, Tabs und doppelte Leerzeichen aus dem String. Mit `stripAll()` führen Sie diese drei Methoden in einem Rutsch aus.

### Arrays reinigen

`clean()` ist eine sehr praktische Methode, um komplette mehrdimensionale Arrays zu säubern. Die klassische Anwendung für diese Methode ist beispielsweise die Säuberung aller Daten im Array `$data`, das von einem Formular übergeben wird. Der Aufruf der Methode erwartet zwei Parameter, wobei der zweite wie so oft optional ist:

```
Sanitize::clean($data, $options = array())
```

Das Array wird als erster Parameter übergeben. Unabhängig davon, ob das Array numerisch oder assoziativ aufgebaut ist, werden alle Werte auf eventuell illegale Zeichen untersucht und im Zweifelsfall entsprechend angepasst. Die Rückgabe ist ein Array mit dem gleichen Aufbau, aber mit gereinigten Werten.

Im Array `$options` können Sie einige Parameter festlegen, die die Maßnahmen der Reinigung steuern. Bis auf `connection` sind alle Optionen boolesche Werte und standardmäßig auf *true* gesetzt.

| Parameter | Beschreibung |
|---|---|
| `connection` | Der Name der zu verwendenden Datenbankverbindung, damit `Sanitize::escape()` die Eingaben datenbankgerecht verarbeiten kann. |
| `odd_spaces` | Entfernt das »verdächtige« Leerzeichen `0xCA`. |
| `encode` | Führt `Sanitize::html()` aus. |
| `dollar` | Mit Backslashes escapte Dollar-Zeichen werden durch normale Dollar-Zeichen ersetzt. |

| Parameter | Beschreibung |
|---|---|
| `carriage` | Entfernt Carriage Returns, also `\r`. |
| `unicode` | »Repariert« die Entities, die durch `html()` verändert wurden. |
| `escape` | Führt `Sanitize::escape` mit der Option `connection` als Parameter aus. |
| `backslash` | Wenn im Eingabestring spezielle Zeichen durch Backslashes »versteckt« werden, werden diese aufgedeckt und entfernt. |

## SQL-Injections abfangen

Mit die gefährlichsten Situation beim Ablauf einer Applikation ist die Verwendung von User-Eingaben in der Programmlogik. Wenn der übergebene String aus einem Formular oder einer URL ohne Filter direkt in einem SQL-Statement verwendet wird, kann ein Angreifer diese Lücke nutzen und den SQL-String durch die Eingabe von Sonderzeichen und SQL-Befehlen manipulieren.

Dieser Angriff – SQL-Injection genannt – kann je nach Berechtigung des Web-Users auf die Datenbank schnell unangenehme Folgen haben, wie den Verlust von Daten oder (schlimmer) Zugriff auf die Datenbank durch Fremde (durch die Erweiterung der *users*-Tabelle).

Angenommen, anhand des folgenden SQL-Strings wird eine Datenbankabfrage für den Login gestrickt. Die Variablen `$form` und `$pw` werden durch User-Eingaben über Formulare übergeben:

```
$sql = "SELECT * FROM users WHERE users.login='{$login}' AND users.password='{$pw}'
                    LIMIT 1;";
```

Durch Trial-and-Error bekommt ein Angreifer die folgende Eingabe zustande:

```
$login  = "evil_user";
$pw     = "'; TRUNCATE users; SELECT '";
```

Das Ergebnis des SQL-Strings sieht nun so aus und wird direkt an die Datenbank geschickt:

```
SELECT * FROM users WHERE users.login='evil_user' AND users.password='';
         TRUNCATE users; SELECT '' LIMIT 1;
```

Das ist übel, da auf diese Weise die Tabelle *users* komplett gelöscht wird. Wenn der Angreifer auch noch andere Datenbanktabellen errät, kann auf diese Weise viel passieren, was einem Entwickler mehr als unangenehm sein kann.

Darum empfiehlt es sich, auch wenn *magic_quotes* eingeschaltet ist, immer die Methode escape() zu verwenden:

```
escape($string, $connection = 'default')
```

Neben dem Wert, der SQL-sicher gemacht werden soll, kann noch die Datenbankverbindung übergeben werden, anhand der der String escapt werden soll. Der

Name der Connection wird in der Konfigurationsdatei *config/database.php* festgelegt. Das erweiterte Beispiel sieht nun so aus:

```
$login  = Sanitize::escape("evil_user");
$pw     = Sanitize::escape("'; TRUNCATE users; SELECT '");

$sql = "SELECT * FROM users WHERE users.login='{$login}' AND users.password='{$pw}'
                 LIMIT 1;";
```

Durch escape() wird die SQL-Query nun deutlich harmloser, da alle fraglichen Zeichen mit Slashes escapt sind:

```
SELECT * FROM users WHERE users.login='evil_user' AND users.password='\';
        TRUNCATE users; SELECT \'' LIMIT 1;
```

Das einzige Ergebnis ist nun, dass der Angreifer vermutlich nicht eingeloggt wird, da Username und Passwort ungültig sind.

Wenn Sie in CakePHP mit den Model-Methoden arbeiten, dann werden alle Eingaben schon automatisch escapt. Trotzdem möchten wir Sie ermutigen, bei allen Aktionen mit Daten, die von Benutzern kommen, die Daten zu »sanitizen«. Meist reicht ein einfacher Aufruf von Sanitize::clean(), um mehr Sicherheit für Ihre Anwendung zu gewährleisten. Meist reicht ein einfacher Aufruf von Sanitize::clean(), um mehr Sicherheit für Ihre Anwendung zu gewährleisten. Beachten Sie allerdings, dass die Methode auch den einfachen Bindestrich (-) entfernt. Dieses Verhalten kann bei der Eingabe von URLs oder E-Mail-Adressen zu einem unerwünschten Ergebnis führen, da die Werte dadurch verändert werden.

## Set

Set ist eine sehr leistungsfähige Klasse, wenn es darum geht, mit Arrays zu arbeiten. In einigen Beispielen in diesem Buch haben wir die Klasse bereits eingesetzt, ohne sie näher zu erklären. Im Folgenden stellen wir daher die wichtigsten Methoden von Set zusammengefasst vor.

### Set::classicExtract($data, $path);

Mit classicExtract() können Sie bestimmte Teile eines Arrays extrahieren, indem Sie einen Pfad zu den gewünschten Daten übergeben. Am besten lässt sich das an einem Beispiel erklären.

```
[0] => Array
    (
        [Job] => Array
            (
                [id] => 1
                [company_id] => 1
                [title] => Elektrotechniker
                [description] => Beschreibung
                [contract_type] => part-time
```

```
                    [temporary] => 1
                    [created] => 2008-01-19 16:43:00
                    [modified] => 2008-03-11 16:37:08
                )
        )
    [1] => Array
        (
            [Job] => Array
                (
                    [id] => 2
                    [company_id] => 2
                    [title] => cakePHP-Entwickler
                    [description] => Hier steht eine Job-Beschreibung.
                    [contract_type] =>
                    [temporary] =>
                    [created] => 2008-01-19 16:43:38
                    [modified] => 2008-02-04 22:19:44
                )
        )
```

Möchten Sie aus diesem Array die Job-Titel extrahieren, erledigen Sie das mit folgendem Kommando:

```
Set::classicExtract($data, '{n}.Job.title');
```

Das Resultat dieser Aktion ist das folgende Array:

```
Array
(
    [0] => Elektrotechniker
    [1] => cakePHP-Entwickler
)
```

Mit `{n}` geben Sie hier an, dass es sich um ein fortlaufendes numerisches Array handelt, und mit dem restlichen Pfad geben Sie an, welche Daten Sie extrahieren möchten.

### Set::extract($path, $data, $options)

`Set::extract()` ist die neuere Version der `classicExtract()`-Methode. Diese Methode bietet Ansätze von XPath 2.0 beim Arbeiten mit Arrays. Die Pfad-Syntax macht Sie wesentlich flexibler beim gezielten Selektieren von Daten aus einem Array.

Dasselbe Ergebnis wie beim obigen Beispiel erhalten Sie mit folgendem Aufruf:

```
Set::extract('/Job/title', $data);
```

Um den Titel des zweiten Jobangebots im Array zu erhalten, verwenden Sie die folgende Syntax:

```
Set::extract('/Job[2]/title', $data);
```

Sie können auch gezielter vorgehen und direkt im Pfad Vergleichsoperatoren verwenden. Hiermit erhalten Sie den Job-Titel des Jobangebotes mit der `id` 2.

```
Set::extract('/Job[id=2]/title', $data);
```

Möchten Sie alle Jobangebote extrahieren, deren ID größer als 2 ist, reicht folgendes Statement:

```
Set::extract('/Job[id>2]/title', $data);
```

### Set::insert($list, $path, $data)

Mit `insert()` können Sie über einen Pfad, ähnlich wie dem bei `classicExtract()` verwendeten, gezielt Daten in ein Array schreiben. Um beispielsweise in unserem Test-Array dem Job-Array unter Schlüssel 1 weitere Daten hinzuzufügen, verwenden Sie folgenden Aufruf:

```
Set::insert($data, '1.Job.data', array('test' => 'test'));
```

`$list` ist das Array, in das weitere Daten geschrieben werden sollen, und `$data` enthält die Daten dafür.

### Set::remove($list, $path)

Diese Methode entfernt anhand eines Pfades Elemente aus dem Array `$list`. Um beispielsweise den Titel aus unserem ersten Jobangebot zu entfernen, benutzen Sie `remove()` folgendermaßen:

```
Set::remove($data, '0.Job.title');
```

### Set::check($data, $path)

`check()` überprüft, ob ein bestimmter Pfad in einem Array gesetzt ist, und gibt *true* zurück, sofern die gesuchten Daten vorhanden sind. Der folgende Aufruf würde *false* zurückgeben:

```
var_dump( Set::check($data, '0.Job.testkey') );
```

### Set::diff($val1, $val2)

`diff()` vergleicht zwei Arrays und gibt die Differenz – also die Daten, die sich unterscheiden – wieder als Array zurück.

```
$array1 = array('eins' => 'zwo', 'drei' => 'vier');
$array2 = array('eins' => 'zwo', 'fünf' => 'sechs');
Set::diff($array1, $array2);
```

In diesem Vergleich sind die Schlüssel `eins` und deren Werte identisch, jedoch fehlt dem `$array2` der Key `drei` und es bringt noch den Key `fünf` ins Spiel. Entsprechend sieht das Resultat so aus:

```
Array
```

```
(
    [drei] => vier
    [fünf] => sechs
)
```

### Set::sort($data, $path, $dir)

`Sort()` nimmt Ihnen die lästige, aber oft nötige Arbeit ab, ein mehrdimensionales Array anhand der Werte eines bestimmten Schlüssels zu sortieren. Wie auch die anderen Set-Methoden kann dies komfortabel über einen Pfad als String gelöst werden. Ein Beispiel sagt hier mehr als tausend Worte:

```
Set::sort($data, '{n}.Job.temporary', 'desc');
```

### Set::merge($arr1, $arr2 = null, ...);

Diese Methode könnte man als als eine Mischung zwischen `array_merge()` und `array_merge_recursive()` betrachten. Diese Art, Arrays zu mergen, funktioniert rekursiv und berücksichtigt Array-Schlüssel, die nur Strings enthalten.

KAPITEL 18

# Tipps und Tricks

In diesem Kapitel werden wir Ihnen eine Reihe von Tipps und Tricks vorstellen, die CakePHP zu bieten hat. Das heißt, Sie werden jede Menge nette Kleinigkeiten kennenlernen, die in den vorherigen Kapiteln keinen Platz gefunden haben oder nicht so recht hineinpassen wollten, die wir Ihnen aber dennoch nicht vorenthalten möchten.

## RSS-Feeds erstellen

Was ist heute schon eine Website ohne RSS-Feed? Mit *Really Simple Syndication* wurde regelrecht ein Boom ausgelöst – auf jeder größeren Website können Sie sich heute Feeds aller Art mit News und Artikeln bis hin zu vielleicht neu geposteten Forumsbeiträgen abonnieren. Auch CakeJobs soll einen eigenen RSS-Feed bekommen: und zwar mit den neuesten Jobangeboten, so dass Jobsuchende in ihrem Feed-Reader immer auf dem Laufenden gehalten werden.

Einen standardkonformen RSS-Feed zu erstellen ist in CakePHP ein »piece of cake«, also ein Kinderspiel. Zahlreiche Automatismen sorgen hier dafür, dass Sie das neue Feature von *CakeJobs* in Minutenschnelle erstellt haben. CakePHP liefert einen eigenen RssHelper mit, der sich um die richtige Ausgabe der Feed-Daten kümmert. Der Router erledigt zusammen mit dem RequestHandler das Routing, das Setzen des richtigen Layouts und die Auswahl des richtigen Templates.

Als Allererstes benötigen Sie eine Action für den RSS-Feed. Legen Sie dazu die Methode `feed()` im *JobsController* an:

```
function feed() {
   $jobs = $this->Job->find('all', array('order' => 'Job.created DESC',
                                         'limit' => 20));
   $this->set('channel', array('title' => 'CakeJobs Jobfeed', 'description' =>
                              'Die aktuellsten Jobangebote auf Cakejobs'));
   $this->set('jobs', $jobs);
}
```

Was hier geschieht, kennen Sie schon: Es wird eine simple `find('all')`-Abfrage, die auf 20 Einträge limitiert ist, an das Job-Model gestellt und dem Template zugewiesen. Über die View-Variable `$channel` definieren Sie allgemeine Informationen, die den CakeJobs-Feed beschreiben sollen. Weiter geht es in */app/config/routes.php*. Hier fügen Sie folgenden Code ein:

```
Router::parseExtensions('rss');
```

Diese Definition sorgt dafür, dass alle URLs, die die Endung *.rss* haben, auch als RSS-Anfragen behandelt werden können. Dafür ist wie gesagt der RequestHandler zuständig: Diesen müssen Sie noch im JobsController laden:

```
var $components = array('RequestHandler');
```

Der RequestHandler erkennt anhand der Information, die der Router durch die Extension *rss* hat, dass es sich hier um eine RSS-Anfrage handelt. Wenn das der Fall ist, teilt der RequestHandler im Hintergrund dem Controller mit, dass das RSS-Layout anstatt des normalen Layouts zu verwenden ist und dass die Views für diese Actions im Unterordner *rss/* des View-Ordners des entsprechenden Controllers gesucht werden. Erstellen Sie deshalb einen Ordner namens *rss* unter */app/views/jobs* und in diesem das View *feed.ctp* mit dem folgenden Inhalt:

```
function prepareData($data) {
        return array(
                'title' => $data['Job']['title'],
                'link'  => '/jobs/view/' . $data['Job']['id'],
                'guid'  => '/jobs/view/' . $data['Job']['id'],
                'description' => $data['Job']['description'],
                'author' => $data['Company']['name'],
                'pubDate' => $data['Job']['created']
        );
}

echo $rss->items($jobs, 'prepareData');
```

Was geschieht hier? Der RequestHandler hat selbst den für die Ausgabe nötigen RssHelper geladen, deshalb steht dieser im View zur Verfügung. Die Methode `items()` des RssHelpers iteriert durch das übergebene Array und wandelt dieses in korrektes XML um. Zusätzlich bietet `items()` die Möglichkeit, jeden Eintrag des Arrays vor der Umwandlung in XML an ein Callback zu übergeben, das die Daten RSS-konform umstrukturieren soll. Dieses Callback, in unserem Fall `prepareData()`, muss ein Array mit den RSS-typischen Werten zurückgeben. Der RssHelper holt sich für die Beschreibung des Feeds automatisch die von Ihnen im Controller gesetzte `$channel`-Variable aus dem View-Objekt. Hier ist kein weiterer Code mehr notwendig. Das war es schon: Rufen Sie in Ihrem RSS-fähigen Browser oder auch einem Feed-Reader die Feed-URL *http://localhost/cakejobs/jobs/feed.rss* auf. Es sollte sich Ihnen das gewohnte Bild eines zum Abonnieren ausgewählten RSS-Feeds zeigen (Abbildung 18-1).

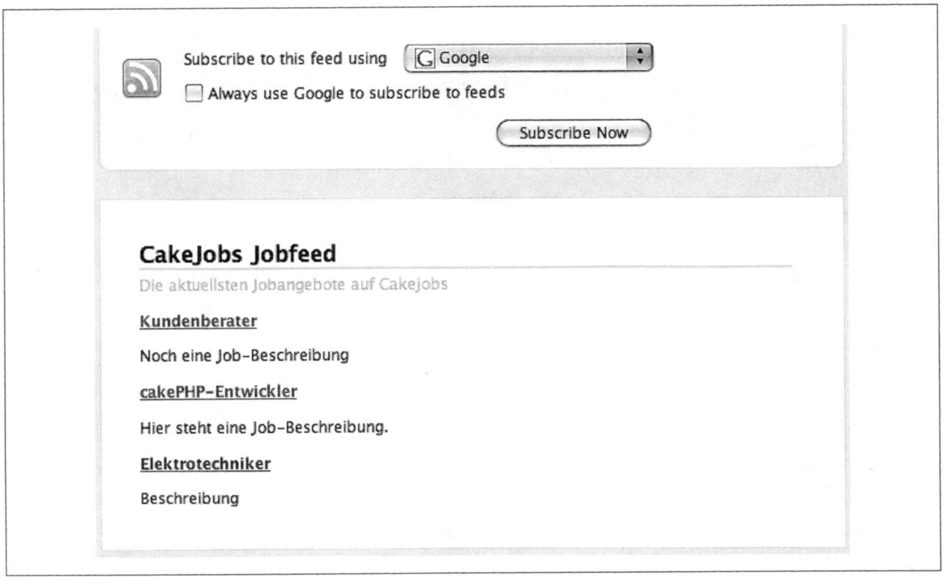


*Abbildung 18-1: Ansicht des Feeds in Firefox*

Um Ihren Benutzern noch zu signalisieren, dass die Website über einen Feed verfügt, verlinken Sie den Feed mit dem HTML-Helper im Head-Bereich Ihres Layouts:

```
echo $html->meta('rss', '/jobs/feed.rss');
```

Damit erkennen RSS-fähige Browser das Vorhandensein eines RSS-Feeds und zeigen es dem Benutzer an. Bei Firefox würde rechts in der Adressleiste das RSS-Symbol angezeigt werden (Abbildung 18-2).

*Abbildung 18-2: Anzeige des Feeds in Firefox*

# Routes dynamisch aus der Datenbank generieren

Routes sind eines der komfortabelsten Features von CakePHP: Sie können damit ohne großen Aufwand URLs generieren, das Reverse-Routing bieten Ihnen dabei flexible Möglichkeiten.

In diesem Abschnitt möchten wir Ihnen zeigen, wie Sie Routes noch anders verwenden können: zum dynamischen Generieren von URLs. Warum sollten Sie das wollen? Um nur ein Beispiel zu nennen: sprachenabhängige URLs. Durch die Reverse-Routing-Fähigkeit des HTML-Helpers würden so ohne weiteres Zutun mit einem Schlag alle Links in Ihrer Anwendung auf die definierte Syntax umspringen.

```
CREATE TABLE `routes` (
  `id` int(11) NOT NULL auto_increment,
  `language` varchar(5) NOT NULL,
  `route` varchar(128) NOT NULL,
  `controller` varchar(64) NOT NULL,
  `action` varchar(64) NULL,
  PRIMARY KEY  (`id`)
);
INSERT INTO `routes` VALUES(1, 'deu', '/kontakt', 'contact', 'index');
INSERT INTO `routes` VALUES(3, 'eng', '/contact_us', 'contact', 'index');
INSERT INTO `routes` VALUES(4, 'deu', '/jobangebote', 'jobs', 'index');
INSERT INTO `routes` VALUES(5, 'eng', '/job_offers', 'jobs', 'index');
```

Baken Sie mit `cake bake all Route` die Verwaltung für die Routes. Um diese jetzt zu definieren, öffnen Sie */app/config/routes.php*.

Die Routes-Konfiguration wird außerhalb des MVC-Patterns einfach als Datei vor dem Start eingebunden. Sie haben deshalb noch keinen Zugriff auf ein Model. Sie können aber trotzdem außerhalb des MVC-Konstrukts von CakePHP ein Model verwenden, indem Sie das Model und die dazu nötigen anderen Klassen per `App::import()` automatisch laden und das Model von Hand instanziieren.

```
App::import('Model', 'Route');
$Route = new Route();
$dynRoutes = $Route->find('all', array('conditions' => array('language' =>
'eng')));

foreach($dynRoutes as $n => $route) {
   Router::connect($route['Route']['route'], array('controller' =>
$route['Route']['controller'], 'action' => $route['Route']['action']));
}
```

Dies ist der gesamte Code, den Sie für dynamische Routes benötigen. Dieses Konzept ist erweiterbar und vor allem nicht nur für sprachabhängige URLs einsetzbar.

# Zugriff auf die Datenbank ohne Model

Wenn Sie einmal in die Situation kommen sollten, eine Datenbankverbindung zu benötigen, aber kein Model verwenden wollen oder können, ist es kein Problem, eine solche Verbindung »von Hand« aufzubauen. Diesen Dienst erweist uns der CakePHP-ConnectionManager, der für alle Datenbankverbindungen zuständig ist. Der Methode `getDataSource` übergeben Sie den Namen der in */app/config/database.php* angegebenen Datenbankverbindung, und den Rest erledigt der ConnectionManager. Dieser verwendet die richtigen Methoden für den gesetzten Driver und stellt sie gekapselt mittels der Methode query() im Datenbankobjekt zur Verfügung.

```
$db =& ConnectionManager::getDataSource('default');
$data = $db->query('SELECT * from jobs');
```

Das Ergebnis dieser Abfrage sieht folgendermaßen aus:

```
    [0] => Array
      (
        [jobs] => Array
          (
            [id] => 1
            [company_id] => 1
            [title] => Elektrotechniker
            [description] => Beschreibung
            [contract_type] => part-time
            [temporary] => 1
            [created] => 2008-01-19 16:43:00
            [modified] => 2008-03-11 16:37:08
          )
      )
      [...]
```

Wenn Sie eine andere Datenbankverbindung benutzen oder diese dynamisch halten möchten, können Sie die Datenquelle auch manuell instanziieren. Den Typ der mit der Konfiguration zu verwendenden Datenquelle müssen Sie in diesem Fall explizit als ersten Parameter angeben:

```
$meineConfig = array(
   'driver' => 'mysql',
   'persistent' => false,
   'host' => 'mein.dbserver.com',
   'login' => 'ich',
   'password' => 'geheim',
   'database' => 'cakejobs_extern'
);
$db = ConnectionManager::create('mysql', $meineConfig);
$data = $db->query('SELECT * from jobs');
```

## Die Auszeichnungssprache Flay nutzen

Kennen Sie *Textile*? Es handelt sich dabei um eine einfache Auszeichnungssprache, die es ermöglicht, Texte (in der Regel in CMS-Systemen) mit einfachen Zeichenkombinationen zu formatieren und später in valides HTML umzuwandeln. Textile und verschiedenste Varianten dieser Technik sind inzwischen im Netz im Einsatz und ermöglichen es, Texte in Gästebüchern, Foren oder Content-Management-Systemen zu erstellen, ohne über HTML-Kenntnisse zu verfügen.

Neben Textile ist *Wikitext* ein bekannter Vertreter dieser Art von Auszeichnungssprachen. Wikitext ist durch den Einsatz auf Wikipedia weit verbreitet. Das Ziel dabei ist es, eine einfache und für den Menschen leichter lesbare Variante von formatiertem Text in Online-Formularen zu erstellen, die wenig bis gar kein technisches Verständnis voraussetzt. Zum anderen soll auf diese Weise Missbrauch verhindert werden, indem der Einsatz einer mächtigen Auszeichnungssprache in öffentlichen Bereichen verboten wird.

*Flay* ist eine Art der Textformatierung ähnlich wie Textile und wird über die Klasse `Flay` direkt in CakePHP verfügbar gemacht. Im Gegensatz zu HTML wird die komplette Formatierung mit wenigen Sonderzeichen und Zeilenumbrüchen realisiert.

Eine typische Textformatierung in Textile könnte so aussehen:

```
Das ist ein Text in *fett* und _kursiv_!
```

Das Ergebnis nach der Formatierung durch einen Textile-Parser oder auch durch die `Flay`-Klasse sieht aus wie folgt:

```
<p>Das ist ein Text in <strong>fett</strong> und <em>kursiv</em>!</p>
```

Der Textfluss wird von *Flay* im Prinzip immer so übernommen, wie es durch die User vorgegeben wurde. Das heißt, jeder Zeilenumbruch wird durch ein `<br />` ersetzt, und jeder doppelte Zeilenumbruch erzeugt einen neuen Absatz durch das `<p>`-Element.

Diese Art von Formatierung kann allerdings auch direkt erzwungen werden, indem Sie die folgenden Angaben verwenden:

| Formatierungsanweisung | Beschreibung |
|---|---|
| %LINEBREAK% | Zeilenumbruch |
| %PARAGRAPH% | Neuer Absatz |

Die Ausgabe von Text kann wie folgt formatiert werden, wie Sie schon im Beispiel oben gesehen haben:

| Formatierungsanweisung | Beschreibung |
|---|---|
| _text_ | Setzt den Text in <em>-Tags |
| *text* | Setzt den Text in <strong>-Tags |

Links im Fließtext werden automatisch `http://`, `https://` oder `ftp://` erkannt und entsprechend gesetzt. Der folgende Satz wird nach der Formatierung durch Flay entsprechend in HTML gesetzt:

```
Mehr Informationen erhalten Sie unter http://webanwendungen-mit-cakephp.de/.
```

Flay erstellt daraus folgendes HTML:

```
<p>Mehr Informationen erhalten Sie unter <a href="http://webanwendungen-mit-
cakephp.de/">http://webanwendungen-mit-cakephp.de/</a>.</p>
```

Wenn Sie eine Verlinkung erzwingen wollen, dann setzen Sie den betroffenen Text einfach in eckige Klammern `[link]`. E-Mail-Adressen werden ebenfalls automatisch erkannt und entsprechend verlinkt, wie das folgende Beispiel zeigt:

```
eMails immer info@webanwendungen-mit-cakephp.de schicken!
```

Dies wird umgewandelt in:

```
<p>eMails immer <a href="mailto:info@webanwendungen-mit-cakephp.de">
info@webanwendungen-mit-cakephp.de</a> schicken!</p>
```

In der Default-Einstellung wird HTML-Code durch Flay escapt und nicht interpretiert. Sie können also Flay und HTML-Code nicht mischen. Durch einen optionalen Parameter kann der Parser aber angewiesen werden, HTML nicht zu escapen, sondern direkt auszugeben. Dazu gleich mehr.

## Ein kurzes Beispiel

Damit Sie ein Gefühl für Flay bekommen, fehlt an dieser Stelle noch ein etwas ausführlicheres Beispiel. Der folgende Text ist komplett mit Flay formatiert und bietet eine gute Übersicht über die verschiedenen Möglichkeiten.

```
Lorem ipsum dolor sit amet, *consectetuer sadipscing elitr*, sed diam nonumy
eirmod tempor invidunt ut _labore_ et _dolore_ magna aliquyam erat, sed diam
voluptua. %PARAGRAPH%At vero eos et accusam et justo duo dolores et ea rebum.
Stet clita kasd gubergren, no sea _*takimata*_ sanctus est Lorem ipsum dolor sit
amet:%LINEBREAK%[http://www.webawendungen-mit-cakephp.de].
```

Wenn dieser Text durch Flay in HTML formatiert wird, erzeugen Sie damit eine Ausgabe im Browser wie in Abbildung 18-3.

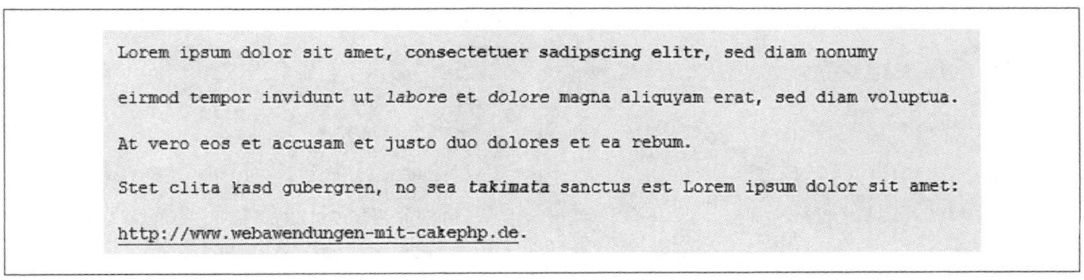


*Abbildung 18-3: Flay in Aktion*

Diese Ausgabe verwendet die Standard-Stylesheets von CakePHP. Sie haben die Möglichkeit, jede HTML-Ausgabe von Flay durch CSS-Anweisungen entsprechend anzupassen, so dass es für jede Webpräsenz passt. Flay setzt also nur die Grundlagen der Ausgabe, die wie gewohnt durch Stylesheets und das Rahmen-Layout entsprechend angepasst werden kann.

## Flay im Text-Helper

Der Einsatz von Flay im View ist sehr einfach und wird über den Text-Helper gesteuert, den Sie schon kennengelernt haben. Wenn im Controller der Text-Helper über das `$helpers`-Array eingebunden wurde, können Sie im View die Methode `flay()` verwenden:

```
TextHelper::flay($text, $allowHtml = false)
```

Die Methode erwartet als Parameter einen String, der entsprechend mit Flay-Auszeichnung formatiert wurde. Der zweite, optionale Parameter gibt an, ob HTML verwendet werden darf oder nicht. Wenn der Parameter auf *true* steht, wird HTML-Code im String nicht escapt.

```
$str = "Das ist ein Text in *fett* und _kursiv_!";
echo $text->flay($str);
```

Ein typischer Aufruf im View könnte so aussehen und wird den HTML-Code ausgeben, wie oben besprochen.

## Die Flay-Klasse

Die `Flay`-Klasse kapselt die komplette Funktionalität von *Flay* und wird intern auch vom Text-Helper verwendet. Wenn Sie *Flay* auch im Controller verwenden wollen, können Sie dies einfach tun, indem Sie die Klasse `Flay` per `App::import()` importieren:

```
App::import('Core', 'Flay');
```

Auf diese Weise steht Ihnen nun die Klasse `Flay` zur Verfügung, die sowohl statisch als auch instanziiert verwendet werden kann. Über diese Klasse stehen Ihnen die in Tabelle 18-1 aufgeführten Methoden zur Verfügung:

*Tabelle 18-1: Die Methoden der Klasse Flay*

| Methode | Beschreibung |
|---|---|
| `colorMark($words, $string)` | Markiert Wörter innerhalb eines Textes farbig |
| `extractWords($string)` | Gibt die Wörter in einem String als Array zurück |
| `fragment($text, $length, $ellipsis= '...')` | Gibt einen Teil-String zurück |
| `markedSnippets( $words, $string, $max_snippets=5 )` | Markiert Wörter innerhalb eines Textes farbig bis zu einer festgelegten Anzahl |
| `toClean($text)` | Entfernt Tags aus einem String |
| `toHtml( $text=null, $bare=false, $allowHtml=false )` | Interpretiert die Flay-Auszeichnungen und gibt HTML zurück |

Wesentlich ist sicher die Methode `toHtml()`, die im Prinzip den Parser für die Flay-Formatierung kapselt. Die Methode erwartet drei Parameter, die das Verhalten beeinflussen. Der erste Parameter ist der Text mit den Flay-Auszeichnungen, die in HTML umgewandelt werden sollen.

Der zweite Parameter legt fest, wie mit Auszeichnungen aller Art im Fließtext umgegangen werden soll. Steht dieser Parameter auf *true*, werden sowohl HTML- als auch Flay-Formatierungen entfernt. Lediglich die Auszeichnungen für Zeilenumbrüche etc. bleiben bestehen.

Der letzte Parameter gibt an, ob HTML erlaubt sein darf oder nicht. Falls dieser Parameter auf *false* steht, dann werden alle HTML-Tags escapt und als Fließtext ausgegeben.

```
App::import('Core', 'Flay');
echo Flay::toHtml($str);
```

Die meisten anderen Methoden sind so ziemlich selbsterklärend und werden in der Regel nur innerhalb der Flay-Klasse verwendet. Zwei Methoden möchten wir kurz an einem
Beispiel demonstrieren, da sie im manchen Situationen durchaus hilfreich sein können:

```
App::import('Core', 'Flay');
$str = "Lorem ipsum dolor sit amet, consectetuer sadipscing elitr, sed diam nonumy
eirmod tempor invidunt ut labore et dolore magna aliquyam erat, sed diam voluptua.
At vero eos et accusam et justo duo dolores et ea rebum. Stet clita kasd gubergren,
no sea takimata_ sanctus est Lorem ipsum dolor sit amet.";

$list = array('ipsum', 'labore', 'dolore');
Flay::colorMark($list, $str);
```

Die Methode `colorMark()` hat die Aufgabe, einzelne Wörter im Text zu finden und mit unterschiedlichen Farben zu markieren. Das Beispiel oben zeigt, wie es funktioniert und erstellt folgenden HTML-Quelltext:

```
Lorem <em class="yl">ipsum</em> dolor sit amet, consectetuer sadipscing elitr, sed
diam nonumy eirmod tempor invidunt ut <em class="gr">labore</em> et <em class="rd">
dolore</em> magna aliquyam erat, sed diam voluptua.
At vero eos et accusam et justo duo <em class="rd">dolore</em>s et ea rebum.
Stet clita kasd gubergren, no sea takimata_ sanctus est Lorem <em class="yl">
ipsum</em> dolor sit amet.
```

Jeder Treffer wird durch ein `<em>`-Tag markiert, das eine eigene CSS-Farbklasse zugewiesen bekommt. Die Klassenbezeichnungen werden durch die Methode festgelegt und müssen im Stylesheet definiert sein. Der Vorteil dieser Methode ist, dass gleichlautende Treffer entsprechend gleich markiert werden, so dass zum Beispiel bei Suchergebnissen auf einen Blick sichtbar ist, wo welche Treffer zu finden sind.

Die Methode `markedSnippets()` macht im Prinzip das Gleiche wie die Methode `colorMark()`. Allerdings besteht darüber hinaus noch die Möglichkeit, die Anzahl der Treffer über einen dritten Parameter zu beschränken.

## Schlussbemerkung

Flay wird laut den Einträgen in der API früher oder später gegen einen »echten« Textile-Parser ausgetauscht oder entsprechend ergänzt. Wenn Sie Flay verwenden, sollten Sie das im Hinterkopf behalten und bei Updates prüfen, ob es schon eine neue Version gibt. Da die Syntax allerdings recht ähnlich ist, wird eine gewisse Abwärtskompatibilität gewahrt bleiben.

> Eclipse helios installieren
> workspace = default
> new project (php-project wizard)
'create project at existing location (from existing source)
..... www/flyapp

---

> Help -> eclipse marketplace subclipse für svn installieren

> project lokal account: einloggen svn-url merken
> in eclipse eingeben, account-daten mitgeben
> im eclipse svn-repository-browser flyapp/trunk als ordner anlegen

> im eclipse klassenbrowser zum flyapp project root gehen
"share project" -> svn -> Achtung: nur flyapp/trunk auswählen

---

> Problematisch ist das Laden von xdebug in die php Prozess
> unser php.ini passende xdebug.dll einbinden
phpinfo() -> welche Visual C++ Version (6 oder 9)



welche PHP Version 5.2 oder 5.3?
welches Threading.

Anschließend php.ini patchen (mit skripts)
In aktuellen Php version ist das schon [illegible]

Dann ist die ganze Sache von den php-Versionen abhängig. Unter 5.3.0 geht gar nichts
5.3.1 lädt zwar xdebug aber die mysql-connect geht nicht.
Unter 5.3.5 scheint alles zu laufen aber man muss in der php.ini darin xdebug.remote_enable = on setzen

# Index

## Symbole



## A



## B

## C



## D



## E



## F

## U



## V



## W



## Z

# Über die Autoren

**Dirk Ammelburger** hat langjährige Erfahrung in der Entwicklung von Webapplikationen, speziell im Bereich der Enterprise-Anwendungen und vernetzten Systeme. Schwerpunktmäßig arbeitet er in vielen Projekten mit PHP, nutzt aber auch die Möglichkeiten anderer Werkzeuge wie bespielsweise der Java Enterprise Edition, um zielgerichtet zum Erfolg zu kommen. Dank seines Überblicks über die aktuellen Entwicklungen und Tendenzen weiß er die Vorteile einzelner Werkzeuge und auch Frameworks gezielt einzusetzen.

Neben seinem Engagement als Autor für eine Reihe von Fachverlagen arbeitet er als selbständiger Entwickler und Berater für verschiedene Unternehmen im In- und Ausland. Sein Fachgebiet umfasst dabei neben der Planung und Konzeption von Anwendungsarchitekturen auch die Umsetzung der einzelnen Komponenten und ein übergreifendes technisches Projektmanagement.

**Robert Scherer** ist freiberuflicher Entwickler, spezialisiert auf PHP-basierte Webanwendungen und die Entwicklung von modernen und benutzbaren Frontends. Er entwickelt Konzepte und Anwendungen für Groß- und mittelständische Unternehmen, die im Web aktiv sind oder es werden möchten, und übernimmt das Projektmanagement dafür. Darüber hinaus hat er Erfahrung in der Entwicklung von Softwaresystemen für Industrieanlagen. Durch seinen Enthusiasmus für alle neuen Entwicklungen im Web, für neue Inhalte, Ideen und nicht zuletzt Techniken, ist er immer offen für neue Wege und Systeme. Robert Scherer kommt aus Südtirol, lebt in München, ist ausgebildeter Tontechniker und eingeschworener Mac-Nutzer.

# Kolophon

Auf dem Cover von *Webentwicklung mit CakePHP* ist ein Mauergecko (Gattung *Tarentola*) zu sehen. Geckos gehören zur Familie der Schuppenkriechtiere und besiedeln bereits seit 50 Millionen Jahren die Erde. Seit dieser Zeit haben sie die verschiedensten Lebensräume für sich erobert, die sich vorwiegend in den warmen bis heißen Klimazonen der Erde befinden (Tropen, Wüsten).

Der Mauergecko gehört zu den mittelgroßen Vertretern dieser Reptilienfamilie, Exemplare dieser Gattung können eine Größe von bis zu 16 Zentimetern erreichen. Wie alle nachtaktiven Geckos ist er eher unauffällig grau-braun-beige gefärbt, wobei sich die Farbe je nach Tageszeit ändern kann. Vom Nacken bis zur Schwanzspitze fallen allerdings seine dornenartigen Schuppen auf, die sich in Querrichtung über den ganzen Körper verteilen. Die Augen haben spaltförmige Pupillen, die für die Jagd in der Nacht bestens geeignet sind. Die Füße sind kurz und kräftig, die Zehen verbreitert und mit Haftlamellen ausgestattet. An diesen Lamellen sitzen Millionen von 200 Nanometer feinen Härchen, die zum jeweiligen Untergrund Adhäsionskräfte aufbauen, so dass der Gecko an Decken und selbst an glatten Glasflächen mühelos hochlaufen kann. Da der Mauergecko ausschließlich von Insekten lebt, gilt er in Häusern im Mittelmeergebiet, in Nord-Afrika und auf den atlantischen Inseln als effektiver Insektenvertilger und ist ein gern gesehener »Mitbewohner«. Ansonsten lebt er in felsigen Gebieten, in alten Olivenbäumen und stets in der Nähe von Wasser.

Im Frühjahr legt das Weibchen zwei Eier in eine Felsritze, die drei bis vier Monate von der Umgebungswärme bebrütet werden. Die fünf Zentimeter großen Jungtiere sind beim Schlüpfen bereits vollständig entwickelt. Geckos eignen sich hervorragend für die Haltung im Terrarium oder auch einfach frei in der Wohnung, da sie sehr territorial orientiert sind und weder durch offene Fenster noch durch Türen entwischen.

Der Umschlagsentwurf dieses Buches basiert auf dem Reihenlayout von Edie Freedman und stammt von Michael Oreal, der hierfür einen Stich aus der *Illustrated Natural History: Reptiles* von J.G. Wood aus dem 19. Jahrhundert verwendet hat. Das Coverlayout der deutschen Ausgabe wurde von Michael Oreal mit Adobe InDesign CS3 unter Verwendung der Schriftart ITC Garamond von Adobe erstellt. Als Textschrift verwenden wir die Linotype Birka, die Überschriftenschrift ist die Adobe Myriad Condensed und die Nichtproportionalschrift für Codes ist LucasFont's TheSans Mono Condensed. Die in diesem Buch enthaltenen Abbildungen stammen von Michael Oreal und wurden mit Adobe Photoshop CS3 und Adobe FreeHand MX erzeugt. Geesche Kieckbusch hat das Kolophon geschrieben.